Cocaína en Miraflores

Crónica del narco poder en Venezuela

Maibort Petit

Andrés Correa Guatarasma (Asesor)

Miembro Correspondiente de la

Academia Norteamericana de la Lengua Española (ANLE)

"Entre las diversas maneras de matar la libertad,

no hay ninguna más homicida para la república

que la impunidad del crimen o la proscripción de la virtud".

Francisco de Miranda

INDICE

Dedicatoria

En el mundo hay una alarmante epidemia de drogadicción.

Cada vez son más los jóvenes que a muy temprana edad se inician en el consumo de narcóticos que, finalmente, acaba con sus vidas.

Este libro está dedicado a las millones de víctimas de las drogas en el mundo, a sus padres, familiares, amigos y maestros, que han perdido a sus seres queridos por el consumo de cocaína y otras mortales sustancias estupefacientes.

También está dedicado a las personas que creen en la justicia, a quienes trabajan para imponer la ley y dan lo mejor de sí como seres humanos para tratar de acabar con las mafias de los carteles del narcotráfico.

Agradecimientos

Este libro no hubiera sido posible sin el interés y ánimo que nos han dado una serie de amigos, asociados y profesionales.

En especial, mi colega y compañero de luchas —a quien no nombraré para resguardarlo, pero que sé está leyendo ahora estas líneas—, a él, que de manera desinteresada, voluntaria y oportuna me ayudó a revisar los materiales originales, enriqueció el debate con ideas y observaciones que nos permitieron producir y concretar un trabajo que ofreciera al lector una mayor aproximación al tema del narcotráfico en Venezuela. Sin ti este proyecto no se hubiera materializado. Dentro del esfuerzo de amigos y familiares debo destacar las pinceladas que en este texto dio Casto Ocando, un amigo con un olfato fino para los detalles y un extraordinario talento periodístico. Asimismo, debo agradecer la laboriosidad y la dedicación en la edición del texto de mi también amigo y colega, Andrés Correa Guatarasma, un corrector con ojo clínico que no escatimó tiempo ni esfuerzo para editar la totalidad de este libro.

Mi especial agradecimiento a mis fuentes, esas que arriesgaron sus vidas y sus empleos para pasarme información fehaciente sobre los personajes protagonistas de esta historia, a esas personas anónimas —por obvias razones de seguridad— quienes me permitieron muchas veces conocer de antemano la información del caso criminal que nos ocupa en estas páginas, a ellos, a través de quienes pude ahondar —más allá de lo público—en mi búsqueda en los entes oficiales del Distrito Sur de Nueva York; a mis amigos especialistas en leyes que me ofrecieron oportunos consejos para que el tema jurídico en los escritos presentados a lo largo la cobertura del caso estuvieran ajustados a la norma; al artista autor de la portada. En fin, a todos mis colaboradores —a quienes no puedo mencionar— por darme consejos útiles y llenos de gran sabiduría.

Por último, quiero agradecerle a mi esposo por su amor y paciencia infinita. Por estar allí siempre y por sentir la misma pasión que tenemos los venezolanos que hemos dedicado años a luchar por una Venezuela diferente, libre de regímenes dictatoriales y de organizaciones criminales como las que ahora se enquistaron en el poder político de mi país. A pesar de no haber puesto nunca sus pies en suelo de Venezuela, mi esposo es un enamorado de nuestra gente, de nuestra cultura y de nuestra historia. La lucha por Venezuela se convirtió en su lucha, una batalla que a menudo suele recordarme como un sueño posible de conquistar.

Presentación

Pocos instantes después de que el avión Citation 500, siglas YV2030, aterrizara en el aeropuerto Toussaint Louverture de Puerto Príncipe, Haití, en la mañana del martes 10 de noviembre de 2015, los agentes de seguridad locales entraron en acción. Dos pasajeros, que luego resultaron ser los sobrinos de la pareja presidencial de Venezuela, descendieron confiadamente. Acudían a una cita en un lugar cercano al aeropuerto con un narcotraficante que resultó ser un agente infiltrado de la DEA. El informante supuestamente iba a arreglar un pago de USD 11 millones a los sobrinos, a cambio de 800 kilos de coca. Un grupo de fuerzas especiales haitianas, protegidos con pasamontañas para ocultar su identidad, ingresaron poco después al establecimiento gritando "Policía, policía". En otro lugar, lejos del recinto, los aguardaban los agentes de la DEA, que habían organizado toda la operación semanas antes. Ya el gobierno de Haití había decidido la expulsión de los acusados, a petición de Washington. La operación se mantuvo en secreto hasta que los acusados estuvieron dentro del avión. La aeronave con los dos sobrinos de Cilia Flores despegó a media tarde de ese día rumbo a Estados Unidos.

Lo que siguió después de que la aeronave aterrizó en el aeropuerto de White Plains, en las afueras de Nueva York, es ya historia. Una historia compleja, enrevesada, dramática y sorpresiva, con multitud de entretelones diplomáticos, jurídicos, políticos y humanos, que la periodista Maibort Petit cuenta en este libro como pocas otras sagas criminales se han reportado en la historia del periodismo venezolano.

Durante los 25 meses y cinco días que transcurrieron desde la captura en Haití hasta la sentencia en Nueva York de lo que terminó acuñándose como el caso de los "Narcosobrinos", Maibort Petit produjo cerca de un centenar de piezas informativas que mantuvieron en vilo, semana a semana, a lectores de Venezuela y otros países, sobre las argumentaciones que tuvieron como escenario la corte del distrito sur de Nueva York, en el moderno edificio de Pearl Street, en el corazón del Bajo Manhattan.

En el centro de las deliberaciones estaba no sólo la culpabilidad de los acusados —Efraín Campo Flores y Franqui Francisco Flores de Freitas— en la planificación del envío de un gran cargamento de cocaína a territorio norteamericano. También las argumentaciones de cuán implicada en el tráfico de narcóticos estaba la propia familia presidencial de Venezuela, en un hecho sin precedentes. Un tema en el cual Maibort Petit hurgó por más de dos años, sin descanso.

No era casual que el juicio hubiese tenido lugar en Nueva York.

La Fiscalía del Distrito Sur de Manhattan, particularmente, es considerada la más agresiva de todas las 94 fiscalías que funcionan en Estados Unidos. Preet Bharara, el fiscal que le dio el espaldarazo a las investigaciones desde que se iniciaron en septiembre de 2015, tenía un impresionante historial que lo llevó a ser conocido como el Sheriff de Wall Street, por la manera implacable como perseguía a sus objetivos, ya fuese el poderoso JPMorgan Chase (al que hizo pagar USD 1.700 millones, la mayor multa a un banco en la historia de Estados Unidos), o el ruso Víctor Bout, el llamado Mercader de la Muerte, considerado el más grande traficante de armas en el mundo, sentenciado en 2011 a 25 años de prisión.

Como también reportó Petit, otra fiscalía neoyorquina, en el Distrito Este con sede en Brooklyn, también puso la lupa sobre la relación de funcionarios chavistas con el narcotráfico. Antes de ser designada Secretaria de Justicia en la administración Obama, Loretta Lynch dirigió las indagaciones que concluyeron con la acusación del general Néstor Reverol, actual ministro del Interior de Venezuela.

De hecho, estas dos fiscalías han concentrado, por más de una década, la mayoría de los casos de alto perfil sobre narcotráfico internacional relacionadas con Venezuela.

Docenas de narcotraficantes colombianos que recibieron protección en Venezuela cuando Hugo Chávez estaba al mando, fueron extraditados y procesados en estas cortes, entre ellos Daniel Barrera, alias "El Loco Barrera", y Luis Frank Tello, alias "El Negro Frank", que vivían como reyes en la capital venezolana.

Al mismo tiempo, amplios expedientes, según fuentes federales, se mantienen abiertos contra targets u objetivos, como Diosdado Cabello, Tarek El Aissami y un creciente número de militares venezolanos actualmente activos.

II

La cobertura de Maibort Petit en Nueva York sobre lo que pintaba ya como el caso del siglo, con todos los elementos que hacían salivar a avezados periodistas, estuvo desde el principio llena de detalles llamativos y mucho color.

Los narcosobrinos, por ejemplo, declararon que el dinero que pretendían obtener a cambio de cocaína era para usar en la campaña electoral de su prominente tía, escribió Petit. También reportó que les había tomado seis horas a los gringos de la DEA tramitar la expulsión de los acusados en Haití. Y que debieron esperar para ser presentados ante el juez de la causa, en una audiencia que sólo duró 6 minutos.

"Esa tarde del jueves los acusados no exhibieron en ningún momento nerviosismo y, mucho menos, algún gesto de arrepentimiento. Lucían una barba bien cuidada y vestían ropa deportiva de famosas marcas. Se mantuvieron serios, atentos a lo que les decía el intérprete del magistrado cuando les informaba su derecho de permanecer en silencio, tener un defensor y, por último, sobre las acusaciones que la justicia norteamericana hacía en su contra", detalló Maibort con su depurado estilo descriptivo.

En muchos de sus artículos sobre el tema, la periodista informó por primera vez sobre asuntos que luego se convirtieron en tendencia y fueron seguidos por otros medios en Estados Unidos. Así ocurrió, por ejemplo, con la revelación de que el empresario pro chavista, Wilmer Ruperti, estuvo desde el principio detrás del financiamiento de la defensa de los acusados.

Un artículo publicado el 7 de marzo de 2017 en El Nacional, firmado por Petit, reveló detalles sobre una estrategia del entonces fiscal del caso, Preet Bharara, de añadir más elementos de culpabilidad que originalmente no estaban considerados, justamente cuando la defensa de los acusados se esforzaba por desestimar los argumentos ya presentados por los fiscales.

Por ejemplo, Bharara introdujo datos para probar que los sobrinos de Cilia Flores mantenían relaciones con otros capos de la droga venezolanos, como Hermágoras González Polanco y Vasily Kotossky Villarroel Ramírez, ambos presos en cárceles venezolanas.

Petit escribió que Efraín Campo Flores, por ejemplo, manifestó su intención de cooperar en el despacho de 3 toneladas de cocaína, en conjunto con representantes del capo González Polanco, con el objetivo de ganar USD 200 por kilo de coca transportada a Centroamérica.

"El objetivo de la Fiscalía es dejar claro que los acusados sabían manejarse en el mundo del narcotráfico", escribió Petit.

En otra nota el 9 de diciembre de 2017, Petit reveló en exclusiva documentación que mostraba por primera vez la convicción de los fiscales federales de que la actividad delictiva de los narcosobrinos contó con el "imprimatur" o "visto bueno" de Nicolás Maduro, un argumento que contribuyó a respaldar la tesis de la Fiscalía de Nueva York de que los acusados no eran "estúpidos novatos" que cometieron errores involuntarios, sino personas dispuestas a convertirse en narcotraficantes de alto vuelo.

Para los que seguimos con interés los detalles del caso de los Narcosobrinos a medida que la novela se desarrollaba en tramas con frecuencia inverosímiles, este libro —que reúne toda la historia— permite apreciar el suspenso y el drama que impactó no sólo a muchos venezolanos hastiados de los escándalos del gobierno: también al público norteamericano que miraba con asombro los detalles del caso en las cortes federales.

III

Maibort Petit llegó a Nueva York en 2011 por razones personales que se convirtieron en una oportunidad para ampliar los horizontes de su ya larga trayectoria en el periodismo investigativo.

Graduada de periodista en la Universidad del Zulia, en Venezuela, con una maestría en Ciencias Políticas y estudios de Política Exterior realizados en el Instituto de Altos Estudios Diplomáticos "Pedro Gual" del Ministerio de Relaciones Exteriores de la República de Venezuela en Caracas. Petit amplió su formación con estudios avanzados sobre América Latina en la Universidad de la Sorbona, en Francia, y en el Doctorado de Ciencias Políticas de la Universidad Central de Venezuela lo cual le permitió incorporar la perspectiva académica al trabajo periodístico que desarrolló en medios como El Nacional, El Diario de Caracas y El Universal, entre otros.

La experiencia profesional de Petit es amplia y no se reduce al reporterismo. Ha trabajado para organizaciones de derechos humanos (Women for Human Rights International), ha sido directora ejecutiva de la Asociación Francófona de Venezuela, y profesora de Periodismo e Historia de Venezuela en la Universidad Santa María. Fue también asesora comunicacional en el antiguo Congreso Nacional de Venezuela y de varias empresas en Caracas.

En Estados Unidos se especializó en el periodismo digital a través de portales como MiamiDiario.com, Universocanario.com y Verticenews.com, una vertiente de su trabajo en la que ya había incursionado desde 1996 en Analitica.com y que continúa en numerosos portales, principalmente en su popular blog Venezuela Política. Asimismo, Petit se ha desempeñado en los últimos años como investigadora independiente para firmas consultoras privadas norteamericanas especializadas en narcotráfico, corrupción internacional y lavado de dinero.

Quizá la más notable habilidad de Maibort Petit, de la cual he sido testigo desde hace más de 30 años cuando nos conocimos en los pasillos de la Universidad del Zulia, es su capacidad para conectarse con las más variadas y confiables fuentes periodísticas, con frecuencia en el momento exacto del desarrollo de los hechos noticiosos, lo cual le ha permitido tener una perspectiva privilegiada de los acontecimientos, una habilidad que desplegó ampliamente durante la cobertura del juicio de los Narcosobrinos.

Su presencia en Nueva York precisamente no pudo ser más auspiciosa para su trabajo de testigo excepcional de hechos que pasarán a la historia, reportados desde las cortes de justicia y revelando secretos de un gobierno imbricado en hechos delictivos como ningún otro en Venezuela. También para dar cuenta de muchos otros casos que empujaron su nombre en la lista de "periodistas más odiados" en la dictadura de Nicolás Maduro.

Otro de los casos notables que ameritó la experticia periodística de Petit, que tuvo también como escenario privilegiado la Gran Manzana, fue el de las redes de corrupción vinculadas presuntamente al Fiscal General de Nicolás Maduro, Tarek William Saab, el llamado "poeta de la revolución". Una cobertura que le trajo a Petit acaso más problemas que la cobertura del caso de los Narcosobrinos.

IV

Maibort no ha ocultado sus posiciones políticas en contra del chavismo y de la ideología izquierdista en general, que permean y motivan su trabajo periodístico desde los inicios mismos de la "revolución" bolivariana en Venezuela y que le han generado multitud de situaciones de verdadero peligro.

En 2005, Petit tuvo que interrumpir su trabajo en Venezuela, tras ser incluida en una lista de periodistas opositores que se mantenían en contacto con militares considerados "peligrosos" por el gobierno de Hugo Chávez.

Cuando llegó a Estados Unidos a vivir por segunda vez, Petit se enfocó en "combatir" desde las trincheras del periodismo a un régimen que para entonces ya mostraba su rostro autoritario, cuando otros todavía apreciaban los rasgos democráticos del liderazgo chavista.

La oportunidad de oro llegó en noviembre de 2015, tras el anuncio de la captura y subsiguiente presentación en una corte federal de Nueva York de los sobrinos de Cilia Flores y Nicolás Maduro bajo acusaciones de tráfico de cocaína.

El régimen, hipersensible y golpeado en el centro de sus más importantes operadores, reaccionó como sólo los gobiernos dictatoriales saben hacerlo: ordenó ataques secretos contra la periodista que, desde Nueva York, contaba con lujo de detalles los entretelones de una red gubernamental de tráfico de cocaína.

Primero comenzaron tratando de bloquear el acceso a su blog Venezuela Política. Luego intentaron desaparecerlo. Habilidosos hackers contratados por la inteligencia bolivariana desde Caracas lanzaban ataques diarios cada vez que un artículo suyo revelaba cómo los narcosobrinos habían desarrollado sus "negocios" al amparo del poder oficial.

Pronto las amenazas se hicieron más serias, incluyendo las de un hacker quien le escribió directamente a su teléfono lanzando advertencias y amenazas veladas. Petit hizo la denuncia pertinente ante la división antiterrorista del FBI en Nueva York, que hizo recomendaciones al respecto y tomó las medidas previstas para los delitos cibernéticos.

Casi simultáneamente comenzaron las amenazas de muerte en mensajes enviados a su correo electrónico y a través de comentarios de su blog. Siguiendo el protocolo del FBI, Petit archivó todos los mensajes para preservar la evidencia sobre el origen de los correos, una investigación que todavía está en curso.

El siguiente paso fue el acoso a sus familiares en Venezuela. Una pariente cercana de la periodista fue fuertemente golpeada en la calle por un grupo de chavistas radicales, seguida y amedrentada por sus vinculaciones directas con Petit.

Las amenazas pasaron a mayores cuando una de las numerosas fuentes que Maibort desarrolló durante la cobertura del caso de los narcosobrinos y otros escándalos revolucionarios, le advirtió que figuras del alto gobierno venezolano habían puesto un precio a su cabeza.

El objetivo de esta acción era "eliminar" a la periodista venezolana que estaba revelando secretos sobre manejos corruptos en la estatal Pdvsa, en la que estaban presuntamente implicados funcionarios de la oficina del Fiscal General del gobierno de Nicolás Maduro.

Maibort notificó de las amenazas tanto a la DEA como al FBI, que ordenaron medidas de vigilancia y protección. Al mismo tiempo tomó la decisión de hacer pública la información, durante una polémica entrevista con el presentador Jaime Bayly.

Un informe detallado fue enviado por Petit a investigadores de agencias federales como la DEA y el FBI, incluyendo un memorándum puesto en manos de importantes congresistas y políticos en Washington.

V

Pese a los graves peligros, Petit ha continuado impasible con su tarea de informar, bajo riesgo de su propia vida, al igual que muchos colegas periodistas en Venezuela que sufren en carne propia la persecución del régimen.

No me cabe duda que el trabajo de Maibort Petit ya ha marcado un hito en el periodismo vernáculo por una razón que sólo podía ser posible en esta era de periodismo ciudadano, sobresaturación informativa y predominio de las redes sociales: el papel de un periodista que desde su blog personal causa un impacto severo en la línea de flotación de un gobierno autoritario.

Los reportajes que firma son seguidos no sólo por lectores ávidos dentro y fuera de Venezuela, sino también por investigadores federales que siguen paso a paso la compleja realidad venezolana; por los departamentos de compliance de importantes organizaciones financieras internacionales, y hasta por gobiernos en América y Europa que ven con extrema preocupación las redes criminales conectadas al corazón del poder bolivariano.

Es importante mencionar que este primer libro que llega a manos del lector, producto de un esfuerzo sostenido, es apenas la punta del iceberg de un extenso cúmulo documental que será vertido en nuevos productos editoriales en el futuro cercano, los cuales ofrecerán detalles completamente inéditos de hasta qué punto un gobierno, que se vendió al principio como una revolución a favor de los pobres, se convirtió en una de las más peligrosas mafias criminales del mundo.

Casto Ocando

Introducción

La razón de todo esto

Una avioneta que aterrizó en las afueras de Nueva York la noche del martes 10 de noviembre de 2015 cambiaría la historia contemporánea de Venezuela, comprometiendo aún más la legitimidad de su gobierno e instituciones. A bordo iban dos pasajeros que habían partido esa mañana del aeropuerto internacional de Maiquetía en un viaje corto a Puerto Príncipe, Haití. Nunca imaginaron que ese mismo día terminarían durmiendo muy lejos de allí, en una cárcel del Bajo Manhattan.

De ninguna manera la historia que narraremos en las siguientes páginas puede tenerse como un hecho aislado, casual o fortuito. Por el contrario, es consecuencia de una trama que fue configurándose a lo largo de los años, especialmente durante las casi dos décadas que el chavismo ha gobernado en Venezuela.

Durante la mayor parte del siglo XX, los militares venezolanos no estuvieron involucrados directamente en el tráfico de drogas. Fue a partir de finales de los años '80 y principios de los '90 cuando los capos colombianos de la droga comenzaron a sobornar a miembros de la Guardia Nacional (GN) para que les permitieran el libre tránsito de la mercancía por territorio venezolano, configurándose el "Cartel del Sol" —en referencia a los adornos de sus uniformes—, compuesto por un solo componente de las Fuerzas Armadas Nacionales (FF. AA.), a saber, la GN. Pero su participación se limitaba al cobro de sobornos.

Con la llegada del Teniente Coronel Hugo Chávez al poder en febrero de 1999, otros componentes de las FF. AA. se suman a la actividad y entonces comienza a hablarse del "Cartel de los Soles", en plural. Los militares ya asumen un papel activo en el narcotráfico. Igualmente, otras instancias del gobierno, personeros e instituciones tan poderosas como Petróleos de Venezuela S.A.— entre las empresas más grandes del mundo, según clasificación de las revistas América Economía[1] y Fortune[2], prestigiosas publicaciones del área de negocios— se van incorporando al tráfico de drogas, como se ha denunciado en varias oportunidades desde distintos ámbitos de la vida nacional e internacional.

Son palabras mayores que merecen una visión detallada, un macro enfoque de las circunstancias y variablesque fueron configurando el escenario bajo el cual en la actualidad se desenvuelve el narcotráfico en Venezuela.

Por su estratégica ubicación geográfica al norte de Suramérica, Venezuela siempre ha sido un país clave para el tránsito de la droga que sale de Colombia rumbo a Estados Unidos y Europa. Desde la nación neogranadina se ejercía el control del incipiente narcotráfico que operaba en tierra venezolana, una actividad que llevaban a cabo con facilidad dada la debilidad exhibida por las estructuras del poder y la corrupción que fue enquistándose en todas las esferas de la vida nacional: un problema, sí, que existía

---

[1] América Economía. "Ránking Las 500 mayores empresas de Latinoamérica 2014". https://rankings.americaeconomia.com/las-500-mayores-empresas-de-latinoamerica-2014/ranking-500-latam-1-50/

[2] PDVSA. "PDVSA entre las empresas más grandes del mundo". 4 de agosto de 2004. http://www.pdvsa.com/index.php?option=com_content&view=article&id=845:988&catid=10&Itemid=589&lang=es

desde antes de la llegada de Chávez al poder, pero que se incrementó con la permisividad que desde su administración y la de su sucesor, Nicolás Maduro, se le ha brindado especialmente al sector castrense. Toda la evidencia indica que desde mediados de la primera década del siglo XXI, miembros corruptos de las fuerzas de seguridad asumieron parte del protagonismo —en el tráfico, mas no en la producción— que antes detentaban los vecinos.

Desde las cúpulas corruptas del gobierno[3], especialmente en el seno de las fuerzas de seguridad, también se fueron estableciendo fuertes nexos con los grupos guerrilleros colombianos—las Fuerzas Armadas Revolucionarias de Colombia (FARC) y el Ejército de Liberación Nacional (ELN)—, de quienes se han vuelto sus principales fuentes de suministro de armamento[4]. Una afinidad que, además, se manifiesta en lo ideológico guiado por Cuba y que ha llevado a que se permita el uso del territorio venezolano como aliviadero de estos movimientos y zona de secuestros, sobre todo cuando arreciaba su persecución y combate por parte de las fuerzas armadas colombianas, antes de la firma de los procesos de paz en 2016.

Este conjunto de hechos y circunstancias ha dado lugar a que la frontera colombo-venezolana se constituya en un centro de actividades criminales donde también opera la guerrilla

---

[3] El Nuevo Herald. "Venezuela ya entregó armas a las FARC". 19 de mayo de 2008. http://www.elnuevoherald.com/noticias/mundo/america-latina/venezuela-es/article1932493.html

[4] Diario Las Américas. "Denuncian que régimen de Venezuela habría entregado armas a guerrilla colombiana". 27 de enero de 2018. https://www.diariolasamericas.com/america-latina/denuncian-que-regimen-venezuela-habria-entregado-armas-guerrilla-colombiana-n4142275

venezolana, a saber las Fuerzas Bolivarianas de Liberación-Ejército Libertador (FBL-EL) o Fuerzas Patrióticas de Liberación Nacional (FPLN), una organización izquierdista de factura nacional que dice combatir en favor del "bolivarianismo", como se identifica la República de Venezuela desde la redacción y aprobación de la Constitución de 1999.

Se trata de una amplia franja de 2 mil 200 kilómetros que facilitan el libre flujo de personas y "mercancías". Además, su vasta costa Caribe así como extenso territorio poco poblado se constituyen en "paso perfecto" de la droga hacia otros puntos del globo.

Las dictaduras militares de Juan Vicente Gómez (1908-1935) yMarcos Pérez Jiménez (1952-1958), aunque sumieron a Venezuela en la opresión, se caracterizaron por construir infraestructura —alguna aun operativa— y que igual que sirve para fines lícitos, también aporta a los ilícitos. En los años '60, aupados por la Revolución Cubana y la Guerra Fría, surgieron movimientos guerrilleros nacionales que luego aceptaron la amnistía de los gobiernos democráticos, salvo algunas excepciones quesirvieron de germen y asesoría de los movimientos que fueron surgiendo aupados por Hugo Chávez y su hermano Adán.

Por otro lado, integrantes de las familias pertenecientes al crimen organizado fueron estableciéndose en Venezuela después de la Segunda Guerra Mundial, tal es el caso de los clanes Cuntrera y Caruana, parte de la Cosa Nostra siciliana, los cuales se involucraron en el tráfico de drogas desde Colombia a través del Cartel de Cali.

En los años '80 los carteles colombianos pasarían a ser los más grandes distribuidores de droga del mundo —cocaína, heroína y marihuana— y su impronta habría de quedar en Venezuela. Una serie de factores fueron conformando un panorama en el que Venezuela cada vez más adquiría protagonismo en materia de narcotráfico: la crisis económica por la dependencia petrolera y la llegada de miles de desplazados por la violencia en Colombia, fueron solo dos de ellos. El narcotráfico fue colándose y corrompiendo cada vez más instituciones en Venezuela pero aún, pese a escándalos en los que personeros militares y políticos aparecían involucrados, todavía no se trataba de organizaciones venezolanas sino de agentes del narcotráfico colombiano. Para finales de esa década llegó a asegurarse que Venezuela era un centro de almacenaje de la droga colombiana que estaba destinada a Estados Unidos y Europa[5].

En los años '90 uno de esos casos "aislados" se produjo cuando el presidente interino Ramón. J. Velásquez indultó —según se dijo bajo engaño— al conocido narcotraficante Larry Tovar Acuña, en 1993. Tras posteriores entradas y escapes de la cárcel por tráfico de drogas, se encuentra en prisión desde 2011.

El narcotráfico, la corrupción, la impunidad y los cada vez más frecuentes vínculos de las fuerzas de seguridad con el crimen organizado fueron configurando el escenario perfecto para que, con la llegada de Hugo Chávez al poder en 1999, estas actividades encontraran al mejor de los aliados: el gobierno mismo.

---

[5] Aserne Venezuela. "Historia de Escándalos por tráfico de drogas". 30 de septiembre de 2013. http://aserne.blogspot.com/2013/09/

Desde Estados Unidos se había advertido en 1996 y 1997 que Venezuela no era lo suficientemente contundente en la lucha contra el narcotráfico. A la larga, en 2005 Hugo Chávez dio por terminadas las relaciones de cooperación que hasta ese entonces existían entre el gobierno venezolano y las agencias policiales estadounidenses, entre ellas la DEA.

Y mientras esto ocurría en Venezuela, en Colombia, gobernada en ese entonces por Álvaro Uribe, férreo opositor a Chávez, se afianzaban los nexos con EE. UU. para el combate del tráfico de drogas, la guerrilla y el crimen. El gobierno norteamericano financió el Plan Colombia (2001-2016), el cual durante su tiempo de implementación provocó la disminución del poder y presencia territorial que anteriormente ostentaban los grupos criminales, las FARC y el ELN, movimientos que comenzaron a buscar terrenos más seguros en Venezuela, especialmente en los estados Apure, Zulia y Táchira, al amparo del gobierno local.

Abiertamente comenzó a decirse que el presidente Hugo Chávez mantenía una actitud complaciente con la narco guerrilla colombiana, llegándose a asegurar que el apoyo brindado por el gobierno venezolano iba más allá de la simpatía ideológica —que llevó al mandatario a negarse a catalogar a estos grupos como "terroristas"— y se extendía a su financiamiento y protección. Y mientras la administración chavista se mostraba complaciente con la guerrilla, arremetía duramente contra los grupos paramilitares que la combatían y contra su homólogo Uribe.

No resultaba inusual para las autoridades colombianas que, en cada ataque que el ejército neogranadino le propinara a las FARC y al ELN, les confiscara armas provenientes de Venezuela y sus cuerpos de seguridad. La computadora del comandante guerrillero "Raúl Reyes", rescatada tras caer abatido durante un ataque en la frontera con Ecuador en marzo de 2008, arrojó en su contenido múltiples revelaciones de la complicidad existente entre el gobierno de Chávez y las FARC[6].

Ya avanzado el siglo XXI, organismos internacionales alertaban que cada vez era más creciente la actividad del narcotráfico en Venezuela, estableciéndose que la Fuerza Armada y demás cuerpos de seguridad habían dejado de solamente recibir sobornos y, de entes facilitadores, habían pasado a almacenar y a hacer envíos de droga por cuenta propia. De esto dio fe el narcotraficante venezolano Walid Makled cuando, al ser arrestado en Colombia en 2010 y luego extraditado a su país, sostuvo que el alto gobierno chavista estaba involucrado en el tráfico de drogas.

A la par, la violencia fue incrementándose en Venezuela y hoy el país es catalogado como uno de los más peligrosos del mundo.

Al anuncio de la muerte por cáncer de Hugo Chávez en 2013, la situación—lejos de cambiar o por lo menos mejorar— se ha agravado durante la administración de su designado sucesor, Nicolás Maduro, cuya nacionalidad venezolana, incluso, ha sido cuestionada en razón de sus raíces colombianas. Sus promesas de hacer de la seguridad una prioridad de su gobierno se quedaron solo en eso: promesas. Además, la corrupción y la politización del sistema judicial han adquirido niveles pocas veces vistos en el

---

[6] Semana. "El computador de Reyes". 3 de abril de 2008.
http://www.semana.com/nacion/articulo/el-computador-reyes/91396-3

mundo. Se ha criminalizado la protesta, y el desempleo, la censura y las detenciones políticas han aumentado exponencialmente. Es importante subrayar cómo ha crecido el exilio de jóvenes y profesionales, llegando a convertirse en una de las diásporas más grandes conocidas en la historia. Se trata de lo mejor del talento venezolano que se ha visto obligado a abandonar el país con títulos profesionales que son ampliamente aceptados en los países que los reciben, pero cruelmente ignorados en la nación que los otorga.

La división política se ha profundizado y las crisis económica y sanitaria se han hecho insostenibles, entre escasez, desabastecimiento, caída de la producción petrolera, hiperinflación y desnutrición infantil. Y mientras desde las filas del gobierno han insistido en achacar el estado caótico a factores externos como la caída de los precios del petróleo, saboteo empresarial o a "la guerra económica de la derecha internacional", la administración de Maduro ha exhibido gran ineptitud en el manejo de la economía y en demostrar su ilegitimidad institucional.

Desde la asunción de Nicolás Maduro al poder, en Venezuela la crispación política y económica han alcanzado niveles jamás experimentados en el país. En diciembre de 2015, la oposición institucional supo capitalizar el descontento popular y obtuvo una espectacular victoria en las elecciones parlamentarias que la llevaron a lograr la mayoría calificada en el Poder Legislativo, representado por la Asamblea Nacional. Un triunfo electoral que fue escamoteado desde el Ejecutivo Nacional con el concurso del resto de los poderes públicos que actúan bajo su égida y dominio y que han llevado a la crítica nacional e internacional a catalogar al gobierno madurista de dictadura y a Venezuela de estado fallido, controlado desde La Habana. El mandatario y el conciliábulo que ha logrado conformar y al que se han unido las fuerzas de seguridad, los llamados "colectivos" armados y la guerrilla urbana que se ha instaurado, han bloqueado —a la buena y a la mala— todos los mecanismos democráticos que ha intentado la oposición para deponerlo del poder.

Así las cosas, Venezuela se ha convertido en terreno abonado para que operen con toda libertad y desparpajo organizaciones criminales de Colombia, Brasil, Medio Oriente y Europa, como aliviadero y refugio. Igualmente han hecho aparición un conjunto de megabandas, grupos del crimen organizado nacidos a la luz de un sistema penitenciario superpoblado y autogobernado que domina buena parte del territorio nacional. En concreto, desde las prisiones venezolanas se coordinan secuestros, extorsiones y tráfico de drogas. Los llamados colectivos chavistas, surgidos supuestamente con un objetivo social, han terminado mostrando su garra como criminales que extorsionan a las comunidades que se encuentran bajo su "protección".

Así mismo, el Cartel de los Soles ha dejado de ser un grupo agente de los narcotraficantes colombianos para instaurarse como toda una organización corrupta que define, dirige y lleva a cabo su propia estrategia de tráfico de drogas. Las organizaciones venezolanas ya no intervienen solamente en el transporte de los cargamentos y en la logística, sino que ahora adquieren, almacenan y trafican por ellas mismas.

Grupos delictivos de la Fuerza Armada Nacional Bolivariana—integrada por el Ejército, la Armada, la Fuerza Aérea, la Guardia Nacional y la Milicia— están profundamente involucrados en el crimen organizado y el tráfico de cocaína. Incluso el gobierno de Estados Unidos ha identificado públicamente a un número considerable de oficiales de alta jerarquía a los que ya ha sancionado y siguen investigando por su actividad delictiva en el tráfico de drogas.

Sin sorpresas, el sistema judicial venezolano se erige como uno de los peores del mundo, así calificado por organismos e instituciones internacionales como el Proyecto Mundial de Justicia[7], que han llegado a esta conclusión luego de notar los distintos factores que erosionan un estado de derecho: tal es la ausencia de independencia, la corrupción, la falta de acceso a los derechos fundamentales, entre otros[8].

La parcialidad en favor del gobierno y el oficialismo es descarada en Venezuela a tal extremo que, cuando a mediados de 2017, la entonces fiscal general de la república Luisa Ortega Díaz —durante años leal y supeditada al régimen chavista— mostró su desacuerdo con el accionar del gobierno de Maduro, terminó siendo destituida por una ilegítima Asamblea Nacional Constituyente surgida en franca violación a la Constitución de la República Bolivariana de

---

[7] World Justice Project. "World Justice Project Releases WJP Rule of Law Index 2015 Scores and Rankings for 102 Countries Worldwide". 2 de junio de 2015. https://worldjusticeproject.org/news/world-justice-project-releases-wjp-rule-law-index-2015-scores-and-rankings-102-countries

[8] Panam Post. "Venezuela ya es el país con peor sistema judicial de todo el mundo". 24 de enero de 2017. https://es.panampost.com/diego-sanchez/2017/01/24/venezuela-peor-sistema-judicial-del-mundo/

Venezuela, barriendo los restos de democracia que aún era posible observar en el país. En lugar de Ortega, fue designado otro acólito vigente del chavismo, Tarek William Saab, quien ha iniciado una guerra de facciones que está muy lejos de ser catalogada como justicia.

En un escenario de esta naturaleza, el arresto de dos sobrinos de Nicolás Maduro y su esposa Cilia Flores (presidente de la Asamblea Nacional entre 2006 y 2011), por estar incursos en una conspiración para importar y distribuir 800 kilos de cocaína en Estados Unidos, no puede considerarse casual, aislado ni circunstancial.

El llamado caso de los "narcosobrinos" es el resultado de una serie de hechos, de una estructura delictiva conformada al amparo del poder.

Los primos Efraín Antonio Campo Flores y Franqui Francisco Flores de Freitas son solamente una muestra de un sistema corrupto en el que figuras del gobierno y el resto de los poderes públicos, así como del ala militar y las fuerzas de seguridad y su entorno, abusan de los beneficios y bienes del estado a su antojo y, lo peor, para usarlos en su propio provecho en las actividades delictivas de las que son protagonistas y líderes.

Todas estas circunstancias han llevado a algunos especialistas a plantear la posibilidad de que Venezuela ya sea un "narcoestado", término con el que se ha conceptualizado —informalmente— a los países en donde el narcotráfico se ha infiltrado dentro en las estructuras de gobierno y en las instituciones públicas, como México y Colombia.

Otros expertos difieren de esta apreciación y descartan que Venezuela pueda catalogarse como un narcoestado y se pronuncian por denominarlo "estado fallido", en virtud de que no se satisfacen las necesidades mínimas de seguridad ni supervivencia de la población; o "estado forajido", dado que no hay cumplimiento de las normas, las leyes, ni los tratados internacionales, amén de que el Poder Judicial se ha erigido en una maquinaria de corrupción que facilita la impunidad, la violencia y la corrupción.

Hay quienes, como la exjueza y expresidente del Consejo Nacional contra el Consumo y Uso Ilícito de las Drogas (Conacuid), Mildred Camero, definen a Venezuela más bien como un narcorégimen que, a su criterio, es aquel donde "los funcionarios públicos utilizan las instituciones del Estado para hacer negocios en materia de drogas", mientras que el narcoestado, es el "Estado [que] vive para la droga y su vida política y social" depende de esta actividad[9].

En 2010 el gobierno de Estados Unidos aseguró que entre 19 y 24 por ciento de la cocaína que se distribuye en el mundo pasa por Venezuela[10], una posición que solamente es superado por Colombia. La casi inexistente acción del gobierno contra el flagelo

---

[9] RunRun.es. ""Venezuela es un narcorégimen" Entrevista con Mildred Camero, ex presidenta de CONACUID por Ronna Rísquez @ronnarisquez". 19 de agosto de 2014. http://runrun.es/nacional/actualidad/147152/venezuela-es-un-narcoregimen-entrevista-con-mildred-camero-ex-presidenta-de-conacuid-por-ronna-risquez-ronnarisquez.html

[10] Vertice News. "Los muchos caminos de la droga en Venezuela". 7 de octubre de 2016. https://www.verticenews.com/los-muchos-caminos-la-droga-venezuela/

y la multiplicación de las rutas aéreas que desde la nación caribeña parten rumbo a Centroamérica, el Caribe, Asia, Medio Oriente y África, así lo hacen pensar.

El gobierno venezolano, lejos de castigar, no pocas veces premia al conferir promociones de poder a quienes son acusados y sancionados por narcotráfico por la administración de justicia de Estados Unidos y organismos internacionales. Hugo "El Pollo" Carvajal, exdirector de la Dirección General de Contra Inteligencia Militar, detenido brevemente en Aruba en 2014; Henry Rangel Silva, exdirector de la DISIP y gobernador de Trujillo; Ramón Rodríguez Chacín, exministro de Relaciones Interiores y Justicia y gobernador de Guárico; Tareck El Aissami, exministro del Interior, exgobernador de Aragua y vicepresidente de Venezuela, son solamente un pequeña muestra de lo afirmado.

Néstor Reverol, ministro de Interior, Justicia y Paz y excomandante general de la Guardia Nacional Bolivariana, mencionado por Walid Makled como agente del narcotráfico, constituye un vivo ejemplo de la actitud complaciente que mantiene la administración de Nicolás Maduro con quienes son señalados por la picota pública nacional e internacional de estar incursos en esta actividad delictiva.

El gobierno de Estados Unidos incluyó a Néstor Luis Reverol Torres y al general Edylberto Molina en la lista de fugitivos de su sistema de justicia, tal como lo corrobora un documento entregado en la Corte Federal del Distrito Este de Nueva York, con sede en Brooklyn. La fiscal general durante el gobierno del presidente Barack Obama, Loretta Lynch, señala que ambos militares venezolanos conspiraron para traficar cocaína a EE. UU. desde Venezuela entre enero de 2008 y diciembre de 2010. La alta funcionaria explicó a los jueces de Distrito Este de Nueva York, Frederick Block y Allyne Ross, que Reverol y Molina forman parte del mismo caso y son acusados del mismo delito[11].

La respuesta de Maduro y otras instancias de su gobierno solamente ha sido la de acusar una "campaña de descrédito" contra las Fuerzas Armadas venezolanas y sus líderes.

Los medios internacionales también han señalado a Diosdado Cabello y Tareck El Aissami de ser objeto de investigación por parte de la justicia estadounidense por sus vínculos con el narcotráfico. Leamsy Salazar[12], un exescolta de Hugo Chávez y que tras su muerte ocupó la misma posición con Cabello, en 2015 acusó a este de encabezar el Cartel de los Soles[13]. Hoy en día Salazar es testigo protegido de la DEA (Administración para el Control de Drogas del Departamento de Justicia de Estados Unidos, Drug Enforcement Administration).

Así, los narcosobrinos son solamente una expresión de una actividad delictiva que se ha ido instaurando dentro del gobierno y las Fuerzas Armadas de Venezuela y su entorno, con innegables

---

[11] Venezuela Política. "EE. UU. declara fugitivos de la justicia a militares venezolanos Néstor Reverol y Edylberto Molina Molina". 25 de agosto de 2016. http://maibortpetit.blogspot.com/2016/08/EE. UU.-declara-fugitivos-de-la-justicia.html

[12] ABC. "Leamsy Salazar huye de Venezuela a Estados Unidos vía Madrid". 27 de enero de 2015. http://www.abc.es/internacional/20150127/abci-venezuela-salazar-perfil-201501271700.html

[13] Diario Contraste. "ABC: Escolta de Cabello huye a EE. UU. acusándolo de narcotraficante y testificará contra l". 26 enero de 2015. http://www.diariocontraste.com/2015/01/abc-escolta-de-cabello-huye-a-EE. UU.-acusandolo-de-narcotraficante-y-testificara-contra-el/#

ramificaciones y repercusiones internacionales. Es por ello que no dudamos en sostener que —debido a las vinculaciones de diversas organizaciones delictivas nacionales, regionales e internacionales— Venezuela pasó a ser una estado criminal, y que las prácticas delictivas de los agentes que conforman el poder político en el país se han conformado en un poderoso estamento que hace difícil de concretar cualquier acción diplomática que emprenda la comunidad internacional en aras de buscar una salida que permita la caída del régimen y el camino hacia la redemocratización del país. El caso Venezuela es un reto desde el punto de vista político, económico, social, ético y humanitario. Es tan grande el desafío que no es posible pensar en una salida sin que para ello haya un consenso entre los gobiernos de la región y del mundo, tarea nada fácil cuando se evalúan los objetivos de cada nación y los intereses de las élites políticas que conforman sus gobiernos. La enorme complejidad del problema y la toxicidad que el mismo representa para la paz, el progreso y la seguridad del mundo hacen que cada vez más voluntades de la comunidad internacional se hayan sumado a las nuevas iniciativas, como el Grupo de Lima, que han entendido que si no actúan en conjunto y de manera inmediata el continente pagará la inacción frente a la más poderosa organización criminal que se ha conformado históricamente en su territorio.

Lápiz y papel

Desde que empecé a ser reportera en Caracas me había acostumbrado a usar un grabador. Recuerdo que el primero que tuve me lo regaló mi madre. Estaba recién salida de la universidad y me había ido a trabajar con la profesora Marta Colomina en El Nuevo País. Mi grabador usaba casete y, en ocasiones, distorsionaba las voces de los protagonistas de las historias que con entusiasmo empezaba a escribir en la prensa venezolana. En aquellos tiempos salíamos de la cobertura de los hechos y nos íbamos a las salas de redacción de los periódicos para transcribir y convertir aquellas horas de discursos o declaraciones en cortas notas de prensa. Con los años y los avances de las nuevas tecnologías, el grabador de casete fue reemplazado por un grabador MP3 y éste —a su vez— por los teléfonos inteligentes que tienen todas las funciones en un solo aparato, con lo cual la actividad periodística se facilitó enormemente. Pasaron los años trayéndome a un momento en el que, al margen de estas facilidades, la cobertura de los casos judiciales en las cortes federales de los Estados Unidos tiene varias exigencias que acatar y también limitaciones a las que hay que hay adaptarse sin remedio, lo cual nos obliga a renunciar a la velocidad de los dispositivos móviles ultramodernos.

La primera limitación a la que hacemos referencia es que en los tribunales está terminante prohibido entrar con grabadoras, cámaras, teléfonos celulares y cualquier dispositivo que registre imágenes o sonidos. Incumplir con estas reglas es considerado una felonía y tiene consecuencias penales. Así es que la cobertura del caso de los llamados "Narcosobrinos" y otros procesos que tienen lugar en los salones de las cortes federales norteamericanas, debe hacerse con lápiz y papel. Sí. Regresar a la discreta técnica de los albores del periodismo —lo cual no es tarea fácil— particularmente cuando la atonía generada por los dispositivos móviles se impuso ante el vetusto mecanismo de escribir notas en una libreta de apuntes que —por lo general— quedan a medio andar en razón de la velocidad del discurso y la implacable traducción simultánea que el cerebro bilingüe hace en estos asuntos tan específicos de la justicia criminal.

Así, sometido a esta remota metodología, la cobertura de los juicios se convierte en un reto más allá de lo normal en nuestros días. Toca escribir rápido, irse a los detalles, a los símbolos, a la vieja taquigrafía para tener el tema completo para explicarlo en lenguaje sencillo a los lectores o escuchas que son receptores de la noticia. Para complementar y profundizar las notas periodísticas se tienen que leer de manera apresurada los documentos oficiales que casi siempre son escritos en lenguaje leguleyo, con abundancia de tecnicismos y abreviaciones que requieren tiempo para ser trabajados. Asimismo, hay que recurrir a conversaciones con fuentes que, prácticamente por norma, tienen prohibido hablar del tema durante todo el proceso, lo que convierte en una especie de lotería el lograr que algunos de los vinculados al caso hablen en condición de anonimato o simplemente confirmen datos que parecieran sobrar en el expediente. Los abogados —por ejemplo— no suelen emitir opinión ni confirmar la veracidad de las informaciones, salvo que sea de su interés. La mayoría de los defensores de los criminales se escurren entre sus numerosos asistentes, para legales y otros ayudantes para evitar toparse con los periodistas de la fuente en los ascensores o en los pasillos del tribunal. Así que, entre negativas y golpes de suerte, transcurren los días para los sabuesos que buscan información más allá de lo permitido por las rígidas normas de funcionamiento de la justicia estadounidense.

El jueves 12 de octubre de 2015 llegamos a la sede de la Corte del Distrito Sur de Nueva York, en el bajo Manhattan, un numeroso grupo de comunicadores deseosos de conocer más acerca de aquellos dos sujetos que, hasta la fecha, eran totalmente desconocidos pero que, por la naturaleza de lo que había hecho, se convirtieron en noticia. Sus nombres llegaron a la cúspide de los titulares de prensa al ser familiares de la pareja presidencial de Venezuela, Nicolás Maduro y Cilia Flores y, además, porque lo acontecido era una oportunidad única de demostrar que el régimen venezolano mantiene vínculos con los carteles de la droga y diversas organizaciones criminales.

Al llegar al tribunal ubicado en el 500 Pearl Street, tuvimos que hacer la fila para pasar por el detector y el punto de seguridad, algo a lo que obliga la naturaleza federal de este recinto. Muchas veces esa "cola" puede llevarse 15, 30 minutos o más, pues por allí pasan los candidatos a ser parte de los jurados, asistentes, trabajadores, público en general y, obviamente, los periodistas, sin ningún tipo de privilegios. Las medidas de seguridad son extremas en las cortes neoyorquinas, en especial después de la ola de atentados terroristas que han tenido como target esta metrópoli considerada el centro del capitalismo mundial.

Cuando logramos atravesar los detectores—para lo cual se deben poner en el escáner los bolsos, los abrigos, zapatos y cualquier otro objeto que se lleve consigo— los oficiales federales otorgan a cada usuario un número de fichas equivalentes al número de dispositivos electrónicos que están prohibidos en el edificio. Luego se pasa a una sección de seguridad donde se entregan los aparatos y es solo entonces cuando se puede acceder a las salas donde los magistrados trabajan. En el caso que nos ocupa, la sala está ubicada en el piso 14. Una vez sentados en las bancas, los periodistas que cubren la fuente recurren a la añosa libreta para dejar plasmadas con lápiz y papel las incidencias de lo que ocurre en el proceso. El caso de los sobrinos presidenciales duró más de 25 meses y logré escribir más de 12 libretas de apuntes que conforman la base de este trabajo que hoy pongo en sus manos. Las libretas las ordenaba de manera cronológica, luego las pasaba en limpio para hacer las entradas de mi blog Venezuela Política y las notas para los medios de comunicación social para los que trabajé el caso, en especial el diario El Nacional y Miami Diario.

En la medida que fue avanzando el proceso, había un exceso de información que se generaba de las dos partes —la fiscalía del Distrito Sur de Nueva York y de las diferentes defensas (públicas y privadas) que tomaron el caso—, así es que tuvimos que dedicarle más horas de trabajo a la organización de la documentación y a su clasificación, para proceder a publicar la información.

Paralelamente a la acumulación de datos, los periodistas que dimos cobertura al caso tuvimos que enfrentar los cercos de censura que el gobierno de Nicolás Maduro impuso sobre el tema. Los medios oficiales no publicaron los hechos que ocurrieron, otros medios se limitaron en sus publicaciones, lo que hacía que buena parte de la población no entendiera ni supiera nada, o muy poco, sobre el caso. Gracias a varias personas en Venezuela y en el exterior logramos informar a pesar de los obstáculos, y si bien en los canales de televisión, radio, periódicos y portales, la noticia era censurada, autocensurada, o bastante limitada, logramos superar parte de esos escollos y en buena medida la información del caso, día a día, fue distribuida a través de otros mecanismos como los canales Zello, las aplicaciones de WhatsApp, Wickr Me, Telegram, Signal, Periscope y las redes sociales como Twitter, Facebook e Instagram.

A lo largo de la cobertura tampoco faltaron las sorpresas. Una de ellas ocurrió en septiembre de 2016, luego de haber concluido una de las audiencias "curcio" del caso de Efraín Antonio Campo Flores y Franqui Francisco Flores de Freitas. La audiencia curcio, que es una sesión que incluye interrogatorios y orientación, permite que la parte demandada entienda la naturaleza del conflicto y se pronuncie al respecto, por lo que si de manera racional opta por contratar a un abogado de su elección, a pesar de la generación de un posible conflicto, queda establecido que a sabiendas renuncia a su derecho a la representación libre de conflictos.

Al ser retirados los acusados de la sala, los periodistas salimos corriendo al ascensor con el objetivo de ser los primeros en recuperar los teléfonos celulares para dar la primicia a la gente que esperaba la información por las redes sociales. Para recuperar los dispositivos se debe hacer una fila para entregar las fichas que contienen el número del espacio donde se encuentran los aparatos. Luego de obtenerlos, hay que abandonar el edificio federal para poder prender los equipos y trasmitir la información. A la salida estaba un hombre a la espera, no pasaba de los 30 años. Se me acercó directamente y de manera desinhibida me dijo que quería conversar conmigo en privado, pues tenía importante información para mí. Le pregunté quién era y me dijo que venía de Caracas y que quería conversar conmigo. Caminamos a un café cercano y le dije que tenía poco tiempo, pues tenía que escribir. El hombre me comentó que conocía muy bien a los sobrinos, que estuvo vinculado a ellos desde la infancia y que había datos en la historia por ellos contada que no se ajustaban a la realidad. Aquel sujeto me mostró fotografías y otras evidencias que dejaban clara su relación con los acusados de conspirar para traficar 800 kilos de cocaína. Me aseguró que este no era el único caso de narcotráfico, que los sobrinos tenían experiencia, que ciertamente tenían propiedades en Caracas adquiridas con dinero proveniente de la industria criminal y que ellos no eran los únicos que formaban parte de los numerosos carteles que operan en Venezuela bajo la protección del gobierno de Nicolás Maduro. El sujeto de aspecto desaliñado y medio infantil me dijo además que deseaba entregar información a cambio de protección y dinero. Este fue el primero de muchos individuos que fueron apareciendo a las afueras de la corte a lo largo de los dos años que duró el proceso. Desconozco cómo obtenían el visado requerido para viajar a los Estados Unidos y quién financiaba esos traslados. Por más que pregunté nunca me dijeron la verdad. Algunos entregaban información que luego de ser verificada resultaba cierta, y otras eran especies de coartadas a las que el gobierno venezolano nos tiene acostumbrados para desvirtuar la realidad y generar confusión y desinformación sobre los temas que no les conviene que sean tocados en los medios ni investigados por la justicia internacional.

Además de la información dada a conocer en las audiencias, la lectura del expediente completo, de las transcripciones del juicio, de las conversaciones con las fuentes vinculadas al caso, para concluir este trabajo tuve oportunidad de conversar con algunas de las personas mencionadas en el juicio y que me permitieron clarificar los puntos oscuros que dejó la contra información que se develó en la trama de los narcosobrinos. Tuve oportunidad de conocer gente muy cercana que me permitió verificar datos, entender la perspectiva humana de los protagonistas y ahondar en la profunda podredumbre que existe en la cúpula del poder político en Venezuela. De todo este proceso aprendí que las instancias de justicia internacional llegaron tarde a este apogeo de operaciones criminales que operan en territorio venezolano desde hace casi dos décadas, y que para recuperar al país hace falta que de manera radical se acabe con el reino de la impunidad que protege a los personeros del gobierno.

La cobertura a fondo de este caso también me dejó una profunda preocupación sobre el futuro de mi país, Venezuela, así como un enorme compromiso con la búsqueda de mecanismos idóneos para lograr que la justicia se aplique y que los culpables de haber convertido a tan hermosa nación en un narcoestado violento, o un estado criminalizado, paguen por los delitos cometidos contra una sociedad que anteriormente no había experimentado la absoluta criminalización de sus instituciones gubernamentales, de las fuerzas armadas y de estratos importantes de la población.

Este expediente es el primero que presentamos a ustedes. Esperamos trabajar en los próximos casos que refieran los vínculos que existen entre los carteles de la droga y los gobiernos del fallecido Hugo Chávez y el del actual mandatario Nicolás Maduro. La intención es hacer una serie donde queden documentadas para la historia las acciones de los protagonistas que convirtieron a Venezuela en un narcoestado y a la administración de Maduro en un narcorégimen que amenaza la estabilidad de los países del hemisferio y atenta contra la seguridad internacional. Por ahora hay muchas historias que contar y nuestra intención es seguirlo haciendo, aunque para ello tengamos que aprender —en la medida en que vayan apareciendo— a sortear los obstáculos, amenazas de muerte, acosos y campañas de difamación que el poder político y económico de las organizaciones criminales trasnacionales interponen para evitar que la verdad salga a flote y la naturaleza del sistema sea conocida y destruida por las fuerzas del bien que siguen activas en la comunidad internacional. Es una tarea que requiere esfuerzos conjuntos y voluntad política de los gobiernos democráticos de la región y del mundo.

Primer capítulo

El arresto

Hasta bien avanzado el 10 de noviembre de 2015, la noticia principal para todos los medios de comunicación venezolanos era la feroz campaña que el gobierno de Nicolás Maduro desarrollaba para retener la mayoría de las curules de la Asamblea Nacional, cuya elección estaba prevista a realizarse el 6 de diciembre; unos comicios donde, por primera vez, luego de varios años, las encuestas daban como ganadora indiscutible a la coalición opositora Mesa de la Unidad Democrática (MUD).

Ese hecho, o la reseña que la prensa oficialista hacía sobre el viaje que Nicolás Maduro y su amplia comitiva realizaban por Arabia Saudita, habrían sido los titulares de primera página en la mayoría de los periódicos de Venezuela de no haber sido por un hecho inusitado —aunque no increíble en un país en el que desde hace casi dos décadas todo es posible— ocurrido a 1.076 kilómetros al norte de Caracas, específicamente en Puerto Príncipe, Haití.

Desde tempranas horas se corría el rumor entre algunos periodistas de que estaba en curso un evento que removería los cimientos del alto poder. Sin embargo, todos los intentos por averiguar de qué se trataba resultaban infructuosos.

A las 11:16 de la mañana hora local, la Oficina de Lucha contra el Narcotráfico (BLTS, por las siglas en francés de la *Brigade de Lutte contre le Trafic des Stupéfiants*), adelantaba una acción de arresto en el restaurante del Servotel, uno de los siete hoteles más lujosos de ese pequeño país, ubicado en el Boulevard Toussaint Louverture, justo a unos 10 minutos del aeropuerto internacional de la capital haitiana.

Un hecho por demás rutinario, si se quiere, si no hubiese sido porque hacia las 4 de la tarde las citadas autoridades de la isla caribeña hicieron entrega de dos detenidos a agentes de la Administración para el Control de Drogas del Departamento de Justicia de los Estados Unidos (DEA, por las siglas en inglés de *Drug Enforcement Administration*). Para entonces la policía de Haití había ya cumplido con los trámites previos de reseña, toma de huellas dactilares, fotografía de rigor y demás diligencias pertinentes a dos venezolanos, para proceder a su expulsión y posterior entrega a los representantes del gobierno de Estados Unidos, de acuerdo con una solicitud formulada por la administración norteamericana a sus homólogos isleños.

Una vez cubiertos estos pasos, los arrestados fueron trasladados al terminal aéreo internacional donde abordaron un avión a las 4:30 de la tarde que los trasladó a White Plains en el condado de Westchester, en Nueva York, donde aterrizaron a la 20:10 de la noche, hora local.

Mientras esto acontecía, los periodistas movían todas sus fuentes para tratar de determinar con exactitud cuál era el suceso en desarrollo que amenazaba con tener serias repercusiones en las esferas gubernamentales venezolanas.

Un contacto establecido con un exagentede la DEA le permitió a Casto Ocando —periodista venezolano residenciado en Miami—dar el "tubazo" a través de su cuenta en la red social Twitter, a las 10:09 de la mañana del día siguiente: "Crisis en la familia Flores. El hijo Walter Gavidia Flores pide ayuda a Cilia. Dos sobrinos gravemente implicados en NY".

Ese ciudadano citado por Ocando, además de juez noveno de primera instancia del Área Metropolitana de Caracas, es también hijo de la Primera Dama venezolana, Cilia Flores. Los otros referidos en este primer avance del periodista son familiares de quien Nicolás Maduro ha dado en llamar la "Primera Combatiente".

Efectivamente, estaba en desarrollo un escándalo de marca mayor en el seno del poder venezolano. Sin embargo, esta primera noticia era aún imprecisa.

Entonces comenzó a fluir la información. Casto Ocando y quien estas páginas suscribe, a lo largo de la jornada establecimos contacto permanente buscando más detalles sobre el particular. Varias fuentes empezaron a confirmar que la noticia que estaba por salir a la opinión pública iba a causar gran impacto en el país suramericano y en la estructura del poder. En espera de confirmación de las autoridades de Nueva York, se supo que los dos hombres, cuyos nombres no habían sido revelados aún, serían procesados en el Distrito Sur de Nueva York.

Con el correr de las horas, una fuente informó a Ocando más detalles, y éste empezó a remecer con sus tweets los propios pilares del palacio de gobierno de Venezuela ya con información más definida: "Efraín Antonio Campo Flores y Franqui Francisco Flores de Freitas, parientes de Cilia Flores, acusados en NY por narcotráfico. 800 kilos de coca", rezaba el mensaje que ya identificaba a los sobrinos de la esposa de Nicolás Maduro, también diputada de la Asamblea Nacional.

No se habían equivocado quienes anunciaban el devenir de una noticia contundente que Casto Ocando fue soltando en cápsulas de 120 caracteres cada una[14].

Los primeros datos obtenidos relataban que Campo Flores y Flores de Freitas habían sido capturados por las autoridades haitianas cuando intentaban llevar 800 kilos de cocaína valorados en 80 millones de dólares a Nueva York. Los familiares de la Primera Dama venezolana se habían trasladado a Puerto Príncipe en un avión tripulado por Pablo Rafael Urbano Pérez y Pedro Miguel Rodríguez González. También iban a bordo Marco Tulio Uzcátegui Contreras y Jesfran Josnel Moreno Sojo.

Los primos Flores habían viajado a la isla caribeña a concretar la operación para la cual habrían contactado primeramente a un individuo llamado César Orlando Daza Cardona, quien a su vez los conectó con un narcotraficante en Honduras que terminó siendo un testigo cooperante de la DEA, codificado con las siglas CW-1 (*cooperating witness*).

---

[14] Canal de Noticias. "Así habría sido la operación antidrogas y de la posible cooperación de los sobrinos de Cilia Flores". 12 de noviembre de 2015. https://canaldenoticia.com/asi-habria-sido-la-operacion-antidrogas-y-de-la-posible-cooperacion-de-los-sobrinos-de-cilia-flores/

Creyendo haber hecho el negocio de sus vidas, quienes desde ese momento empezaron a conocerse como los "narcosobrinos" terminaron participando en una actividad encubierta de la agencia antidroga estadounidense que los sirvió en bandeja a la justicia del país más criticado por el chavismo. Todo estaba documentado: grabaciones en video y audio de conversaciones y un total de seis encuentros previos al arresto daban cuenta de la acción delictiva de los miembros de la familia presidencial venezolana.

El gobierno de Estados Unidos había recibido el primer reporte de que dos familiares de Nicolás Maduro y Cilia Flores estaban involucrados activamente en negocios de narcotráfico desde principios de septiembre de 2015, cuando uno de los testigos cooperantes de la DEA en Honduras supo de los primeros movimientos que hacían los sujetos para establecer contacto con terceros que les permitieran despachar droga.

Luego, ese individuo de nacionalidad hondureña reportó al agente especial norteamericano de la oficina del estado de Virginia, que había recibido una llamada de un oficial venezolano de nombre Bladimir Flores, que anunciaba que enviaría a sus sobrinos a finiquitar la negociación. Una vez conocida esa primera información, los agentes de la DEA desplegaron varias de sus fuentes para verificar los datos suministrados por el testigo, CW-1, alias "El Sentado", apodado así porque estaba confinado a una silla de ruedas.

El agente especial de la DEA, Sandalio González, contactó a varios de sus funcionarios y en los siguientes días pudo confirmar que, en efecto, los dos hombres, familiares del presidente venezolano, junto a otros sujetos no identificados, participaban activamente en los hechos delictivos citados. La DEA inició una investigación —según documento de la Fiscalía de Nueva York entregado a la corte en octubre de 2016— en agosto de 2015 que concluyó en el gran operativo de captura de los dos individuos el 10 noviembre de 2015 en Puerto Príncipe.

En la operación desplegada en cuatro países, la DEA instruyó a tres fuentes confidenciales o informantes, CS-1, CS-2 y CS-3 (*confidential sources*), mas el testigo cooperante CW-1, para recabar las evidencias que se constituirían en las pruebas a ser presentadas ante el Gran Jurado de Nueva York a objeto de que fueran evaluadas y generar así lo que se conoce en el derecho norteamericano como *Indictment*. Es decir, la acusación formal de un crimen grave, basada en una causa probable, que a posteriori se lleva a la corte para proceder con la solicitud de arresto de los ciudadanos involucrados, en especial si los sujetos no se encuentran en territorio estadounidense, para lo cual hay que hacer gestiones con gobiernos que tengan convenios de cooperación con la DEA.

En Estados Unidos, en los casos de la justicia criminal federal, es el gobierno quien inicia una causa penal, generalmente a través de la oficina del fiscal y en coordinación con una agencia de aplicación de la ley. Las acusaciones de conducta criminal, por lo general, deben ser llevadas por la policía local, el FBI, la DEA u otro organismo autorizado.

Al comienzo de un caso criminal federal, los principales actores son el Fiscal de Distrito o el Fiscal General y el Gran Jurado. El fiscal representa al Gobierno de Estados Unidos en los procesos judiciales federales, incluidos todos aquellos que obedezcan a causas criminales. El Gran Jurado ofrece opiniones sobre las pruebas presentadas por el fiscal y decide si son suficientes para requerir que un acusado sea juzgado.

En un juicio penal, la carga de la prueba recae sobre el gobierno. Los acusados no tienen que probar su inocencia. En su lugar, el gobierno debe proporcionar evidencia para convencer al jurado de la culpabilidad del acusado. En un juicio penal, en la valoración de la prueba el fiscal da una carga mucho mayor que en el caso del demandante en un juicio civil. El acusado debe ser encontrado culpable "más allá de una duda razonable", lo que significa que las pruebas deben ser tan contundentes que no haya lugar a equívocos sobre su culpabilidad.

En la presentación a la justicia de los acusados, ocurrida el 12 de noviembre de 2015 a las 6:10 p. m., el juez accidental James L. Cott, revisó los informes de investigación de arresto después de la detención de Campo Flores y Flores de Freitas. El magistrado Cott leyó a los acusados los cargos presentados en su contra. Uno de los imputados estuvo representado por el bufete de abogados Squire Patton Boggs, una firma que estaba comprometida con el estado venezolano, del cual había sido su representante legal en varias querellas en Estados Unidos. El otro debió acogerse a la defensa pública, pero de eso daremos detalles más adelante.

Siguiendo el protocolo que se usa en estos casos, el juez Cott les informó a los primos Flores que si no estaban en capacidad de pagar un abogado, el gobierno podía proveerles uno de oficio. Los dos sobrinos de la pareja presidencial de Venezuela fueron enviados —sin derecho a fianza— al Centro Correccional Metropolitano de Nueva York (MCC por sus siglas en inglés), ubicado a escasos metros del edificio 500 Pearl Street en el Bajo Manhattan, donde funciona la Corte del Distrito Sur de Nueva York.

Por lo general, los incriminados de delitos de drogas en Estados Unidos suelen declararse culpables de los cargos que el gobierno les imputa para lograr una condena menos severa. Al inicio de la acusación, los fiscales federales los amenazan con penas de prisión extraordinariamente severas para obligarlos a renunciar a su derecho a un juicio rápido. La acusación que recayó sobre los dos familiares de la pareja presidencial venezolana sugería una pena de cadena perpetua.

Desde la primera pista, los investigadores desarrollaron las estrategias utilizadas en este tipo de operaciones que buscan obtener las evidencias irrefutables para llevar a la justicia y castigar a aquellos criminales que violan la legislación estadounidense, en especial las leyes antinarcóticos, cuyas penas son muy fuertes.

En Estados Unidos, el 50 por ciento de la población penal que es sentenciada corresponde a delitos de drogas, según advierte *Human Rights Watch* en su reporte de evaluación del sistema de justicia y seguridad de la nación norteamericana[15]. Un impresionante 97 por ciento de los acusados por violación de las leyes antinarcóticos se declaran culpables de los cargos que se le

---

[15] Human Rights Watch. Informe Mundial 2015: Estados Unidos.
https://www.hrw.org/es/world-report/2015/country-chapters/268148

imputan y deciden negociar con los fiscales para lograr condenas menos severas y mejores condiciones en sus sentencias[16]. En contraste, el 3 por ciento que decide ir a juicio, por lo general obtiene una condena tres veces mayor a la de los reos que se declaran culpables y negocian sus cargos. De hecho, la organización no gubernamental *Human Rights Watch* advierte en sus reportes anuales de esa modalidad que supuestamente se ha establecido en el sistema de justicia criminal, según la cual los fiscales federales amenazan a los demandados con penas de prisión extraordinariamente duras para obligarlos a renunciar a su derecho a ir a juicio y, en su lugar, asumir los cargos por los cuales se les procesa.

Pues bien, en un primer momento se habló de que los sobrinos Flores estarían negociando un acuerdo de cooperación con las autoridades estadounidenses. No obstante, cuando estuvieron frente al juez designado para atender la causa, Paul Crotty, ambos se declararon no culpables de los cargos por los cuales la fiscalía de Nueva York los había llevado a la corte. ¿Estaban siguiendo el consejo de sus abogados o tal decisión fue producto de su ignorancia del sistema judicial estadounidense y/o de su extrema confianza en el poder político de su familia?

Efraín Antonio Campo Flores y Franqui Francisco Flores de Freitas no son familiares lejanos de Cilia Flores y Nicolás Maduro, cuya acción habría podido ser disminuida bajo el alegato de que se trataba de personas no pertenecientes al entorno íntimo

---

[16] HRW. "US: Forced Guilty Pleas in Drug Cases". 5 de diciembre de 2013. https://www.hrw.org/news/2013/12/05/us-forced-guilty-pleas-drug-cases

presidencial. No. El arresto involucraba a dos personas que formaban parte del entorno de la familia Flores y Maduro quienes ostentan el poder casi absoluto en Venezuela desde 2013.

Uno de ellos —Campo Flores— es ahijado del presidente, y además de sobrino de la Primera Dama, y se hace referencia a él como su hijo de crianza. Es decir, hablamos de al menos una persona que, incluso, había convivido con la pareja presidencial venezolana bajo el mismo techo, de acuerdo a las informaciones que se dieron a conocer y no fueron desmentidas oficialmente por la familia. Por esa razón, desde un primer momento se activaron todos los mecanismos diplomáticos. El cónsul de Venezuela en Nueva York para ese entonces, Calixto Ortega Sánchez, se movía "como loco" —según reseñó Casto Ocando—tratando de determinar qué era exactamente lo que estaba sucediendo[17].

Al momento de ocurrir los primeros acontecimientos, salieron a relucir algunas informaciones sobre los acusados. Efraín Antonio Campo Flores le aseguró al juez de la causa ser abogado. Se supo que presidía una empresa en Panamá cuyo nombre es Transportes Herfra, S.A. Esta compañía, para el momento de la detención, tenía dos años de haber sido registrada, según la base mundial de datos de empresas, Dato Capital. Luego se conocería que Campo Flores había informado al agente especial de la DEA, Sandalio González, durante su traslado a Nueva York, que este negocio de transporte contaba con una flota de 20 taxis en Panamá[18]. Asimismo, un

---

[17] Twitter. Casto Ocando. 11 de noviembre de 2015.
https://twitter.com/cocando/status/664542557481910277?ref_src=twsrc%5Etfw&ref_url=https%3A%2F%2Fcanaldenoticia.com%2Fasi-habria-sido-la-operacion-antidrogas-y-de-la-posible-cooperacion-de-los-sobrinos-de-cilia-flores%2F

hermano de la Primera Dama, Hermes Melquiades Flores[19], es director de la citada organización empresarial.

Otros datos refieren que el acusado es militante del oficialista Partido Socialista Unido de Venezuela (PSUV), residente en Caracas, en el Boulevard Libertador, Parroquia Sucre, sector primero, Plan de La Silsa, a la derecha de la calle Ezequiel Zamora. Al frente, la calle 5 de julio. A la izquierda, la vereda y la iglesia Santo Cristo, casa sin número. Otra dirección relacionada con él es el edificio Diamante III, apartamento 04, avenida Las Fuentes de El Paraíso, también en la capital.

Trabajó en el Parlamento Latinoamericano entre los años 2008 y 2011, cuando su tía Cilia Flores presidía la Asamblea Nacional. Su registro en el Instituto Venezolano de los Seguros Sociales, IVSS, contempla el número patronal D18407377, con un salario de 755 bolívares semanales. Su estatus de asegurado a la fecha de esta publicación (2018) es cesante. La primera afiliación fue el 1° de febrero de 2008 y la fecha de contingencia es el 25 de agosto de 2046[20].

Entre tanto, de Franqui Francisco Flores de Freitas se supo que ante el juez refirió haber estudiado solamente hasta el cuarto año

---

[18]Documento de la Fiscalía del Distrito Sur de Nueva York presentado durante el juicio del caso de Efraín Antonio Campo Flores y Franqui Francisco Flroes de Freitas, noviembre de 2016.

[19] El Confidencial. Denunciarán en Panamá a Diosdado Cabello junto a sobrino y ahijado de Maduro
https://www.elconfidencial.com/ultima-hora-en-vivo/2015-11-17/denunciaran-en-panama-a-diosdado-cabello-junto-a-sobrino-y-ahijado-de-maduro_746245/

[20] IVSS. Efraín Antonio Campo Flores. Cuenta personal.
http://www.ivss.gob.ve:28083/CuentaIndividualIntranet/CtaIndividual_PortalCTRL?c edula_aseg=18330183&d=25&m=08&nacionalidad_aseg=V&y=1986

de bachillerato y que es propietario de una empresa de alimentos refrigerados que distribuye comida a restaurantes de Caracas. Una información que reiteró más adelante su abogado, David M. Rody, de la firma Sidley Austin LLP. Esto contradice otros datos manejados por los fiscales de Nueva York en los que se sostenía que era ingeniero de sistemas egresado en 2013 de la Universidad Nacional Experimental Politécnica de la Fuerza Armada Nacional (UNEFA), que se desempeñaba como comerciante y es militante del PSUV.

Dicho informe también reporta dos direcciones de Flores de Freitas, ambas en Caracas. La primera en El Junquito, Barrio Buenos Aires/calle Bicentenario, frente a la calle El Manguito, sector El Manguito, al lado del dispensario Menca de Leoni, casa sin número; y la segunda, un local comercial ubicado en el Centro Ciudad Comercial Tamanaco, CCCT, PB, local 43-b.

Igualmente, está asentado en los informes que Flores de Freitas es trabajador activo de Digital CCT, C.A., RIF J294314813, número patronal O91117294, empresa a la que ingresó el 1° de abril de 2011. Según los datos de afiliación, su último salario fue 1.712,70 bolívares semanales. Su estatus actual como asegurado es activo. Fecha de la primera afiliación: 1° de abril de 2011, fecha de contingencia, 14 de agosto de 2045. Este negocio se dedica a la reparación de teléfonos celulares, consolas de videojuegos y equipos de última generación, así como a la venta de videojuegos y accesorios para celulares. Su sede es en el Centro Ciudad Comercial Tamanaco, en el mismo local ya referido.

Otra dirección que aparece en el reporte oficial es: Caracas, Distrito Capital, Municipio Bolivariano Libertador, Parroquia Sucre, sector primero, Plan de La Silsa, derecha calle Ezequiel Zamora. Frente calle 5 de julio. Izquierda, vereda la iglesia Santo Cristo, adjunto a la iglesia Santo Cristo, casa sin número[21], la misma de Campo Flores.

El jueves 12 de noviembre de 2015 la noticia estaba en plena ebullición, aunque con datos que aún no ofrecían una información concreta.

El periodista Casto Ocando continuaba dando sus partes a través de Twitter, los cuales eran replicados por la prensa del mundo entero. Algunos de estos reportes daban cuenta de que la cocaína incautada a Campo Flores y Flores de Freitas tenía 93 por ciento de pureza, chocando con los insistentes desmentidos que hacían voces del oficialismo venezolano para tratar de desestimar el hecho y desacreditar al comunicador. Pero todas las maniobras del chavismo quedaron en burdos intentos por falsear la realidad que ya dejaba sentado que Efraín Antonio Campo Flores y Franqui Francisco Flores de Freitas habían sido presentados ante la Corte Federal del Distrito Sur de Nueva York en una audiencia a la que había asistido el encargado de negocios de la Embajada de Venezuela en Washington, Maximilian Arveláez, echando por tierra todos los pronunciamientos que pretendían invalidar la información.

---

[21] Documento del gobierno federal que forma parte de las evidencias presentadas en el juicio de Efraín Antonio Campo Flores y Franqui Francisco Flores de Freitas, Nueva York, Noviembre de 2016.

Con el correr de las horas se iba obteniendo información y datos más precisos acerca de lo ocurrido, pese a los esfuerzos que desde el Palacio de Miraflores se hacían para acallar a los medios de comunicación venezolanos e impedir que se difundieran los hechos. Se quería silenciar todo lo que pudiera perturbar la campaña electoral que en ese momento se desarrollaba en el país con miras a los comicios parlamentarios del 6 de diciembre de 2015 y a los cuales la diputada Cilia Flores se presentaba como candidata a la reelección. Pero ya no era posible ocultar lo que había quedado en evidencia en Puerto Príncipe: los nexos entre el narcotráfico y la cima del poder político de Venezuela.

Efraín Antonio Campo Flores y su primo Franqui Francisco Flores de Freitas, estaban siendo acusados de "conspiración para (i) importar cinco o más kilogramos de cocaína a los Estados Unidosdes de un país extranjero; y (ii) distribuir cinco o más kilogramos de cocaína conociendo y con la intención de que sería importada a los Estados Unidos"[22].

Habían aterrizado en la capital haitiana a bordo de un avión identificado con las siglas YV-2030, propiedad de la compañía "Constructora y Mantenimiento Coinpectra, C.A.", ubicada en la calle La Joya, Edificio Cosmos, Piso 8, Oficina 8, en Chacao, Caracas. La aeronave había pertenecido anteriormente —para 2007— a la empresa Sabempe.

---

[22] Department of Justice. U.S. Attorney's Office. Southern District of New York. "Manhattan U.S. Attorney Announces The Arrest Of Two Venezuelan Nationals For Conspiring To Import". https://www.justice.gov/usao-sdny/pr/manhattan-us-attorney-announces-arrest-two-venezuelan-nationals-conspiring-import

Pero mientras en Venezuela y EE. UU. la información era escueta y se conocía a cuentagotas, cruzando el Atlántico, específicamente en España, el diario ABC empezaba a publicar reportes de su corresponsal destacado en Washington DC, Emili J. Blasco, con muchos más datos que los difundidos de este lado del océano. El reportero europeo se lanzó al ruedo con la primera información del caso a través de la prensa escrita, que confirmaba lo que hasta ese momento se había manejado como rumores, especulaciones y anuncios por las redes sociales.

En su información, Blasco refirió que Campo Flores y Flores de Freitas, durante sus primeras declaraciones, involucraron en el negocio del narcotráfico a otro sobrino de la Primera Dama venezolana. El periodista español dijo que fuentes del caso habían asegurado que los acusados manifestaron que, en la operación de traslado de la droga a EE. UU., el lavado del dinero proveniente de la transacción podría hacerse a través de Petróleos de Venezuela, S.A, PDVSA, para lo cual solo era necesario hacer una llamada a su primo, Carlos Erick Malpica Flores, quien se desempeñaba para la fecha como tesorero de la estatal petrolera venezolana[23], tras ocupar diversos cargos públicos.

Explicaba la reseña de prensa del ABC que, entre las personas que los jóvenes acusados contactaron para llevar a cabo la operación de traslado de la droga a territorio norteamericano, había un confidente de la DEA que se encargaba de indagar para

---

[23] ABC (España). "Los familiares de Maduro detenidos involucran al tesorero de PDVSA, otro sobrino del presidente y de su esposa". 13 de noviembre de 2015. http://www.abc.es/internacional/abci-familiares-maduro-detenidos-involucran-tesorero-pdvsa-otro-sobrino-presidente-y-esposa-201511130247_noticia.html

obtener información que sustentara el caso. Una de las preguntas de este confidente, al parecer, estaba dirigida a conocer la estructura financiera que permitiría la operación, ocasión que habían aprovechado los sobrinos Flores para alardear sobre las facilidades que tenían para blanquear el dinero a través de su pariente tesorero de PDVSA.

Blasco hizo mención a que la petrolera venezolana, por su alta capacidad de facturación, podría haber sido utilizada para lavar dinero proveniente del tráfico de drogas en esa y otras ocasiones. Agregó que Rafael Ramírez, quien fue presidente de PDVSA durante diez años, ya era objeto de investigación por varias fiscalías estadounidenses, solo que —por ocupar para ese entonces la Misión de Venezuela ante la Organización de Naciones Unidas, ONU— gozaba de inmunidad diplomática, lo cual le permitía retrasar cualquier acción legal en su contra. Resultaba inimaginable para esa fecha que quien se tuvo durante años como el zar del petróleo en Venezuela, caería en desgracia frente al gobierno de Nicolás Maduro, quien lo despidió en diciembre de 2017, desatando acusaciones mutuas de corrupción y "deslealtad" a Chávez.

En aquellos primeros avances informativos llegados a manos de la prensa se encontraba un reporte de la Fiscalía de Nueva York, a cargo de Preet Bharara[24], donde se señalaba que a Campo Flores y Flores de Freitas, la División de Operaciones Especiales de la DEA, la Unidad de Investigaciones Bilaterales, la Fuerza de Ataque de

---

[24] United States Department of Justice. "Manhattan U.S. Attorney Announces The Arrest Of Two Venezuelan Nationals For Conspiring To Import". 12 de noviembre de 2015. https://www.justice.gov/usao-sdny/pr/manhattan-us-attorney-announces-arrest-two-venezuelan-nationals-conspiring-import

Nueva York y la Oficina Federal de Investigación (FBI, *Federal Bureau of Investigation*) les venían haciendo seguimiento desde hacía varios meses, para lo cual se habían valido de informantes que grabaron sus movimientos con el objeto de recabar las pruebas necesarias que permitieron el arresto.

La acusación del fiscal alegaba que Campo Flores y Flores de Freitas habían sostenido encuentros en Venezuela con terceras personas para establecer la estrategia de los envíos de la droga a Estados Unidos, vía Honduras[25].

El periodista Blasco también informó que, según los datos que manejaba, desde Honduras se habría trasladado alguien a Caracas para examinar personalmente "el producto" y certificar la calidad de la cocaína a transportar a EE. UU. todas estas acciones habrían sido grabadas por los informantes de la DEA[26].

Preet Bharara—uno de los hombres más respetados en el sistema judicial estadounidense y conocido por ser un fiscal implacable, cuyo trabajo permitió apresar a criminales con amplios prontuarios en diversos ámbitos delictivos, desde banqueros del Wall Street hasta terroristas del Medio Oriente, pasando por traficantes de drogas de varios países de América Latina—, se dejó de medias tintas y solicitó cadena perpetua para Efraín Antonio Campo Flores y Franqui Francisco Flores de Freitas.

---

[25] United States Department of Justice. United Estates District Court. Southern District of New York. United States of America v. Efraín Antonio Campo Flores and Franqui Francisco Flores de Freitas. Indictment. https://www.justice.gov/usao-sdny/file/792936/download

[26] NTN24. 11 de noviembre de 2015 Compacto Informativo AL PUNTO. Entrevista con el periodista Emili J, Blasco del diario ABC (España). https://www.youtube.com/watch?v=Qvw2u7wda-A

Los acusados fueron sorprendidos por la policía antidroga de Haití cuando pretendían cobrar 11 millones de dólares que requerían para pagarla campaña de reelección legislativa de su tía, la Primera Dama de Venezuela, Cilia Flores. Campo Flores pidió a los narcotraficantes una parte del dinero correspondiente al primer envío por adelantado, puesto que le urgía pagar los votos que le habían conseguido unos 4 mil jefes de parroquia para supuestamente garantizar la reelección.

Si bien el acto de presentación de los acusados ante la corte ha debido producirse al día siguiente del arresto que tuvo lugar el martes 10 de noviembre de 2015, esto no fue posible por cuanto en Estados Unido se celebra cada 11 de noviembre el Día de los Veteranos, feriado oficial. La audiencia de presentación tuvo lugar, entonces, el jueves 12 de noviembre a las 6:40 de la tarde.

Los dos acusados habían sido llevados desde tempranas horas de la mañana a las instalaciones de la Corte Federal, ubicada en el edificio 500 Pearl Street en Manhattan. Reportes de la fiscalía señalaron que llevó más de 6 horas la preparación administrativa de los documentos, los papeles de expulsión por parte del gobierno de Haití y la entrega a la Agencia Antidroga de EE. UU. Hubo además un pleito entre los dos acusados, puesto que ambos querían ser representados por el mismo escritorio jurídico, cuestión que la fiscalía objetara de inmediato por generar un potencial conflicto de intereses.

Durante el acto de presentación a la justicia norteamericana que duró apenas seis minutos, a los acusados se les negó la posibilidad de quedar en libertad bajo fianza y se determinó que permanecerían detenidos en el MCC de Nueva York donde ya habían pernoctado por dos noches, una cárcel federal que la prensa refiere como "el Guantánamo de Nueva York", pues ha dado albergue a peligrosos terroristas como Abu Anas al-Libi y Khalid al-Fawwaz, dos altos jefes de Al-Qaeda, así como a importantes narcotraficantes como Joaquín "El Chapo" Guzmán, exlíder del cartel de Sinaloa, y otros exmiembros del cartel de los Zetas y hasta el operador financiero Bernie Madoff, entre muchos otros.

A este acto judicial, uno de los sobrinos de Cilia Flores y Nicolás Maduro llegó representado no solo por uno de los escritorios jurídicos más prestigiosos del mundo (44 oficinas en varios países), sino también de los más costosos: Squire Patton Boggs[27]. Los 870.5 millones de dólares reportados como ganancias en 2014[28] dan cuenta de ello. John Reilly, Rebekah Poston y Alfredo Anzola fueron los abogados que ese despacho dispuso para encargarse —los dos últimos provenientes de Miami— de defender los derechos del hijastro del presidente Nicolás Maduro, Efraín Antonio Campo Flores.

Como nota curiosa, la firma Squire Patton Boggs también representó al Banco Central de Venezuela, BCV, en la demanda interpuesta contra el portal DolarToday.com.

Para ese momento se manejó la especie de que uno de los acusados había aceptado los términos y condiciones del programa

---

[27] Squire Patton Boggs. https://www.squirepattonboggs.com/en
[28] The Lawyer. "Squire Patton Boggs reports 12 per cent hike in year-end financials". 31 de marzo de 2015. https://www.thelawyer.com/issues/online-march-2015/squire-patton-boggs-reports-12-per-cent-hike-in-year-end-financials/

de cooperación de la DEA para colaborar con la justicia norteamericana.

El juez de turno, James L. Cott[29], como es obligación según las leyes estadounidenses, preguntó a los acusados si deseaban ser representados legalmente por un abogado público, a lo que Flores de Freitas contestó afirmativamente, a diferencia de su primo. La defensa pública en Estados Unidos procede cuando los acusados se declaran incapaces financieramente para contratar los servicios de un abogado privado. Hay que apuntar que, particularmente en la ciudad de Nueva York, la defensa criminal privada es altamente costosa.

Vista la declaración de incapacidad económica expresada por Flores de Freitas, el juez procedió a designarle como defensores públicos con carácter provisión a la Vincent Southerland y Jonathan Morvinny, del grupo Federal Defendant of New York Inc, quienes ejercieron su representación legal hasta el mes de mayo de 2016.

Franqui Francisco Flores de Freitas debió llenar el formulario de rigor ante el secretario de finanzas del Tribunal de Circuito de Nueva York y pagar la tasa estipulada de 100 dólares.

En EE. UU. los servicios de la Defensoría Pública no son gratuitos, por lo que si el acusado es condenado, la corte incluirá el pago de los honorarios de los abogados públicos como parte de la sentencia.

Esa tarde del jueves, los acusados no exhibieron en ningún momento nerviosismo y, mucho menos, algún gesto de

---

[29] United States District Court for the Southern District of New York. James L. Cott. http://www.nysd.uscourts.gov/judge/Cott

arrepentimiento. Lucían una barba bien cuidada y vestían ropa deportiva de famosas marcas. Se mantuvieron serios, atentos a lo que les decía el intérprete del magistrado cuando les informaba su derecho de permanecer en silencio, tener un defensor y, por último, sobre las acusaciones que la justicia norteamericana formulaba en su contra.

Tal vez la premura de los hechos hacía que se tejiera todo tipo de conjeturas. Hasta el momento era poca la información que se manejaba, lo cual servía de caldo de cultivo para que surgiera una gran cantidad de especulaciones.

Resultaba altamente sospechoso que uno de los sobrinos de la pareja presidencial venezolana renunciara a la defensa privada y se acogiera a la defensa pública. ¿Qué estaba sucediendo? ¿Había ocurrido una traición? ¿Acaso el joven, en un ataque de culpa, había decidido delatar a sus poderosos tíos?

Concluido el acto, se fijó el 18 de noviembre de 2015 como fecha de la próxima audiencia. Quedó determinado, igualmente, que el juez de la causa contra Efraín Antonio Campo Flores y Franqui Francisco Flores de Freitas sería el juez de la Corte del Distrito Sur de Nueva York, Paul Crotty[30].

El juez Crotty fue nominado en 2005 por el presidente George W. Bush y confirmado enseguida por el Senado.

---

[30] United States District Court for the Southern District of New York. Paul A. Crotty. http://www.nysd.uscourts.gov/judge/Crotty

Luego de la sesión de presentación de los primos Flores ante la justicia de EE. UU. surgieron más dudas en el seno de opinión pública. Y no había nadie dispuesto a aclararlas.

La más grande de las interrogantes giraba en torno a quién corría con los gastos que la contratación de un despacho jurídico de la categoría de Squire Patton Boggs implicaba.

Tanto en Venezuela como en Nueva York la pregunta era la misma: ¿Se estaba pagando la defensa de los narcosobrinos con dineros públicos venezolanos? ¿A qué partida se cargaban los traslados, viáticos y lobby que el cónsul Calixto Ortega Sánchez, el encargado de negocios de la Embajada en Washington DC, Maximilian Arveláez, y otros funcionarios diplomáticos de Caracas realizaban? ¿Los honorarios y traslados de los abogados desde Miami a Manhattan estaban también siendo cubiertos con fondos de la embajada y oficinas consulares de Venezuela en Estados Unidos?

Otra gran pregunta giraba en torno a si era realmente posible que estos hombres menores de 30 años—para el momento de su arresto—, sin contar con ningún apoyo, tuvieran la posibilidad cierta de tejer una red delictiva del tamaño y envergadura a la descubierta en las investigación de la DEA y el FBI. Tanto Efraín Antonio Campo Flores como Franqui Francisco Flores de Freitas habían gozado de las bondades del poder, ocupado cargos públicos, usado los bienes del Estado como si fueran propios, viajado en aviones pertenecientes a la nación venezolana y tenían acceso al hangar presidencial, ubicado en la rampa 4 del aeropuerto internacional "Simón Bolívar" de Maiquetía, un lugar que supone por su naturaleza, ser de máxima seguridad y elevadas restricciones.

Con todas estas prebendas y alardes de poder, para muchos era difícil de creer que estuvieran actuando solos. Especialmente cuando se trataba de usar el principal aeropuerto del país para importar droga proveniente de las FARC y meterla de contrabando a Estados Unidos.

Igualmente se corrió la voz en los predios tribunalicios de que el propio hijo de Cilia Flores, Walter Jacobo Gavidia Flores, quien había ocupado cargos en el poder judicial venezolano y que fungía como presidente de la Fundación Propatria, podría estar implicado en el caso. Se decía insistentemente, aunque nunca fue confirmado, que el vástago de la Primera Dama poseía propiedades millonarias en varios países, a saber: Panamá, Bahamas, República Dominicana y el propio Estados Unidos. Se refirió que el nombre de Gavidia Flores estaría vinculado a las averiguaciones que adelantaba la DEA en EE. UU., Colombia y Centroamérica.

Trascendió que en la madrugada del viernes 13 de noviembre se habían producido varios allanamientos a locales ubicados en Miami y Fort Lauderdale, entre los cuales había un restaurante, tres hangares y dos apartamentos, hecho que tampoco fue confirmado por ninguna autoridad del estado de Florida.

Otras especulaciones surgidas a la luz del caso de los narcosobrinos daban cuenta del supuesto vínculo existente entre ellos, Diosdado Cabello y Tareck El Aissami —presidente de la Asamblea Nacional y gobernador del estado Aragua para ese entonces, respectivamente. Informaciones de prensa han reiterado que los dos altos funcionarios venezolanos tienen expedientes en varios tribunales de Estados Unidos y son supuestamente investigados por haber facilitado y encubierto el traslado de droga a Norteamérica y a otros países.

Más aún, la misma versión de prensa del diario ABC ya citada refería que, supuestamente, los sobrinos Flores habrían responsabilizado a Diosdado Cabello y a Tareck El Aissami de ser los responsables de la carga de la droga, aunque en ningún documento presentado en el caso por la fiscalía se tocó públicamente este tema. Ni siquiera fue mencionado. Los altos funcionarios, decía Emili J. Blasco en su información, según le habrían referido sus fuentes, habrían podido ser quienes facilitaron la droga[31].

Cabe apuntar que tanto Cabello como El Aissami estarían siendo investigados por la justicia de Estados Unidos a través de varios de sus tribunales, por cuanto habrían facilitado y encubierto el traslado de drogas a esa nación y a otros países. De hecho, en febrero de 2017, ya siendo vicepresidente de Venezuela, El Aissami fue incluido en la lista de personas relacionadas con el narcotráfico internacional preparada por el Departamento del Tesoro del, para la fecha, recién instalado gobierno de Donald Trump.

---

[31] ABC (España). "Los familiares de Maduro detenidos involucran al tesorero de PDVSA, otro sobrino del presidente y de su esposa". 13 de noviembre de 2015. http://www.abc.es/internacional/abci-familiares-maduro-detenidos-involucran-tesorero-pdvsa-otro-sobrino-presidente-y-esposa-201511130247_noticia.html

Otras especulaciones surgidas desde el comienzo del caso iban más allá y planteaban la extraña coincidencia del arresto de los narcosobrinos en Haití y la visita que pocos meses antes del hecho —específicamente en junio de 2015— Cabello hiciera a la isla caribeña para entrevistarse con Thomas Shannon, entonces consejero del Secretario de Estado, John Kerry.

En noviembre, precisamente Diosdado Cabello fue el funcionario de más alto nivel que primero se pronunció sobre el caso de los narcosobrinos una semana después de los hechos. En tal sentido, el entonces presidente del Poder Legislativo venezolano catalogó como un secuestro el arresto de Efraín Antonio Campo Flores y Franqui Francisco Flores de Freitas[32].

Cabello catalogó de "extraña" la detención y subrayó lo curioso de que de toda la tripulación del avión en el que se trasladaron los sobrinos Flores solo hubiesen detenido a dos personas, dejando en libertad al resto, que fue enviado a Venezuela junto a la aeronave.

En un ejercicio de caradurismo inigualable, el entonces diputado Cabello quiso desvincular a Campo Flores y Flores de Freitas de la pareja presidencial venezolana. Apenas admitió la relación consanguínea de uno de ellos con Cilia Flores, puso en duda la del otro y aseguró que era falso que la Primera Dama y Nicolás Maduro los hubiesen criado. Aseveró que la finalidad de lo que catalogó como una "olla periodística" y parte de una campaña orquestada en

---

[32] RunRunnes.com. "Cabello dijo que la DEA 'secuestró' a familiares de Cilia Flores". 16 de noviembre de 2015. http://runrun.es/nacional/venezuela-2/235700/diosdado-cabello-dea-secuestro-a-los-sobrinos-de-cilia-flores.html

contra del chavismo, era perjudicar al oficialismo en las elecciones parlamentarias pautadas para el 6 de diciembre de 2015[33].

La tesis del secuestro fue replicada semanas después por la propia Cilia Flores, en enero de 2016, cuando ya había sido reelecta diputada para el nuevo período legislativo.

Cuando finalmente declaró sobre el caso, sostuvo la Primera Dama venezolana que "la DEA cometió delitos de secuestro que, en todo caso, la defensa se encargará de probar. Tenemos elementos, tenemos las fotos de quiénes fueron los funcionarios de la DEA que incurrieron en delito aquí en Venezuela en este caso que es de secuestro y de venganza"[34]. No obstante, esas supuestas pruebas nunca se dieron a conocer, al menos ninguno de los abogados que defendió a los sobrinos presidenciales las mostró públicamente, ni hizo referencia a ellas en sus argumentos frente al jurado.

Las afirmaciones de Cilia Flores superan a las de Diosdado Cabello, pues en sus declaraciones deja ver que sus sobrinos habrían sido capturados en territorio venezolano y no en Haití.

Agregó en esa ocasión que las acusaciones contra sus familiares no tenían otro fin que hacer ver a Venezuela como un Estado forajido.

---

[33] Youtube. Diosdado Cabello en el programa Vladimir a la 1. 16 de noviembre de 2015. https://www.youtube.com/watch?v=mp-zau3aYiM

[34] Tal Cual. "Cilia Flores por fin habló sobre sus sobrinos detenidos por narcotráfico". 12 de enero de 2016. http://www.talcualdigital.com/Nota/122179/cilia-flores-por-fin-hablo-sobre-sus-sobrinos-detenidos-por-narcotrafico?fb_comment_id=1067992129912421_1067999559911678#f1a62cf4b431f

Se negó a hacer más precisiones bajo el alegato de no querer enturbiar el caso. "Nosotros no podemos seguir hablando de esto porque tenemos que respetar que hay un proceso. La defensa se encargará de dar mayores elementos porque no queremos perturbar un proceso donde tenemos pruebas del secuestro, de la invasión de la DEA en territorio venezolano y el motivo que originó este caso. Nosotros preferimos esperar que la [actuación de la] defensa y [que] en el juicio se determine la [verdad] porque no queremos extralimitarnos ni sacar las pruebas hasta tanto no se definan otras cosas allí", se limitó a decir Cilia Flores en esa ocasión.

Pero los alegatos de la Primera Dama venezolana y las pretensiones de sus sobrinos de querer aparecer como las víctimas inocentes de un complot urdido en los macabros laboratorios del "imperio", distan mucho de la realidad que dejan ver los hechos. Nunca se mostraron las supuestas pruebas, ni fue posible ver las fotografías de los agentes de la DEA que, según la versión de Cilia Flores, habían secuestrado a sus sobrinos en territorio venezolano, algo que comprueba cómo el oficialismo usa la mentira como política desde su llegada al poder.

Las averiguaciones indican que Campo Flores y Flores de Freitas tenían la capacidad de sacar droga por el Aeropuerto Internacional "Simón Bolívar" de Maiquetía con absoluta libertad, y que este no era el primer despacho que hacían, puesto que fue el mismo Campo Flores quien se encargó de informar que trabajaba en el narcotráfico desde que tenía 18 años, y que había hecho negocios, algunos malos, con franceses y mexicanos.

En las declaraciones de Campo Flores al agente Sandalio González durante su traslado de Haití a Nueva York, informó que por ser el hijo de la "señora", refiriéndose a la Primera Dama, Cilia Flores, nadie se atrevía a preguntarle nada en el aeropuerto. Igualmente, que gracias a sus vínculos con la pareja presidencial venezolana tenía el privilegio de contar con escoltas, algunos de ellos miembros de la Fuerza Armada Nacional Bolivariana, FANB. Ser quien es también le permitía obviar los controles y requisas que aplica el personal de inmigración antes de la salida del país de cualquier ciudadano venezolano. Luego se conoció que Campo Flores, al momento de ser interrogado por los agentes de la DEA, refirió que solamente su personal de seguridad conocía de la operación de narcotráfico que estaba en plena ejecución.

La aeronave aterrizó en Puerto Príncipe a las 9 de la mañana. Al bajar del avión se encontraron al contacto, el supuesto narcotraficante mexicano acompañado por un agente encubierto de la policía de Haití, quienes los esperaban con un vehículo que los llevaría al hotel Servotel donde concluiría la operación que la DEA había preparado para arrestarlos.

La embajada de Estados Unidos y la oficina de la DEA en Puerto Príncipe habían cumplido con todos los requisitos legales y protocolares para que las autoridades antidroga de la isla pudieran capturar infraganti a los dos hombres venezolanos en esta operación que incluía el envío a EE. UU., vía Honduras, de droga suministrada por la guerrilla de las Fuerzas Armadas Revolucionarias de Colombia, FARC. Se conoció por un informe del Ministro de Justicia y Seguridad Pública de la isla, Pierre Richard

Casimir, que había órdenes del gobierno de colaborar con la DEA para capturar a los sujetos sobre quienes había boletas de arresto expedidas en Nueva York[35].

El día que fueron arrestados era la primera vez que Campo Flores y Flores de Freitas pisaban suelo haitiano, según reportan sus registros de inmigración.

Igualmente se pudo conocer —y con esto se echaban por tierra los argumentos de Diosdado Cabello— que al momento de la aprehensión de los sobrinos presidenciales en Puerto Príncipe por las autoridades del BLTS, este cuerpo policial que venía colaborando en la investigación con su agencia paralela norteamericana DEA, decidió únicamente detener a Efraín Antonio Campo Flores y Franqui Francisco Flores de Freitas en virtud de que eran las dos personas que estaban solicitadas por las autoridades estadounidenses, y sobre quienes pesaba una orden de detención de la Fiscalía del Distrito Sur de Nueva York.

Fueron precisamente esas acusaciones las que permitieron a la DEA invocar la expulsión inmediata de los sobrinos de la pareja presidencial venezolana, en vista de que entre Haití y Estados Unidos hay suscrito un acuerdo que así lo prevé.

Luego se supo que el gobierno de Washington había solicitado a las autoridades caribeñas que los dos sujetos fueran expulsados de suelo haitiano para evitar que se produjera una extradición, un proceso que habría obligado a hacer un llamado a la representación

---

[35] Vértice News. "Los viajes 'diplomáticos' de los narcosobrinos". 26 de julio de 2016. https://www.verticenews.com/viajes-diplomaticos-los-narcosobrinos/

diplomática de Venezuela en la isla. El trámite de la extradición requiere más días y podría haber puesto en peligro el éxito de la operación. De hecho, se haría referencia en el juicio al precedente que se sentó en julio de 2014 en Aruba —asociada en materia de política exterior y defensa al Reino de los Países Bajos—, cuando la DEA capturó al general retirado Hugo Carvajal Barrios, solicitado por la justicia norteamericana acusado por delitos de narcotráfico, y quien llegó a la isla para solicitar el *exequátor* como Cónsul de Venezuela.

Luego de presiones por parte del gobierno de Nicolás Maduro, el Reino de los Países Bajos decidió entregarlo a Venezuela y desoír la solicitud de la justicia criminal estadounidense. Vale recordar que Aruba tiene fuertes vínculos económicos con su vecino gobierno de Venezuela y esos intereses pesaron para no enemistarse con un mandatario tan personalista como Maduro.

Contrario al Reino de los Países Bajos, en Haití existe una relación muy estrecha de colaboración con Estados Unidos en la lucha contra el tráfico de drogas, y la cooperación ha permitido capturar a varios narcotraficantes entre quienes destaca Fabio Lobo, hijo de Porfirio Lobo, expresidente de Honduras. Este hombre fue arrestado por la policía antinarcóticos de Haití y entregado a la DEA en el mes de julio de 2015. Se declaró culpable en 2016 y finalmente fue sentenciado a 24 años de prisión el 5 de septiembre de 2017, en Nueva York.

Por esta la razón la DEA decidió llevar a cabo la operación en la isla caribeña y no en Honduras como se había establecido en un principio, y fueron los agentes de la agencia antinarcóticos quienes sugirieron al informante confidencial CS-1 que lanzara un anzuelo para hacer que los dos sujetos volaran a Haití y poder arrestarlos allí[36].

De acuerdo a documentos de la fiscalía, para el momento del arresto de Campo Flores y Flores de Freitas no había orden de detención contra el resto de la tripulación de la aeronave en la que habían viajado los acusados. La DEA no puede arrestar a ninguna persona en territorio extranjero sin contar con el apoyo del gobierno del lugar. Para que las autoridades locales puedan detener a alguien hace falta una orden de detención emanada de una autoridad norteamericana. Los individuos de la tripulación no tenían orden de arresto y no estaban investigados hasta ese momento. Según explicó el agente de la policía de Haití que fue interrogado en la audiencia de supresión de pruebas y en el juicio, la DEA no puede revisar aviones en el aeropuerto de Haití. Quienes revisaron la aeronave donde viajaron los sobrinos fueron los agentes antidroga haitianos y al confirmar que no había droga en la nave ni órdenes de aprehensión en contra de los tripulantes, los dejaron regresar a Caracas sin ningún tipo de restricciones.

Las elucubraciones de Diosdado Cabello rodaban por los suelos con estas aclaratorias.

El caso de los narcosobrinos vino a revolver aún más las turbias aguas de la política oficialista venezolana. Así, salió a relucir que los

---

[36] ABC. "La Casa Militar de Maduro custodió el traslado de droga de sus sobrinos". 19 de noviembre de 2015. http://www.abc.es/internacional/abci-casa-militar-maduro-custodio-traslado-droga-sobrinos-201511190248_noticia.html

hijos de la familia presidencial no era la primera vez que se veían relacionados con el tema del narcotráfico.

Uno de los que vino a encender más la llama fue Leamsy Salazar, quien hasta que abandonó Venezuela se desempeñó como jefe de seguridad de Diosdado Cabello, habiendo también integrado la Casa Militar, encargada de la custodia presidencial. Durante casi una década, Salazar fue jefe de seguridad y asistente personal de Hugo Chávez.

Cabello lo requirió a la muerte de Chávez y se convirtió, al igual que con el finado mandatario, en el asistente personal del entonces presidente de la Asamblea Nacional.

Leamsy Salazar, a la sazón capitán de corbeta, decidió denunciar en Estados Unidos todas las acciones de las que dice haber sido testigo y que involucraban al alto poder venezolano con el narcotráfico. Acusó a Walter Jacob Gavidia Flores—quien como ya hemos referido es hijo de Cilia Flores con su primer esposo— de hacer uso ilícito de aviones de Petróleos de Venezuela para transportar droga. En ello habría contado con la colaboración del hijo de Nicolás Maduro, conocido como "Nicolasito"[37].

Apuntando más alto aún, Leamsy Salazar señaló a Diosdado Cabello ante las autoridades norteamericanas y lo acusó de comandar el Cartel de los Soles, una estructura conformada por generales que, supuestamente, tiene el control del tráfico de la droga en Venezuela. Igualmente aseguró que el gobierno de Cuba

---

[37] ABC. "EE. UU. apresa a un ahijado de Maduro por narcotráfico". 11 de noviembre de 2015. http://www.abc.es/internacional/abci-EE. UU.-apresa-ahijado-maduro-narcotrafico-201511112021_noticia.html

protege y sirve a algunas rutas del narcotráfico desde territorio venezolano a Estados Unidos. La droga comercializada sería producida y suministrada por la guerrilla colombiana FARC.

Internacionalmente se señala que por Venezuela pasan varias toneladas de estupefacientes provenientes de Colombia con destino a Centroamérica, México, islas del Caribe y Estados Unidos[38]. El 90 por ciento de la droga producida en Colombia sería exportada por Venezuela.

Salazar aseguró haber visto a Diosdado Cabello ordenar la partida de lanchas cargadas con cocaína y ofreció detalles de los sitios de almacenaje del dinero proveniente de la venta de los estupefacientes.

Leamsy Salazar también salpicó con sus acusaciones al hijo del difunto Chávez, "Huguito", a quien señaló de mantener operaciones de narcotráfico con el exembajador cubano en Caracas, Germán Sánchez Otero. Nuevamente hizo mención de que los aviones de PDVSA se usaban para transportar cocaína desde Venezuela hasta Cuba.

Se trata pues, de todo un tejido de operaciones de tráfico de drogas que, muy seguramente, forman parte de las tantas investigaciones que cursan en varias fiscalías estadounidenses contra militares, funcionarios venezolanos y familiares de esos

---

[38] YouTube. "Venezuela 11 de noviembre 2015 Compacto Informativo AL PUNTO". Declaraciones de Emily J. Blasco a NTN24. 12 de noviembre de 2015. https://www.youtube.com/watch?v=Qvw2u7wda-A

funcionarios que tienen supuestos vínculos con redes del narcotráfico internacional.

Segundo capítulo

Las estrategias de la defensa

Luego de la audiencia de presentación de Efraín Antonio Campo Flores y Franqui Francisco Flores de Freitas ante la justicia estadounidense el 12 de noviembre, comenzó toda una odisea tribunalicia.

El juez de turno, James Cott, negó el beneficio de libertad bajo fianza e informó que el juez de la Corte del Distrito Sur de Nueva York[39], Paul Crotty, estaría a cargo de la causa. Igualmente, se fijó que la próxima cita de los sobrinos de Cilia Flores con el sistema judicial sería el 18 de noviembre de 2015.

Desde esa primera cita, al escándalo por el delito imputado a quienes ya todo el mundo conocía como "los narcosobrinos" se sumó el que causó la defensa de uno de ellos a cargo de una de las firmas de abogados más prestigiosas del mundo: el escritorio jurídico Squire Patton Boggs.

Este despacho ha representado por más de tres lustros los intereses del gobierno chavista en distintas causas que se han manejado en cortes de Estados Unidos, una de ellas la ya referida querella que el Banco Central de Venezuela, BCV, mantuvo contra el portal electrónico dolartoday.com. Igualmente, este bufete ha

---

[39] United States District Court for the Southern District of New York.
http://www.nysd.uscourts.gov/

llevado la representación de Citgo, la filial en EE. UU.de la estatal petrolera venezolana PDVSA.

La pregunta obligada giraba en torno a cómo unos jóvenes que pretendían presentarse como víctimas de un complot de índole político en contra de sus tíos, podían pagar a una de las firmas de juristas más costosas del orbe, sobre todo para unos ciudadanos de un país signado por una severa crisis económica y en donde impera un férreo control de cambio desde 2003.

Comenzaron, entonces, las elucubraciones: ¿quién pagaba los honorarios profesionales de estos abogados? ¿Acaso la defensa de los narcosobrinos estaba siendo cubierta con fondos públicos venezolanos?

No había respuesta para ninguna de estas interrogantes, pero lo que sí quedaba claro era la relación existente entre estos hombres y el alto gobierno de Venezuela. Los intentos por negar el vínculo rodaron por los suelos de la corte neoyorquina. La estrecha consanguinidad de los acusados con Cilia Flores y por ende con su esposo, el presidente venezolano Nicolás Maduro, era un hecho innegable.

La justicia estadounidense desde un principio se mostró decidida a aplicar todo el peso de la ley en este caso. La naturaleza del delito así como las implicaciones que el mismo tiene y la pretensión de los acusados de querer valerse de su parentesco con la pareja presidencial venezolana para tratar de evadir la acción judicial, llevaron al fiscal federal para el Distrito Sur de Nueva York, Preet Bharara, a solicitar cadena perpetua contra quienes, además, habían actuado con absoluta impunidad en el uso de las instalaciones del hangar presidencial del principal terminal aéreo del país, el aeropuerto internacional "Simón Bolívar" de Maiquetía, para acometer el delito de enviar sustancias prohibidas a Centroamérica, para que a su vez fueran trasladadas a los Estados Unidos.

La acusación presentada por la fiscalía en contra de Campo Flores y Flores de Freitas, como ya lo hemos señalado, fue "por conspirar para importar cinco o más kilogramos de cocaína a Estados Unidos de un país extranjero; y distribuir cinco o más kilogramos de cocaína con la intención de importarla a Estados Unidos".

Para Bharara la actuación de los organismos que trabajaron en la investigación y el proceso de arresto de Campo Flores y Flores de Freitas estuvo totalmente ajustada a derecho. De hecho, el fiscal no se detuvo al momento de celebrar de manera pública lo que catalogó como un excelente trabajo de investigación llevado a cabo por la División de Operaciones Especiales de la DEA, específicamente por la Unidad de Investigaciones Bilaterales y el *New York Strike Force*. Tampoco faltaron elogios y agradecimientos de su parte para la Oficina de la DEA en Puerto Príncipe, la Agencia Nacional de Aduanas y el Centro de Patrulla Fronteriza, así como para el gobierno de la República de Haití, la Policía Nacional de Haití y la Oficina de Asuntos Internacionales del Departamento de Justicia de EE. UU.

El despacho de Bharara comisionó para llevar la acusación a los Fiscales Federales Auxiliares, Emil J. Bove III, Mathew J. Laroche,

Michael D. Lockard y Brendan F. Quigley. Además, en ello también trabajaron la Oficina del Terrorismo y la Unidad de Narcóticos Internacional[40].

Antes de continuar, hagamos una pausa para explicar cómo opera el sistema judicial de Estados Unidos, a objeto de que en lo sucesivo el lector tenga claro el porqué de las actuaciones de las partes durante el proceso a que vamos a hacer referencia en las próximas páginas.

La Constitución de Estados Unidos de América establece un sistema de gobierno federal. En su artículo tres se estructura el poder judicial, a cuya cabeza se encuentra el Tribunal Supremo de Justicia, también conocido como Corte Suprema de Justicia, mientras que otorga al Congreso la facultad de crear los demás tribunales federales que estime conveniente. A su vez, cada uno de los 50 estados cuenta con su propio sistema judicial integrado por tribunales con jurisdicción aparte de la que tienen los tribunales federales.

Del mismo modo, la Constitución establece que los tribunales federales conocerán los asuntos en los que el gobierno de Estados Unidos es una de las partes en conflicto. Igualmente competen a esta instancia judicial los casos regidos directamente por lo establecido en la Constitución o en las leyes federales, así como en controversias entre los estados o entre EE. UU. y gobiernos

---

[40] Department of Justice. U.S. Attorney's Office. Southern District of New York. 12 de noviembre de 2015. "Manhattan U.S. Attorney Announces The Arrest Of Two Venezuelan Nationals For Conspiring To Import". https://www.justice.gov/usao-sdny/pr/manhattan-us-attorney-announces-arrest-two-venezuelan-nationals-conspiring-import

extranjeros. También se reserva la justicia federal algunos casos especiales, entre los que figuran asuntos de quiebras, patentes y marítimos. Las decisiones de los tribunales federales protegen los derechos y libertades garantizados por la Constitución.

Entre tanto, los fiscales en el sistema federal forman parte del Departamento de Justicia de EE. UU., instancia dependiente del gobierno nacional. El presidente nombra al Procurador General de la Nación, quien está a cargo del referido Departamento de Justicia (Ministerio). Este funcionario debe ser ratificado por el Senado. A su vez, los fiscales principales de distritos de los tribunales federales también son conocidos como Procuradores Federales de la Nación. Son igualmente nombrados por el Presidente de EE. UU. y requieren de ratificación del Senado.

Del Departamento de Justicia depende la Oficina Federal de Investigación, FBI (*Federal Bureau of Investigation*). Este organismo se encarga de investigar los delitos contra la nación.

A nivel estatal también está la figura del Procurador General, dependiente del gobierno de cada entidad, por lo general un cargo de elección popular. Los fiscales de cada estado son conocidos como Fiscal del Estado o del Distrito, e igualmente casi siempre son electos.

El proceso judicial que opera en el sistema legal de Estados Unidos es acusatorio y, por lo tanto, los abogados son una parte esencial del mismo. Toda persona tiene el derecho de representarse a sí misma, pero por la naturaleza de los procesos los abogados son requeridos para que lleven las causas de manera más efectiva y fluida.

Cuando una persona no posea los recursos económicos para contratar un abogado, puede intentar lograr la representación legal a través de alguna sociedad de ayuda legal de su jurisdicción. Cuando los acusados declaran ante el juez que lleva su causa que no poseen dinero para cubrir los gastos de representación legal, el tribunal o la oficina de defensores de oficio que existe a nivel federal o estatal, le designará un abogado.

En Estados Unidos la responsabilidad de investigar y procesar delitos recae en el poder ejecutivo a través del Departamento de Justicia, dependencia a la que están adscritos, como ya señalamos anteriormente, los fiscales federales, así como los agentes del FBI y de la Administración de Drogas, DEA, los Alguaciles Estadounidenses (*US Marshals*) y los investigadores penales de la Oficina de Alcohol, Tabaco, Armas de Fuego y Explosivos, ATF. Todos estos funcionarios son supervisados por el Procurador General.

Según lo establecido en el sistema federal estadounidense, a los acusados se les arresta luego de que un jurado de acusación los haya imputado formalmente de un delito. Igualmente un juez está facultado para emitir una orden de arresto antes de la acusación formal cuando se presenta una denuncia sustentada en suficientes pruebas para establecer causa probable de delito. Lo que ocurre, generalmente, es que el fiscal solicita al tribunal que dicte orden de arresto contra la persona nombrada en la acusación formal.

Luego del arresto, el acusado debe ser presentado ante un juez, quien informará los cargos imputados y preguntará al acusado si se declara culpable o no culpable de los mismos. A este trámite se le conoce con el nombre de comparecencia. En ese momento se hará una valoración de todos los factores que intervienen en el caso y el juez determinará si el acusado puede ser puesto en libertad bajo fianza mientras tiene lugar el juicio. Por el contrario, el juez puede negar la fianza y el implicado deberá permanecer encarcelado. Para tomar una u otra decisión, el juez evaluará la gravedad del delito así como los antecedentes delictivos del acusado, y tendrá en cuenta si existen posibilidades de que se produzca una fuga entretanto se lleva a cabo el proceso.

Esto es, en líneas generales, el funcionamiento del sistema judicial estadounidense cuyas fases, en lo narrado hasta ahora, se han venido cumpliendo una a una en el caso de los denominados narcosobrinos.

El Gran Jurado, de acuerdo a lo que establece la acusación enmendada contra Efraín Campo Flores y Franqui Francisco Flores de Freitas, determinó que estos violaron lo establecido en el Código de Estados Unidos—compilación y codificación de la Legislación Federal General de EE.UU.— en su título 21 relativo a la prevención, control y abuso de drogas[41].

La falta imputada a los sobrinos Flores refiere la posesión de una cantidad de cocaína que, de acuerdo a la lista de penalidades por tráfico de drogas de la DEA, es tenida como una ofensa de primer

---

[41] United States Code. http://uscode.house.gov/

grado y, por tanto, califica como un delito federal castigado con penas que van desde diez años hasta cadena perpetua.

Al frente de la acusación estaba quien cumplió un papel fundamental, Preet Bharara[42], Fiscal del Distrito Sur de Nueva York, famoso por su severidad y por ser implacable en los casos que se le asignan, especialmente aquellos relacionados con corrupción, terrorismo y narcotráfico.

Su nombre es en realidad Preetinder. Nació el 13 de octubre de 1968 en Ferozepur, en el estado de Punjab, India. Es hijo de Jagdish Bharara y Desh Sudha Sondhi Bharara, el primero de religión sij y ella una hindú, que emigraron a Estados Unidos cuando el futuro fiscal tenía tan solo 2 años de edad, en 1970. Su padre, amante del estudio, es médico de profesión en la especialidad de pediatría en la que alcanzó gran éxito. Su madre, entretanto, se dedicó al cuidado de los hijos, Preet y Vineet, cuyos primeros años transcurrieron en el condado de Monmouth, Nueva Jersey. Cuando Preet Bharara tenía 12 años se naturalizó estadounidense. Está casado con Dalya Bharara, descendiente de padre musulmán y madre judía, con quien tiene tres hijos. Vive en un suburbio de la ciudad de Nueva York.

La decisión de ser abogado la tomó luego de que leyó la novela clásica de HarperLee, *Matar a un ruiseñor*. De la Universidad de Harvard egresó en 1990 y, más tarde, en 1993, de la Escuela de Derecho de Columbia[43].

---

[42] NYU School of Law. Preet Bharara. Biography.
https://its.law.nyu.edu/facultyprofiles/index.cfm?fuseaction=profile.biography&personid=46421
[43] Vertice News. "La historia de Preet Bharara, el ex Fiscal del Distrito Sur de Nueva

En su haber profesional cuenta con el desempeño privado del derecho entre 1993 y 2000, tiempo en el cual eventualmente fue contratado como fiscal asistente del Distrito Sur de Nueva York, por quien entonces era su titular, Mary Jo White. Igualmente trabajó con el senador Charles E. Schumer[44] en la investigación sobre las irregularidades en el Departamento de Justicia durante la administración de George W. Bush. También fue asesor en la averiguación que condujo al despido de los fiscales federales de todo el país[45].Desde entonces se hizo de un prestigio y una reputación sólida por el enfoque imparcial y profesional en sus averiguaciones, carentes de tinte político.

Se convirtió en el fiscal de Manhattan en 2009 cuando el entonces nuevo presidente, Barack Obama, lo nominó al cargo con la aprobación unánime del Senado.

En marzo de 2017 y por razones que se desconocen, el nuevo presidente Donald Trump lo destituyó[46] y nombró en su lugar a Joon H. Kim[47], para dirigir esta instancia, una de las más importantes del país.

York". 13 de marzo de 2017. https://www.verticenews.com/la-historia-preet-bharara-ex-fiscal-del-distrito-sur-nueva-york/

[44] The New York Times. "U.S. Attorney Preet Bharara Says He Was Fired After Refusing to Quit". 11 de marzo de 2017.
https://www.nytimes.com/2017/03/11/us/politics/preet-bharara-us-attorney.html

[45] The New York Times. "Schumer Aide Is Confirmed as United States Attorney". 8 de Agosto de 2009. http://www.nytimes.com/2009/08/08/nyregion/08bharara.html

[46] CNN en español. "Despiden en EE. UU. a fiscal que desafió a Trump". 11 de marzo de 2017. http://cnnespanol.cnn.com/2017/03/11/despiden-en-ee-uu-a-fiscal-de-distrito-que-desafio-a-trump/

[47] El Universal. "Nombran nuevo fiscal interino de Nueva York". 14 de marzo de 2017. http://www.eluniversal.com.mx/articulo/mundo/2017/03/14/nombran-nuevo-fiscal-interino-de-nueva-york

Desde la Fiscalía del Distrito Sur de Nueva York, Bharara creó unidades especiales dedicadas al combate de fraudes legales en hipotecas, bancos y seguros. El terrorismo y el narcotráfico, como ya apuntamos, fueron igualmente sus fuertes de acción.

Manejó casos de gran resonancia, entre los que se cuenta el procesamiento de Bernard L. Madoff por su multimillonaria estafa piramidal. Del mismo modo dirigió la acusación contra Raj Rajaratnam, jefe del Galleon Group —condenado a 11 años por recibir información privilegiada— y a Rajat K. Gupta, exdirector de Goldman Sachs, sentenciado a dos años de prisión. Así, pese a haber nacido en India, en ese país no goza de mucha simpatía, puesto que no tuvo contemplaciones al procesar a varios de sus coterráneos.

Le tocó procesar un caso de gran dramatismo, el protagonizado por Faisal Shahzad, un ciudadano paquistaní-estadounidense que fue detenido al intentar estallar un carro bomba en Times Square el 1° de mayo de 2010.

Durante el tiempo que ejerció el cargo, Bharara admitió la prioridad que para él representaban los casos de terrorismo aun cuando las causas contra la corrupción en Wall Street hayan tenido más resonancia mediática.

Se le conoció como el "Sheriff de Wall Street" dado que es el fiscal que más banqueros ha procesado en EE. UU. Otros fueron más crueles con él y pasaron a denominarlo "la plaga de Wall Street".

Catalogado entre las cien personas más influyentes en las finanzas por la revista Worth[48], Bharara hizo remecer los círculos de inversión cuando enfiló todas sus fuerzas contra los gestores de fondos de cobertura y los banqueros que han acumulado miles de millones al tiempo que otros miles de estadounidenses perdieron sus casas y puestos de trabajo durante la crisis de 2008.

No la tuvieron fácil los sobrinos de la pareja presidencial venezolana y sus abogados al tener que enfrentar a este fiscal que se empeñó con toda su garra en hacer de la justicia una de las principales banderas de Estados Unidos. Una situación que no varió con su sucesor, Joon H. Kim, amigo del primero, eso sí, más discreto y no tan mediático, pero no por ello menos severo, quien no dudó en asegurar que Efraín Antonio Campo Flores y Franqui Francisco Flores de Freitas contaron con el apoyo y autorización de Nicolás Maduro para cometer el crimen por el cual se les imputó y finalmente sentenció.

Tener que vérselas con la justicia estadounidense no es cuestión que deba tomarse a la ligera. Con todas las críticas que puedan hacerse, Estados Unidos es un país en el que opera una amplia independencia entre los poderes públicos y, particularmente, el judicial se caracteriza por su severidad.

Durante los momentos previos a la comparecencia de Campo Flores y Flores de Freitas se tejieron todo tipo de hipótesis y conjeturas acerca de cuál sería la declaración inicial de los Flores ante el tribunal, pero no eran más que teorías lanzadas al terreno de las especulaciones, pues los abogados defensores, pese a haber

---

48 Worth Power 100 List. 24 de Julio de 2016. https://issuu.com/sandow-media/docs/2015_power_100_list

compartido con los periodistas en los pasillos de la corte, se negaron a hacer cualquier tipo de declaración sobre el caso.

En Estados Unidos los casos penales suelen resolverse antes de que tenga lugar el juicio e, incluso, en pleno proceso, cuando el acusado se declara culpable luego de una negociación entre la fiscalía y el abogado defensor en la que acuerdan una declaración de culpabilidad, también denominada *plea bargain*. En este pacto, el acusado puede aceptar algunos o todos los cargos que se le imputan a cambio de algunos beneficios, como por ejemplo, que el fiscal retire uno o varios cargos y haga una recomendación de sentencia al juez de la causa o, simplemente, acepte no oponerse a una sentencia que sugiera la defensa.

En estos acuerdos el acusado se compromete a suministrar información verídica sobre el caso que pueda ayudar a acusar a otros implicados en el delito. La declaración de culpabilidad se lleva a cabo ante el juez, quien se asegurará de que el acusado comprende perfectamente que está renunciando a su derecho a declararse no culpable y someterse a juicio. Debe establecerse fehacientemente que el acusado se declara culpable de manera voluntaria y que no ha sido sometido a falsas promesas por parte de la fiscalía. La declaración de culpabilidad debe sustentarse en hechos y queda a decisión del juez aceptarla o no. Esto último puede ocurrir cuando las respuestas del acusado no satisfacen al magistrado.

A ese primer encuentro con la justicia estadounidense, los sobrinos de Cilia Flores y Nicolás Maduro llegaron muy bien ataviados, con ropa deportiva costosa y sus barbas muy bien acicaladas. En ningún momento mostraron la menor señal de arrepentimiento o temor. Tal vez por desconocimiento de la naturaleza de los hechos a los que se enfrentaban o en la creencia de que en la nación del norte podrían mantener el mismo comportamiento que en Venezuela, donde al amparo del poder es posible salir ileso así se cometa la peor de las tropelías.

Declararse "no culpables" pensando estar ante una instancia del poder público manipulable solo podría entenderse como la peor de las tonterías. Sería ignorar que la fiscalía —representante de los intereses de Estados Unidos— acude al juicio con todas sus municiones, cargando con pruebas sólidas que fueron colectadas por informantes confidenciales y testigos cooperantes, y revisadas y procesadas por agentes y expertos de la DEA y el FBI. En ese momento, en los círculos tribunalicios se corrió la especie de que, incluso, agentes de inteligencia cubana también habrían colaborado en la operación que concluyó en el arresto de los acusados. Sin embargo, esto último, como tantas cosas que se dijeron, igualmente entró en el espacio de las meras especulaciones.

Lo cierto es que Campo Flores y Flores de Freitas estuvieron todo el tiempo serenos, pendientes de lo que el magistrado les informaba en cuanto a sus derechos, tal como el permanecer en silencio y acogerse a la defensa pública —eso sí, firmando para ello una declaración que los obliga a aclarar su situación financiera—, atentos a los delitos que la justicia les estaba imputando.

¿Arrogancia? Tal vez esta tranquilidad observada se debía a la seguridad que le generaba —por lo menos a uno de ellos— el estar acompañados por John Reilly, Rebekah Poston y Alfredo Anzola, abogados de Squire Patton Boggs que, como hemos dicho, es uno de los escritorios jurídicos más prestigiosos y costosos del mundo. Pagar miles de dólares por servicios de representación puede que lleve a las personas a creer que están lejos de todo riesgo. En esa oportunidad, Poston lució siempre sonriente, mientras que Reilly asumía una actitud más escéptica. Anzola, a la sazón de nacionalidad venezolana como los acusados, mostró en todo momento cara de pocos amigos.

El fiscal Brendan F. Quigley fue el encargado de presentar la acusación contra los primos Flores el 12 de noviembre de 2015. Con firmeza y contundencia aseguró que la Fiscalía del Distrito Sur de Nueva York contaba con todos los elementos que la investigación les había otorgado para soportar las acusaciones. Luego pidió que la próxima audiencia se llevara a cabo el 18 de noviembre a las 3 de la tarde.

Entre tanto, el juez James Cott no se anduvo con rodeos y fue al grano. La comparecencia de los Flores, a las 6:40 p. m., constituía el último caso de una larga jornada de trabajo en el quinto piso de la Corte Federal localizada en el 500 Pearl Street de Manhattan. Quizás también porque se sabía en una sala atestada de periodistas y con la opinión pública internacional atenta a lo que allí ocurría con los dos hombres familiares directos del jefe de Estado venezolano. Tal como suele ocurrir en las audiencias de presentación, el magistrado leyó los cargos, hizo las preguntas de rigor y concluyó la sesión que duró unos 6 minutos.

Pero la tranquilidad de saberse representados por el excelso bufete de abogados no duró mucho tiempo.

Quien primero tuvo que desistir de la representación legal de Squire Patton Boggs fue Franqui Francisco Flores de Freitas, acogiéndose a la defensa pública desde la comparecencia. Fue así como le fueron asignados los abogados Vicent Southerland y Jonathan Morvinnny, pertenecientes al grupo *Federal Defendant of New York Inc.* Una decisión que no tomó de muy buena gana, según los rumores de pasillo que afirman que, antes de la audiencia, Efraín Antonio y su primo Franqui Francisco habrían protagonizado un serio encontronazo.

Se insistía en que Flores de Freitas habría aceptado las condiciones y términos del programa de cooperación de la Agencia Antidroga de EE. UU. para colaborar con la justicia norteamericana. Tal situación habría sido la razón que lo llevó a aceptar ser defendido por un abogado público. Unos meses después se supo que la discusión entre los dos primos se debió a que la fiscalía advirtió a los acusados que no podían ser representados por el mismo escritorio jurídico puesto que dicho acto es considerado por el derecho norteamericano contrario a los derechos de los defendidos.

La Constitución de EE. UU. ampara a los acusados y garantiza una defensa libre de intereses. El caso de Campo Flores y Flores de Freitas, si bien constituía una sola querella, en la misma estaban involucrados varios coacusados que debían ser procesados individualmente, lo que conllevaba a una defensa individual que representara los derechos de cada acusado. Una defensa colectiva no era apropiada ni autorizada.

Cuando salieron a la sala se evidenció la diferencia en el trato recibido por ambos familiares de Cilia Flores y Nicolás Maduro. Mientras uno disfrutaba de la defensa de un costosísimo bufete, el otro debía conformarse con defensa pública. Las murmuraciones iban más allá y hacían referencia a que estas diferencias no eran recientes, sino que se manifestaron desde siempre en el seno de la familia Flores, al haber sido criado y tenido Efraín Antonio como el hijo adoptivo de la pareja presidencial y Franqui Francisco como el familiar acogido, sí, con afecto, pero con menos privilegios y consideraciones que Campo Flores, además ahijado del Nicolás Maduro.

La versión de esta situación que se manejó fue que al morir la madre de Efraín, Cilia Flores lo amparó y asumió su cuidado como si ella lo fuera —de allí que algunos lo identifiquen como hijastro del presidente— y desde entonces vivió con la pareja que asumió el poder en Venezuela en 2013, año en el que oficializaron su larga convivencia y contrajeron matrimonio.

Al llegar Maduro a la presidencia, Efraín Antonio Campo Flores supuestamente disfrutó de todos los privilegios que ser hijo de un primer mandatario trae consigo: lujos, viajes y grandes prebendas podían observarse en las imágenes que exhibía en las redes sociales. Flores de Freitas no tuvo tantas consideraciones. ¿Tuvieron estas diferencias algún peso a la hora de haber aceptado Franqui Francisco el supuesto acuerdo de cooperación y, por ende, la defensa pública? ¿Estaba operándose una traición por parte de Flores de Freitas en contra de sus poderosos tíos? ¿Estaba dispuesto a entregar a la DEA a los demás involucrados en el caso?

¿O simplemente experimentaba un ataque de arrepentimiento? Para todas estas preguntas no había respuestas, tan solo más preguntas.

Entonces apareció en escena el abogado venezolano Luis Alejandro Aguilar[49], quien solicitó al juez de la causa, Paul A. Crotty, de la Corte de Distrito de Nueva York —a través de una comunicación enviada desde Caracas— investigar el origen de los fondos con que se pagaban los honorarios profesionales por el servicio de defensa legal del despacho Squire Patton Boggs.

La firma, ante esta ola de rumores y especulaciones surgidos en torno a la forma de pago de sus honorarios profesionales, aseguró que no había cobrado por sus servicios de representación legal al gobierno de Venezuela ni a ninguna de las corporaciones o subsidiarias del Estado venezolano, como Citgo.

A pesar de estas aseveraciones, Luis Alejandro Aguilar exigió en su carta fechada el 23 de noviembre de 2015, el cumplimiento de lo establecido en la Ley Antinarcóticos sobre el origen del dinero con que se cancelaban los servicios de representación prestados por los abogados privados de Campo Flores. Y es que en los rincones de la corte insistían en asegurar que Citgo, filial de PDVSA en EE. UU., estaría costeando dichos honorarios que —se decía— comenzaban con una cuota inicial de 2 millones de dólares.

Aguilar subrayó con mucho énfasis la importancia de esta averiguación, toda vez que los familiares de los acusados—y ellos

---

49 LinkedIn. Luis Alejandro Aguilar Pardo. https://ve.linkedin.com/in/luis-alejandro-aguilar-pardo-46463846

en particular— ocupaban posiciones públicas en Venezuela con salarios cancelados en bolívares. En tal sentido, el abogado venezolano recordó el férreo control de cambio vigente en Venezuela desde 2003, por lo que la compra de divisas se encuentra regulada por el gobierno que preside el tío político de los acusados. Precisó que entre las categorías establecidas en las providencias del organismo encargado del control de cambio, no está contemplada la adquisición de dólares para cubrir el pago de representación legal de imputados en casos de narcotráfico en Estados Unidosni otro país del extranjero.

Proveniente de una familia de ilustres y probos abogados, Luis Alejandro Aguilar se presentó ante el magistrado como un venezolano preocupado por los intereses colectivos y difusos de sus conciudadanos, los cuales podrían verse lesionados si algún organismo perteneciente al Estado venezolano pagara los altísimos honorarios que una firma de la talla de Squire Patton Boggs cobraría en un caso como este. "No tienen profesión conocida, no tienen empleo declarado, sus familiares cercanos son empleados públicos que ganan sueldos bajos y en bolívares, que no pueden ser cambiados por el régimen de control de cambio", explicó el abogado en su carta al juez Crotty[50].

Por norma, la firma Squire Patton Boggs y cualquiera otra que ejerza la defensa privada debe revelar el monto de los honorarios cobrados, su origen y la identidad de quien realiza los pagos.

---

[50] Su Noticiero. "Juicio a 'narcosobrinos': Solicitan abrir investigación a firma defensora de los Flores (+CARTAS)". 26 de noviembre de 2015. http://sunoticiero.com/juicio-a-narcosobrinos-solicitan-abrir-investigacion-a-firma-defensora-de-los-flores/

Squire Patton Boggs hizo una primera aclaración, como ya apuntamos, diciendo que hasta ese momento no había recibido dinero alguno del gobierno de Nicolás Maduro ni de Citgo y que no haría ningún cargo por su trabajo de representación de Efraín Antonio Campo Flores durante el juicio que se seguiría en Nueva York.

Ya el presidente del Poder Legislativo para la época, Diosdado Cabello, había asegurado al periodista Vladimir Villegas en su programa "Vladimir a la 1" emitido por la televisora venezolana Globovisión el 16 de noviembre de 2015, que la citada firma de abogados no cobraría por representar a Campo Flores, pues su intención supuestamente era —a sabiendas de que se sentía seguro de que la inocencia de los imputados sería probada— contrademandar al gobierno federal de Estados Unidos y cobrarse de las utilidades obtenidas, los honorarios y costes de juicio.

Hay que admitir que en algunos casos los bufetes de abogados deciden no cobrar honorarios cuando se trata de casos muy sonados solo por interés de obtener publicidad. Sin embargo, a criterio de no pocos, era difícil creer que esta hubiera sido la motivación de un despacho jurídico de la categoría, renombre y fama mundial de Squire Patton Boggs.

Los "peros" comenzaron a hacerse sentir desde el seno de la Fiscalía del Distrito Sur de Nueva York cuando los encargados de llevar la acusación advirtieron que un mismo despacho jurídico estaba defendiendo a ambos imputados. Y es que la Constitución de Estados Unidos y la Ley Antinarcóticos establecen que, aún cuando la causa sea una sola, las defensas deben llevarse individualmente para evitar conflictos de intereses.

Y no solo eso, los fiscales no dejaron pasar por alto el hecho de que la firma de abogados había mantenido relaciones con distintas instancias del gobierno de Venezuela por más de tres lustros, por lo que la sospecha de que el pago al escritorio jurídico pudiera provenir de fondos públicos o de la corrupción no era del todo infundada. La otra interrogante giraba en torno a qué intereses prevalecerían en la defensa, los de los propios acusados o los de quien(es) pagaba(n) la factura. Por otra parte, la ley señala que en los casos de narcotráfico se debe aclarar la legalidad del dinero usado para el pago de la defensa.

Squire Patton Boggs estaba en un aprieto.

Las presiones terminaron surtiendo efecto y el 16 de diciembre de 2015, solo un día antes de una nueva audiencia de los sobrinos Flores, los abogados John Reilly y Rebekah Poston, de la referida firma, dirigieron una comunicación al juez Paul Crotty, donde informaron la decisión de Efraín Antonio Campo Flores de no mantener la representación del bufete, razón por la cual el indiciado tendría que tramitar el ser defendido por un abogado público.

La poca claridad en este asunto habría llevado al conocido bufete de abogados a retirarse del caso. La turbidez hasta ese momento manifestada podría haber llevado a los juristas a no arriesgar su prestigio. Todo apuntaba desde un principio a que el caso Flores habría de tener —como en efecto tuvo— gran impacto en la opinión pública internacional por la relación con la pareja presidencial venezolana y la existencia de supuestas evidencias que podrían confirmar los vínculos del gobierno venezolano con el narcotráfico. Tal vez queriendo poner sus bardas en remojo, Squire Patton Boggs decidió retirarse no sin antes asegurar, una y otra vez, no haber cobrado un centavo, un hecho sin precedentes en el historial de la firma, aparentemente[51].

Los abogados manifestaron que habían convencido a Campo Flores de que prescindiera de sus servicios, algo que en opinión del Luis Alejandro Aguilar fue una jugada astuta, pues de esta manera no tenían que explicar al tribunal la causa de su retiro. "Si hubiera ocurrido un supuesto de retiro voluntario o de retiro obligatorio, se pudiera presentar la situación de que el juez cuestione al abogado por las razones para el retiro voluntario o para el retiro obligatorio y allí se pudiera presentar un conflicto ético por el deber de secreto profesional y por el deber de no causar daños al imputado. Lo que me extraña es la frase que usaron explicando que los despedían, porque despedirlos era en el mejor interés de Efraín Campo Flores. La charada, sin embargo, sigue siendo de dónde venían los fondos"[52], expresó Aguilar Pardo al explicar estos hechos.

Además, al pedido de Aguilar se agregaba la firme disposición de la fiscalía, encabezada por Preet Bharara, de llevar a cabo esta

---

[51]Venezuela Política. "Conoce por qué los abogados Squire Patton Boggs desisten de defender al narcosobrino de Cilia Flores". 16 de diciembre de 2015.
http://maibortpetit.blogspot.com/2015/12/conoce-por-que-los-abogados-squire.html
[52]La Patilla. "Carolina Jaimes: La voz de la dignidad". 19 de diciembre de 2015.
https://www.lapatilla.com/site/2015/12/19/carolina-jaimes-la-voz-de-la-dignidad/

averiguación. Quiso entonces Squire Patton y Boggs poner sus barbas en remojo y huir a tiempo, ante el fuego que veía avecinarse.

A criterio de algunos analistas, a Efraín Antonio Campo Flores le habría convenido acogerse a la defensa pública por cuanto esto lo eximiría de tener que presentar recaudos legales que certificaran la legitimidad de los fondos con que se pagaba a abogados privados. Conveniencia relativa, pues si bien el gobierno de Estados Unidos otorga el derecho a todos los procesados a recibir defensa pública, de igual manera Campo Flores sería sometido a escrutinio para comprobar si, efectivamente, era cierta su incapacidad financiera para no cubrir los gastos de la defensa privada. Mentir bajo juramento constituye un delito en EE. UU. La justicia norteamericana investiga la información que recibe, máxime si es emitida y jurada ante una corte. De aparecer bienes y propiedades vinculados a los acusados, la justicia actuaría en su contra.

Tras haber diferido en dos oportunidades la audiencia preliminar en la que se determinaría si Efraín Antonio Campo Flores y Franqui Francisco Flores de Freitas irían o no a juicio, finalmente la cita de los sobrinos de Cilia Flores y Nicolás Maduro con la justicia estadounidense tuvo lugar el 17 de diciembre de 2015. Inicialmente se había pautado para el 18 de noviembre, pero una solicitud operó por parte de la defensa y el juez fijó la audiencia para el 2 de diciembre, cuando nuevamente los representantes legales de los Flores volvieron a pedir una extensión de fecha, siempre argumentando no haber contado con el tiempo suficiente para conocer el grueso expediente. Muchos veían estos diferimientos como un simple ardid, pues la verdadera razón de postergar el encuentro obedecía a la intención de evitar que el evento perjudicara, aún más, a los candidatos oficialistas a las elecciones parlamentarias que tendrían lugar el 6 de diciembre de 2015, comicios a los que la propia Primera Dama se presentaba como candidata a mantener su curul de diputada con inmunidad en la Asamblea Nacional venezolana.

Antes de renunciar al caso, el abogado John Reilly, integrante del equipo defensor de Campo Flores, se mantuvo cauteloso cuando conversó con la prensa respecto a la razón de las solicitudes de prórroga para la audiencia. Igualmente mantuvo silencio sobre la estrategia que usaría su despacho para llevar a cabo la defensa de los acusados. Tampoco quiso hacer referencia al estado anímico de los Flores por su cautiverio en el correccional de Nueva York[53].

La audiencia de presentación de cargos es una sesión de suma importancia, pues allí los acusados deben pronunciarse alegando, bien su culpabilidad, tras lo cual el juez procedería a dictar sentencia, o declarándose no culpables e ir a juicio. Esto último puede ser en libertad, si el juez les brinda el beneficio de fianza, o en cautiverio, en caso de negárseles. El criterio que imperaba en los especialistas era que los sobrinos de la pareja presidencial venezolana intentarían comprobar su inocencia en un proceso judicial alegando su no culpabilidad, aun cuando por lo general los casos de narcotráfico se resuelven admitiendo los hechos con el objetivo de lograr acuerdos que rebajen la pena, a cambio de

---

[53] La Patilla. "Abogado de narcosobrinos mantiene silencio sobre motivos de solicitud de posponer audiencia". 1° de diciembre de 2015.
http://www.lapatilla.com/site/2015/12/01/abogado-de-narcosobrinos-mantiene-silencio-sobre-motivos-de-solicitud-de-posponer-audiencia/

suministrar información sobre las organizaciones criminales a las que se encuentran vinculados. Se especuló que el aporte de los narcosobrinos apuntaría, entre otros, en dirección a Walter Gavidia Flores y Carlos Erick Malpica Flores, hijo y sobrino de Cilia Flores, respectivamente.

A diferencia del 12 noviembre cuando los primos Flores acudieron al tribunal con actitud arrogante y muy bien ataviados, el 17 de diciembre su actitud fue totalmente distinta. Muy probablemente el tiempo había operado en ellos y los había hecho contemplar en toda su magnitud la naturaleza de la situación en la que estaban metidos y lo que podrían enfrentar. Vestidos con el uniforme azul del presidio donde estaban recluidos —*Metropolitan Correctional Center de NY*— Efraín Antonio Campo Flores y Franqui Francisco Flores de Freitas llegaron a la hora pautada a la sala 14 C del edificio 500 Pearl Street donde funciona la Corte Federal de Manhattan, luciendo sumamente contrariados, más bien sumidos en pánico.

Al iniciar la audiencia se les hizo entrega de una copia de los cargos al tiempo que se les consultó, siempre con ayuda de un intérprete oficial, si se declaraban culpables o no culpables. Ambos respondieron: "no culpables". Algo previsible, pues a decir de los expertos no es común que durante la lectura de cargos alguien admita su culpabilidad, aun cuando estime hacerlo más adelante. Tendrían que haber llegado a un acuerdo en detalle, luego de una amplia discusión, algo que en el caso de los sobrinos de Cilia Flores y Nicolás Maduro no había ocurrido.

Efraín Antonio fue el primero en entrar a la sala. Lo hizo mirando en todas las direcciones como buscando reconocer a alguien en las graderías. El terror se dibujaba en su rostro al tiempo que lloraba absolutamente desconsolado. Se hizo la señal de la cruz y rezó lo que pareció un Padre Nuestro. Lucía más delgado, nada que ver con el joven fornido que, arrogante, había estado en esa misma sala hacía poco más de un mes. Esta era una imagen que en nada se parecía a la del sonriente hombre que en las fotos de las redes sociales hacía gala de los privilegios que otorgan las mieles del poder. Ahora era solo un preso más de la justicia estadounidense que se mostraba aterrado por lo incierto de su futuro.

Aunque ya no lo asistirían legalmente, allí se encontraban los abogados John Reilly y Rebekah Poston de la firma Squire Squire Patton Boggs, quienes debían cumplir con el protocolo de ley que pauta la transmisión de los derechos de defensa a los nuevos abogados de Campo Flores. Este se acercó a ellos y conversó unos breves instantes al inicio de la audiencia. El abogado venezolano Alfredo Anzola, socio del despacho en Miami, no se hizo presente en esta ocasión.

El trámite se cumplió sin inconvenientes. Reilly y Poston entregaron el expediente a Kafahni Nkrumah, el abogado público que se le había designado a Campo Flores con la anuencia del juez Paul Crotty. El acusado firmó el compromiso de incapacidad financiera (*Financial affidavit*) que le permitía acceder a la defensa pública. Esta gestión hubo de ser acompañada por un juramento de que carecía de dinero suficiente para pagar su defensa ante la justicia estadounidense. Esto no es cualquier cosa, pues el paso siguiente era la investigación del gobierno de EE. UU. para certificar la veracidad del juramento. Comprobar que se ha mentido a la justicia federal pone al responsable ante un delito grave llamado perjurio.

El juez Crotty aprobó el cambio de abogados e instruyó a los representantes del escritorio Squire Patton Boggs —a quienes liberó de la responsabilidad del caso— para hacer entrega de la información provista por la fiscalía a Nkrumah, quien a su vez recibió los derechos para encargarse de la defensa.

Acto seguido, el juez Crotty preguntó a Campo Flores si entendía el proceso, a lo que esta contestó que sí. Al interrogársele sobre si quería que le leyeran los cargos respondió negativamente. Cuando se le conminó a que manifestase cómo se declaraba ante la justicia, el acusado dijo: "No culpable" (*Not Guilty*). Firmó unos documentos que le presentaron y esperó a que su primo Franqui Francisco Flores de Freitas procediera con su declaración.

Las miradas cargadas de tristeza de los primos se cruzaban.

Un breve intercambio de palabras al término del proceso con la abogada Rebekah Poston permitió requerirla acerca de la causas de la renuncia a la defensa de Campo Flores, pero se negó a informar al respecto en razón al protocolo de compromiso con el cliente. Solo se limitó a referir que regresaría a las oficinas de Squire Patton Boggs en Miami en poco tiempo.

En Franqui Francisco Flores de Freitas no hubo signos de flaqueza. Ni llanto ni temor, mucho menos oraciones. Arribó a la sala de juicio unos minutos después que su primo y se sentó a esperar al juez junto a Vincent Southerland y Jonathan Morvinny, sus abogados públicos, pertenecientes al grupo *Federal Defendant of New York Inc.* Desde allí, cada cierto tiempo volteaba a mirar a atrás en un ejercicio de reconocimiento de quiénes estaban en la sala.

Se estiraba los dedos —tal vez el único gesto que hubiera podido interpretarse como una señal de nerviosismo—, pero se mantenía firme. Eso sí, lucía menos prepotente que en la comparecencia anterior.

Al igual que su primo, Flores de Freitas también había bajado de peso y estaba algo ojeroso, pero muy bien acicalado.

Entonces el juez Paul Crotty tomó la palabra para preguntarle si deseaba que le leyeran los cargos y, al igual que su primo, dijo que no. Ante el requerimiento de que si entendía todo lo que se le estaba informando, respondió afirmativamente. Cuando el magistrado lo instó a manifestar cómo se declaraba, Flores de Freitas dijo: "No Culpable".

El trámite con Franqui Francisco duró 21 minutos, de 11:50 a. m. a 12:11 p. m., mucho menos que el de su primo.

A diferencia de la comparecencia del 12 de noviembre, en la audiencia de levantamiento de cargos no hubo presencia de diplomáticos venezolanos en la sala. Fue notoria la ausencia de Maximilian Arvelaiz y otros miembros de la sede diplomática, quienes desde el arresto de los Flores se habían visto muy activos asistiendo a los acusados, se supone que por instrucciones del gobierno venezolano. Diligencias que levantaron todo tipo de sospechas y comentarios entre la prensa y los demás asistentes al proceso; tal vez por eso, decidieron que ni ellos ni ninguno de los empleados del Consulado de Venezuela en Nueva York portara en esta ocasión por las instalaciones de la Corte.

¿Quién era el nuevo abogado defensor de Efraín Antonio Campo Flores?

A raíz de la renuncia del escritorioSquire Patton Boggs, la defensa pública recayó en el abogado afroamericano Kafahni Nkrumah, un férreo crítico del racismo, según dejan ver los contenidos por él publicados en su cuenta de Facebook[54], así como los tópicos que comparte, tales como "El racismo sistemático en América"[55].

Se pudo conocer que militó en el Partido Panteras Negras (*Black Panther Party*) que en un principio se denominó Partido Pantera Negra de Autodefensa, vigente en Estados Unidos entre los años 1966 y 1982, cuyas primeras acciones apuntaban a la defensa de los derechos de la comunidad negra. Se trataba de una organización nacionalista negra, socialista y revolucionaria, que tuvo un capítulo internacional en Argelia entre 1969 y 1972. Se dedicaban a la formación de patrullas de ciudadanos armados que vigilaban el comportamiento de los cuerpos de policía en contra de la población afroamericana, especialmente en Oakland, California. También

---

[54] Facebook. Kafahni Nkrumah.
https://www.facebook.com/kankrumahesq?ref=br_rs
[55] Facebook. Racismin America.
https://www.facebook.com/OnlineRevolutionary/about/

mantenían programas sociales dirigidos a la comunidad, como desayunos gratuitos a niños y clínicas de salud[56].

Nkrumah es activista comunitario integrante de una firma llamada *The Law Office of Kafahni Nkrumah*[57], fundada en 1998, que se presenta —según reza el portal—como una organización dispuesta a prestar a sus potenciales clientes una "representación agresiva como muchas otras grandes empresas, sin sacrificar el enfoque personalizado y la atención que viene con un personal de tamaño modesto. Si usted se enfrenta a un juicio por jurado, juicio civil, o procedimiento administrativo, nuestra oficina de profesionales altamente cualificados estará a su lado en cada paso del camino".

Se conoció que Nkrumah trabajaría en la defensa de Campo Flores junto a un grupo de asistentes integrado por cinco abogados.

La defensa de Franqui Francisco Flores de Freitas también estaba a cargo de abogados públicos quienes eran para ese entonces Vincent Southerland y Jonathan Marvinny. Ellos junto con Kafahni Nkrumah integraban el equipo jurídico encargado de impedir que los sobrinos Flores fueran condenados por narcotráfico y por conspirar para importar cocaína a los Estados Unidos.

Vincent Southerland es jurista del grupo Defensores Federales de Nueva York (*The Federal Defenders of New York*)[58], una firma

---

[56] La izquierda diario. "La historia de las Panteras Negras". 6 de septiembre de 2016. https://www.laizquierdadiario.com/La-historia-de-las-Panteras-Negras
[57] Martindale.com. The Law Office of Kafahni Nkrumah-Firm Profile. http://www.martindale.com/The-Law-Office-of-Kafahni-Nkrumah/law-firm-3253236.htm

que defiende a acusados de delitos federales que no puedan pagar abogados privados. "Somos una organización independiente sin fines de lucro, integrada por abogados que ejercen en los tribunales federales de los Distritos del Sur y del Este de Nueva York, con oficinas ubicadas en Manhattan, Brooklyn, White Plains y Central Islip. Nuestra misión es sencilla: Aunque ofrecemos nuestros servicios sin costo, nuestros clientes deben recibir la mejor representación legal disponible a cualquier precio", reza el portal del despacho de abogados.

Southerland también es socio de la firma *NAACP Legal Defense & Educational Fund, Inc*[59].

Entretanto, Jonathan Marvinny, egresado de Escuela de Derecho en la Universidad de Nueva York en el año 2004, se inició en el ejercicio de la abogacía en la Oficina del Defensores de Apelación (OAD), donde llevó adelante acciones en la División de Apelación del Estado de Nueva York, Primer Departamento Judicial, y en la Corte de Apelaciones del mismo estado. Luego pasó a integrar la Sociedad de Auxilio Legal en Brooklyn y el Servicio del Defensor del Vecindario de Harlem, como abogado litigante. Allí ejerció la representación de clientes involucrados en delitos menores y severos[60].

Entre las primeras acciones de la defensa de Campo Flores ejercida por Nkrumah estuvo el solicitar el 26 de febrero de 2016

---

[58] The Federal Defenders of New York. http://federaldefendersny.org/
[59] The NAACP Legal Defense and Educational Fund. http://www.naacpldf.org/
[60] The Federal Defenders of New York.
http://federaldefendersny.org/es/directory/distrito-sur-de-nueva-york/jonathan-marvinny.html

una prórroga que le permitiera revisar el voluminoso expediente del caso que incluía 25 Gigabytes de videos, grabaciones y otros papeles, además de esperar que la fiscalía le suministrase más información. El abogado explicó al juez que requería tiempo para poder diseñar una estrategia de defensa. En principio refirió que tal vez necesitaría 60 días como mínimo para poder revisar toda la documentación. Con la anuencia de la parte acusadora, el juez Paul Crotty aceptó la solicitud y retrasó la audiencia del 29 de febrero al 29 de marzo a las 11:00 a. m.

La defensa de Efraín Antonio Campo Flores a cargo de Kafahni Nkrumah no comenzó con buen pie, toda vez que el abogado declaró a los medios de comunicación y confirmó el parentesco de los acusados con la familia presidencial venezolana. En sus declaraciones, dijo que los primos Flores estaban conscientes de las implicaciones políticas del caso, "sin embargo debemos defender al señor Campo Flores de la mejor manera"[61].

El jurista aseguró a la prensa que no había establecido ningún tipo de contacto con miembro alguno del gobierno de Venezuela. Sin embargo, los periodistas pudieron conocer que Kafahni Nkrumah había estado involucrado con el chavismo desde hacía más de once años para la fecha, siendo activista de la izquierda y la causa racial en Nueva York.

---

[61] La Patilla. "¡Que no quede duda! Abogado de 'narcosobrinos' confirma que son familia de Cilia Flores (Video)". 17 de diciembre de 2015. http://www.lapatilla.com/site/2015/12/17/que-no-quede-duda-abogado-de-narcosobrinos-confirma-que-son-familia-de-cilia-flores-video/

En fecha posterior, el 14 de enero de 2016, el abogado Nkrumah volvió a conversar con la prensa. En esa ocasión dijo desconocer las recientes declaraciones de la Primera Dama, Cilia Flores, sobre que sus sobrinos habían sido secuestrados por la DEA en territorio venezolano, como ya lo reseñamos. Más cauteloso que en sus primeras declaraciones, Nkrumah manifestó que no estaba en condiciones de asegurar que efectivamente se había producido el secuestro que acusaba la legisladora venezolana, pero sí que la detención de su cliente había ocurrido de manera sospechosa. "No tengo conocimiento de las declaraciones de la Primera Dama. No he recibido nada aún [pruebas]. Así que no puedo hacer ningún comentario sobre ello (...) No voy a refutar lo que la Primera Dama alega; la forma en la que sus sobrinos fueron arrestados es sospechosa, por decir lo menos. Pero tampoco puedo decir que fueron secuestrados sin revisar profundamente los tratados internacionales y todo lo demás. No puedo comentar más sin revisar. Es decir, no puedo asegurar que hubo secuestro, pero sí que la detención es sospechosa. Obviamente, si hay algo que podamos usar para asegurar su liberación lo vamos a usar. Esta es una de las opciones que estamos atravesando, pero aún no lo podemos decir sin indagar más"[62].

También Nkrumah dijo desconocer las causas que llevaron a la anterior defensa de Campo Flores a renunciar. "Lo que importa aquí es que este nuevo equipo de abogados es tan capaz, o inclusive

---

[62] Diario Las Américas. "Defensa de Efraín Flores no ha recibido pruebas del Gobierno venezolano". 14 de enero de 2016.
http://www.diariolasamericas.com/defensa-efrain-flores-no-ha-recibido-pruebas-del-gobierno-venezolano-n3559157

más capaz en mi opinión, que la firma que representaba al señor Flores previamente", llegó a aseverar en la misma entrevista. Tampoco descartó llegar a arreglos con la fiscalía, pero se negó a comentar el contenido de las piezas de información que le fueron entregadas por la acusación.

Posteriormente operó un nuevo diferimiento de la audiencia, esta vez debido a un cambio en el calendario de la Corte, reprogramándose para el miércoles 6 de abril, según lo informó el propio juez de la causa, Paul Crotty, a la defensa de los sobrinos Flores.

Pero los cambios en la defensa de los narcosobrinos seguirían operándose antes y después, cuando el 18 de marzo de 2016 Efraín Antonio Campo Flores decidió incorporar a dos nuevos abogados al equipo de litigantes que lo defendía en el embrollo en el cual estaba incurso desde el 10 de noviembre de 2015. Cambios que, muy seguramente, requerirían de la solicitud de nuevas prórrogas.

Los dos nuevos litigantes se desempeñaron por años como fiscales del gobierno federal de EE. UU., pero finalmente se transaron por el ejercicio privado del derecho. Es así como Randall W. Jackson y John T. Zach, ahora socios de la afamada firma legal Boies, Schiller & Flexner LLP, comenzaron a ejercer como representantes legales de Campo Flores.

Hagamos un paréntesis para hacer referencia a estos juristas.

Randall W. Jackson es especialista en casos referidos al gobierno y las investigaciones internas, defensa de "cuello blanco", litigios civiles complejos y cumplimiento normativo. Acumula una gran experiencia en juicios federales y ha ganado varias apelaciones en casos complejos en tribunales de Apelaciones del Segundo Circuito y en el Distrito de Columbia. Se unió a la firma después de ocho años como fiscal federal y es tenido como uno de los mejores litigantes en casos contra el gobierno.

John T. Zach tiene las mismas especialidades de Jackson y amplia experiencia en casos penales federales, y su estilo en la sala de audiencia se caracteriza por maniobrar para ganarse a los miembros del jurado. Su experiencia entre 2006 y 2015 como Fiscal Adjunto de Estados Unidos en el Distrito Sur de Nueva York le confiere una gran habilidad en materia penal. Entretanto, en la Oficina del Fiscal de EE. UU., Zack fue miembro de alto rango de la Fuerza de Tarea de Fraude de Valores y Productos Básicos. En su haber se acumulan numerosas investigaciones con las autoridades policiales y los reguladores, como la Comisión de Bolsa y Valores, la Comisión de Negociación de Futuros de Materias Primas, la Oficina Federal de Investigaciones, el Servicio de Impuestos Internos, y el Departamento del Trabajo entre otras.

Boies, Schiller & Flexner LLP fue fundado en 1997 y cuenta con más de 300 especialistas en derecho que ejercen en todo el país. Según refieren en su página web, "regularmente servimos como abogados líderes en las disputas más significativas y de más alto perfil en el mundo". Subraya que el poco tiempo que llevan como firma, no ha sido impedimento para haber "ganado y ahorrado a nuestros clientes miles de millones de dólares en juicios, arbitrajes y acuerdos"[63].

---

[63] Boies, Schiller & Flexner LLP. http://www.bsfllp.com/about/firm_overview.html

Como dato ilustrativo, podemos tomar lo afirmado por *The American Lawyer*, que en 2010[64]incluyó a Boies, Schiller & Flexner LLP entre las 100 mejores firmas nacionales de abogados[65], al tiempo que la ubicó en el cuarto lugar de rentabilidad por socio, tercero en ingresos por abogado y en el lugar 89 en ingresos brutos (2009). Durante 2016 sus ganancias superaron los 380 millones de dólares.   Con oficinas en todo EE. UU., su despacho principal está ubicado en Nueva York[66].

Sus fundadores, David Boies y Jonathan Schiller, a quienes se unió Donald Flexner en 1999, lograron una gran expansión en 2002 cuando se les sumó Kosnitzky, un bufete de 27 abogados con sede en Miami.

El fuerte de esta firma es el litigio aunque no se limita a ello. Los abogados de este despacho reciben altas remuneraciones, llegando a obtener salarios anuales que van desde USD 194.349 hasta USD 238.438, según hemos podido indagar[67]. Además, Boies, Schiller & Flexner es famosa por los generosos bonos que otorga anualmente a sus asociados litigantes[68].

---

[64] The American Lawyer. "The Am Law 100 2010". 10 de mayo de 2010. https://www.law.com/americanlawyer/almID/1202448021003/?slreturn=20180030 165426https://www.law.com/law-firm-profile?id=2598&name=Boies-Schiller-Flexner

[65] Quincalla Urbana. "Nueva firma de abogados se incorpora a la defensa de Efraín Campo Flores". 18 de marzo de 2016. https://quincallaurbana.blogspot.com/2016/03/nueva-firma-de-abogados-se-incorpora-la.html

[66] Above de law. Boies, Schiller & Flexner LLP. https://abovethelaw.com/law-firms/boies-schiller-flexner-llp/

[67] Venezuela Política. "¿Quiénes son Boies, Schiller & Flexner LLP, el nuevo bufete de abogados de los narcosobrinos?". 18 de marzo de 2016. http://maibortpetit.blogspot.com/2016/03/quienes-son-boies-schiller-flexner-llp.html

[68] Above the law. "Associate Bonus Watch: Boies Schiller Pays Up To $350K". 3 de

Siendo que este despacho es sumamente costoso, contrasta con la declaración emitida por Efraín Campo Flores el 17 de diciembre de 2015 ante el juez de la causa, cuando aseguró carecer de medios de fortuna para cubrir los gastos de su representación legal. Fue así como el sistema de justicia estadunidense le brindó el beneficio de la defensa pública. Volvía al tapete la pregunta que desde un principio muchos se habían venido formulando: ¿de dónde provienen los fondos para el pago de abogados privados tan costosos? Una interrogante que por ley requiere respuestas, toda vez que la legislación norteamericana, como ya lo hemos señalado, así lo obliga para evitar que los abogados defensores de personas acusadas de narcotráfico sean pagados con dinero proveniente de la misma actividad delictiva.

Entretanto, en Venezuela el desarrollo y la contundencia de los hechos no convencían a los dirigentes oficialistas, entre ellos la segunda vicepresidenta de la Asamblea Nacional para el período legislativo 2010-2015. Tania Díaz insistía en afirmar que la detención de los jóvenes por parte de la DEA no era más que una total mentira. "La DEA no ha ratificado esa supuesta información", declaró en una entrevista televisiva[69]. "Las noticias internacionales cuando uno las ve, tampoco dan cuenta de una información y están hablando de suposiciones[70].

---

diciembre de 2014. https://abovethelaw.com/2014/12/associate-bonus-watch-boies-schiller-pays-up-to-350k/?rf=1

[69] La Patilla. "El silencio y las negativas de los chavistas sobre el caso 'Narcosobrinos'". 13 de noviembre de 2015. https://www.lapatilla.com/site/2015/11/13/el-silencio-y-las-negativas-de-los-chavistas-sobre-el-caso-narcosobrinos/

[70] La Patilla. "¡Empiezan a cantar! Tania 'cara de tabla' Díaz dice que es mentira la detención de sobrinos de Cilia Flores (Video)". 12 de noviembre de 2015.

Desde un principio se intentó ignorar el hecho y cuando ya esto era imposible la posición oficialista giró hacia la minimización de los mismos, a la par de insistir en desvirtuarlos.

Igual que el pretor romano Poncio Pilatos, el Defensor del Pueblo de Venezuela para la época, Tarek William Saab, se lavó las manos y señaló que el asunto no era de su competencia. "No tengo competencia", y como discurso de distraccióndescribió sus funciones e indicó que entre estas no está "dirigir la acción penal ni ser vocero de carácter judicial dentro o fuera del país"[71].

Pero la responsable de la acción penal en Venezuela para la fecha, Luisa Ortega Díaz, tampoco pareció conocer nada al respecto, incluso, en una entrevista con el periodista Vladimir Villegas en Globovisión dijo no haber obtenido información del asunto de ninguna naturaleza. "Nosotros [el Ministerio Público] hemos requerido información [a Estados Unidos] y no la hemos obtenido. ¿Cuáles fueron los hechos? Eso es un misterio"[72], se limitó a decir en esa oportunidad.

Tendría que pasar mucho tiempo, así como muchos otros acontecimientos, entre ellos su destitución por parte de la írrita Asamblea Nacional Constituyente instaurada el 30 de julio de 2017 por el oficialismo, para que Ortega Díaz refrescara su memoria y diera cuenta sobre el asunto. En entrevista concedida a quien estas

---

https://www.lapatilla.com/site/2015/11/12/empiezan-a-cantar-tania-cara-de-tabla-diaz-dice-que-es-mentira-la-detencion-de-sobrinos-de-cilia-flores-video/

[71] Notihoy. "El silencio y las negativas de los chavistas sobre el caso 'Narcosobrinos'". http://notihoy.com/el-silencio-y-las-negativas-de-los-chavistas-sobre-el-caso-narcosobrinos/

[72] YouTube. "Luisa Ortega Díaz aseguró no saber nada del caso de los sobrinos de Cilia Flores". 11 de abril de 2016. https://www.youtube.com/watch?v=bTZ2yMr2RjY

páginas suscribe en Canadá en el mes de octubre de 2017[73], aseguró que su despacho no recibió a tiempo la información requerida al gobierno estadounidense sobre el caso de los primos Flores, procesados y sentenciados en esa nación. Dijo que lo que conoce sobre el tema le llegó por canales irregulares. "No tengo el expediente completo".

Agregó en esa ocasión que con los datos que poseía abrió una investigación desde Bogotá —ciudad en la que estaba asilada para el momento en que esa publicación sale a la luz— y que se extiende a los funcionarios del gobierno venezolano y personas que aparecen involucradas en la conspiración de narcotráfico de los Flores. Llegó a afirmar que Nicolás Maduro ha debido renunciar a la presidencia de la república por estos hechos.

Quien sí fue más amplio en sus declaraciones sobre el asunto fue el llamado "filósofo de la revolución", Miguel Pérez Pirela, quien sentenció que "el que tenga que ir preso, que vaya preso". Sin embargo, tal asomo de sensatez fue solo ilusorio, pues de inmediato se unió al coro chavista que buscaba desacreditar la información: "No lo voy a creer a menos que me lo demuestren (...) Somos gente seria, honesta y gente leal. [Cuando] sea confirmada dicha información con 'verdaderas pruebas', el que tenga que ir preso, que vaya preso y bien preso"[74].

---

[73] Venezuela Política. "Ortega Díaz: Nicolás Maduro debió renunciar a su cargo ante el escándalo de los 'narcosobrinos'". 31 de octubre de 2017.
http://maibortpetit.blogspot.com/2017/10/ortega-diaz-nicolas-maduro-debio.html
[74] Notihoy. "El silencio y las negativas de los chavistas sobre el caso 'Narcosobrinos'".
http://notihoy.com/el-silencio-y-las-negativas-de-los-chavistas-sobre-el-caso-narcosobrinos/

Infructuoso fue cuanto intento hicieron los periodistas por obtener de la representación oficial en la Asamblea Nacional algún pronunciamiento. El silencio y las evasivas eran la respuesta recurrente.

El presidente del partido oficialista Redes y exalcalde metropolitano de Caracas, Juan Barreto, marcó cierta distancia con sus antiguos copartidarios y manifestó que era una noticia donde el régimen "no tiene nada que ver".

En tal sentido expresó: "El caso de los Flores es una situación lamentable. Yo siento mucha pena por la señora Cilia Flores, porque algunos de sus familiares estén incursos presuntamente en este tipo de eventos. Digo presuntamente porque eso tiene que ser investigado. Yo sigo dándoles el beneficio de la duda a esos muchachos y aspiro a que no sea tan grave como se ha venido denunciando (...) No tiene que haber un pronunciamiento porque no es un caso oficial, no es un caso del Estado. No se le puede exigir al Ejecutivo un pronunciamiento sobre un caso de unos particulares (...) En el sistema judicial moderno las responsabilidades son individualísimas, cada quien debe asumirlas ante un hecho. La condición de familiares de una alta funcionaria del Gobierno no inhabilita ni deja en entredicho a ningún otro familiar. Que ellos asuman sus responsabilidades y los medios dejen de intentar salpicarlos con el Gobierno"[75].

---

[75] La Guarimba. "¡EL QUE CALLA, OTORGA! Oficialistas prefieren silenciar cualquier opinión sobre narco-sobrinos". 26 de diciembre de 2016.
http://www.laguarimba.org/noticias/el-que-calla-otorga-oficialistas-prefieren-silenciar-cualquier-opinion-sobre-narco-sobrinos.html

Obviaba en sus comentarios que a los acusados se les eximía de los controles a que cualquier ciudadano debe someterse al, por ejemplo, entrar o salir del país. El uso del hangar presidencial también fue pasado por alto por Barreto.

El verbo encendido y guerrillero de Mario Silva se sumó a los desmentidos: "El gobierno de Estados Unidos, conjuntamente con sus órganos de inteligencia (...) han secuestrado a dos muchachos para montarle una campaña al país (...) Y tienen a dos muchachos que no tienen nada que ver"[76].

Una especie que, como referimos con anterioridad, fue secundada por Diosdado Cabello y argumentada con la tesis del secuestro: "Yo no lo veo como una detención, en verdad, fue un avión a Haití, iba con seis personas y secuestraron a dos personas, es lo que entiendo, porque el procedimiento fue totalmente irregular"[77].

Pero todos estos incidentes eran solo el principio. Aún faltaba mucho camino por recorrer y conocer cuál sería finalmente el destino de estos hombres que desde el 10 de noviembre de 2015 dejaron de ser los primos Flores para convertirse en "los narcosobrinos".

De cualquier manera, las leyes norteamericanas estipulan que todo ciudadano es inocente hasta que se compruebe lo contrario.

---

[76] Revista Ojo. "Dan versión oficial sobre el caso de los 'narcosobrinos'". 16 de noviembre de 2015. http://revistaojo.com/2015/11/16/dan-version-oficial-sobre-el-caso-de-los-narcosobrinos/

[77] Revista Ojo. "Dan versión oficial sobre el caso de los 'narcosobrinos'". 16 de noviembre de 2015. http://revistaojo.com/2015/11/16/dan-version-oficial-sobre-el-caso-de-los-narcosobrinos/

Es preciso subrayar, por tanto, que la acusación del Gran Jurado (*Indictment*) no constituye per se una evidencia, sino una lista de cargos donde se describe la acusación que se convierte en causa probable.

¿Cuáles serían los próximos pasos?

Tratando de saber cuáles serían los escenarios venideros, la prensa se dedicó a indagar entre especialistas en la materia.

Así, según los expertos consultados lo que muy probablemente ocurriría luego de las dos primeras audiencias de que hemos dado cuenta en estas páginas hasta este momento, era que los abogados defensores introducirían mociones previas a la realización del juicio, siendo la más común la que permite suprimir evidencia. Les correspondía en esta etapa la revisión cuidadosa de dicha evidencia presentada por la fiscalía, tratando de encontrar visos de ilegalidad en las mismas o en la manera de recolectarlas. En pocas palabras, en lo sucesivo la defensa procuraría desarmar al gobierno de todos los elementos con los que contaba para acusar a los sobrinos Flores.

Las audiencias de supresión de evidencia se llevan a cabo en corte abierta y casi siempre con la asistencia de testigos. Durante su desarrollo, la defensa puede contrainterrogar a los testigos presentados por la fiscalía, e igualmente puede presentar a los propios testigos de la defensa.

Los resultados de estas mociones previas en muchas ocasiones determinan la declaración de los acusados, quienes a partir de los elementos que finalmente sean aceptados como pruebas pueden decidir si declararse culpables o someterse a juicio. La contundencia de las evidencias es fundamental para fijar el curso de los procesos judiciales.

El juez de la causa determinará si los oficiales a cargo de las investigaciones violaron la ley al momento de recabar las evidencias. De ser así, el juez las suprime en el juicio. Si por el contrario se determina que no hubo violaciones, la evidencia se declara admisible durante el proceso.

De no llegarse a un acuerdo entre las partes tiene lugar el juicio, un hecho que ocurre aproximadamente unos 70 días luego de que se produzca la acusación del Gran Jurado. Previo consentimiento de la defensa y la fiscalía, con la autorización del juez pueden operar extensiones, como en efecto ocurrió en este caso, en que se solicitaron prórrogas para revisar con detenimiento las pruebas, introducir mociones o emitir declaraciones de culpabilidad—que no fue lo ocurrido en la causa de los Flores.

En la semana previa al inicio del juicio, la defensa recibe lo que se conoce como "material 3500", constituido por las declaraciones hechas por los testigos del gobierno que brindarán testimonio durante el litigio. Del mismo modo, la defensa debe proporcionar a la fiscalía las declaraciones previas formuladas por los testigos que presentará en el juicio.

En Estados Unidos la mayoría de los casos federales terminan con acuerdos en los que se producen declaraciones de culpabilidad. Si la persona acusada así lo decide, puede proceder a declararse culpable, bien con acuerdo declaratorio o no, el cual se conoce como "Acuerdo Declaratorio" o "Acuerdo de Declaración de Culpa" o como *"Plea Agreement"*. Este documento recoge el convenio al que llegan la defensa y la parte acusadora respecto a los cargos en los cuales se declara culpa, los cargos que quedan descartados o desestimados y todos los demás detalles a que hayan llegado respecto a las pautas de la sentencia o *"sentencing guidelines"*.

Hay que advertir que los acuerdos declaratorios solo serán definitivos cuando un juez los revise y decida su viabilidad. Es más, los términos del acuerdo no son de obligatorio cumplimiento para el magistrado, quien puede desestimarlo por completo o algunas de sus partes. Tampoco está obligado el juez a aceptar la sentencia sugerida en dicho acuerdo. Vale destacar que en caso de que el titular del tribunal establezca una sentencia diferente a la establecida en el acuerdo, el acusado no podrá retirar su declaración de culpa, excepto en raras circunstancias.

Las sentencias difieren en el ámbito federal y en el regional, puesto que en el primero el sistema opera sin certeza con respecto al dictamen. Es decir, el acusado, ya sea que se declare culpable o decida ir a juicio, no sabrá por anticipado con qué sentencia se enfrenta.

Lo que ocurre casi siempre es que las declaraciones de culpabilidad se emiten solo con estimados de sentencia. El juez, para asegurarse de que el acusado entiende a lo que se enfrenta, procede a interrogarlo para certificar que está en conocimiento de sus derechos a los cuales renunciará con su declaración.

Con el fin de aceptar la declaración de culpa, el juez toma unos treinta minutos para hacerle preguntas a la persona acusada con el objetivo de asegurarse de que él o ella entiendan sus derechos antes de declararse culpable y renunciar con esto a los mismos. Transcurrirán unos tres meses luego de la declaración para que el juez dicte sentencia.

La fiscalía presentará su caso y las evidencias que sustentan la acusación. Dicha evidencia, como ya hemos apuntado, consiste en documentos, grabaciones, videos, audios, fotografías, declaraciones de testigos, etc.

La defensa está en potestad de objetar las evidencias de acuerdo a la normativa legal. El o los abogados defensores también pueden objetar las preguntas que se formulan durante el proceso y el juez decidirá si las objeciones tienen lugar o no. Con las expresiones "ha lugar" ("*sustained*") que significa que tal objeción es válida, o "no ha lugar" ("*overruled*") que significa que es rechazada, el magistrado manifestará su aprobación o no a los cuestionamientos presentados.

En determinadas ocasiones los abogados solicitarán o se les pedirá acercarse al estrado ("*side bar conference*") para discutir algún asunto legal sin que el jurado lo escuche.

Por su parte, la defensa no está obligada a presentar evidencia, aunque si es su deseo perfectamente puede hacerlo, así como también puede traer testigos a su favor.

El acusado decidirá si presta testimonio o no. Si opta por el silencio, se instruirá al jurado para que no use dicho silencio en su contra.

Al final del proceso tendrá lugar el cierre, el momento en el que la fiscalía y la defensa presentan sus conclusiones ante el jurado. El representante de la fiscalía será el primero que intervenga, luego lo hará la defensa y, por último, una réplica por parte del fiscal.

A partir de ese momento el juez girará instrucciones al jurado respecto a las leyes relevantes que habrán de tomarse en cuenta, y luego este grupo se retirará a deliberar. El veredicto que emita el jurado debe tener carácter unánime.

Cuando el jurado no llega a un acuerdo sobre el veredicto—caso conocido como "jurado en desacuerdo" o "jurado sin veredicto" o "*hung jury*"—, el juez declarará el juicio nulo y la fiscalía estará en capacidad de intentar un nuevo proceso.

Si el jurado declara "no culpable" al acusado, este queda libre de cargos y debe ser liberado de inmediato.

Si, por el contrario, es declarado culpable, se procede a levantar la sesión y el juez pasará a determinar la sentencia. Si el acusado estaba en custodia cuando esto sucede, entonces permanecerá detenido hasta tanto se dicte sentencia. Si se encontraba en libertad bajo fianza durante el juicio, cuando se le declare culpable será detenido de inmediato hasta tanto se emita la sentencia.

Es posible que, luego del juicio, un abogado pueda solicitar que se deje sin efecto la decisión del jurado y el juez estará en libertad de desestimar o no los cargos y ordenar un nuevo juicio.

Luego de que se dicte el veredicto en que se halle culpable al acusado, tal como sucede con una declaración de culpabilidad, el Departamento de Probatoria se encargará de redactar un Informe Previo a la Sentencia con los argumentos que sustenten la sentencia sugerida.

Cuando el acusado sea declarado culpable de más de un cargo, el juez determinará si la pena correspondiente a cada uno de los delitos se cumplirá de manera simultánea o consecutiva. Esto es potestad del magistrado, aunque algunos cargos conllevan sentencias que deben ejecutarse consecutivamente, por lo que el juez no tendrá otra opción que no sea acatar.

Además de la condena a prisión, la sentencia incluye un pago especial al tribunal. El juez puede ordenar que se haga un reembolso a las víctimas. También se pueden imponer multas.

Aún faltaba mucha tela por cortar para ese entonces en el caso Flores. Esta película, para el momento que narramos, apenas estaba comenzando.

Tercer capítulo

Los preparativos del negocio

Hemos narrado hasta ahora los pormenores de los hechos ocurridos a partir del arresto de los sobrinos Flores en Haití y las incidencias de su presentación ante la justicia de Estados Unidos.

Pero, ¿cómo se llega a este arresto?

En Estados Unidos, como ya lo hemos referido, el organismo bandera en la investigación de casos relacionados con el narcotráfico y el consumo de drogas es la Administración para el Control de Drogas, mejor conocida como DEA (*Drug Enforcement Administration*). Esta agencia, dependiente del Departamento de Justicia, también se encarga de la lucha contra el contrabando y, aunque comparte jurisdicción con el FBI dentro del territorio estadounidense, es el único órgano facultado para llevar a cabo investigaciones antidroga fuera de los EE. UU.

En su página web, la DEA refiere que la misión del organismo "es hacer cumplir las leyes y reglamentos de Estados Unidos en materia de sustancias controladas y llevar ante el sistema de justicia civil y penal de Estados Unidos, o a cualquier otra jurisdicción competente, a las organizaciones y los miembros principales de organizaciones que participen en el cultivo, la fabricación o distribución de sustancias controladas que surjan en el tráfico ilícito o estén destinadas a tal tráfico en Estados Unidos, y recomendar y apoyar programas de cumplimiento no obligatorio destinados a reducir la disponibilidad de sustancias controladas ilícitas en el mercado tanto nacional como internacional"[78].

Para cumplir con este cometido, la DEA lleva a cabo investigaciones y prepara el enjuiciamiento tanto de los infractores principales de las leyes en materia de sustancias controladas que operen a niveles interestatales e internacionales, como de los delincuentes y pandillas de drogas que cometan actos de violencia en EE. UU. Del mismo modo, se encarga de la "gestión de un programa nacional de inteligencia antidroga en cooperación con las autoridades federales, estatales, locales y extranjeras para recopilar, analizar y difundir información estratégica y operativa de inteligencia antidroga" al tiempo que trabaja en la "incautación y el decomiso de recursos derivados, atribuibles al narcotráfico ilícito o destinados a ser utilizados para el narcotráfico ilícito" y, entre otras funciones, coordina y coopera "con los organismos federales, estatales y locales, y con los gobiernos extranjeros en programas diseñados para reducir la disponibilidad de drogas ilícitas de uso indebido en el mercado de Estados Unidos mediante métodos más allá de las fuerzas del orden como la erradicación o sustitución de cultivos, y la capacitación de funcionarios extranjeros"[79].

Para sus investigaciones, la DEA se vale, entre otros métodos, de informantes y testigos cooperantes. Estos últimos son personas

---

[78] U.S. Department of Justice. Drug Enforcement Administration, DEA.
https://www.dea.gov/about/mission-sp.shtml
[79] U.S. Department of Justice. Drug Enforcement Administration, DEA.
https://www.dea.gov/about/mission-sp.shtml

ligadas al narcotráfico, delincuentes confesos que tienen deudas con la justicia estadounidense y que, en aras de amortiguar sus condenas, deciden cooperar con el organismo suministrando información sobre otros narcotraficantes y operaciones en proceso relacionadas con el tráfico de estupefacientes que afecten a Estados Unidos y así contribuir con su captura.

No se trata de ninguna actitud altruista por parte de estos delincuentes, sino que en ello opera el interés de ver reducidas sus condenas y el peso de la ley. Muchas de las acciones tienen lugar fuera del territorio de EE. UU., pero al establecerse que la intención delictual tiene como fin dirigir la actividad hacia el territorio norteamericano, entonces la DEA adquiere jurisdicción.

En esas labores rutinarias se encontraban los agentes de la DEA cuando recibieron la llamada de uno de sus testigos cooperantes, un narcotraficante hondureño que refirió haber sido contactado desde Venezuela para comunicarle el arribo a la nación centroamericana de dos individuos que estaban interesados en participar en negocios de narcotráfico con su persona.

Este sujeto quedó registrado en el expediente de Efraín Antonio Campo Flores y Franqui Francisco Flores de Freitas como "CW-1", apodado "El Sentado". Mucho más adelante, ya en las postrimerías de este proceso, pudo conocerse que su nombre era Carlos Amílcar Leva Cabrera.

"El Sentado" era un narcotraficante que debía su apelativo a haber quedado postrado en una silla de ruedas tras sufrir un accidente. Era integrante de un cartel que controlaba la zona de

Roatán, la mayor de un archipiélago de Honduras conocida como Islas de la Bahía, uno de los dieciocho departamentos que conforman esa república centroamericana y que ha terminado convertido en un corredor de drogas de especial importancia. Desde el año 2000, Roatán ha devenido en una de las rutas preferidas por narcotraficantes colombianos y venezolanos que mueven sus mercancías con destino a los Estados Unidos.

"Por Honduras pasa el 79% de la cocaína que llega a México desde Sudamérica, según las autoridades. En los últimos meses los narcotraficantes han cambiado sus rutas para introducir drogas a Honduras para luego trasladarla a Estados Unidos. Aquí se forma lo que el Departamento de Estado de EE. UU. conoce como "el triángulo de la droga". La ruta costera esparce las vías de acceso marítimas, y dentro de Honduras no descartan la existencia de mini carteles de la droga en Roatán, Utila y Guanaja, en el Mar Caribe; y al sur con Nicaragua. Honduras ha pasado de ser puente de los narcos, a constituirse en un depósito de la droga. Bajo el pretexto de promover el turismo, las Islas de la Bahía se han quedado sin dueño. La presencia policial se convierte en ausencia, y gran parte del tráfico de droga que viene por las rutas marítimas desemboca en ellas sin sufrir ningún tipo de acoso como sucede en otras zonas"[80].

Existen informes emanados de instancias internacionales, además de una presentación elaborada por Javier Ignacio Mayorca,

---

[80] Animal Político. "Narcoislas, un tesoro entre dos océanos". 29 de septiembre de 2013. http://www.animalpolitico.com/2013/09/narcoislas-un-tesoro-entre-dos-oceanos/

periodista especializado en criminalística, quien también es integrante del Observatorio Venezolano del Crimen Organizado, en el que se "detalla cómo desde 2004, durante el gobierno del presidente Hugo Chávez, nació una ruta del narcotráfico que sale desde Venezuela con cocaína hacia Centroamérica y que se consolidó en la gestión del expresidente de Honduras, Manuel Zelaya, quien gobernó esa nación desde 2006 hasta 2009"[81].

CW-1, "El Sentado" o Carlos Leva Cabrera, cooperaba con el gobierno de EE. UU. y con la DEA, con miras a obtener un acuerdo de cooperación con relación a un delito que cursaba en su contra en Nueva York. Se supo que este acuerdo de cooperación no llegó a concretarse, pero todos los datos por él aportados fueron certificados por la agencia antidroga estadounidense mediante cruces con informaciones recibidas de otras fuentes.

CW-1 comenzó con el suministro de información a la DEA en mayo de 2015. "El Sentado" contactó a la DEA el 3 de octubre de 2015, según narró el agente especial antinarcóticos Sandalio González, encargado de la operación en la que resultaron apresados los sobrinos de Cilia Flores y Nicolás Maduro, para informar que había recibido una llamada en la que le referían que dos venezolanos estaban interesados en establecer con él negociaciones sobre actividades de narcotráfico.

Ello solo se conoció muchos meses después, cuando Sandalio González lo afirmó bajo juramento durante una audiencia de

---

[81] RunRun.es. "Rutas de la droga: Venezuela controla 'el corredor Caribe'". 16 de noviembre de 2015. http://runrun.es/uncategorized/235320/rutas-de-la-droga-venezuela-controla-el-corredor-caribe.html

supresión de pruebas que tuvo lugar el jueves 8 de septiembre de 2016, en respuesta a una pregunta de la fiscalía. El agente de la DEA dio a conocer que la persona que había contactado a CW-1 era un alto funcionario de la policía científica venezolana. Hasta ese momento se había manejado la especie de que había sido un hondureño quien había establecido el contacto. Con esta nueva información la sorpresa se apoderó de todos los presentes e, inmediatamente, se expandió como pólvora la noticia de que el citado funcionario policial era nada más y nada menos que el Comisario General Bladimir Flores, a la sazón, hermano de la Primera Dama venezolana y tío de Efraín Antonio y Franqui Francisco.

Bladimir Flores habría precisado a "El Sentado" para que recibiera a sus sobrinos. En pocas palabras, con aquella llamada el hermano de la Primera Dama había lanzado a sus familiares a los tiburones.

No hubo más referencias a Bladimir Flores. Tal vez era ya suficientemente triste su figuración en este caso. Eso lo creemos, por lo menos, por ahora.

Hagamos una pequeña pausa para referir que Bladimir Flores tiene una carrera policial que ya supera las cuatro décadas y, para el momento en se narran estos hechos, formaba parte del cuadro directivo superior del CICPC (Cuerpo de Investigaciones Científicas, Penales y Criminalísticas de Venezuela), al frente de la Inspectoría General.

Flores es un experto en dactiloscopia que ha ocupado en su larga carrera en las filas de la policía científica diversas posiciones tanto en lo operativo como en la alta dirección, una de ellas en la División Técnica Policial de la antigua Policía Técnica Judicial (PTJ), y entre otras, la Coordinación Nacional de Criminalística ya dentro de la nueva estructura del CICPC.

También se desempeñó como jefe de seguridad de la Asamblea Nacional en tiempos en que su hermana, Cilia Flores, presidía el Poder Legislativo (2006–2011). Igualmente fue Cónsul de Venezuela en Curazao.

Transcurridas 24 horas desde el anuncio de Bladimir Flores, sus sobrinos volaron de Caracas rumbo a Honduras para encontrarse con "El Sentado" el 3 de octubre de 2015. Viajaron en un vuelo privado a Tegucigalpa, en un avión Cessna 550 Citation II, siglas YV-570T[82], registrado en Venezuela. De Tegucigalpa se trasladaron al interior de esa nación centroamericana, específicamente a San Pedro Sula, la segunda ciudad en importancia de Honduras y sede de las principales industrias del país. Esta localidad era controlada por "El Sentado", quien además de poseer allí negocios relacionados con la industria de la construcción, era propietario de centros y equipos deportivos. Allí tendría lugar una reunión con un grupo de individuos que aparecen reseñados en la acusación hecha por el gobierno de Estados Unidos en su contra. A la cita igualmente asistieron César Orlando Daza Cardona y Roberto de Jesús Soto García, este último un ciudadano hondureño también imputado por la fiscalía de Nueva York.

---

[82] AviacionCR.net. http://www.aviacioncr.net/buscar.php?matricula=YV570T

Pero no solo Carlos Amílcar Leva Cabrera actuó como testigo cooperante de la DEA en este caso. En el expediente aparecen también reseñados como informantes dos sujetos identificados como CS-1y CS-2 (a la sazón padre e hijo, de 55 y 34 años, respectivamente), con quienes en segundo término se reunieron Efraín Antonio Campo Flores y Franqui Francisco Flores de Freitas. En esta ocasión el encuentro tuvo lugar en la capital venezolana, Caracas, el 23 de octubre de 2015. Más adelante trascendió que CS-1, "El Mexicano" o "El Senior padre", responde al nombre de José Santos Peña, mientras que CS-2 es José Santos Hernández, conocido también con el alias de "Junior".

En las conversaciones dadas a conocer en el juicio, Campo Flores se quejaba con Santos Peña —quien se hizo pasar por un representante del Cartel de Sinaloa— del trato recibido por parte de CW-1. El hijastro de Nicolás Maduro le dijo a "El Mexicano" en un encuentro que tuvo lugar a finales de octubre de 2015, que él había parado el negocio acordado con "El Sentado", porque no le contestaba las llamadas y se había desaparecido. Además le contó que él y su primo tuvieron que esperarlo horas cuando fueron a la reunión en Honduras y les molestó mucho cuando se enteraron de que el narcotraficante había llegado tarde a la cita porque estaba viendo un partido de fútbol.

"El Sentado" era dueño de un equipo de balompié en San Pedro de Sula, donde se le conocía como empresario. Campo Flores dijo al informante de la DEA que a él le gustaba el FC Barcelona y el Magallanes (equipo de béisbol venezolano), pero cuando se trataba de un negocio serio (narcotráfico) dejaba el deporte de lado.

"¿Cómo ese señor va a dejarnos esperando tantas horas a mi primo y a mí porque estaba viendo un partido de fútbol? No… entonces esto no es serio", se le escuchó decir a Campo Flores en las grabaciones recabadas por CS-1 en uno de sus encuentros con los Flores en Caracas y que fueron dadas a conocer durante el juicio cuando el informante de la DEA rindió su testimonio. Allí, el hijastro de Nicolás Maduro le expresó a "El Mexicano" su molestia por la actitud asumida por "El Sentado" durante su viaje a Honduras, incluso le propuso seguir la operación solos y dejar de lado al narcotraficante hondureño[83].

Le tocó a CS-1 apagar el fuego y le respondió a Campo Flores que "El Sentado" era una persona seria, pero que se había visto obligado a "desaparecer" por unos días, no porque hubiera perdido el interés de hacer el negocio con ellos (Campo y Flores), sino porque en algunas ocasiones el ambiente se ponía caliente y "tocaba pasar calladito".

CS-1 se hizo pasar por enviado de "El Sentado" cuando fue a Caracas —cita de la que hablaremos más adelante. Campo Flores le había solicitado al narcotraficante hondureño en la reunión del 3 de octubre de 2015que enviara sus representantes a Venezuela para que conocieran la calidad del producto que estaban ofertando y allí estudiar todo lo relativo a la logística de la operación. Lo que ocurría era que los llamados del sobrino de Cilia Flores a "El Sentado" eran muy frecuentes y con el tiempo se fueron

---

[83] Venezuela Política. "Cuarto día del juicio de los sobrinos de Cilia Flores: Gobierno muestra pruebas que hunden a los acusados". 11 de noviembre de 2016. http://maibortpetit.blogspot.com/2016/11/cuarto-dia-del-juicio-de-los-sobrinos.html

convirtiendo en casi una súplica. Se conoció después que CW-1 no respondía las llamadas en espera de que la DEA decidiera qué personajes iba a enviar a Caracas y esto no ocurrió sino hasta el 19 de octubre de 2015, cuando el agente Sandalio González acordó con CS-1 y CS-2 esta misión en la capital venezolana. Los dos informantes fueron dotados de los dispositivos 1 y 2 de la DEA en su oficina de Virginia, con el objetivo de que grabaran las conversaciones con los dos hombres que estaban ansiosos de entrar al negocio con Leva Cabrera.

Lo que para ese entonces desconocía la agencia antidroga y que solo salió a relucir en la audiencia de pruebas celebrada el 8 y 9 de septiembre de 2016, es que los dos informantes confidenciales invitaron a un tercer hombre no autorizado a participar en la operación de nombre Paul, natural de Los Mochis, Sinaloa, México, el pueblo de nacimiento de Santos Peña y su hijo Santos Hernández y donde hasta ahora vive la familia de estos informantes presos en California.

CS-1 manifestó que Paul viajó con ellos en el mismo vuelo a Maiquetía, que era su amigo —dijo haberlo encontrado en el aeropuerto mexicano—, pero advirtió que en ningún momento participó de las reuniones, sino que se mantuvo en un área distinta, cercana a la puerta del apartamento propiedad de Campo Flores, lugar de los encuentros. De Paul haremos referencia más adelante.

De la cita entre los sobrinos Flores y "El Sentado" solo se conocen las referencias dadas a conocer por algunos de sus protagonistas. El agente Sandalio González explicó en varias oportunidades que de la entrevista sostenida entre Campo Flores,

Flores de Freitas y CW-1 no hubo registros de audio ni de video. El policía dijo que Carlos Leva no portó los equipos de grabación proporcionados por la DEA debido al poco tiempo disponible para prepararlo y porque el encuentro tendría lugar muy lejos de Tegucigalpa, donde está la sede de la agencia en Honduras. Expuso que los agentes de la oficina antinarcóticos de EE. UU. tienen una movilidad limitada en la nación centroamericana. "No se pudieron hacer los arreglos para proporcionarle a CW-1 un dispositivo de grabación adecuado", expresó. Además, en sus declaraciones González manifestó que "El Sentado" dijo que no consideró prudente hacer grabaciones en ese primer encuentro para no levantar sospechas.

Sandalio González negó haber autorizado al testigo cooperante grabar con un celular la reunión como aseguraban los abogados de los sobrinos Flores, mucho menos a otro individuo no ligado a la investigación. El agente de la DEA contó que CW-1 le refirió haber intentado grabar la reunión con un teléfono celular, pero luego le dijo que no le fue posible hacerlo por el ruido del restaurante y por el hecho que había gente y creía que no era conveniente hacerlo él mismo puesto que se trataba del primer encuentro con los nuevos proveedores de droga.

Fueron informaciones ofrecidas en distintos momentos y que resultaban contradictorias. Así tenemos que, mientras en un primer momento se dijo que por la premura con que sucedieron los hechos se hizo imposible enviar los aparatos desde Tegucigalpa a San Pedro Sula, más adelante, durante la audiencia de supresión de pruebas, el agente Sandalio González admitió que Leva Cabrera ya contaba con otro tipo de equipos de grabación para registrar la reunión. Precisó que CW-1 tenía un teléfono celular que había utilizado anteriormente para grabar otras operaciones y que la única justificación real era la incapacidad del minusválido para llevar un equipo adicional o enviar un agente para controlar la reunión que tuvo lugar el día sábado 3 de octubre. Es igualmente poco creíble el argumento de que "El Sentado" no había podido ser adiestrado y de que su condición de invalidez le impedía hacer la grabación, toda vez que, sostenía la defensa de los Flores, "las fuentes confidenciales profesionales empleadas por la DEA están formadas para utilizar los dispositivos de grabación y, por lo general, con el tiempo les es cómodo utilizarlos para grabar reuniones con objetivos de investigación"[84].

Más adelante, Sandalio González indicó que la entrevista entre "El Sentado" y los sobrinos Flores fue para planificar todo lo referente al envío de droga procedente de Venezuela hasta Estados Unidos a través del territorio hondureño, usando para ello el Aeropuerto Internacional "Juan Manuel Gálvez", en Roatán.

Solo quedó como prueba de la entrevista una fotografía tomada en las afueras de un restaurante rústico captada por una mujer que acompañó a "El Sentado", pero cuyo nombre no fue revelado. Esa mujer tampoco fue autorizada por la DEA para participar en la operación. Se dijo que era empleada de Leva Cabrera o alguien cercano a él. En la imagen presentada en la Corte es posible ver a

---

[84] Venezuela Política. "Defensa exige a la corte que se eliminen las evidencias presentadas por el gobierno para acusar a sobrinos de Cilia Flores". 27 de septiembre de 2016. http://maibortpetit.blogspot.com/2016/09/defensa-exige-la-corte-que-se-eliminen.html

los acusados, Efraín Antonio Campo Flores y Franqui Francisco Flores de Freitas, al propio Carlos Leva Cabrera, en su silla de ruedas, a Roberto de Jesús Soto García, así como a otras personas que el policía refirió no conocer. "Ninguna de las otras personas que asistieron a la reunión que se muestra en la foto, actuaron bajo la dirección del gobierno de Estados Unidos".

González expresó que CW-1 no le proporcionó ningún dato u otras fotografías o grabaciones relativas a su primer encuentro con los acusados, aparte de la citada foto. Al parecer, según dijo en otra oportunidad el policía, "El Sentado" había prometido enviarle otras fotos tomadas por la mujer mencionada anteriormente y no autorizada por la DEA, pero el hombre nunca las entregó.

Certificar estas informaciones suministradas por Carlos Amílcar Leva Cabrera no fue posible, ni tampoco confrontarlo, puesto que fue asesinado 4 de diciembre de 2015 a bordo de su propio carro[85]. Sobre la razón del asesinato, solo se dejó saber que se debió a una supuesta deuda de un millón de dólares que mantenía. Lo curioso del caso es que, aun cuando "El Sentado" contaba con una gran cantidad de escoltas, el día de su muerte no lo acompañaba ninguno. Para cuando se escribieron estas líneas todavía no habían terminado las investigaciones sobre la muerte de Leva Cabrera en Honduras.

---

[85] La Prensa. "Dentro de su camioneta asesinan a empresario de Santa Cruz de Yojoa". 5 de diciembre de 2015. http://www.laprensa.hn/sucesos/908458-410/dentro-de-su-camioneta-asesinan-a-empresario-de-santa-cruz-de-yojoa Tiempo Digital. "DEA: En Honduras mataron a testigo en caso narcosobrinos". 26 de julio de 2016. http://tiempo.hn/narcosobrinos-de-maduro/

En un "chat" que sostuvo Campo Flores con "El Sentado", le manifestó que quería empezar a trabajar de inmediato, por lo cual solicitó que enviara unos de sus representantes a Caracas. Campo Flores quería dejar claro que era capaz de hacer la operación y que tenía todo lo requerido para realizar los envíos. El hijastro del presidente Nicolás Maduro estaba entusiasmado porque "El Sentado" le había informado que estaba dispuesto a pagar el kilo de cocaína a 12 mil dólares. Asimismo se había precisado que el costo de recibimiento de la mercancía en Roatán era fijo. "Son 900.000,00 dólares sin importar la cantidad". Se referían a "la bajada", término usado por los narcotraficantes para describir la llegada de la droga a las pistas del aeropuerto, en este caso los 800 kilos de cocaína de la negociación.

En pocas palabras, este pago estaba destinado a garantizar el recibimiento de la droga con seguridad en el aeropuerto de Roatán. Según testimonio de Campo Flores, "la bajada" incluía el recibimiento de la "mercancía" que arribaría a Honduras en un avión "blanco", es decir, legal, con plan de vuelo, pasajeros y pilotos con licencia, y el desembarque de la droga que se montaba en lanchas para llevarla por la costa a México y desde allí a Estados Unidos.

A diferencia de lo ocurrido con la entrevista de "El Sentado", de las conversaciones sostenidas entre CS-1, CS-2 y los primos Flores sí existe registro de audio y video. Relató "El Mexicano" que al llegar al apartamento de Efraín Antonio Campo Flores —lugar de todas las citas— pidió ir al baño donde encendió los equipos que luego apagó de la misma manera, durante un nuevo permiso para entrar en la sala sanitaria.

El 26 de octubre de 2015 tuvo lugar la segunda "entrevista de trabajo" que, al igual que en la primera ocasión, fue registrada en audio y video por "El Mexicano". Estuvieron presentes los sobrinos Flores, CS-1 y CS-2, los escoltas de Campo Flores y el sujeto amigo de los informantes de la DEA. Fue en este encuentro cuando se concretó el envío de la droga que le sería entregada a Efraín Antonio por un contacto de las Fuerzas Armadas Revolucionarias de Colombia, FARC.

Los primos Flores volvieron a encontrarse con CS-1 y CS-2 el día 27 de octubre. El objetivo de esta nueva cita era comprobar la calidad de la cocaína a negociar. José Santos Peña dijo que durante este encuentro Efraín Antonio Campo Flores le aseguró que la droga que traficaba era de primera, pues no le gustaba tener problemas con sus clientes. Los registros de audio y video de ese día muestran a Campo Flores y a Franqui Francisco Flores de Freitas manipulando una panela de cocaína. Para comprobar si el "producto" era de buena calidad, CS-1 echó mano de su experiencia como narcotraficante y consumidor, palpó la droga y la olió. La textura de la cocaína era aceitosa, una cualidad que, según él, daba cuenta de su elevada pureza, la cual calculó en 97 por ciento."En base a mi experiencia como narcotraficante y consumidor, puedo saber la calidad debido al brillo, al color y la textura, porque cuando es buena te deja un aceite en la mano. Esa cocaína era puro aceite y le dije a 'Flores' y a 'Francisco' que era de pura calidad"[86].

---

[86] Venezuela Política. "Crónica del segundo día de audiencia del caso Flores: La

Hubo también un encuentro en el ínterin, la noche del 26 de octubre, luego de la entrevista en el apartamento de Campo Flores.

De esta reunión no hubo registros ni de audio ni de video. Tal vez hubieran sido demasiado bochornosos, inadecuados.

Quisieron los sobrinos de Cilia Flores y Nicolás Maduro tener un "gesto cordial" con sus invitados mexicanos y decidieron llevarlos al "Trío Gentlemen´s Club"[87], un *night club*—otros prefieren llamarlo prostíbulo— que había sido propiedad de Campo Flores y en el que aún conservaba una zona VIP. El local funciona en el Centro Letonia, en la zona La Castellana de Caracas, consta de tres pisos decorados en colores rojo y fucsia en los que la clientela puede escoger entre el bar, la discoteca, el restaurante o... las habitaciones.

Una "noche loca" parece haberse desatado: prostitutas, strippers y, obviamente, cocaína —supuestamente solo para el consumo de CS-1.

Noche de pasiones desenfrenadas: tres prostitutas para cada invitado.

La defensa de los Flores quiso aprovechar este incidente para recriminarle a la DEA su falta de seriedad por permitir el uso de recursos del gobierno en el pago de servicios sexuales, licor y drogas. La fiscalía y los propios informantes replicaron que tan

---

fiscalía cabizbaja y la defensa ¿victoriosa?". 15 de septiembre de 2016. http://maibortpetit.blogspot.com/2016/09/cronica-del-segundo-dia-de-audiencia.html
[87]http://trioclub.com.ve/home.php

cordial atención corrió por cuenta de Franqui Francisco Flores de Freitas.

La fiesta culminó en el Hotel Marriot, ubicado en la avenida Venezuela con calle Mohedano, también en el este caraqueño. Tal vez conscientes de la gran inseguridad reinante en Venezuela, los sobrinos de la pareja presidencial prefirieron prevenir y enviaron a sus invitados en un carro, acompañados por guardaespaldas.

Hay un hombre que igualmente trabaja para la DEA —lo hace desde 2009— identificado en el expediente como CS-3, alias "El Colombiano", de quien luego se supo su nombre real: Juan Gómez. La agencia antidroga de EE. UU. dispuso de sus servicios para investigar sobre las actividades de los denominados narcosobrinos.

CS-3 participó en una reunión que los sobrinos de Cilia Flores y Nicolás Maduro sostuvieron en Honduras con "El Sentado" y otras dos personas más y de la que hizo registros con los dispositivos que en el expediente se identifican con los números 1, 2 y 3. Contó que accionó los equipos en el baño y para desconectarlos volvió otra vez al sanitario.

"Igualmente lo hice cuando acudí a la otra reunión en el restaurante rústico a donde acudieron 'El Sentado', Flores de Freitas, un hombre de Colombia (César Orlando Daza Cardona) y Soto García, que trabajaba en el aeropuerto de Honduras", dijo durante su testimonio rendido el séptimo día de juicio, y agregó que en esa ocasión usó los dispositivos 2 y 3 para grabar. Después de esto fue al hotel, donde dejó olvidado su teléfono celular y el dispositivo 3 en su habitación, lo cual recordó antes de salir al aeropuerto. "Al darme cuenta llamé al hotel y lo reporté y fue 'El Sentado' el encargado de recuperar los aparatos y enviarlos a la DEA". A lo largo de sus labores como colaborador de la DEA, CS-3 dijo haber ganado unos 400 mil dólares aproximadamente.

Esta reunión en Honduras ocurrió específicamente el 6 de noviembre de 2015 en la isla de Roatán. De los primos solo acudió Flores de Freitas, CS-1 y CS-3, además de Roberto de Jesús Soto García, un hombre que se encargaría de la logística en el Aeropuerto Internacional "Juan Manuel Gálvez" y el otro colombiano (Daza Cardona). Entre los objetivos de esta cita, además de concretar el envío, también se contemplaba finiquitar todo lo relativo al pago de "la bajada" que "El Sentado" cobraría por recibir el cargamento de droga con todas las medidas de seguridad. A su vez, CW-1 debía pagar a Carlos González, (controlador del aeropuerto de Roatán, quien posteriormente se entregó a las autoridades y se convirtió en testigo cooperante de la DEA, pasando a identificarse en el expediente de los Flores como CW-2) 200 mil dólares por el avión y para cancelar a los que descargaban la droga de la aeronave y la colocaban en las lanchas para ser llevada a México.

En este encuentro Soto García se comprometió a recibir la droga y a hacer todos los arreglos en el terminal aéreo para evitar que las autoridades antinarcóticos descubrieran el cargamento que los Flores enviarían desde Venezuela a través de la rampa 4 —la usada por la presidencia de la República para las entradas y salidas al país del jefe de estado— del Aeropuerto Internacional "Simón Bolívar", de Maiquetía. El hondureño recibiría la cocaína en el aeropuerto de la isla de Roatán y coordinaría toda la logística en el terminal —pago de sobornos y colaboradores— para que el cargamento hiciera el tránsito por la isla centroamericana sin problemas en su camino a Estados Unidos, según el plan acordado por los involucrados en la operación.

Tiempo después, Soto García sería coacusado en el caso por intentar importar droga hacia Estados Unidos. La casi tonelada de cocaína provendría de una organización criminal en Colombia, los Flores la sacarían por Venezuela en un vuelo legal para llegar al país del norte vía Honduras.

El hondureño explicó a Flores de Freitas todo lo relativo a los horarios en que debía producirse el envío, de tal manera que llegara al aeropuerto de Roatán entre las 4:30 y 5:15 de la tarde del domingo 15 de noviembre de 2015. Al vuelo debía dársele apariencia de normalidad, por lo que recomendó que en la aeronave viajaran unos cuatro pasajeros en supuesto plan de turismo o de negocios, quienes debían bajarse del avión en tránsito por la isla, mientras se hacía la descarga de la droga. El vuelo no podía despertar sospechas.

El sobrino de Cilia Flores y Nicolás Maduro quería estar seguro y por eso formuló diversas preguntas a Soto García relativas a los imprevistos que pudieran presentarse. Soto creía que si todo se hacía según lo planeado, no tenía por qué haber problemas. Según el hondureño, solo tres cosas podrían entorpecer la operación: el clima, un "acto de Dios" o la DEA. Pese a su confianza, planteó el Plan B, consistente en hacer aterrizar el avión en una pista clandestina en las montañas si se presentaba una emergencia. Ante un escenario como ese, Soto García dijo que ellos se hacían responsables por la droga, pero no por el avión. Tal opción no le "gustaba nada, nada" a Flores de Freitas, como quedó registrado en las grabaciones.

El sobrino de Cilia Flores y Nicolás Maduro, entretanto, hizo gala en esa entrevista de todo el poder de que disfrutaba en Venezuela, el cual le permitiría embarcar por la mismísima rampa presidencial del principal aeropuerto del país el cargamento de los 800 kilos de cocaína sin problema alguno. Grabaciones hechas por los cooperantes dan cuenta del alarde de Flores de Freitas ante sus "socios".

Se acordó que después del arribo de la droga a Honduras, le correspondería a "El Mexicano" introducirla en territorio estadounidense. Se quería en esta cita afinar todos los detalles del procedimiento de traslado de la cocaína y, en tal sentido, se discutía con precisión cada detalle.

Aunque en principio no se le mencionó, durante el juicio se conoció que otra persona habría participado de las reuniones de los primos Flores con "El Sentado". Se trataba del controlador aéreo del aeropuerto de Roatán, Carlos González, quien tiempo después de estos primeros hechos se entregó de manera voluntaria a las autoridades norteamericanas después de ser arrestado en Honduras. Se declaró culpable y, para la fecha cuando esto se redactó, pagaba prisión a la espera de condena por conspirar para traficar 5 o más kilos de cocaína a Estados Unidos.

González (CW-2) estuvo presente en las reuniones en San Pedro Sula bajo pedido de Carlos Amílcar Leva Cabrera, para atender la solicitud de los envíos de droga de Campo Flores y Flores de Freitas. De esto dan cuenta las grabaciones del encuentro y su testimonio, que pudimos escuchar en la séptima audiencia de juicio en la que precisó que Roberto Soto García fue quien lo introdujo en el negocio con los Flores. González y Soto García "prestaban servicio" a los aviones de diversos carteles que con cargamentos de droga arribaban al aeropuerto de Roatán.

Corroboró lo dicho por Soto García referente a los sobornos que pagaban, incluida la policía. Precisó que su tarifa por la atención de cada avión cargado con narcóticos era de 10 mil dólares.

Estaba todo, pues, a punto. Llegó el día 10 de noviembre de 2015, fecha en que los sobrinos Flores se reunirían en Puerto Príncipe, Haití, con José Santos Peña, "El Mexicano", quien le entregaría el pago correspondiente por la compra de los 800 kilos de cocaína. Sobre el monto de la droga se manejaron varias cifras durante el proceso judicial. Inicialmente se habló de 5 millones de dólares, cantidad que no convenció a Campo Flores, quien exigió 20 millones. Finalmente, "El Mexicano" cuadró la entrega en USD 11 millones.

Los primos Flores abordaron en la rampa presidencial del Aeropuerto Internacional "Simón Bolívar", el jet Citation siglas YV-2030, a las 7:00 de la mañana. Ser sobrinos de la pareja presidencial les otorgaba una serie de privilegios que incluían hasta ser trasportados por un teniente coronel activo de la Fuerza Aérea Venezolana: Pedro Miguel Rodríguez González, quien pilotaba la aeronave junto a Pablo Rafael Urbano Pérez. Estas dos personas fueron referidas durante el juicio como asociados a la conspiración, además de señalarse que igualmente fungirían como pilotos durante el vuelo programado para la entrega de la droga. Como ya se dijo, en el avión también viajaba el empresario Marco Tulio Uzcátegui y Jesfrán Moreno, guardaespaldas de los Flores.

El agente especial de la DEA Robert Zachariasiewicz, quien supervisaba la operación que concluyó con el arresto de los primos Flores, narró cómo ocurrieron los hechos en la audiencia de supresión de pruebas y cuando ofreció su testimonio en el segundo día del juicio. Este funcionario con 18 años de experiencia reiteró que la detención de Campo Flores y Flores de Freitas estuvo a cargo de la policía haitiana, como también lo aseguraron otros funcionarios y las propias autoridades de la isla caribeña.

Para supervisar que todo estuviera a punto, Zachariasiewicz llegó en la víspera —el 9 de noviembre de 2015— a Puerto Príncipe para contactarse con la Embajada de EE. UU. en la isla y el gobierno de Haití. Mantuvo un encuentro con los jefes de la policía haitiana y luego, el día del arresto, comenzó a operar el protocolo de solicitud al gobierno para que se produjera la expulsión en los términos establecidos en la ley, refirió el funcionario de la DEA.

Entretanto, los primos Flores pisaron suelo haitiano el 10 de noviembre a las 9:00 de la mañana hora local (la misma en Nueva York, 10:00 a. m. en Venezuela), cuando la aeronave que los transportó arribó al Aeropuerto Internacional "Toussaint Louverture". Todo estaba arreglado para que "los contactos" de los Flores los fueran a esperar al terminal aéreo para finiquitar el negocio. Los Flores no tenían intención de quedarse por mucho tiempo en suelo haitiano. La idea era recoger el dinero, ultimar todos los detalles del primer envío que tenían previsto hacer el 15 de noviembre de 2015, que caía domingo, día ideal según el socio hondureño de Campo y Flores para recibir de manera exitosa la mercancía en el aeropuerto de Roatán.

CS-1 o "El Mexicano" testificó que cuando los dos hombres bajaron del avión los estaba esperando. Se saludaron en las mismas instalaciones del aeropuerto. El informante se encontraba acompañado de un agente encubierto de la policía antidroga de Haití. Los cuatro hombres salieron del terminal internacional y en una camioneta perteneciente a la policía haitiana se marcharon al hotel Servotel, un hospedaje ubicado a pocos metros del aeropuerto. Al llegar, Campo Flores y Flores de Freitas fueron al restaurante del hotel con "El Mexicano", quien se encontraba allí hospedado desde la noche anterior. Según confesó CS-1, invitó a comer a los sobrinos de la pareja presidencial. Luego pidió permiso para ir al baño, donde activó el dispositivo que grabaría la última conversación entre los tres narcotraficantes antes del arresto.

Los primos Flores ordenaron el que tal vez haya sido el más amargo de los desayunos que hayan probado en su vida.

Mientras ultimaban con CS-1 los detalles del que los Flores aspiraban fuera apenas el primer envío de una serie de cargamentos de drogas que tendrían como destino final Estados Unidos, el susodicho, José Santos Peña, recibió un mensaje de texto en su celular en el que le anunciaban que estaba a punto de producirse el arresto. "El Mexicano" debía abandonar el lugar.

153

Entonces les dijo a Campo Flores y Flores de Freitas que subiría a su habitación para buscar el dinero para el pago por la droga, dinero que el hijo de crianza de Cilia Flores destinaría —según sus propias palabras grabadas y escuchadas ante la Corte—a la campaña electoral de la Primera Dama, quien aspiraba mantener su curul en la Asamblea Nacional. La misión de CS-1 había llegado a su fin.

Cuando "El Mexicano" se hubo retirado hicieron entrada en el restaurante las fuerzas antinarcóticos de Haití, el *Bureau de Lutte contre le Trafic des Stupéfiants* (BLTS), debidamente identificadas con los uniformes de rigor y unas máscaras al estilo pasamontaña que se usan para resguardar la identidad de los agentes de las posibles represalias de los delincuentes y de sus socios de los carteles. Así los policías procedieron a detener a Efraín Antonio Campo Flores y Franqui Francisco Flores de Freitas.

El agente de la policía haitiana que posteriormente testificó en el juicio, pero cuyo nombre no fue revelado por razones de seguridad, dijo que fue el encargado de esposar a los acusados, que formaba parte de la Unidad Antinarcóticos de la Policía de Haití desde hacía más de 3 años y que fue instruido por sus superiores para participar en la operación de arresto de los dos acusados de delitos de narcotráfico. Aseguró bajo juramento que la llegada de los oficiales haitianos al hotel donde se llevó a cabo el arresto "como misión específica de las autoridades haitianas", se hizo atendiendo un pedido de EE. UU. en el que se solicitaba a los dos sujetos de nacionalidad venezolana.

Precisó que luego de esposar a los Flores, los condujo a la sede de la Policía Nacional de Haití, acompañado de su supervisor y otro policía. Los primos Flores fueron trasladados a la sede policial de Puerto Príncipe para hacer los registros de rigor. Los dos hombres estarían bajo arresto en esa comisaría desde las 11:16 a. m. hasta las 4:00 de la tarde, cuando fueron entregados en custodia a agentes de la Administración para el Control de Drogas del Departamento de Justicia de Estados Unidos, DEA.

Luego de beber y comer los dulces que los agentes de la DEA les ofrecieron, los primos Flores se ubicaron junto a Sandalio González en la parte trasera del avión, donde el agente especial de la División de Campo de la agencia antidroga en Nueva York, NYFD, Kimojha Brooks, procedió a tomarle los datos biográficos una vez la aeronave hubo nivelado vuelo. Este agente fue quien recibió de manos de la policía de Haití los teléfonos celulares de los acusados, los pasaportes y fotografías de los pasaportes de las otras personas que viajaron junto a los Flores en el avión que los llevó a Puerto Príncipe ese largo día 10 de noviembre de 2015.

Durante el juicio, Brooks refirió que había sido el encargado de la seguridad de los acusados, de tomar sus datos, completar las formas de inmigración y el procedimiento de entrada a Estados Unidos.

El destino de aquel vuelo era la ciudad de Nueva York, donde Efraín Antonio Campo Flores y Franqui Francisco Flores de Freitas debían enfrentar los cargos de conspiración para importar cocaína a EE. UU. y fabricar o distribuir cocaína, a sabiendas y con la intención de que se sería importada a Estados Unidos, en violación del Título 21 del Código de Estados Unidos, Secciones 952 (a), 959 (a), y 963.

La tesis del secuestro esgrimida en un principio por Diosdado Cabello y luego por Cilia Flores no fue abandonada del todo. Ya en las últimas etapas del proceso y durante el juicio mismo, como veremos más adelante, la defensa de Efraín Antonio Campo Flores y Franqui Francisco Flores de Freitas la presentó, aunque con algunas variaciones a lo argumentado por los políticos venezolanos. De hecho, en las declaraciones juradas presentadas por los abogados de los dos acusados, ambos explicaron de una manera sensacionalista que cuando los agentes llegaron al restaurante del Servotel "eran más de 20, no tenían insignias que los identificaran como policías. Creía que nos estaban secuestrando por ser quienes éramos", aseguró Campo Flores en dichas declaraciones según documentos federales del caso. Un secuestro al que se habría llegado luego de toda una supuesta estrategia de entrampamiento en contra de los imputados por parte de los agentes de la DEA.

De acuerdo a la defensa de los Flores, al momento de la captura de los primos Flores, estos se encontraban en "una reunión" en un hotel de Puerto Príncipe cuando fueron secuestrados por más de una docena de hombres fuertemente armados y enmascarados, con vestimenta militar y sin ninguna identificación. Procedieron a esposarlos y a trasladarlos a un lugar desconocido en el que los mantuvieron privados de todo contacto, completamente solos, sin comer ni beber nada durante muchas horas.

Según los abogados, las referencias de secuestros cometidos a familias de prominentes políticos llevaron a Campo Flores y Flores de Freitas a creer que se encontraban en la misma situación y por ello temían por sus vidas. Insistía la defensa de los sobrinos de Cilia Flores en asegurar que al pasar las horas, Campo Flores y Flores de Freitas habrían sido entregados a otro grupo que igualmente carecía de toda identificación, quienes los encadenaron de pies y manos y los montaron en un avión con rumbo a un destino no revelado. Posteriormente en el juicio, esta tesis quedó completamente desmontada con la evidencia gráfica que demostraba que los agentes haitianos que los detuvieron, así como los pertenecientes a la DEA a quienes fueron entregados, estaban perfectamente identificados portando uniformes con insignias en la parte delantera y trasera. La fiscalía calificó estos argumentos de ser una burda estrategia sensacionalista.

En Haití se han hecho varias operaciones de picadura por parte de la DEA. La más sonada, aparte de la de los sobrinos de Nicolás Maduro, fue el arresto de Fabio Porfirio Lobo, ya reseñado en estas páginas. Otro caso es el de Todd Macaluso, abogado famoso por defender a Casey Anthony, declarada inocente por el jurado bajo cargos de asesinar a su hija. Este californiano de 54 años fue arrestado en Haití el 14 de noviembre de 2016, luego de que las autoridades realizaran una investigación de un mes de duración sobre una presunta operación de narcotráfico para traficar a EE. UU. 1.500 kilos de cocaína.

De manera insistente se rumoró en los pasillos de la corte que los convenios establecidos entre los gobiernos de Haití y Estados

Unidos llevaron a las autoridades de la DEA a escoger la isla caribeña como el lugar idóneo para llevar a cabo el arresto de los primos Flores.

Al inicio referimos cómo, luego de producirse la aprehensión de los acusados por parte de las autoridades haitianas y de haberlos reseñado como corresponde, fueron entregados a la DEA después de haberse activado los mecanismos de expulsión. "El día del arresto se procedió con el protocolo de petición al gobierno [de Haití] para que se produjera la expulsión en los términos ajustados a la ley"[88], declaró Robert Zachariasiewicz durante la audiencia de supresión de pruebas.

Zachariasiewicz reiteró en varias oportunidades que la detención de los Flores corrió por cuenta de la policía de Haití, quienes también se encargaron de la expulsión de los dos acusados y de su entrega a la DEA, luego de cubrirse los extremos legales establecidos para tal procedimiento.

El funcionario de la DEA subrayó que él mismo había advertido al ministro de Justicia de Haití de que la operación involucraba a dos familiares de la pareja presidencial venezolana. Un alerta que llamaba a estar atento al gobierno haitiano ante posibles implicaciones políticas de gran envergadura.

Cuando a Zachariasiewicz se le inquirió a que aclarara si la escogencia de Haití obedecía a una garantía por parte del gobierno

---

[88] Venezuela Política. "Crónica del segundo día de audiencia del caso Flores: La fiscalía cabizbaja y la defensa ¿victoriosa?". 15 de septiembre de 2016. http://maibortpetit.blogspot.com/2016/09/cronica-del-segundo-dia-de-audiencia.html

de la isla respecto a la expulsión inmediata de los Flores, el agente de la DEA respondió que EE. UU. mantiene con la ese país relaciones de cooperación estrechas que contribuyeron a que el procedimiento se diera rápidamente.

La detallada planificación que Efraín Antonio Campo Flores y Franqui Francisco Flores de Freitas habían hecho para que la operación de narcotráfico fuera óptima, se había ido al traste. Todo —incluido sus vidas— dio un giro inesperado la mañana del 10 de noviembre de 2015 y su destino se dibujaba incierto en Nueva York, la gran ciudad del país más combatido por el verbo del oficialismo venezolano.

Cuarto capítulo

De Haití a Nueva York: el inicio de la zaga judicial

Con el apoyo prestado a los funcionarios estadounidenses que realizaban la investigación y con el arresto, reseña y posterior entrega de Efraín Antonio Campo Flores y Franqui Francisco Flores de Freitas a los agentes de la Administración para el Control de Drogas del Departamento de Justicia de Estados Unidos, concluyó la labor de las autoridades de Haití en el caso de los sobrinos de la pareja presidencial venezolana, Cilia Flores y Nicolás Maduro, acusados de conspirar para importar 800 kilos de cocaína a Estados Unidos, vía Honduras.

La defensa insistió desde un principio en la tesis de que, en lugar de un arresto, los sobrinos Flores habían sido secuestrados mientras realizaban una reunión cuya naturaleza nunca revelaron, en el restaurante del hotel Servotel, ubicado a pocos minutos del aeropuerto internacional de Puerto Príncipe.

En una comunicación fechada el mismo 10 de noviembre de 2015, firmada por el jefe de la DEA destacado en la Embajada de Estados Unidos en Haití, Michael T. Wilhite, y dirigida al ministro de Justicia y Seguridad Pública de Haití, Pierre-Richard Casimir, le agradeció en nombre del despacho que representa toda la colaboración prestada por la Policía Nacional de Haití, órgano de seguridad al que felicitó por su gestión en el caso relacionado con

Efraín Antonio Campo Flores y Franqui Francisco Flores de Freitas, hecho que enmarca en el contexto de la colaboración bilateral que los dos gobiernos mantienen en materia de lucha contra el narcotráfico.

En la misiva[89], Michael T. Wilhite le refirió al ministro Pierre-Richard Casimir que tanto Campo Flores como Flores de Freitas eran solicitados por el gobierno de EE. UU. por la comisión del delito de tráfico ilícito de cocaína. Explicó en la carta que, en tal sentido, un juez de Nueva York había emitido una orden de arresto en contra de ellos por haber violado lo establecido en el Título 21 del Código Judicial de Estados Unidos.

Por último, Wilhite le solicitó al ministro Casimir que la Oficina Central de la Policía Judicial de Haití y que la BLTS transfirieran a los detenidos desde la Oficina de la Lucha contra el Tráfico Ilícito de Estupefacientes donde se encontraban recluidos, a la DEA, para ser enviados a Estados Unidos con el fin de presentarlos ante el Magistrado Federal que dirigía el caso.

Esta comunicación fue respondida el mismo día por el ministro Casimir, quien le indicó a Wilhite que su solicitud había sido aprobada y, por tanto, había girado instrucciones al director central de la policía judicial para que tomara todas las previsiones del caso y procediera a la entrega de Campo Flores y Flores de Freitas a los agentes de la DEA destacados en la isla.

---

[89] Venezuela Política. "La DEA confirma que capturar a sobrinos de Cilia Flores se hizo ajustada a derecho". 23 de julio de 2016.
http://maibortpetit.blogspot.com/search?q=Michael+Wilhite

Las comunicaciones citadas enviaban al traste la tesis del secuestro esgrimida por la defensa de los primos Flores, por cuanto quedó demostrado que fueron las autoridades haitianas las encargadas de aprehender a los acusados.

La Fiscalía de Nueva York, a cargo de Preet Bharara, insistió en todo momento en que se siguieron todos los protocolos de rigor en el procedimiento de captura, y así lo prueba toda la documentación presentada.

Tenía que operarse la expulsión de Haití para ser transferidos a la custodia de Estados Unidos a través de los agentes de la DEA destacados en la Embajada en Puerto Príncipe.

La solicitud de EE. UU. fue aprobada alrededor de la 13:45 p. m. del 10 de noviembre de 2015, según refiere el informe del fiscal Bharara, diligencia que quedó refrendada con la firma del documento respectivo por parte del funcionario encargado del gobierno haitiano, el ministro Casimir.

Fue entonces cuando la Policía Nacional de Haití procedió a transferir a Campo Flores y Flores de Freitas a otro centro policial distinto a donde se encontraban recluidos, para proceder a realizar todas las diligencias finales del proceso de entrega a los agentes de la DEA estadounidense, lo cual terminó por llevarse a cabo hacia las 4:00 p. m., cuando los primos Flores fueron trasladados al aeropuerto para formalizar su entrega.

Destacó en todo momento la Fiscalía del Distrito Sur de Nueva York, y así lo prueba mediante la presentación de fotografías, que tanto los policías haitianos como los agentes de la DEA estuvieron todo el tiempo identificados con insignias en sus uniformes, vehículos igualmente identificados, así como por la verbalización de todas sus acciones y ejecuciones. Las acciones no fueron conjuntas, cada cuerpo policial se identificó e hizo su tarea en la oportunidad en que les correspondió hacerlo.

Ya en custodia de la DEA, Efraín Antonio Campo Flores y Franqui Francisco Flores de Freitas fueron subidos a bordo de un Learjet para ser trasladados a la ciudad de Nueva York para su procesamiento judicial.

De Puerto Príncipe despegó la aeronave de la DEA identificada con las siglas (AC) N-7734T, aproximadamente a las 4:30 p. m., hora de Haití. A bordo, los agentes de la DEA sirvieron agua embotellada a Efraín Antonio Campo Flores y a Franqui Francisco Flores de Freitas. Durante todo el vuelo, los sobrinos de la familia presidencial venezolana bebieron agua continuamente. También comieron dulces que les ofrecieron los funcionarios antidroga, al tiempo que se les dio acceso frecuente al baño.

Fueron ubicados en la parte trasera del avión y junto a ellos iban los agentes especiales Sandalio González y Kimojha Brooks. Este último, cuando se hubo estabilizado el vuelo tras el despegue, procedió a tomar información biográfica de los acusados en su computadora portátil.

El agente González, una vez concluido el trámite anterior por parte del agente Brooks, invitó a Campo Flores a la parte delantera del avión donde se encontraba el agente Robert Zachariasiewicz.

Ya ubicados en ese sitio, Sandalio González procedió a entregarle a Efraín Antonio un formato de la DEA escrito en español y a exponerle los derechos Miranda.

Hagamos una pausa para hablar de los referidos derechos Miranda o *Miranda rights*. Conocida también como la Advertencia Miranda o *Miranda warning* o *Miranda ruling*[90], se trata de una fórmula que contiene una serie de derechos que la policía en Estados Unidos está obligada a exponer a toda persona que sea arrestada y pasa a la custodia policial. Estos derechos tienen que ser dados a conocer a todo detenido antes de que se le formulen preguntas relacionadas a la comisión del delito por el cual se le aprehende. Solamente podrán hacerse preguntas relativas a la biografía de la persona, tales como nombre, fecha de nacimiento y dirección. Ninguna confesión tendrá efecto legal si se hace sin conocimiento previo y sin entendimiento de los derechos que la ley otorga a todas las personas.

El origen de los Derechos Miranda o Advertencia Miranda se remonta al año 1966, cuando así fue ordenado por la Corte Suprema de Justicia de Estados Unidos. Es un medio de protección que tienen los imputados para evitar auto incriminarse, algo prohibido por la Quinta Enmienda de la Constitución de EE. UU., relativa al derecho al silencio. Hay que advertir, por tanto, que aunque se hayan popularizado con ese nombre por un famoso caso, se trata de derechos constitucionales que la Corte decidió que

---

[90] U.S. Constitution. The Miranda Warning.
https://www.usconstitution.net/miranda.html

necesitaban ser dados a conocer cuando las personas pasaran a custodia de la policía.

Para seguir haciendo historia, en 1963 Ernesto Arturo Miranda fue detenido por secuestro y violación, crímenes que confesó sin que antes se le advirtiera su derecho constitucional a permanecer en silencio o de contar con un abogado al momento de emitir cualquier declaración. Durante el juicio, el fiscal del caso solamente ofreció la confesión como prueba y Miranda fue condenado.

Posteriormente, la Corte Suprema resolvió —en el caso que pasó a conocerse históricamente como Miranda versus Arizona, 384 U.S. 436 1966— que durante el interrogatorio Miranda había sido intimidado, que no había entendido su derecho a no incriminarse ni su derecho a tener la asistencia legal de un abogado. En virtud de ello, la Corte revocó la decisión tomada anteriormente.

Ernesto Miranda fue luego condenado en otro juicio, con base al testimonio de testigos que declararon en su contra y otras pruebas presentadas. Fue sentenciado a 11 años de prisión. Como dato curioso, quedó como anécdota que cuando Miranda fue asesinado años después durante una pelea de cuchillos, al homicida le fueron leídos los derechos Miranda, los cuales invocó para no tener que declarar.

La Corte Suprema de Justicia no estableció una fórmula exacta de Derechos Miranda, pero dejó claramente establecido cuál debía ser su contenido. "...La persona en custodia debe, previo a su interrogatorio, ser claramente informada de su derecho a guardar silencio y de que todo lo que diga será usado en su contra en un tribunal, debe ser claramente informada de que tiene el derecho de consultar con un abogado y tener a ese abogado presente durante todo el interrogatorio, y que, si es indigente, un abogado le será asignado sin coste para representarlo"[91].

El silencio de la persona detenida no puede entenderse como una afirmación, por lo que su respuesta debe ser contundente, es decir, tiene que pronunciar un firme "Sí".

La Quinta Enmienda de la Constitución de Estados Unidos reza lo siguiente:

"Nadie estará obligado a responder de un delito castigado con la pena capital o con otra infamante si un gran jurado no lo denuncia o acusa, a excepción de los casos que se presenten en las fuerzas de mar o tierra o en la milicia nacional cuando se encuentre en servicio efectivo en tiempo de guerra o peligro público; tampoco se pondrá a persona alguna dos veces en peligro de perder la vida o algún miembro con motivo del mismo delito; ni se le compelerá a declarar contra sí misma en ningún juicio criminal; ni se le privará de la vida, la libertad o la propiedad sin el debido proceso legal; ni se ocupará la propiedad para uso público sin una justa indemnización"[92].

Pues bien, ya en pleno vuelo desde Puerto Príncipe a Nueva York, el agente especial de la DEA, Sandalio González, le explicó a

---

[91] Alcaide González, José Manuel. "La Exclusionary Rule de EE. UU. y la prueba ilícita penal de España. Perfiles jurisprudenciales comparativos". Tesis doctoral. Facultad de Derecho. Departamento de Derecho Privado-Área de Derecho Procesal. Universitat Autónoma de Barcelona 2012. http://studylib.es/doc/4828082/tesis-doctoral

[92] Constitución de Estados Unidos de América.

Efraín Antonio Campo Flores sus derechos Miranda. Lo hizo en idioma español, como también en castellano estaba escrita la forma entregada al detenido. Esto ocurrió a las 5:15 pm, según registra el formato.

Campo Flores leyó y firmó la hoja en la que puede leerse que antes de formularse cualquier pregunta el detenido debe comprender sus derechos, los cuales enumera en el siguiente orden:

—Usted tiene derecho a permanecer en silencio.

—Cualquier cosa que usted diga puede ser usada en su contra en un tribunal.

—Antes de hacerle cualquier pregunta usted tiene derecho a consultar un abogado.

—Usted tiene derecho a tener un abogado presente durante el interrogatorio.

—De no poder pagar los servicios de un abogado, y si usted lo desea, se le nombrará uno antes de hacerle cualquier pregunta.

Campo Flores estampó su rúbrica al lado de un ítem del formato en el que manifestó "haber leído los derechos arriba mencionados y entiendo cuáles son mis derechos. En este momento estoy dispuesto a contestar libre y voluntariamente cualquier pregunta sin la presencia de un abogado".

Estaba renunciando Campo Flores a su derecho al silencio, luego de que el agente González le hubo explicado la situación en la que se encontraba. Hasta ese momento no se le había formulado pregunta alguna relativa al tráfico de drogas o acerca de la actividad criminal de la que se le acusaba. Solo se le habían consultado datos autobiográficos (nombre, edad, dirección, etc.).

El interrogatorio se extendió por unas dos horas, aproximadamente, tiempo en el cual Campo Flores fue "cooperativo" y "muy educado", independientemente de que en momentos se mostró conmocionado y haya llorado al referirse a algunos puntos.

Transcurrido este tiempo, concluyó la conversación. Se conminó a Campo Flores a regresar a la parte trasera del avión, invirtiendo posición con Franqui Francisco Flores de Freitas.

El lector podría preguntarse si, siendo un avión pequeño, un acusado podía o no escuchar el interrogatorio del otro. ¿Cómo hizo la DEA para garantizar la confidencialidad a bordo? No hay respuesta, de eso nunca se habló en el juicio, si bien ello hubiese planteado un gran reto para los acusadores. En algún momento llegamos a plantearnos esto, pero suponemos que por la sagacidad del equipo de abogados defensores, un hecho como este no habría pasado inadvertido y, por tanto, concluimos que el tamaño de la aeronave, o no era extremadamente pequeño o esta ofrecía la privacidad que una confesión de la naturaleza aquí narrada, requería.

Al igual que con su primo, a Flores de Freitas se le explicó en idioma español la situación en la que se encontraba, los delitos de que se le acusaba y se le formularon los derechos Miranda en forma oral y en formato escrito. El acusado revisó el formulario —eran las

7:37 p. m.— cuando en pleno conocimiento de sus derechos firmó la forma que se le presentó. Como su primo, Flores de Freitas estaba renunciando de manera voluntaria a sus derechos. No se le habían formulado, tampoco, preguntas relativas al caso de tráfico de drogas o su actividad criminal. Aunque los acusados sí lo hicieron.

El interrogatorio a Flores de Freitas se extendió por solo 40 minutos. Se dispuso concluir la conversación pues el Learjet iba a iniciar la labor de aterrizaje en el Aeropuerto Internacional del Condado de Westchester en White Plains, estado de Nueva York.

Ni Campo Flores ni Flores de Freitas expresaron en algún momento dudas o confusión acerca de lo que estaba ocurriendo, tampoco sobre el contenido de los derechos Miranda a los que renunciaron al momento de firmar el formato en español que se les entregó y leyeron con detalle, al tiempo que se les explicó su contenido de forma oral, por parte del agente Sandalio González. Todo estaba perfectamente claro, en teoría.

Eran las 8:10 p. m., hora local, cuando el avión se detuvo en suelo neoyorquino.

Ahora hagamos referencia al contenido de las conversaciones sostenidas por Efraín Campo Flores y Franqui Francisco Flores de Freitas con los agentes de la DEA a bordo del avión que los transportó de Puerto Príncipe a Nueva York y que fueron pieza clave del caso, pues de sus propios labios procedió la admisión de los hechos.

Se inició la confesión con la identificación. Procedió el primer interrogado a ratificar su nombre, fecha de nacimiento, número de identificación según su cédula venezolana, número telefónico y dirección de residencia.

Campo Flores pidió a Sandalio González información sobre la acusación que se le estaba haciendo, por lo que el agente le explicó que se le señalaba de conspirar para importar narcóticos a Estados Unidos.

Campo Flores repreguntó a González: "¿Qué pasaría si alguien se fue por el camino de cometer un delito, pero se arrepintió antes de cometer el crimen?", a lo que el oficial indicó que tanto él como su primo Flores de Freitas habían hecho lo suficiente para ser acusados de un delito y, por ello, habían sido detenidos. Entonces le precisó que se conocía que habían ido a Honduras para sostener las reuniones de planificación de los hechos, que sostuvo encuentros en Venezuela, que su primo Flores de Freitas había regresado al país centroamericano para sostener reuniones adicionales y que luego viajaron a Haití.

Campo Flores quiso saber si de estos hechos había grabaciones, a lo que el agente le respondió que sí. Fue entonces cuando el agente de la DEA le mostró las imágenes de un video de una reunión que él había sostenido con otras personas identificadas como CS-1 y CS-2, y en las que se le observa manipulando una panela de cocaína. Sandalio González le preguntó a Campo Flores quién era la persona del video, y este respondió "Soy yo". El agente preguntó: "¿Sabe qué es eso que está sosteniendo en la foto?", a lo que Campo Flores respondió: "Usted sabe lo que es".

González le requirió a Campo Flores información acerca de quién le proveía la droga, a lo que respondió que era "El Gocho"(palabra que en Venezuela identifica a una persona oriunda de los Andes, zona próxima a Colombia). El agente pidió que le dijera el verdadero nombre de este sujeto, pero Campo Flores respondió: "No lo sé". Agregó que "Hamudi" lo había puesto en contacto con "El Gocho" dos meses antes en Caracas y agregó que alias "Juan" y alias "José" fueron los intermediarios.

González lo inquirió acerca del lugar donde guardaba los 800 kilos de cocaína, a lo que Campo Flores dijo: "El Gocho" solo me dio un kilo, el resto me lo daría cuando hubiese recibido el monto completo de la transacción". Y añadió: "El Gocho" no me quería dar todo a crédito porque era la primera vez que trabajábamos juntos".

Agregó que "El Gocho" le iba a proveer los kilos y él le pagaría cuando recibiera el dinero.

González preguntó entonces a Campo Flores si él sabía quién proveía la cocaína a "El Gocho", a lo que respondió que este le había dicho que la droga venía de la FARC. Campo Flores informó que se había reunido con "El Gocho" en cinco oportunidades.

La conversación prosiguió en los siguientes términos:

Sandalio González: "¿Quién lo puso en contacto con los narcotraficantes en Honduras?"

Efraín Campo Flores: "Hamudi me puso en contacto con "El Negrito" y "El Flaco". Me reuní con él cuando viajé a Honduras el mes pasado" (octubre 2015).

SG: "¿Conoce el nombre real de 'Hamudi'?"

ECF: "No. 'Hamudi' fue asesinado hace 15 días".

SG: "¿Usted le comentó a alguien de su familia lo que estaba haciendo?"

ECF: "No, porque ellos me hubieran matado".

SG: "¿Cómo planeaba sacar las drogas de Maiquetía? ¿Usted coordinó con algún miembro del gobierno? ¿Militares? ¿Oficiales de policía?"

ECF: "No".

Campo Flores agregó que podría haber conseguido sacar la droga del aeropuerto muy fácilmente debido a quién es él (hijastro del presidente). Añadió que no tenía necesidad de coordinar con nadie para lograr esto.

SG: "¿Por qué usted se metió en el negocio de las drogas y en especial en esta operación de venta de drogas a través de un mexicano que va a distribuirlas en Estados Unidos?".

ECF: "Yo no sabía que las drogas iban a Estados Unidos".

SG: "En las reuniones que se registraron usted sabía que iban a EE. UU., usted estaba muy consciente de que '"El Mexicano"' dijo que las drogas iban a Estados Unidos".

ECF: "Sí, pero yo no hice hincapié en ello".

SG: "¿Por qué se metió en este acuerdo?".

ECF: "Porque ni siquiera tenía 10 mil dólares a mi nombre".

Las notas del agente Sandalio González refieren que Campo Flores confesó que entre sus familiares existen celos y que algunos miembros exitosos de la familia no comparten el triunfo con otros integrantes del clan a quienes tampoco invitan a hacer negocios. Como ejemplo de esta situación, Efraín Antonio Campo Flores hizo mención a su primo Carlos Erick Malpica Flores, para la fecha Director de Finanzas de la empresa Petróleos de Venezuela, PDVSA, a quien le pidió que lo ayudara a hacer dinero aprobándole los pagos para unas empresas que tenían deudas con dicha compañía y por cuya gestión obtendría una comisión. Campo Flores dijo que su primo no quiso ayudarlo.

Sin embargo, la Corte del Sur de Nueva York daría a conocer más adelante las transcripciones de unas conversaciones sostenidas vía "chat" el 12 de agosto de 2015 entre Campo Flores y un sujeto identificado como "Jonathan" a quien el primero menciona a su primo Carlos Malpica Flores como cabecilla del "negocio" al ser pieza clave para blanquear el dinero proveniente del narcotráfico, dada su importante posición en instituciones del estado venezolano.

Jonathan: "Me mando esto: Puedo saber el nombre completo del chamo de pdvsa para yo mandarlo como información? ó crees que no deba hacer eso?".

Campo: "A parte de nuestro lado no hay intermediarios están directos en cambio de su lado sí hay intermediarios".

Campo: "De cual chamo de mi o de mi primo?".

Jonathan: "Imagino q(ue) de erick".

Jonathan: "Pero no le he dicho nada".

Campo: "A obvio tienen q(ue) saber con quien están haciendo negocio".

Campo: "Derrepente es por eso q(ue) no confían".

Campo: "Porque no saben con quien están tratando".

Jonathan: "Okok dime q(ue) les mando".

Campo:"Tienes q(ue) hablar eso bien marcico".

Campo: "Porque no están claros ellos con quien están haciendo negocio".

Campo: "Diles q(ue) yo estoy de por medio y quien hace el ejecute allá es Carlo Erick Malpica flores".

Campo: "Q(ue) el es primo mío".

Campo: "Él es ahorita la máxima autoridad ahí. Por ser Flores pues".

Jonathan: "Copiado".

Efraín Campo Flores le dijo a Sandalio González que su intención era hacer algo de dinero con este trato para luego irse a vivir en Estados Unidos con su esposa y su hijo.

El agente de la DEA le solicitó una explicación a Campo Flores acerca de su viaje a Ciudad de Panamá reflejado en su pasaporte, a lo que el interrogado respondió que era propietario de 20 taxis en la ciudad centroamericana adonde viajaba con frecuencia a recoger el dinero. Sin embargo, dijo que dicho negocio le reportaba pocas ganancias, solo unos 800 dólares semanales, lo cual se convertía en mucho menos al tener que gastar en los vuelos a Panamá y hospedaje cada vez que iba por el dinero.

Sandalio González le preguntó a Campo Flores sobre el impacto que este caso tendría en los medios de comunicación, toda vez que había referido que lo obtenido en la operación de narcotráfico iba a ser invertido en la campaña electoral de Cilia Flores, quien estaba para ese momento optando a la reelección en los comicios parlamentarios pautados en Venezuela para el 6 de diciembre de 2015. Campo Flores respondió que estaba consciente de que había dicho que el dinero de la droga era para que su tía mantuviera el curul en la Asamblea Nacional, pero que en realidad era para él. "Yo sé que dije eso, pero en la realidad el dinero era para mí"[93].

Manifestó que había dicho esto en virtud de que algunos amigos le habían advertido que debía ser cuidadoso para no ser estafado con la operación y por ello había inventado que el dinero de la droga iba a ser destinado para pagar la campaña de su "mamá" (Cilia Flores).

Así concluyó la conversación de Efraín Antonio Campo Flores con el agente Sandalio González a bordo del avión ligero que lo condujo a Nueva York. Los agentes de la DEA, entonces, lo llevaron a la parte trasera de la aeronave e invitaron a Franqui Francisco Flores de Freitas a venir adelante para proceder con su interrogatorio.

---

[93] Venezuela Política. "Campo Flores aseguró a la DEA que entró al negocio del narcotráfico para hacer dinero y mudarse a EE. UU. con su esposa y su hijo". 23 de julio de 2016. http://maibortpetit.blogspot.com/2016/07/campos-flores-aseguro-la-dea-que-entro_23.html

Luego del protocolo preliminar consistente en la advertencia Miranda de manera oral y por escrito, Flores de Freitas firmó el formato a las 7:37 pm donde dejaba sentado que había entendido sus derechos. Le fueron tomados sus datos biográficos y comenzó la conversación con el agente Sandalio González.

Flores de Freitas confirmó que la guerrilla colombiana FARC era la que proveería la droga de la operación de narcotráfico por la que fueron detenidos. Refirió que el grupo guerrillero seguía siendo un proveedor confiable de droga en América Latina. Precisó que la FARC opera en Venezuela, y con sus respuestas dejó establecido que allí los familiares de quienes ostentan el poder pueden actuar con absoluta impunidad dentro de la esfera pública y privada.

Flores de Freitas aseveró que él y su primo iban a "procurar la droga ellos mismos", y que les iban a pagar 12 mil dólares por cada kilogramo de cocaína que enviarían a Norteamérica. Es decir, según este acusado, obtendrían la droga sin recurrir a intermediarios (12 mil dólares fue el precio —uno de tantos, pues durante todo el proceso judicial se manejaron varias cifras— que acordaron que "El Sentado" les pagaría. Ellos recibirían el dinero y luego le cancelarían a "El Gocho").

Le confesó al agente González que había incursionado en el negocio de la droga para "hacer dinero". El agente lo conminó a que le informara cuánto sería la ganancia que obtendrían con la operación y precisó que transportar los 800 kilos de cocaína desde Venezuela a Estados Unidos, vía Honduras y México, "generaba ganancias por el orden de los 5 millones de dólares de los cuales aproximadamente 560 mil dólares" eran para él.

Entonces Sandalio González lo invitó a que detallara este asunto y Flores de Freitas descompuso la transacción indicando que 400 kilogramos pertenecían a "El Mexicano", 100 kilogramos a su primo Efraín Antonio Campo Flores, 200 kilogramos eran de "El Gocho" y a él le correspondían los 100 kilos restantes.

Franqui Francisco Flores de Freitas dejó claramente establecido que ellos tenían pleno conocimiento de cuál era el destino de la droga, pues al inquirirlo al respecto el agente González, declaró que "El Mexicano" les había informado que la cocaína iba a México y de allí sería distribuida en muchas ciudades dentro de Estados Unidos.

El acusado precisó que solamente ellos dos —Campo Flores y su persona— además de sus guardaespaldas, conocían los detalles de la operación. Serían sus cuidadores "quienes los iban a ayudar a cargar la cocaína en el avión".

Más aún, a la pregunta de González de si podrían haber requerido ayuda de los militares, Flores de Freitas lo negó, argumentando que no los necesitaban.

Sandalio González le preguntó: "¿Parte del dinero de la venta de la cocaína iba a ser utilizado para financiar la campaña Cilia Flores a la Asamblea Nacional?

FF: "No".

SG: "¿Quiénes fueron los que les presentaron "El Gocho" a usted y a su primo Campo Flores?"

FF: "'Pepero' nos presentó".

Este último sujeto no fue mencionado por Campo Flores, quien refirió que conocieron a "El Gocho" a través de "Hamudi", como apuntamos en su momento.

Agregó Flores de Freitas que cuando él y su primo le habían hablado a "Pepero" sobre la operación de tráfico de cocaína que estaban planificando, este les refirió que "El Gocho" podría ayudarlos. Entonces contó que "Pepero" fue quien les concertó la reunión con "El Gocho" en un restaurante tailandés cerca del Centro Comercial Tolón en Caracas. Así, dijo, fue como establecieron contacto con "El Gocho".

Sandalio González le pidió a Franqui Francisco Flores de Freitas que explicara lo sucedido después de la reunión con "El Gocho" y el acusado informó que "Hamudi" les presentó a "El Sentado" en Honduras y este, a su vez, los puso en contacto con ""El Mexicano"."

SG: "¿Ustedes llegaron a '"El Sentado"' directamente a través de 'Hamudi'?"

FF: "'El Flaco', en Honduras, era un amigo de 'Hamudi' y fue 'El Flaco', quien nos llevó a conversar con 'El Sentado'. Supe que 'El Flaco' es un trabajador de 'El Sentado'. 'El Sentado' estaba en una silla de ruedas".

Al estar ya próximo el aterrizaje en Nueva York, se dio por concluido el interrogatorio. Flores de Freitas fue nuevamente a la parte trasera del avión para prepararse para el arribo.

Efraín Antonio Campo Flores y Franqui Francisco Flores de Freitas ya estaban en suelo neoyorquino. Solo que, a diferencia de otros de sus periplos, este estaba muy alejado de ser un viaje de placer.

Eran ya las 8:10 p. m. hora local. Allí los esperaban otros agentes de la Administración para el Control de Drogas de EE. UU., adscritos a la circunscripción de Nueva York; también algunos funcionarios de la agencia Fuerza de Ataque Organizado contra el Narcotráfico, OCDETF (*Organized Crime Drug Enforcement Strike Force*), así como agentes del Grupo Z-43.

Se procedió al trámite burocrático de registro de la entrada de los acusados a territorio de Estados Unidos. Esto ocurrió en el puesto de la Aduana y Protección Fronteriza, CBP.

Los agentes de la DEA permitieron a los acusados llamar a Venezuela. Solamente Campo Flores hizo uso de este derecho. La llamada la dirigió a su suegro, a quien informó de lo sucedido en medio de una escena cargada de llanto. Esto lo refirió el agente Sandalio González durante el interrogatorio que se formuló durante el juicio.

Flores de Freitas no quiso llamar a su familia, subrayó el agente González.

Luego de esto, los acusados fueron trasladados al Centro Correccional Metropolitano, en el Bajo Manhattan, donde se les consignó a la orden del Servicio de Alguaciles de Estados Unidos, USMS *(United States Marshals Service).*

Los Flores no pudieron ser llevados a la corte al día siguiente por cuanto era 11 de noviembre, cuando se celebra en Estados Unidos el Día de los Veteranos, un feriado judicial. Por ello la presentación ante el juez tendría lugar el jueves 12 de noviembre de 2015.

El nuevo hospedaje de Campo Flores y Flores de Freitas también estaba muy alejado de los hoteles cinco estrellas a que se habían acostumbrado desde que disfrutaban los lujos que brinda vivir al amparo del poder en Venezuela, rodeados de derroches y privilegios. Claro, hay que acotar que las condiciones del encarcelamiento de los primos Flores distan mucho del oprobioso estado en que se encuentran las prisiones venezolanas tan defendidas por el gobierno.

El Centro Correccional Metropolitano de Nueva York (MCC) es operado por la Oficina Federal de Prisiones, una división del Departamento de Justicia de Estados Unidos. Se trata de un penal donde recluyen a reos de uno u otro sexo y en el que rigen distintos niveles de seguridad.

La mayoría de las personas con casos pendientes en la Corte del Distrito Sur de Nueva York son recluidas en el MCC, ubicado a pocos pasos. Pero allí también algunos prisioneros ya se encuentran pagando sus condenas y cadenas perpetuas. Es decir, es una cárcel tanto para procesados judiciales como para sentenciados.

Este penal fue inaugurado en 1975 y allí a los reos se les agrupa en número de diez con celdas independientes. Es una prisión con muy poca posibilidad de movilización para los prisioneros, de hecho, algunos medios de comunicación refieren que allí se presenta un alto grado de hacinamiento.

Lo que sí caracteriza a este centro penitenciario es que ha albergado tras sus rejas a presos famosos, algo que se siguió cumpliendo en el caso de los sobrinos de la pareja presidencial venezolana, quienes estuvieron allí durante todo el proceso judicial. Algunos de los más célebres que han pasado por el Centro Correccional Metropolitano de Nueva York son Bernard Madoff, autor intelectual del mayor fraude por el esquema Ponzi; los terroristas Omar Abdel Rahman y Ramzi Yousef; el traficante de armas ruso Viktor Bout; los mafiosos John Gotti y Jackie D'Amico; el narcotraficante Joaquín "El Chapo" Guzmán, entre muchos otros.

Hay que apuntar que las prisiones en Estados Unidos son privadas y, por tanto, no se trata de un servicio gratuito. Esto solo opera sin costos mientras los acusados están en prisión preventiva, es decir, antes de producirse la sentencia judicial. Bueno, esto es relativo, pues los detenidos deben pagar por sus servicios personales y los trámites legales. Si los acusados son declarados culpables, deja entonces de regir la "gratuidad". Todo recluso debe pagar por muchos de los servicios de reclusión, entre ellos la celda y la comida. Los trabajos remunerados dentro del penal pueden ser una forma de costear las deudas que genera el encierro. Otra forma de financiamiento son las donaciones de familiares o terceros.

La estadía de los primos Flores en el MCC tuvo un costo para el gobierno de Estados Unidos que, en una cárcel como el Centro Correccional Metropolitano de Nueva York, ronda los 83.89 dólares por día, lo que al año representa 30 mil 619 dólares, según lo arroja el reporte del año fiscal 2014 de la Oficina Federal de Prisiones[94].

---

[94] Federal Register. The Daily Journal of de United States Government. Annual

El estadounidense es uno de los sistemas carcelarios más costosos del mundo. En una ciudad como Nueva York, tal como lo revela el citado informe, los presos cuestan anualmente 30 mil dólares. El costo en otros estados se reduce.

En ese lugar y bajo esas condiciones debieron pasar Efraín Antonio Campo Flores y Franqui Francisco Flores de Freitas su primera jornada en prisión en Estados Unidos. Una noche que suponemos interminable y llena de preguntas acerca de cuál sería su destino a partir de aquel momento.

Dos días después volvieron a ver más allá de esas paredes y rejas, el 12 de noviembre de 2015, cuando fueron presentados ante un juez, custodiados por mariscales federales.

En el caso del Centro Correccional Metropolitano de Nueva York, los indiciados que deben ser traslados a la Corte del Distrito Sur lo hacen a través del sótano del edificio ubicado en 150 Park Row, NY. El trayecto lo realizan encadenados desde los tobillos a la cintura y con las manos esposadas.

Campo Flores y Flores de Freitas, desde esa oportunidad en adelante debieron caminar a través de un túnel de casi 40 pies (12 metros) por debajo de la calle, cada vez que fueron trasladados a la corte. Lo hacían atravesando por canales o corredores con puertas electrónicas en cada extremo, controladas remotamente por los

Determination of Average Cost of Incarceration. A Notice by the Prisons Bureau on 03/09/2015. 3 de septiembre de 2015.
https://www.federalregister.gov/documents/2015/03/09/2015-05437/annual-determination-of-average-cost-of-incarceration

oficiales que vigilan el viaje desde las cámaras de seguridad distribuidas en todo el trayecto.

En este tránsito solo los ven los mariscales federales y los funcionarios de las estaciones de vigilancia. Cuando ya llega al extremo norte del túnel, se aborda el ascensor que tiene en su interior una jaula cerrada donde el preso debe ingresar para trasladarse hasta las células del palacio de justicia. Sin duda un trayecto que será inolvidable para los sobrinos de la pareja presidencial venezolana.

Tal como lo hemos referido en estas páginas con anterioridad, el 12 de noviembre de 2015 un gran jurado federal del Distrito de Nueva York aprobó acusar a Efraín Antonio Campo Flores y a Franqui Francisco Flores de Freitas por conspiración para importar cocaína a Estados Unidos; y de la producción o intención de distribución de cocaína, a sabiendas de que dicha sustancia sería ilegalmente importada a esta nación.

Luego de su aprehensión en Puerto Príncipe, Haití, y posterior traslado a territorio de Estados Unidos, los sobrinos de Cilia Flores y Nicolás Maduro fueron presentados formalmente ante la justicia norteamericana, representada por el juez James L. Cott, para la comparecencia.

Como ya se dijo, los primos Flores no cumplieron este pasó en desamparo, no; lo hicieron, al menos uno de ellos, asistido por uno de los despachos de abogados más costos del mundo: Squire Patton Boggs.

El acto tuvo lugar en el quinto piso de la Corte Federal del Distrito Sur del Estado de Nueva York, donde todos debieron ponerse de pie a la entrada del juez James L. Cott.

El magistrado leyó los cargos, un trámite que duró unos pocos minutos luego de que la audiencia iniciara a las 6:30 p. m.

De lo primero que se enteraron fue que el juez Cott había negado el derecho a libertad bajo fianza, por lo que habrían de enfrentar todo el proceso judicial tras las rejas del MCC.

El juez preguntó a la defensa: "¿Ustedes leyeron detalladamente a sus defendidos la acusación y los cargos que se les imputan?", a lo que los abogados respondieron con un sí.

El juez Cott volvió a interrogar: "¿Renuncian al derecho de que los cargos sean leídos públicamente en la audiencia?"

Nuevamente la respuesta de la defensa fue "sí".

Otra vez el juez preguntó, esta vez a la fiscalía: "¿Qué pide el Gobierno?".

La respuesta fue: "La detención de los acusados".

La acusación se hizo sentir en la persona de los fiscales federales auxiliares Emil J. Bove III, Mathew J. Laroche, Michael D. Lockard y Brendan F. Quigley. En esta audiencia no estuvo presente el Fiscal Federal del Distrito Sur de Nueva York para la fecha, Preet Bharara.

Fueron minutos de alta tensión para los acusados, en los que escucharon la traducción simultánea que les hacía la intérprete en la corte. Solamente intervinieron para responderle al juez Cott que habían entendido sus derechos.

—¿La defensa va a apelar la solicitud de la Fiscalía?, volvió a interrogar el magistrado.

—No —fue la respuesta de los defensores.

Acto seguido, el juez anunció que Campo Flores y Flores de Freitas permanecerían detenidos hasta la nueva audiencia que quedó pautada para el 18 de noviembre de 2015 a las tres de la tarde.

Se iniciaba de este modo una zaga judicial en la que los sobrinos de Cilia Flores y Nicolás Maduro tendrían el reto de demostrar la falsedad de todo lo que se les acusaba.

Aún faltaba mucho camino que recorrer.

Quinto capítulo

Las prórrogas del caso

La expectativa por la cita convocada por el juez James L. Cott para que Efraín Antonio Campo Flores y Franqui Francisco Flores de Freitas se enfrentaran nuevamente con la justicia estadounidense el 18 de noviembre de 2015 y se conociera el rumbo que habrían de tomar los acontecimientos y vislumbrar la estrategia que adoptarían para tratar de demostrarle al mundo que eran inocentes de los hechos de que les imputaba, habría de quedar solo en eso: en expectativa. Sorpresivamente, cuando ya todos creían que, por fin, se sabría qué iba a suceder con los sobrinos de Nicolás Maduro y Cilia Flores, se enteraron de que la audiencia no tendría lugar en la fecha prevista.

¿Qué había sucedido? ¿Por qué cambiaba todo intempestivamente? Comenzaron a surgir todo tipo de explicaciones que, al final, solo encajaban en el terreno de las especulaciones.

Lo que sí quedaba claro era que el gobierno venezolano haría todo lo que estuviera a su alcance para impedir que un hecho tan bochornoso entorpeciera, aún más, lo que ya se tenía como una certeza: la debacle electoral del oficialismo en las elecciones parlamentarias del 6 de diciembre de 2015, máxime, porque la propia madre de los protagonistas de este suceso se presentaba como candidata y debía, a como diera lugar, mantener su curul en el Poder Legislativo Nacional venezolano. Algo que se hacía cada vez más cuesta arriba para el chavismo, que enfrentaba el desdén del pueblo venezolano ante una situación que ya asomaba el recrudecimiento de la crisis sin precedentes que se avecinaba.

Ya para la fecha, el desabastecimiento y la escasez comenzaban a hacerse sentir en todos los rincones del país, mientras el gobierno trataba inútilmente de convencer a la población y a su propia militancia de que todo esto no era más que el producto de una "guerra económica" orquestada desde Estados Unidos—país referido por Hugo Chávez desde su llegada al poder en 1999 como "el imperio"— en "complicidad" con los sectores oligarcas de Venezuela.

Todos los sondeos de opinión anunciaban la catástrofe del chavismo que, por primera vez, se ubicaba de tercero en las preferencias del electorado[95] y tal era el panorama para el gobierno que el bloque oficialista, en el mejor de los casos, ostentaba antes del escándalo apenas 20,8 por ciento del favor de los venezolanos, por detrás de la oposición con 32,6 por ciento y los independientes con 27,6 por ciento.

El pueblo venezolano comenzaba a cobrar por la dura situación en que padecía una escasez que, para esa fecha —junio/septiembre 2015— se ubicaba en 58,9 por ciento, según los datos de la encuestadora Datanálisis y en 34,5 de acuerdo con las cifras de del

---

[95] Infobae. "Venezuela: el chavismo está tercero en una encuesta para las elecciones parlamentarias. 28 de julio de 2015. https://www.infobae.com/2015/07/28/1744543-venezuela-el-chavismo-esta-tercero-una-encuesta-las-elecciones-parlamentarias/

Centro de Documentación y Análisis Social de la Federación Venezolana de Maestros (Cendas-FVM), reflejados en la sección "Derechos económicos, sociales y culturales. Derecho a la alimentación" del Informe Anual Enero-Diciembre 2015 del Programa Venezolano de Educación Acción en Derechos Humanos (Provea)[96].

Por tanto, ante este panorama había que evitar, a toda costa, todo aquello que entorpeciera aún más el camino para que los candidatos oficialistas y, en especial, Cilia Flores, lograran algunos escaños en la Asamblea Nacional. Era necesario conservar el poder en la legislatura nacional venezolana.

Era imprescindible evitar que ciertos aspectos de la operación de narcotráfico instrumentada por los sobrinos de la Primera Dama y candidata a la reelección como diputada salieran a la luz pública, por lo menos antes de que se produjeran los comicios parlamentarios venezolanos. Además, la declaración original de Campo Flores refería el uso de recursos del narcotráfico para tal fin.

Por medio de la censura y falta de novedades se había logrado acallar por el momento a los medios de comunicación venezolanos, los cuales no daban información alguna sobre el hecho o, si lo hacían, era solo con vagas referencias al asunto. Desde Arabia Saudita, donde se encontraba para asistir a una conferencia petrolera al momento de explotar el bombazo, Nicolás Maduro y

---

[96] Provea. Informe Anual Enero-Diciembre 2015. "Derechos económicos, sociales y culturales. Derecho a la alimentación". http://www.derechos.org.ve/pw/wp-content/uploads/Derecho-a-la-Alimentaci%C3%B3n.pdf

Cilia Flores habían girado instrucciones para aplicar la mordaza. Luego se trasladaron a Ginebra para intervenir ante la Comisión de Derechos Humanos de la ONU.   Durante una rueda de prensa que tuvo lugar por aquellos predios se negaron a contestar preguntas sobre el suceso. Solo a través de Twitter el mandatario expresó que "Un nuevo ataque imperialista y emboscada" había tenido lugar, sin mencionar para nada que su familia aparecía involucrada en un monumental escándalo de narcotráfico. "La Patria seguirá su Camino, ni ataques, ni emboscadas imperiales, podrán con el Pueblo de los Libertadores, tenemos un solo destino...Vencer..."[97], se limitó a agregar.

Pero represar la información por mucho tiempo era algo imposible de lograr para el gobierno de Maduro: las redes sociales e internet eran la vía para conocer lo que el chavismo se empeñaba en mantener escondido.

El daño, sin embargo, estaba hecho y al descontento por la crisis del país y los graves problemas de desabastecimiento y escasez que ya habían aparecido en escena, se sumó la indignación por el financiamiento de la costosísima defensa de uno de ellos, lo que llevó a la renuncia de Squire Patton Boggs como ya hemos señalado, no sin antes asegurar que, hasta la fecha, no habían cobrado ningún cargo por concepto de servicios de representación legal al gobierno de Venezuela ni a ninguna de las corporaciones o

---

[97] Twitter. Nicolás Maduro. 11 de noviembre de 2015.
https://twitter.com/NicolasMaduro/status/664679293272915969?ref_src=twsrc%5E tfw&ref_url=http%3A%2F%2Fwww.radiomundial.com.ve%2Farticle%2Fmaduro-ni- ataques-ni-emboscadas-imperiales-podr%25C3%25A1n-con-el-pueblo-de- libertadores-tuits

subsidiarias del Estado venezolano por defender a Efraín Antonio Campo Flores. Y no solo esto, dejaron sentado en una misiva al juez Crottyque la firma no haría ningún cargo por su trabajo de representación del acusado durante el juicio que se seguiría en Nueva York.

Habiendo evadido la fecha del 18 de noviembre, el oficialismo logró llegar al 6 de diciembre, día en el que los venezolanos acudirían a las urnas para escoger a los nuevos integrantes del Poder Legislativo Nacional, bajo un cuestionado sistema electoral.

Ese domingo, la oposición representada por la Mesa de la Unidad Democrática (MUD) se alzó con el 65.27 por ciento de los votos que le permitieron hacerse de 109 curules parlamentarias[98] que, sumados a los tres diputados indígenas alcanzados también con respaldo de la coalición opositora, se lograba la mayoría calificada[99] necesaria para tomar decisiones fundamentales, tales como la aprobación de leyes habilitantes y leyes orgánicas, designar o remover a los magistrados del Tribunal Supremo de Justicia, a los rectores del Consejo Nacional Electoral, al fiscal general, al contralor general y al defensor del pueblo, así como para convocar a una Asamblea Constituyente y aprobar una reforma constitucional, entre otros temas.

El oficialismo debía conformarse solamente con 55 diputados, eso sí, entre los que se contaba Cilia Flores, quien seguiría

---

[98] CNE. Elecciones a la Asamblea Nacional 2015. Resultados electorales. http://www.cne.gob.ve/resultado_asamblea2015/r/0/reg_000000.html?
[99] El Universal. "Resultados definitivos de las elecciones parlamentarias 2015". 9 de diciembre de 2015. http://www.eluniversal.com/infografias/politica/resultados-definitivos-las-elecciones-parlamentarias-2015_91254

representando a su natal estado Cojedes en la Asamblea Nacional durante el período 2016-2021.

Sí, el gobierno venezolano se había anotado un tanto al lograr posponer la segunda audiencia judicial de quienes ya se conocían como los "narcosobrinos", y capearon como pudieron la pauta electoral del 6 de diciembre, obteniendo poco más de medio centenar de diputados en la Asamblea Nacional.

Pero era imposible impedir el avance de los hechos indefinidamente y, pese a todos los intentos por retrasar o evitar el inicio del proceso judicial, finalmente este tuvo lugar el 17 de diciembre de 2015. Había llegado el día en que los sobrinos de Nicolás Maduro y Cilia Flores acudirían a la audiencia preliminar que definiría si irían o no a juicio. Allí, ante el juez del caso, Campo Flores y Flores de Freitas fijarían posición ante la acusación que les hacía la fiscalía.

Declararse "culpables" o "no culpables" eran las opciones, siendo que de pronunciarse por la primera de ellas, el juez entonces procedería a dictar la sentencia, mientras que al declararse inocentes, se daría entonces inicio a un juicio, proceso que de acuerdo a lo que dictamine el juez, podrían enfrentar en libertad si se les otorgaba el beneficio de la fianza. Se procedería a la escogencia de un jurado que se encargaría de determinar si las evidencias aportadas por la fiscalía tenían la suficiente carga para declararlos culpables o, de lo contrario, declararlos no culpables.

Una vez conocido el veredicto, si este era una declaratoria de culpabilidad el juez procedería a dictar la sentencia definitiva. Al magistrado le corresponderá vigilar que durante todo el juicio se garantice el debido proceso y no se viole ni uno solo de los derechos de los imputados.

Cuando los acusados se declaran culpables, se abre un proceso de negociación de los cargos en el que, por lo general, los fiscales federales formulan acusaciones con máxima pena que luego, tras conversaciones, pueden ir rebajando de acuerdo al grado de colaboración que los implicados estén dispuestos a brindar.

Entre la declaratoria de culpabilidad y la emisión de la sentencia opera un plazo en el que la fiscalía profundiza la investigación para determinar si en la comisión del delito hubo circunstancias atenuantes o agravantes que contribuyan, según el caso, a disminuir o incrementar la condena del acusado. Como ya se ha dicho, de resultar culpables los Flores estarían obligados a pagar multas y a cubrir los costes judiciales, honorarios de abogados y la restitución que significa reembolsar a las víctimas del crimen.

Existe una tercera opción denominada *Nolo contendere*, o declaración de "*no contest*", lo que significa que los acusados refieran que: "Declaro no refutar los cargos presentados en mi contra. No voy a tratar de demostrar mi inocencia o refutar mi posible culpabilidad". Cuando esto sucede, el procesado no hace admisión de culpabilidad, pero en la práctica el tribunal queda en libertad para considerarlo culpable y dictar sentencia. Y es que esta declaratoria se traduce, por lo general, en una condena.

Ahora bien, ¿qué sucedió en efecto el 17 de diciembre de 2015 cuando los Flores finalmente se presentaron por segunda vez ante el juez?

Desde la fecha de su aprehensión en Haití hasta este día había transcurrido un mes y una semana, tiempo que sirvió, tal vez, para cambiar un poco la actitud prepotente y arrogante mostrada al principio por los Flores. Al menos así ocurrió con uno de ellos.

De entrada, no se presentaron en la Corte vestidos con ropa casual como en la audiencia del 12 noviembre. Esta vez iban ataviados con el uniforme azul que, obligatoriamente, deben usar todos los reos del *Metropolitan Correctional Center* de Nueva York que aguardan por juicio.

Tal como se esperaba, luego de que se les hiciera entrega de una copia de los cargos se procedió a preguntarles cómo se declaraban a los que contestaron "no culpables". Según los entendidos en la materia, esta suele ser la respuesta en esta etapa inicial del proceso aun en los casos en que se prevé que habrá admisión de la culpa. Solo cuando se han acordado todos los detalles entre las partes, los acusados que así estén dispuestos se declaran culpables durante la Lectura de Cargos. Los sobrinos de Cilia Flores y Nicolás Maduro no fueron la excepción.

Fue contundente el cambio de actitud en Efraín Antonio Campo Flores. A diferencia del altivo hombre que se mostró el 12 de noviembre, ahora acudía a la sala una persona compungida que lloraba y rezaba. Se le veía igualmente inquieto, mirando en todas direcciones para tratar de reconocer a sus afectos en las gradas. También había rebajado algunos kilos.

Conversó con quienes hasta ese día habían sido sus abogados defensores: John Reilly y Rebekah Poston. Alfredo Anzola no acudió en esta ocasión. Luego del trámite de rigor en el que se le entregó el expediente del caso, el abogado público Kafahni Nkrumah tomó en sus manos la defensa de Campo Flores.

El siguiente paso fue la firma del compromiso de incapacidad financiera *(Financial affidavit)* por parte del acusado, documento que lo hace merecedor de un abogado de defensa pública. Entonces procedió a jurar ante la justicia de Estados Unidos que no poseía dinero suficiente para pagar su defensa.

Hay que acotar que esta declaratoria de insuficiencia financiera no es un trámite que culmine con tal admisión, pues las leyes norteamericanas contemplan la investigación para comprobar la veracidad del juramento. De comprobarse que el acusado ha mentido a las autoridades federales, se trataría de un delito grave que puede acarrear nuevos cargos y penalidades.

Entretanto, un Franqui Francisco Flores de Freitas más cerebral que su primo no mostró signo alguno de flaqueza, no rezó y mucho menos lloró. Se sentó junto a sus abogados, los defensores públicos Vincent Southerland y Jonathan Morvinny, del grupo Federal Defendant of New York Inc.

Pero a pesar de mostrarse más sereno que Campo Flores, Flores de Freitas tampoco resistió la tentación de mirar una y otra vez hacia atrás para escrutar lo que entre el público sucedía. Hacía esfuerzos para mostrarse firme, pero el constante estirar los dedos demostraba que los nervios hacían nido en él. No era el hombre prepotente de la anterior ocasión y también se le veía ojeroso y un poco más delgado, aunque bien acicalado.

No quiso que le leyeran los cargos. Al igual que lo había hecho su primo, manifestó entender todo lo que se le informaba y se declaró "no culpable". El trámite con este sobrino de Cilia Flores fue mucho más corto que el de Campo Flores.

A partir de entonces siguieron produciéndose una serie de solicitudes de prórroga por parte de la defensa motivadas por cualquier causa, pero que siempre buscaban alargar el proceso y los pronunciamientos. El tiempo para estudiar el voluminoso expediente seguía siendo la excusa perfecta para pedir extensiones al tribunal.

Así, la cita del 29 de febrero al 29 de marzo a las 11:00 a. m. tampoco tuvo lugar, pues el 9 de ese mes de 2016 Kafahni Nkrumah pidió a la Corte Federal más tiempo para estudiar las evidencias, así como para diseñar y establecer una estrategia para la defensa de Efraín Antonio Campo Flores. Una solicitud que contó con el visto bueno de Vincent Michael Southerland y Jonathan Marvinny, abogados de Franqui Francisco Flores de Freitas.

El jueves 25, Nkrumah presentó de manera formal a la corte federal de Manhattan una prórroga para la audiencia prevista para el siguiente lunes 29 de febrero.

¿El argumento? El mismo. La extensa documentación que la fiscalía presentó como evidencia contra Campo Flores y Flores de

Freitas. Así lo dio a conocer en una comunicación dirigida al juez Paul Crotty.

Otro hecho que dilataba aún más el estudio de la documentación y demás pruebas por parte de los abogados era que la mayoría de dichas evidencias estaban en español, un idioma que los juristas no conocen y, además, es la lengua que hablan sus defendidos y, durante el transcurso de todo el proceso, dependerían de traductores (textos) e intérpretes (orales) especializados en varias áreas, incluyendo conocedores de los giros idiomáticos venezolanos. No poco tiempo les llevaría examinar los videos, correos electrónicos, facturas, documentos, fotografías y otros elementos que figuran en el caso como pruebas que Nkrumah recibió en dos partes, una el 14 de diciembre de 2015 y la otra el 8 de enero de 2016.

Hay que apuntar que la solicitud de prórroga no es ninguna prebenda ni beneficio exclusivo, sino un derecho que establecen las leyes estadounidenses siempre y cuando todas las partes consientan en ello. De hecho, es un procedimiento ordinario que los abogados usan con mucha frecuencia para ganar tiempo. Era previsible que los equipos de abogados de los sobrinos de la pareja presidencial venezolana trabajaran en conjunto para llevar la causa con el mejor de los resultados para sus clientes.

Todo anunciaba que esa próxima audiencia tomaría mucho tiempo en concretarse. El juez Crotty aprobó la solicitud de Nkrumah el mismo día en horas de la tarde y fijó el 29 de marzo de 2016 a las 11:00 a. m. como fecha para la nueva audiencia.

Un nuevo cambio en el equipo de abogados experimentó la defensa de Efraín Antonio Campo Flores, quien incorporó a Randall Jackson y a John T. Zack de la prestigiosa firma Boies, Schiller & Flexner LLP, quienes el 8 de marzo de 2016 se presentaron ante el juez Paul Crotty para solicitar su incorporación al proceso judicial, como ya se dijo con anterioridad.

Este era el tercer cambio que Efraín Campo hacía en su equipo de abogados defensores, habiendo sido los primeros Rebekah Poston y John Reilly del costosísimo escritorio jurídico Squire Patton Boggs, quienes lo representaron del 8 de noviembre al 17 de diciembre de 2015.

En esa última fecha, asumió la defensa Kafahai Nkrumah, quien se encontraba analizando el expediente para establecer la estrategia de defensa. Un propósito que sin duda alguna se veía alterado con la noticia de la incorporación de los nuevos abogados, quienes desde el 8 de marzo de 2016 solicitaron al tribunal redireccionar todas las comunicaciones oficiales del caso Flores a su despacho de la Avenida Lexington en Manhattan.

Como era de esperarse, esta nueva entrada al ruedo de abogados privados reavivó la controversia acerca de quién o de qué manera se cancelarían los honorarios de un bufete de la talla y costo de Boies, Schiller & Flexner LLP.

Se reencendía, entonces, el debate sobre el origen de los recursos para el pago de la defensa, un tema que, cual montaña rusa, subía y bajaba de tono conforme se conocían hechos como este.

La justicia en Estados Unidos es muy cuidadosa en ese asunto y exige revelar la proveniencia del dinero con que se pagan los gastos de defensa.

A su vez, los abogados estadounidenses exigen a sus defendidos o sus familiares firmar una garantía y pagar un anticipo por un monto que es calculado en base a la naturaleza del caso y el grado de dificultad del mismo. Por lo general, se pide un depósito que en el caso de Campo Flores y Squire Patton Boggs se habló de que había sido de 3 millones de dólares, aunque ninguna fuente autorizada confirmó esta cifra.

Ahora le tocaba el turno a Boies, Schiller & Flexner LLP y a Campo Flores hacer las aclaraciones, toda vez que se había declarado financieramente incapaz el 17 de diciembre de 2015 y firmó un *affidavit* (declaración jurada) donde aseguraba que no tenía fondos para pagar los costos de la defensa privada, lo cual le permitió el beneficio de la defensa pública. Eran necesarias muchas explicaciones para justificar que Campo Flores jurara en diciembre no tener dinero y menos de tres meses después contratara los servicios de un prestigioso y costoso bufete de abogados, sin haber trabajado ni un día.

Se enfrentaba el acusado a la posibilidad de que la corte le pidiera revelar el origen de los fondos con los que costearía su defensa. De suceder esto o que un tercero así lo solicitase al tribunal, el sobrino de la familia presidencial venezolana debía probar la legitimidad del dinero con que se cancelaban los servicios prestados por Boies, Schiller & Flexner LLP.

También se planteaba la interrogante de cuántas veces podían los Flores hacer cambios en sus equipos de defensa. Si bien los acusados en Estados Unidos tienen el derecho constitucional a contratar un abogado de su elección, esto no significa que se tenga puerta franca para retrasar los procesos judiciales de manera indefinida.

El sistema judicial norteamericano se cuida de no perjudicar las relaciones entre los acusados y sus abogados y brindar a estos todas las facilidades para que puedan ejercer la defensa de los derechos de sus clientes. Ello es vital para evitar posteriores apelaciones por violación al debido proceso y al derecho a la defensa.

Al considerar las solicitudes de prórroga que formulan los abogados defensores o los acusados, los tribunales analizan cuidadosamente las circunstancias que operan para que los segundos cambien a sus representantes y para que los primeros dispongan del tiempo necesario para analizar los casos y preparar sus estrategias.

Los factores que los jueces analizan y toman en cuenta al momento de determinar si se permite el remplazo de abogados a un acusado son variados, entre ellos, que el acusado plantee una razón aceptable para desear un nuevo abogado; que el acusado haya estado bajo custodia continua; que el acusado haya informado al tribunal de sus esfuerzos para retener a un nuevo abogado; que el acusado haya cooperado con el defensor actual; el tiempo que el demandado haya estado representado por su abogado actual; que el abogado no haya tenido tiempo suficiente para encargarse del caso, etc.

En tal sentido, le corresponde al juez revisar cuantas veces sea necesario, las solicitudes de cambio de abogado que los acusados presenten, siempre y cuando la Fiscalía no tenga inconvenientes con ello.

Negar el derecho al cambio de abogado o las prórrogas que los abogados soliciten es un riesgo que, por lo general, ni los jueces ni los fiscales están dispuestos a correr, pues saben que de hacerlo la defensa puede acudir a una corte de apelaciones argumentando que han sido vulnerados sus derechos por parte del tribunal y, en razón de ello, la condena podría ser revertida y el proceso tendría que comenzar de nuevo. Por esto los magistrados regularmente no ponen obstáculos y acceden a unos meses de retraso en el interés de que no se vea afectado el proceso judicial.

Así, el juez concederá tantas prórrogas y cambios de abogado les sean presentados mientras estime que los derechos del acusado puedan violarse si no lo garantiza. Cuando los casos revisten gravedad y penas severas, los jueces son más laxos con las solicitudes que se le presentan.

Pero en ocasiones los aplazamientos se producen, no por solicitudes de las partes, sino por circunstancias propias del tribunal o del sistema de justicia. Tal es el caso del cambio de fecha que la Corte del Distrito Sur de Nueva York estableció en virtud de una variación en el calendario del tribunal.

Fue así como la cita programada para el 29 de marzo de 2016 fue aplazada para el 6 de abril del mismo año a las 3:00 p. m.

Mientras esto sucedía, comenzó a correrse la especie de que los sobrinos de Cilia Flores y Nicolás Maduro estarían considerando el declararse culpables por recomendación de sus abogados.

Hay que apuntar que en EE.UU., el 97 por ciento de quienes se encuentran incursos en delitos de narcotráfico deciden formular su declaración de culpabilidad y llegan a acuerdos con el gobierno federal en búsqueda de una reducción de sus condenas[100].

Es prácticamente mínimo el porcentaje de inculpados que decide ir a juicio, ubicándose en un escaso 3 por ciento. La razón es obvia: por ejemplo, en el año 2013 las personas que decidieron someterse a proceso judicial —747 reos— fueron condenados a penas superiores a los 16 años de prisión, mientras aquellos que se declararon culpables —24.018 procesados— obtuvieron sentencias de 5 años y 4 meses de cárcel en promedio, de acuerdo a cifras manejadas por el Observatorio de Derechos Humanos HRW *(Human Rights Watch)* en su informe correspondiente al año 2014[101].

Ahora bien, desde que los Flores se declararan "No Culpables" ante el tribunal el 17 de diciembre de 2015, los diferentes equipos de abogados que evaluaban las evidencias presentadas por el

---

[100] Human Rights Watch. "EE. UU.: Fiscales fuerzan declaraciones de culpabilidad en casos de delitos de drogas". 5 de diciembre de 2013.
https://www.hrw.org/es/news/2013/12/05/EE. UU.-fiscales-fuerzan-declaraciones-de-culpabilidad-en-casos-de-delitos-de-drogas
[101] Human Rights Watch. "An Offer You Can't Refuse. How US Federal Prosecutors Force Drug Defendants to Plead Guilty". 5 de diciembre de 2013.
https://www.hrw.org/report/2013/12/05/offer-you-cant-refuse/how-us-federal-prosecutors-force-drug-defendants-plead

despacho del fiscal del distrito, Preet Bharara —quien pidió cadena perpetua para los acusados— habrían estado recomendando "en el mejor interés" de sus clientes, que admitieran los hechos en procura de algunos beneficios que les permitieran obtener unas condenas leves.

Un acuerdo de esta naturaleza con los fiscales federales implicaría un proceso sin disputa conocido, como apuntamos anteriormente, con el nombre de "*no lo contenderé*", el cual conllevaría a la eliminación de alguno o varios de los cargos y, por consiguiente, la reducción de la pena. De ser esto cierto, el acuerdo de culpabilidad se convertiría en la próxima etapa del proceso judicial de los Flores luego de la que hasta ese momento se llevaba a cabo, conocida como descubrimiento. El paso siguiente sería la recomendación del gobierno de una sentencia específica aceptable para la defensa en beneficio de los acusados.

Ante lo imprevisible que pueden ser los resultados de un juicio, muchos acusados optan por el que consideran el camino más seguro y aceptan su culpabilidad esperanzados en obtener una pena lo más breve posible. Por otra parte, los acuerdos son un objetivo de jueces y fiscales que quieren descongestionar las salas de los tribunales penales de Nueva York, las cuales se encuentran literalmente atestadas. Mover los casos para ellos es una alta prioridad, toda vez que un juicio puede duras días, semanas o meses, mientras las declaraciones de culpabilidad son cuestión de muy poco tiempo. Brindar beneficios a los procesados a cambio de confesiones es siempre la mejor alternativa para ellos.

¿Era este el escenario en el caso de Efraín Antonio Campo Flores y Franqui Francisco Flores de Freitas? ¿Era la confesión de culpa la opción más favorable para ellos? Los sobrinos de la pareja presidencial, según se dijo insistentemente, estarían manejando esa opción junto a sus defensores.

Pero en el caso de Campo Flores y Flores de Freitas había una variable que quizás no todos estaban considerando: el peso político. ¿Estaba dispuesta la familia de los acusados —en especial sus tíos, Nicolás Maduro y Cilia Flores— a aceptar que estos admitieran públicamente estar incursos en delitos de narcotráfico? ¿Toleraría el alto gobierno venezolano que estos hombres confesaran ante el mundo el uso abusivo que en Venezuela se hace del poder? ¿Permitirían que las diversas acusaciones que se hacen señalando como un narco-gobierno al régimen venezolano, encontraran asidero en la admisión de culpa de los sobrinos de la pareja presidencial?

Las respuestas a estos cuestionamientos eran determinantes a la hora de ponderar la posibilidad de que un acuerdo de culpabilidad se produjera en este caso.

La cita del 6 de abril de 2016 a las 3:00 p. m. en la Corte del Distrito Sur de Nueva York en la cual tendría lugar una audiencia previa al juicio se vio nuevamente alterada debido a la incorporación de un nuevo equipo de abogados, esta vez para la defensa de Franqui Francisco Flores de Freitas.

Entraba en escena el bufete Sidley Austin LLP, cuyos abogados Michael D. Mann y David M. Rody se encargarían de defender los derechos de Flores de Freitas. La notificación del cambio a la corte federal de Manhattan se hizo el 1° de abril de 2016.

Veamos quiénes son estos abogados.

David M. Rody es un socio de la firma Sidley Austin LLP que previamente se desempeñó, desde 1998, en la oficina del fiscal de Estados Unidos, donde se inició como abogado asistente, hasta que en 2006 fue designado jefe de la Unidad de Crímenes Violentos de la Fiscalía Federal para el Distrito Sur de Nueva York. Es especialista en derecho criminal y tiene una amplia experiencia en casos de delincuencia financiera.

Rody participó en la investigación y el enjuiciamiento de Aafia Siddiqui, científica paquistaní educada en Estados Unidos acusada de intento de asesinato de un grupo de agentes del FBI y de oficiales del Ejército de Estados Unidos y Afganistán en 2008. Por estos delitos Siddiqui fue condenada a 86 años de prisión, en 2010.

En mancuerna con Rody, en la defensa de Franqui Francisco Flores de Freitas trabajó el abogado Michael D. Mann, también socio de Sidley Austin LLP.

Mann es experto en defensa criminal, investigaciones corporativas internas y litigios civiles complejos, habiendo representado a empresas e instituciones públicas, así como a entes financieros y particulares relacionados con investigaciones internas, penales y regulatorias, procesos y litigios. Atiende a clientes ligados con corrupción en el extranjero, lavado de dinero y el cumplimiento de las sanciones salvaguardias, incluyendo la debida diligencia de socios de negocios en las transacciones comerciales internacionales.

A este par de abogados le correspondería recibir en la próxima audiencia, de parte del juez Paul Crotty, los derechos de representación de Flores de Freitas, quien desde el inicio del caso en noviembre de 2015 había estado defendido por los abogados públicos Vincent Southerland y Jonathan Marvinny.

Volvía al tapete el tema del financiamiento de los gastos de defensa de los acusados. Sidley Austin LLP, al igual que el despacho de abogados que se encargó de la defensa de Efraín Antonio Campo Flores, es una firma costosa. Alguien que se ha declarado insolvente bajo juramento ante el sistema judicial estadounidense debe explicar muy bien cómo hace para cancelar los honorarios de tan prestigioso y oneroso bufete.

De hecho, Sidley Austin LLP[102] es un despacho de abogados tan grande como Squire Patton Boggs, y las estadísticas lo muestran en el octavo lugar en EE. UU., con 20 sedes en diversos países y más de dos mil asociados[103].

Para la fecha, en Venezuela, bajo un férreo control de cambio, en el Sistema Marginal de Divisas SIMADI, la moneda estadounidense se cotizaba en 276 bolívares. El problema para acceder a dólares por esta vía derivaba de que ninguna de las providencias de dicho sistema contemplaba la obtención de divisas para cancelar gastos de defensa en un caso de narcotráfico en el exterior.

---

[102] Sidley Austin LLP. https://www.sidley.com/en/us/
[103] Linkedin. Sidley Austin LLP. https://www.linkedin.com/company/sidley-austin

Para el momento, en el mercado negro el dólar se vendía a 1.172 bolívares, lo que hacía aún más difícil que un venezolano sin medios de riqueza obtuviera los recursos para el pago que una firma como Sidley Austin LLP exige a sus clientes.

Quedaba la posibilidad de que los honorarios profesionales cancelados a los juristas contratados por Campo y Flores provinieran de la corrupción administrativa o del desvío de fondos públicos, algo que en un país como Venezuela resultaba sumamente difícil de rastrear por la ausencia de controles institucionales.

De manera que saber cómo los sobrinos de Cilia Flores y Nicolás Maduro obtenían el dinero para el pago de sus abogados era una pregunta que, al parecer, nadie estaba en condiciones de contestar.

Por otra parte, resultaba un hecho curioso, por decir lo menos, que el nuevo despacho de abogados contratado para llevar la defensa de Flores de Freitas, Sidley Austin LLP, mantuviera una larga relación con Citgo Petroleum Corporation, de la cual habían sido representantes en varios litigios en Estados Unidos desde 1988, ademásde ser"lobista" del estado venezolano en instancias públicas y privadas estadounidenses.

Para Sidley Austin LLP, Citgo ha sido uno de sus mejores clientes desde la llegada del chavismo al poder en 1999.

Como era de esperarse, el nuevo equipo de defensores de Flores de Freitas iba a requerir de un insumo indispensable para estudiar cada documento y evidencia presentada por la fiscalía como sustento de la acusación de los sobrinos de la pareja presidencial venezolana: tiempo.

Fue así que en representación del despacho, en una carta dirigida al juez de la causa, Paul Crotty, el abogado David M. Rody pidió formalmente a la corte una prórroga de la audiencia preliminar al juicio que tendría lugar el 6 de abril a las 3:00 p. m.

Entonces, el magistrado la prorrogó para el 3 de mayo de 2016 a las 2:00 p. m.

¿Qué sucedería en las tantas veces pospuesta audiencia preliminar al juicio? Pues se trataba de una sesión en la que se daría inicio a una etapa procesal que, en primer lugar, fijaría un calendario para la conclusión de todas las actividades que preceden a la querella judicial.

Del mismo modo, la cita judicial serviría —si no había cambios de postura de los acusados— para que la corte fijara la fecha del juicio.

Pero antes de que ese evento ocurriera tendrían lugar las conferencias previas al juicio, encuentros en los que los abogados defensores y los fiscales revisan las pruebas y aclaran las cuestiones en disputa y cualquier otro aspecto relacionado con el proceso judicial e, incluso, para establecer las pautas de un acuerdo de culpabilidad si los acusados llegaren a solicitarlo.

Pero tampoco el 3 de mayo se llevó a cabo la audiencia, pues Michael D. Mann le manifestó al juez Crotty la necesidad de contar con más tiempo para resolver algunos asuntos legales antes del inicio de la sesión.

La nueva cita quedó fijada para el 12 de mayo a las 11:00 a. m.

Y si transcurridos estos acontecimientos alguien pensó que el asunto del financiamiento de los costos de defensa de Campo Flores y Flores de Freitas había quedado en el olvido, sencillamente se equivocó, pues nuevamente el abogado venezolano Luis Alejandro Aguilar Pardo envió una carta dirigida a los fiscales estadounidenses encargados de la acusación contra los familiares de Cilia Flores, pidiendo se investigara de manera formal el origen del dinero utilizado para pagar a los abogados de los demandados.

"A nadie tampoco se le escapa la sensación de perplejidad que causan los imputados cuando solicitan los servicios del sistema de defensores públicos bajo 'Criminal Justice Act' y terminan siendo representados por costosas firmas de abogados de New York cuando han suscrito 'affidavits' [en los] que, supuestamente, declaran no poseer recursos para contratar un abogado", expresó Aguilar Pardo en una entrevista en la que explicaba el motivo de su iniciativa[104].

A la solicitud de Aguilar se sumó un grupo de venezolanos residenciados en Estados Unidos, quienes solicitaron al Fiscal General de Nueva York, Preet Bharara, indagar el origen del dinero usado por un supuesto tercero, cuyo nombre no había sido

---

[104] Sumarium. "Lo que alega el abogado que pide investigar la procedencia del pago de la defensa de los Flores". 3 de mayo de 2016. http://sumarium.com/lo-que-alega-el-abogado-que-pide-investigar-la-procedencia-del-pago-de-la-defensa-de-los-flores/

revelado para la fecha, para pagar la defensa de Efraín Antonio Flores de Freitas y Franqui Francisco Flores de Freitas.

El caso era un asunto con muchas aristas, pues mientras estos hechos sucedían, las fuentes periodísticas aseguraban que los fiscales acusadores no descansaban en su empeño de hacer que Campo Flores y Flores de Freitas se declararan culpables.

Se decía que Emil J. Bove III y Brendan Quigley F. no escatimaban esfuerzos para lograr la confesión y el establecimiento de un acuerdo de culpabilidad que les permitiera una negociación de la sentencia.

El empeño de los representantes del gobierno responde a una política estatal que busca evitar la realización de juicios en procura de ahorro de tiempo y dinero a Estados Unidos y a los propios acusados. Un acuerdo de culpabilidad bajaría el tiempo de prisión a menos de 10 años algo que, sin duda alguna, podía ser tentador para Campo y Flores quienes se enfrentaban a la posibilidad de una sentencia de cadena perpetua en caso de ser hallados culpables en un juicio.

Conocer quién pagaba a los abogados defensores era algo que ellos mismos tal vez podrían aclarar y hacia ellos se dirigió toda la batería de los periodistas, quienes insistieron una y otra vez para que los juristas de las firmas Boies, Schiller &Flexner LLP y Sidley Austin LLP informaran quién firmaba los cheques de sus honorarios.

Pero fue inútil cada pregunta y repregunta que se formuló a Randall W. Jackson, John T. Zack, David Rody y Michael Mann.

Todos se mantuvieron herméticos y no dieron siquiera una pista que permitiera aclarar este misterio.

El sello en la boca de los juristas obedecía al acuerdo de confidencialidad que estos establecen con sus clientes.

Había sido un mal intento. Era ilusorio pensar que los abogados revelarían el nombre del benefactor. Solo la fiscalía estaba facultada para hacer ese requerimiento. Había que indagar por otros predios y, entretanto, la incertidumbre se mantendría.

Lo que quedaba era el terreno de las especulaciones y en ello sobraban las teorías y las hipótesis. Nada comprobable. En cuanto al monto, unos arrojaban sus aproximaciones y señalaban que los abogados deberían estar cobrando unos 300 mil dólares por acusado, teniendo que por hora de servicio prestado devengarían mil dólares.

Al final, solo eran eso, especulaciones.

Quien no se quedó en el terreno de los rumores y decir es sino que procedió a actuar fue el fiscal del distrito, Preet Bharara, junto a su equipo, quienes se dirigieron a la Corte de Manhattan para plantear al juez de la causa la posible existencia de un conflicto de intereses derivado del hecho de que las cuotas legales para ambos acusados estaban siendo pagadas por la misma persona.

Con este planteamiento quedaba clara la existencia de un benefactor —por llamarlo de alguna manera— que se estaba haciendo cargo de los gastos de defensa de Efraín Antonio Campo Flores y Franqui Francisco Flores de Freitas.

La gran pregunta: ¿quién era esa persona?

Tampoco el gobierno soltó prenda y guardó completo hermetismo al respecto.

Los fiscales adjuntos del caso, Emil J. Bove III y Brendan Quigley F., enviaron a Paul Crotty una carta en la que le informaban del hecho a la Corte y solicitaban llevar a cabo investigaciones separadas para determinar, en primer lugar, si el pago de los honorarios legales por parte de un tercero para ambos acusados representaba un conflicto; segundo, para establecer la naturaleza y el alcance de ese conflicto; y tercero, si cada acusado estaba dispuesto y era capaz de hacer una renuncia voluntaria al saber de ese conflicto.

Rezaba la misiva que "motivado a que un tercero está pagando los honorarios legales para ambos acusados, los defensores de cada acusado enfrentaban un posible conflicto de intereses. El conflicto potencial se ve agravado por el hecho de que una sola persona está financiando las defensas legales de los dos acusados. Este asunto genera que el que paga los gastos de defensa puede influir en una estrategia global de defensa que no está en el interés de uno o en ambos acusados"[105].

A juicio de los fiscales, esta circunstancia podía plantear que quien pagaba la defensa pudiera persuadir a un abogado de evitar la búsqueda de reducción de pena por colaboración, o le planteara a alguno de los acusados abstenerse de declarar en su propia

[105] Venezuela Política. "Fiscal Bharara plantea conflicto de intereses en el caso de sobrinos de Cilia Flores". 9 de mayo de 2016.
http://maibortpetit.blogspot.com/2016/05/fiscal-bharara-plantea-conflicto-de.html

defensa. En tal sentido, la fiscalía solicitó la realización de una audiencia curcio, que permitiera indagar si los defensores de ambos acusados estaban en capacidad de brindar una adecuada representación legal mientras el proceso judicial estaba en marcha y si podía haber algún interés proveniente de terceras partes que afectara el desarrollo del juicio. Además, el gobierno planteó al juez Crotty obtener una exención de defensa libre de conflicto por la parte demandada. La audiencia curcio es una herramienta legal que permite a los acusados acogerse a todos los principios del derecho estadounidense, de manera que la defensa no encuentre resquicios que le permitan, posteriormente, formular una posible solicitud de anulación de la sentencia

Bove y Quigley destacaban en su comunicación la cronología del caso, así como la lista de abogados públicos y privados que habían aparecido en la defensa de los dos acusados, y sus declaraciones de insolvencia financiera para costear los gastos de defensa.

La existencia del benefactor común se dio a conocer luego de que la fiscalía solicitara a los nuevos abogados contratados por los acusados explicar el origen de los recursos con que se pagaban sus honorarios, una información que encendió las alarmas al advertir el posible conflicto de intereses que esta situación podía suponer.

La Sexta Enmienda de la Constitución de Estados Unidos garantiza a los acusados el derecho a la efectiva asistencia de un abogado, lo cual incluye "el derecho a la representación por un abogado libre de conflictos".

Los fiscales señalaban que la situación planteada podía violar dicha garantía constitucional, la cual es irrenunciable. Igualmente recordaban la base legal sobre el pago de honorarios por terceros y argumentaban que podía surgir un conflicto cuando un abogado es pagado por una persona distinta al incriminado.

Para el gobierno hay consideraciones éticas cuando un abogado acepta honorarios de alguien que no sea su cliente. "La aceptación de dinero proveniente de un benefactor que pague los costos de defensa puede someter a un abogado a una indeseable influencia externa" y plantea una cuestión ética "en cuanto a si la lealtad del abogado es con el cliente o con el pagador".

Ante esta situación, el fiscal Preet Bharara buscaba a toda costa blindar la acusación contra los primos Flores y, por ello, solicitó a la corte llevar a cabo investigaciones separadas que ayudaran a determinar si había o no un conflicto de intereses. Era necesario para el gobierno evitar a como diera lugar que, luego de que se dictara sentencia en un juicio efectuado bajo estas circunstancias, la defensa pudiera apelar el dictamen bajo el alegato de existencia de vicios procesales que pudieran interpretarse como una violación de la Sexta Enmienda de la Constitución. En tal sentido, la fiscalía promovió la realización de una audiencia curcio.

El gobierno remitió un cuestionario a los acusados a objeto de que expusieran, por escrito y de manera oral, que entendían y conocían las consecuencias que podía traer para su defensa que los costes legales estuvieran siendo pagados por una sola persona.

En caso de que los acusados decidieran seguir con sus representantes legales, a pesar de la advertencia de la fiscalía, dicha decisión voluntaria y con conocimiento de las implicaciones legales se convertía en un elemento de protección para el gobierno federal a la hora de una apelación que pudiera anular el proceso y obligar a iniciar el procedimiento desde el principio nuevamente por parte del mismo juez.

Hay que advertir que en Estados Unidos no constituye delito alguno que un tercero pague los costes legales de los acusados, pero es necesario cubrir todos los flancos para evitar acciones que pongan en riesgo las investigaciones y los procesos judiciales.

La audiencia "curcio", que es una sesión que incluye interrogatorios y orientación, permite que la parte demandada entienda la naturaleza del conflicto y se pronuncie al respecto, por lo que si de manera racional opta por contratar a un abogado de su elección, a pesar de la generación de un posible conflicto, queda establecido que a sabiendas renuncia a su derecho a la representación libre de conflictos.

De cualquier manera hay que alertar que el tribunal de distrito se puede reservar la discreción de rechazar la renuncia si el conflicto planteado por el fiscal puede poner en peligro la integridad del proceso judicial como tal.

Finalmente el 12 de mayo de 2016 se llevó a cabo la audiencia preliminar al juicio de Efraín Antonio Campo Flores y Franqui Francisco Flores de Freitas que tantas veces se había pospuesto.

A la cita los acusados llegaron puntualmente vistiendo sus uniformes azules y unos modernísimos zapatos deportivos *Converse All Star*. Se les veían descansados, frescos y risueños y hasta con unos cuantos kilos de más desde diciembre. Particularmente Campo Flores se mostró más seguro de sí mismo que en la anterior ocasión ante el juez; no lloró ni rezó.

Fue un evento rápido —aproximadamente media hora— en el que el juez, Paul Crotty, acordó la fecha tentativa para el inicio del juicio, la extensión de la etapa de descubrimiento y el período para presentación de las mociones.

Entonces, el juez procedió a formular el cuestionario que la fiscalía le presentara a objeto de que quedara claramente establecida la posición de los acusados frente al posible conflicto de intereses que significaba que una tercera persona pagara los costes de la defensa de ambos.

De manera pausada, el juez Paul Crotty, por separado, planteó cada pregunta que Campo Flores y Flores de Freitas fueron contestando.

De este modo se supo que Efraín Antonio Campo Flores es abogado, mientras su primo Franqui Francisco Flores de Freitas solo estudió hasta el 4° año de bachillerato. Precisaron que conocían quién era su benefactor y, en tal sentido, aseguraron que entendían perfectamente que había un posible conflicto de intereses pero que, pese a esto, proseguirían con sus actuales representantes legales.

Refirió Campo Flores que había recibido consejo legal de los dos abogados de la firma Boies, Schiller & Flexner, a saber, Randall Jackson y John T. Zach, por aproximadamente dos meses.

Por su parte, Flores de Freitas aseveró que Michael D. Mann y David M. Rody, integrantes del despacho jurídico Sidley Austin LLP, lo habían estado asesorando a la fecha desde hacía un mes.

Después del interrogatorio, tomó la palabra el fiscal auxiliar, Emil Joseph Bove III, quien propuso al juez Crotty el cronograma tentativo que regiría las siguientes etapas del procedimiento. El magistrado consultó a la defensa y, al no haber objeciones, se fijó una nueva fecha para concluir el descubrimiento, el cual se extendió hasta el 1° de julio, mientras que hasta el 5 de agosto los representantes legales de los acusados tendrán oportunidad de presentar sus mociones.

Entretanto, el inicio del juicio contra los sobrinos de Nicolás Maduro y Cilia Flores quedó pautado para el 7 de noviembre de 2016, es decir, a tres días de que se cumpliera un año de su salida de Caracas y detención en Haití.

Tendrían que transcurrir cuatro meses para que se conociera con toda certeza la identidad de la persona que pagaba la defensa de los Flores. Su nombre salía a relucir en los corrillos de pasillo, pero fue solo hasta finales del mes de septiembre cuando quedó establecido que el empresario petrolero venezolano, Wilmer Ruperti, era quien desembolsaba el dinero para cubrir los costosos honorarios de los abogados de las firmas Boies, Schiller & Flexner y Sidley Austin LLP.

Ya no había dudas, pues el propio Wilmer Ruperti así lo confirmó en una entrevista concedida al diario estadounidense *The Wall Street Journal*.[106]

¿La razón?

Patriotismo, según expresó el empresario.

Ruperti manifestó que esta acción obedecía a "razones patrióticas", a su deseo de aliviar la carga de Nicolás Maduro. "Esto perturba la tranquilidad de la familia presidencial. Es necesario que el presidente esté tranquilo", expresó al periódico neoyorquino. "Estoy ayudando a preservar el gobierno constitucional".

"Como empresario y ciudadano venezolano, tengo la obligación y la responsabilidad de coadyuvar al mantenimiento y continuidad de la constitucionalidad de mi país. He estado y estaré siempre dispuesto a responder ante cualquier circunstancia en la cual este valor pueda verse afectado y convertirse en un atentado contra la dignidad de mi Patria, defendiendo la integridad de sus ciudadanos, sus instituciones y del Presidente constitucional de la República Bolivariana de Venezuela"[107], manifestó a través de un comunicado emitido posteriormente.

El empresario se hizo eco del discurso oficialista venezolano que insistía en asegurar que el arresto de los sobrinos de la pareja

---

[106] The Wall Street Journal. "Venezuelan Tycoon Funds President's Nephews' Drug Defense". 29 de septiembre de 2016. https://www.wsj.com/articles/venezuelan-tycoon-funds-presidents-nephews-drug-defense-1475192218

[107] Venezuela Política. "Más preguntas que respuestas, deja comunicado del Wilmer Ruperti sobre el pago de defensores de sobrinos de Cilia Flores". 30 de septiembre de 2016. http://maibortpetit.blogspot.com/2016/09/mas-preguntas-que-respuestas-deja.html

presidencial venezolana formaba parte de un supuesto plan para desestabilizar el gobierno. "Es una gran conspiración para ayudar a la oposición", dijo Ruperti. "Hay un intento de etiquetar a Venezuela como un narcoestado" comentó el empresario chavista al WSJ.

"Como ciudadano activo de este bello país[Venezuela], he decidido hacer frente a los costos derivados de la defensa que merecen estos ciudadanos y por tanto asumí el pago de servicio de sus abogados; no con [esto] estoy comprando una decisión, las instituciones concluirán lo que tengan a bien, tan solo pongo a disponibilidad de mis compatriotas los medios de gestión necesarios para garantizarles derechos fundamentales y procurar que un juicio mediático y de intereses difusos no los perjudique, más aún cuando se refiere a tan delicado asunto", expresó Ruperti en el comunicado.

De este hecho tenía conocimiento desde el mes de abril de 2016 el fiscal Preet Bharara cuando investigaba el expediente de los sobrinos de la Primera Dama venezolana. Mientras conversaba con los abogados privados de los acusados se enteró de que un mismo benefactor pagaba las dos facturas de los despachos jurídicos. Fue cuando planteó la necesidad de llevar a cabo una audiencia curcio para que los Flores entendieran las consecuencias que podría traer consigo el hecho de que una sola persona pagara por los dos escritorios.

Pero lo realmente curioso del caso fue que una semana antes de la confirmación por parte del empresario de lo que ya todo el mundo comentaba en los pasillos de la corte, Petróleos de

Venezuela, S.A., PDVSA, a través de un comunicado difundido por la agencia de noticias Reuters[108], daba cuenta de la aprobación de un contrato por 138 millones de dólares a la empresa Maroil Trading Inc. que, coincidencialmente, es propiedad de Wilmer Ruperti. La citada compañía debía llevar a cabo trabajos de eliminación de una gran cantidad de coque de petróleo en el terminal de sólidos de José, en el estado Anzoátegui, al nororiente venezolano.

Los rumores, lejos de acallarse con estas informaciones, se encendieron aún más. Resultaba altamente sospechoso o, por lo menos levantaba suspicacia, el que coincidieran en el tiempo la adjudicación del millonario contrato y el surgimiento del sentimiento patriota del empresario simpatizante del chavismo.

Tratando de salirle al paso a las especulaciones, Wilmer Ruperti aseguró que el contrato de PDVSA nada tenía que ver con su iniciativa de pagar los gastos legales de los sobrinos de Nicolás Maduro. "Diez empresas pujaron por el contrato —advirtió. Me ofrecieron el precio más bajo y le ahorro al país 10 millones de dólares"[109], refirió.

Como apuntamos anteriormente, el fiscal general de Nueva York, Preet Bharara, descubrió en abril de 2016 que una misma persona pagaba los abogados de ambos acusados. Pero aparte de alertar del posible conflicto de intereses, el alto funcionario debía investigar la

---

[108] Reuters. "Petrolera venezolana PDVSA adjudica contrato de 138 mln dlr para deshacerse de montaña de coque". 23 de septiembre de 2016.
https://lta.reuters.com/article/businessNews/idLTAKCN11T2AD

[109] Venezuela Política. "Empresario petrolero Wilmer Ruperti es quien paga la defensa de los sobrinos de Cilia Flores". 29 de septiembre de 2016.
http://maibortpetit.blogspot.com/2016/09/empresario-petrolero-wilmer-ruperti-es.html

licitud de los recursos utilizados por el empresario benefactor para cubrir los gastos jurídicos de los familiares de Cilia Flores.

El no pronunciamiento hacía presumir que el gobierno norteamericano no encontró elementos que le llevaran a cuestionar la legalidad de los dineros usados por el empresario para el pago de los litigantes.

De cualquier manera, esto no logró acabar con las suspicacias que tal enmarañamiento de acontecimientos surgidos en torno a los abogados y los dineros con que se les pagaba surgían en el seno de la opinión pública.

Y es que las suspicacias y sospechas fueron el orden del día en todo este proceso judicial.

Sexto capítulo

El cambio de estrategia

Desde su presentación ante la justicia de Estados Unidos, la defensa de los sobrinos de la pareja presidencial venezolana se presentó como un hecho confuso, atropellado.

En cinco ocasiones, Efraín Antonio Campo Flores y Franqui Francisco Flores de Freitas plantearon cambio de abogados. En primer lugar, Rebekah Poston y John Reilly, junto a Alfredo Anzola de Squire Patton Boggs, quienes fueron sustituidos por el defensor público Kafahai Nkrumah, cuando Campo les solicitó su renuncia y se declaró insolvente ante la corte.

Ya Franqui Francisco Flores de Freitas había tenido que resignarse desde la primera sesión ante el juez a renunciar al costoso bufete y habiendo declarado no disponer de fondos para el pago de abogados privados se le asignó su caso a Vincent Southerland y Jonathan Morvinny, del grupo Federal Defendant of New York Inc.

Posteriormente, Campo Flores anunció la contratación de los abogados Randall W. Jackson y John T. Zack de la costosa firma Boies, Schiller & Flexner.

Flores de Freitas no se quedó atrás y encargó su defensa a Michael D. Mann y David M. Rody del prestigioso despacho Sidley Austin LLP.

Cada uno de estos cambios, incorporaciones, renuncia y despidos significó una solicitud ante el juez de la causa Paul Crotty de prórrogas para poder revisar, estudiar y analizar el expediente y cada una de las evidencias presentadas por la Fiscalía del Distrito Sur de Nueva York sustentando la acusación contra los familiares de Nicolás Maduro y Cilia Flores.

Desde su arresto, en razón de estos constantes cambios y aplazamientos, fue difícil dibujar con precisión un mapa que indicara el rumbo que la defensa de Campo Flores y Flores de Freitas pudiera tener. Cada línea de defensa anterior a la llegada de los despachos Boies, Schiller & Flexner y Sidley Austin LLP, significaba un estilo y una visión diferente de la estrategia a seguir.

Lo que sí fue una constante hasta ese momento fue el surgimiento de rumores y voces que apuntaban hacia la posibilidad de que los sobrinos de la pareja presidencial venezolana pudieran llegar a un acuerdo de culpabilidad con la fiscalía.

A los oídos de los periodistas que cubrían las incidencias de este caso, era común que diversas fuentes e informantes plantearan su propia tesis acerca de los términos que dicho acuerdo pudiera contemplar.

El 17 de diciembre de 2015 los acusados se declararon "no culpables" de los cargos por los cuales el fiscal Preet Bharara pidió cadena perpetua a la justicia estadounidense.

Quienes antes de Boies, Schiller & Flexner y Sidley Austin LLP habían defendido los derechos de Efraín Antonio Campo Flores y Franqui Francisco Flores de Freitas, les habían recomendado— según aseguran las fuentes y como ya se ha dicho aquí en capítulos anteriores— llegar a un acuerdo con el gobierno representado por los fiscales Emil J. Bove III y Brendan Quigley en busca de una pena reducida.

Para los fiscales los acuerdos de culpabilidad son la opción más apetecida, pues el congestionamiento de sus despachos y de los tribunales penales de Nueva York son una constante invitación a la búsqueda de soluciones concertadas que permitan darle mayor movilidad a los innumerables casos que reposan en sus escritorios. Ni hablar los costos que es posible ahorrar al concertar declaraciones de culpabilidad que beneficien a los procesados y eviten la erogación del dinero que un proceso judicial trae consigo.

¿Era esta una posibilidad cierta para los primos Flores?

Un acuerdo supondría, por un lado, proceder a establecer lo que se conoce como "negociación frase", la cual es un método por el cual la fiscalía recomienda una sentencia más leve de acuerdo a los cargos específicos, si el acusado se declara culpable o no se opone a ellos. Otro camino es que los fiscales convengan en retirar algunos cargos o disminuir algunos por un delito menos grave, a cambio de la admisión de culpabilidad del imputado.

¿Era este el camino a emprender por los Flores?

Hay que acotar que la declaratoria de culpabilidad en algún momento del proceso aun habiéndose declarado "no culpable" previamente —tal es el caso de Campo Flores y Flores de Freitas— es absolutamente posible pues, como señalan los expertos, los acusados optan inicialmente por no admitir los hechos como un camino a defender sus derechos constitucionales, como una manera de resguardarlos y contar así con el tiempo suficiente para revisar con sus defensores las diferentes teorías del crimen por el cual se les incrimina.

Para los abogados es sumamente importante salvaguardar los derechos de sus clientes. De acuerdo a las leyes federales relativas al procedimiento penal, los acusados tienen la opción de introducir una defensa, objeción o petición previas al juicio (*pre-trial motions*). Entre estas mociones, la más conocida y común es la dirigida a la supresión de la evidencia. En tal sentido, los abogados defensores de los Flores tenían más de 25 GB de pruebas —recolectadas por la fiscalía para respaldar la acusación—por revisar y analizar para pedir su supresión.

La tesis del acuerdo de culpabilidad volvió a surgir en junio de 2016 cuando la fiscalía presentó como coacusado a Roberto de Jesús Soto García en el contexto del caso de los primos Flores. Se decía que este hecho planteaba la posibilidad de que se produjera una nueva negociación para llegar a la admisión de los hechos por parte de los sobrinos de Nicolás Maduro y Cilia Flores.

Fuentes ligadas al caso refirieron la formulación de cargos contra el supuesto socio de Campo Flores y Flores de Freitas, un sujeto de nacionalidad hondureña que participó en la reunión que el 6 de noviembre de 2015 sostuvieron los acusados en la nación centroamericana y se comprometió a trabajar para que la operación para enviar cientos de kilos de cocaína de alta pureza a territorio norteamericano no tuviese ningún obstáculo en ese país.

Ahora bien, ¿era aceptable para el gobierno venezolano una admisión de culpa por parte de los sobrinos de Nicolás Maduro y Cilia Flores?

Una declaración de culpabilidad por parte de Efraín Antonio Campo Flores y Franqui Francisco Flores de Freitas supondría también la admisión del uso abusivo del poder, del usufructo de los bienes de la nación para fines personales e ilícitos, de las relaciones de la guerrilla colombiana con el régimen y sus allegados, entre otros delitos. En resumen, una admisión de culpa por parte de los primos Flores habría validado la tesis del narco estado que desde varias esferas nacionales e internacionales se le adjudica al chavismo.

Randall W. Jackson. John T. Zack, Michael D. Mann y David M. Rody al parecer tomaron nota de todo esto y comenzaron a reescribir la historia que, hasta entonces, se había contado. Le dieron un vuelco a la estrategia y asumieron una línea de defensa que buscaba mostrar a los Flores no como los narcotraficantes que la fiscalía presentó ante la opinión pública y el jurado, sino como unos ciudadanos probos y honestos, como las víctimas asustadas de unos inescrupulosos y corruptos informantes y testigos cooperantes de la DEA, unos jóvenes que habían caído en las garras de un organismo gubernamental manipulador que quería sacar dividendo político de una situación derivada de un gobierno declarado inamistoso y enemigo de la administración estadounidense.

El primer paso fue desmentir la narración que hasta ese momento se conocía del arresto.

La versión de los abogados defensores fue que los acusados se encontraban en una reunión en un hotel en Puerto Príncipe, Haití, cuando fueron "secuestrados" por unos veinte hombres que estaban fuertemente armados y enmascarados, quienes se negaron a hablar con ellos y a identificarse. Refirieron que las personas que llevaron a cabo la detención de sus clientes vestían ropa de estilo militar sin insignias, que los esposaron y los llevaron a lugares desconocidos donde los mantuvieron incomunicados, totalmente aislados, sin comida ni agua durante muchas horas.

La historia contada por los defensores de los Flores narra que estos volaron desde Caracas, Venezuela, a Puerto Príncipe, Haití, el 10 de noviembre de 2015 para una reunión cuya naturaleza nunca dieron a conocer y que tenía pautada comenzar a las 9:00 de la mañana. Estando en eso, alrededor de las 9:45 a.m hicieron acto de entrada a la habitación donde tenía la cita una veintena de hombres fuertemente armados con rifles de asalto, pistolas y granadas. Estas personas vestían ropa de estilo militar con los rostros cubiertos por pasamontañas. No portaban ninguna identificación visible o insignia en la ropa, no se identificaron debidamente ni dijeron cuáles eran sus intenciones. Ante tales acontecimientos, los acusados creyeron que estaban siendo víctimas de un secuestro por una banda de malhechores.

La defensa cuenta un episodio de este supuesto secuestro, en el que Flores de Freitas intentó poner resistencia y quienes hasta ese momento se mostraban como sus captores sacaron sus armas y les apuntaron a la cabeza, exigiéndole que cooperara.

El desarrollo de los acontecimientos hizo pensar a los Flores que estaban siendo secuestrados dada su relación familiar con el presidente y la Primera Dama de Venezuela.

El documento que presentó la defensa indicaba que, luego de esto, los primos Flores fueron esposados y llevados a una casa normal, sin marcas, a una corta distancia. Una vez en ese lugar, fueron separados, ubicados en habitaciones diferentes, obligados a guardar silencio, privados en todo momento de comida y bebida.

Transcurridas algunas horas fueron transportados a un lugar que, por sus características, parecía ser una estación de policía, donde agentes uniformados les tomaron las huellas digitales y los fotografiaron con lo que parecía ser un teléfono celular personal.

En ningún momento los oficiales respondieron a las preguntas que los demandados les formularon acerca de lo que estaba ocurriendo y las razones para actuar como lo hacían. Asimismo, les negaron su derecho a realizar una llamada telefónica.

Este panorama, según la versión de la defensa, así como el silencio de los oficiales, convenció a sus clientes de que habían sido secuestrados y de que la policía no pudo (o no quiso) ayudarles.

Después de completada la aparente reseña que de ellos hicieron en esta oficina, los acusados fueron conducidos al aeropuerto, donde un avión esperaba en la pista y alrededor de la aeronave se encontraban cerca de seis hombres vestidos de civil y sin identificación de ninguna naturaleza.

Con esta narración, los defensores retomaron la tesis del secuestro esgrimida anteriormente por Diosdado Cabello y Cilia Flores, solo que esta vez la presentaban como un mecanismo de intimidación usado por las autoridades para causar pánico en los Flores. Argumentaron los juristas que los acusados creyeron que estaban siendo víctimas de un secuestro como tantos otros que ocurren en Latinoamérica a personas como ellos con alguna figuración pública. La defensa sostuvo que en aquel momento Campo Flores y Flores de Freitas temían por sus vidas ante la naturaleza de los acontecimientos que estaban teniendo lugar.

Pero había un gran problema para cumplir con este cometido de desvirtuar la acusación de la fiscalía sustentada en la narrativa que antes de este episodio se tenía de la detención de los familiares de Nicolás Maduro: la confesión que Campo Flores y Flores de Freitas habían hecho ante los agentes de la DEA a bordo del avión ligero que los transportó de Puerto Príncipe a Nueva York. Los acusados tenían que desdecirse; había que, a toda costa, anular lo admitido durante ese vuelo. Por tanto, los agentes de la Administración para el Control de Drogas eran otro objetivo a destruir, haciéndolos ver como unos inescrupulosos, ineficientes e ineficaces funcionarios.

En tal sentido, los abogados de los Flores enfilaron todos sus esfuerzos para eliminar la evidencia contenida en tales confesiones alegando que estas violaban sus derechos constitucionales, específicamente hacían mención a la Quinta Enmienda de la Constitución de Estados Unidos que prohíbe la autoincriminación, y a las Reglas Federales de Procedimiento Penal. Sostenían los defensores que estas confesiones habrían sido obtenidas por los representantes del gobierno bajo presión y manipulación en un momento en el que los acusados mantenían un estado mental de cansancio y saturación por los acontecimientos y situaciones a las que habían sido sometidos el día de su viaje y aprehensión en Haití y posterior traslado a EE. UU.

En el informe presentado, la defensa expuso que las declaraciones de los acusados debían ser suprimidas por tres motivos:

En primer término, adujeron que la confesión de Efraín Antonio Campo Flores fue obtenida mediante un procedimiento de interrogación deliberada del tipo prohibido por la regla Missouri versus Seibert (2004) y Oregon versus Elstad (1985).

En segundo lugar, sostenía la defensa que las declaraciones de los dos acusados no se produjeron con conocimiento de causa, ni de manera consciente y voluntaria, sino por el contrariofueron sometidos a una prueba "terrible"—secuestro, amenazas, intimidación, aislamiento sin agua ni comida, a decir de los abogados— antes de emitirlas.

En su escrito, los defensores de los Flores narraron una nueva versión de los acontecimientos en la que aseguraban que luego del "secuestro y el cautiverio" a que fueron sometidos, sus clientes fueron entregados a otro grupo de hombres no identificados que procedieron a encadenarlos de pies y manos, los montaron en un avión para llevarlos a un lugar no revelado, y también les obligaron a usar un asiento de seguridad alrededor de la cintura, un dispositivo que buscaba inmovilizarlos durante el vuelo.

Aseguraron que los hombres que estaban en el avión tampoco se identificaron, ni explicaron lo que querían con los acusados ni la razón de su actuación. Habría sido después de que el vuelo se estabilizara en el aire cuando uno de estos hombres se identificó a sí mismo y a sus colegas como policías y agentes de la DEA. Fue entonces cuando los acusaron de haber conspirado contra Estados Unidos y les informaron que los estaban trasladando a Nueva York para ser juzgados y condenados, y les dijeron que con toda probabilidad pasarían el resto de sus vidas en prisión.

Además, los abogados aseveraron que los agentes de la DEA amenazaron a los Flores diciéndoles que, a menos que cooperaran con la justicia, nunca más volverían a ver a sus familias. Precisaron que para la fecha Campo Flores y Flores de Freitas hablaban poco o nada de inglés y no tenían familiaridad con el sistema legal de Estados Unidos ni el concepto de derechos Miranda.

Los juristas de Boies, Schiller & Flexner, así como los de Sidley Austin LLP esgrimieron que en el momento de sus interrogatorios los Flores se encontraban agotados y fatigados, por lo que sus declaraciones debían ser suprimidas por haber sido obtenidas bajo la ignorancia de la ley y de manera involuntaria, violando así el debido proceso.

Esta variante de los acontecimientos presentada por la defensa trataba de echar por tierra los hechos presentados por la DEA y la fiscalía, toda vez que sostenía que los acusados fueron presionados por los agentes de la agencia antinarcóticos bajo el argumento de que si no cooperaban podrían pasar el resto de sus vidas en una prisión en Estados Unidos y, muy seguramente, nunca volverían a ver a sus familias. Referían que un agente de la DEA le dijo a Campo Flores que tal situación estaría bien porque sus hijos no los necesitaban de todos modos. Entretanto, a Flores de Freitas, otro agente se rio de él y le dijo que estaba en "graves problemas"[110], sostuvo la defensa en el informe presentado el 1° de julio de 2016 ante la Corte del Distrito Sur de Nueva York.

Alegó la defensa que los acusados desconocían que tenían el derecho a permanecer en silencio, a asesorarse con un abogado y que de no tener dinero para costearlo el estado se los proporcionaría. La buena fe de los Flores los habría llevado a dejarse guiar por la palabra de los agentes, quienes los atemorizaron con la advertencia de que nunca volverían al seno de sus familias y pagarían prisión de por vida.

Sostienen que para llevar a cabo el interrogatorio a Campo Flores, los agentes de la DEA emplearon un método de interrogación de dos pasos que no es permisible, aparte de que no le fueron dados a conocer sus derechos antes de formularle las preguntas.

Los puntos tratados durante el interrogatorio fueron las reuniones a las que habría asistido Campo Flores y las declaraciones que había hecho en relación con la supuesta

---

[110] Venezuela Política. "Conoce cómo fue el arresto de los sobrinos de Cilia Flores en Haití". 2 de julio de 2016. http://maibortpetit.blogspot.com/2016/07/conoce-como-fue-el-arresto-de-los.html

conspiración. Del mismo modo, los agentes le solicitaron información sobre los roles de las distintas personas que participaron en la supuesta conspiración y que tenían que ver con narcotráfico en Venezuela. Igualmente lo cuestionaron acerca de la participación de su familia en la política venezolana.

Toda esta situación generó en Campo Flores un estado tal de desesperación, según argumentaron sus abogados, que lloraba y temblaba cuando hablaba con los agentes de la DEA; y fue solo después de haber sido interrogado cuando le presentaron un formulario con los derechos establecidos en la ley.

Sostienen que luego de haber firmado la renuncia de derechos, Efraín Campo Flores fue sometido a un nuevo interrogatorio en el que le formularon muchas de las mismas preguntas y temas de los que hablaron antes de rubricar el documento.

Igualmente la defensa sostiene que a los Flores se los privó de la ingesta de alimentos y bebidas y que solo fue a la mitad del vuelo cuando, a solicitud de Franqui Francisco Flores de Freitas, los agentes de la DEA le dieron un poco de agua. Aseguraron que desde las 9:00 de la mañana sus clientes no habían ingerido el vital líquido.

Refirieron que mientras dos agentes interrogaban a Campo Flores, Kimojha Brooks inició una conversación en español con Flores de Freitas en la parte trasera del avión y, de acuerdo a lo esgrimido por los abogados, le hizo varias advertencias sobre su familia, incluyendo a su hijo que, para la fecha, contaba con 7 años de edad.

Agregaron que mientras esto sucedía, un agente de apellido González le prometió ayuda en varias ocasiones a Flores de Freitas, por lo que en un acto de buena fe su cliente confió en aquellas palabras y continuó hablando con los agentes y respondiendo a sus preguntas. Esta conversación con Flores de Freitas se extendió hasta que el avión comenzó a prepararse para aterrizar.

No debe pasar por alto la estrategia sutil de la defensa de querer hacer aparecer a los Flores como un par de muchachos, como unos jóvenes inexpertos que resultaron las víctimas perfectas de unos avezados informantes que los usaron y no como los hombres que efectivamente son, perfectamente conscientes de lo que hacían y de la gravedad de sus actividades.

Pero la fiscalía "no se comió el cuento" —permítannos esta expresión venezolanísima—de la defensa y rebatió contundentemente todos los argumentos y estratagemas presentados por los abogados de los acusados y aseguró en todo momento que, tanto Campo Flores como Flores de Freitas, sabían lo que hacían y confesaron sus delitos de manera voluntaria y consciente. El fiscal Preet Bharara dejó sentado que los agentes especiales de la DEA que practicaron el interrogatorio a los acusados les dieron a conocer previamente sus privilegios (Derechos Miranda) y, pudiendo haber escogido permanecer en silencio como la lectura de dichos derechos se lo dio a conocer, optaron por renunciar a esta prerrogativa así como a la posibilidad de tener un abogado y así quedó demostrado en las formas por ellos firmadas en español, así como por cuatro testigos.

Para los despachos de abogados de los Flores era necesario también suprimir del expediente de sus clientes la presentación inicial de estos ante el juez James L. Cott, en razón de que la misma se llevó a cabo fuera de calendario. Sostienen que los acusados debieron ser presentados en la Corte más cercana al lugar del arresto, siendo que en las proximidades de Haití correspondía llevar a los Flores a Puerto Rico. Además, se habría violado el lapso para dicha presentación que es de un máximo de 48 horas, habiéndose producido 57 horas después del arresto.

Otro paso de los abogados de los Flores fue solicitar a la fiscalía la divulgación de la información y pruebas que afectaran significativamente la culpabilidad o inocencia de sus clientes. Para ello echaron mano de la jurisprudencia sentada en el caso Brady Versus Maryland en el que el Tribunal Supremo de Estados Unidos dictaminó que la supresión de evidencias favorables a un acusado viola el debido proceso.

En tal sentido, Randall W. Jackson exigió la inmediata identificación de los informantes confidenciales que el gobierno usó para acusar a los sobrinos de Cilia Flores de delitos de narcotráfico. Enfiló el abogado sus baterías a hacer ver que la DEA montó una actividad antinarcóticos conocida como "operación de picadura" en la que privaron intereses de carácter político para involucrar a los acusados, unos ciudadanos que llevaban una vida honesta en Venezuela al momento en que fueron entrampados por el gobierno de Estados Unidos.

Para la defensa de los Flores era fundamental demostrar la ilicitud de la operación estructurada por los informantes confidenciales, quienes supuestamente envolvieron y manipularon a sus clientes para inmiscuirlos en el tráfico de drogas.

Ante la Corte del Distrito Sur de Nueva York los abogados defensores de los Flores también aseguraron que el gobierno destruyó pruebas fundamentales deliberadamente para culpar a sus clientes de narcotráfico. En tal sentido afirmaron que en las grabaciones presentadas como prueba y las cuales fueron obtenidas a través de informantes confidenciales, estos últimos habrían actuado inapropiadamente eliminando aquellas grabaciones y pruebas que no convenían para formular la acusación a los sobrinos de la pareja presidencial venezolana.

Jackson, representante legal de Campo Flores, exigió al juez suprimir dichas grabaciones toda vez que, a su juicio, las mismas violaban las garantías procesales de los acusados. "Es axiomático cuando las personas que trabajan en nombre del Gobierno destruyen deliberadamente pruebas importantes (...) Aquí no solo hubo una destrucción de pruebas, sino que las mismas fueron alteradas por informantes pagados por el gobierno, que operan fuera del país y fuera de cualquier limitación impuesta por la formación, la ética o la rendición de cuentas por parte de los agentes de la administración de Control de Drogas (DEA)", se lee en el documento presentado por el defensor ante el tribunal.

Precisó que el registro de descubrimiento indica que los informantes destruyeron grabaciones de audio y video durante las reuniones cruciales con los demandados o estratégicamente desactivaron sus dispositivos de grabación en los momentos críticos con el fin de eliminar de los registros de conversaciones "aquellas que no se ajustaban a la narrativa que los informantes querían establecer para probar las embarcaciones de droga".

Según la defensa estas acciones tenían por objetivo eliminar aquellas pruebas que tenían carácter exculpatorio de los demandados.

En razón de que durante la investigación no se llevaron a cabo incautaciones de droga, ni se descubrieron almacenes, ni hubo entrega de narcóticos, no hay registros de embarques, ni de actos de violencia y en virtud de que una "sustancia desconocida" fue presentada en una reunión sin que se le practicara ningún examen que comprobara que se trababa de cocaína, y en razón de que la misma fue destruida por parte de los informantes, era preciso que fueran eliminadas varias piezas presentadas como evidencia.

Solicitaron, por tanto, suprimir los testimonios obtenidos durante la primera reunión entre los acusados y el testigo cooperante, que tuvo lugar el 3 de octubre de 2015 en Honduras; asimismo, las grabaciones de audio y video de las sesiones posteriores de los acusados con los informantes confidenciales realizadas en Caracas los días 26 y 27 de octubre; y todos los testimonios al respecto, incluyendo las imágenes de pantalla en la que se observa que los acusados manipulaban una panela que pretendía ser presentada como cocaína durante una reunión entre los Floresy los informantes llevada a cabo el citado 27 de octubre de 2015.

Los demandados pidieron la eliminación de estos tres conjuntos de pruebas en el juicio o, en su defecto, se procediera a convocar a una audiencia de prueba para evidenciar la mala fe de los informantes confidenciales.

Los abogados de los despachos Boies, Schiller & Flexner y Sidley Austin estaban dispuestos a atacar por todos los frentes que les permitieran demostrar que tanto la DEA como sus informantes habían actuado con la intención premeditada de afectar a sus clientes.

En tal sentido, Randall Jackson, John Zack, David Rody y Michael Mann anunciaron su posible próximo paso: apelar a la regla del "entrampamiento" y negación del delito, de manera de responsabilizar a los funcionarios de la Agencia de Administración para el Control de Drogas de haberles tendido una trampa a Efraín Antonio Campo Flores y a Franqui Francisco Flores de Freitas e incitarlos a cometer un delito e inducirlos a la comisión del mismo con el objetivo de procesarlos y sancionarlos en Estados Unidos.

Aclaremos antes que la figura del "entrampamiento" es un argumento de defensa de cargos criminales sustentado en la interacción entre los agentes de gobierno y el acusado antes o durante la comisión del presunto delito. Un ejemplo típico se da cuando agentes del orden se valen de la coacción y otras tácticas de intimidación para inducir a alguien a cometer un crimen.

Apoyados en esta tesis, los abogados procedieron en consecuencia e introdujeron ante la Corte del Distrito Sur de Nueva York un escrito en el que le refirieron al juez Paul Crotty que los agentes de la DEA le tendieron una celada a sus clientes por "posibles razones de política internacional".

Explicó Randall Jackson al magistrado que sus representados fueron objeto de acechanzas por parte de quienes actuaban como informantes confidenciales de la agencia antinarcóticos, unos individuos pagados por Estados Unidos que sedujeron a Campo Flores y Flores de Freitas con el argumento de ganar una enorme cantidad de dinero sin hacer prácticamente nada.

A juicio de la defensa, Campo y Flores son inocentes de los hechos que se les imputaron y, por el contrario, solo fueron unas víctimas de las maquinaciones urdidas por los agentes de la DEA que procuraban hacer daño a los parientes de estos hombres, quienes son prominentes políticos en Venezuela.

Sostuvieron que el expediente de acusación contenía varias inconsistencias y evidentes violaciones al debido proceso de los acusados, que los informantes confidenciales indujeron a Campo y a Flores para que violaran las leyes y fueran encausados criminalmente.

Los abogados presentaron a sus representados como unos hombres honestos y trabajadores, con familias de respeto que fueron "tentados por agentes de la DEA para que entraran en el negocio del tráfico de drogas que les dejarían miles de millones de dólares". En tal sentido, les propusieron un negocio en una materia en la cual ellos eran completamente legos. Además destacaron la imposibilidad de los acusados para llevar a cabo una operación de la envergadura que presenta la acusación: transportar 800 kilogramos de cocaína a Estados Unidos. En el escrito, Jackson indicó que tal cantidad de cocaína de alta pureza tendría un valor de más de 30 millones de dólares y un valor de plaza de decenas de millones de dólares más y, en las pruebas con que la fiscalía los inculpó quedó en evidencia que los informantes confidenciales eran los únicos expertos en materia de drogas que en las supuestas evidencias podía apreciarse y no los acusados.

Para ilustrar la argumentación sobre desconocimiento de todo lo referente a la materia de drogas, durante la reunión sostenida entre los acusados y los informantes en Caracas en octubre 2015, en el momento en que manipulaban una panela o ladrillo de supuesta droga, los segundos "pasan un tiempo considerable educando a los demandados sobre cómo conocer la calidad de la cocaína, la cual se puede determinar a través de la sensación de la sustancia".

Igualmente citaron una declaración de los informantes en la que le expresaban a los Flores que "Puesto que usted no sabe mucho acerca de esto y debido a su falta de experiencia, lo mejor que pueden hacer y lo más seguro es tratar de concentrarse en los niveles del producto. En mi caso —dice el informante— a partir de olerla, de mirar el color y el brillo voy a saber si es buena o no".

Randall Jackson aseguró que Campo Flores y Flores de Freitas fueron conducidos a una trampa a partir de promesas de cuantiosas ganancias y a través del mecanismo de facilitarles todos los elementos para que se involucraran en la celada. Aseguró que "los llevaron a Haití bajo un esquema de 'entrampamiento' sin importar que ambos acusados eran unos jóvenes absolutos desconocedores del mercado de la droga y del tráfico internacional de narcóticos".

Para Jackson era absolutamente posible y viable que los acusados apelaran a la figura legal de "entrampamiento", puesto que en este caso están presentes todos los elementos para probar que los informantes confidenciales de la DEA fueron quienes conminaron a Campo y a Flores a cometer el delito para luego procesarlos penalmente.

El despacho del fiscal Preet Bharara rebatió los argumentos esgrimidos por la defensa y aseguró que el arresto de los Flores se llevó a cabo de manera regular y, por tanto, no procedía la tesis del secuestro presentada por los abogados de los acusados.

De manera categórica, la fiscalía sostuvo que la aprehensión de los acusados se hizo ajustada a derecho y una serie de elementos así lo demuestran, tal es la carta enviada por el jefe de la DEA al gobierno haitiano y la respuesta que a esta comunicación dio el ministro de Justicia y de Seguridad Pública de la isla, Pierre Richard Casimir, en las que quedan sentados los principios que rigieron el operativo de detención acordes a los acuerdos de cooperación vigentes entre EE. UU. y Haití para el control del narcotráfico.

El 22 de julio de 2016 la fiscalía solicitó a la corte federal convocar a una audiencia de pruebas con el objetivo de demostrar la legalidad de las evidencias presentadas en la acusación contra Campo Flores y Flores de Freitas. El gobierno se opuso a la moción de las pruebas pedida por la defensa y aseguró que los abogados de los demandados solo repetían afirmaciones inexactas de un funcionario público venezolano —a saber, Cilia Flores, diputada, Primera Dama y tía de los imputados— formuladas luego del arresto, señalando que estos fueron secuestrados. "La petición de los acusados para suprimir sus confesiones se inicia desde una defectuosa primicia de que fueron secuestrados en Haití y proceden con una demanda sin mérito de que fueron obligados posteriormente por agentes de la DEA a hacer declaraciones donde se violan sus derechos", dijo el fiscal en su informe.

El gobierno quería en la audiencia de pruebas refutar uno a uno los argumentos esgrimidos por la defensa y desmentir todos sus señalamientos.

Bharara aseveró que durante el vuelo de Haití a Estados Unidos los acusados confesaron su participación en la conspiración para importar a Estados Unidos 800 kilos de cocaína, una declaración que fue emitida sin coacción alguna solamente después de que Campo Flores y Flores de Freitas renunciaron a sus derechos Miranda de manera voluntaria, consciente, con conocimiento y por escrito.

Igualmente, el fiscal sostuvo que la solicitud de los acusados de que se revelaran en la etapa de descubrimiento elementos que están reservados para el juicio solamente era una pretensión de hacerse eco de los intentos del jefe de un gobierno para obtener una "previsualización" indebida del caso sin tener derecho alguno a ello, como por ejemplo la identificación precoz de los testigos del gobierno y preventivas revelaciones y el interrogatorio de los testigos potenciales que se usarían en el juicio.

El informe de la fiscalía dejó sentado que para ese despacho el caso de los Flores era simplemente un proceso típico de tráfico de drogas basado en un delito de conspiración que, se alega, ha durado aproximadamente dos meses.

El fiscal narró uno a uno los acontecimientos que dieron contexto a la conspiración de los acusados para importar 800 kilos de cocaína colombiana a Estados Unidos desde Venezuela a través de Honduras y México.

Rebatió Preet Bharara el argumento de la defensa que pretendía convertir las confesiones de los acusados en una declaración autoincriminatoria, puesto que tal señalamiento era carente de validez en virtud de que los Flores no fueron "obligados" a declarar sino que fue una elección voluntaria luego de habérseles dado a conocer sus derechos Miranda.

El gobierno precisó que las declaraciones de los acusados y las pruebas documentales dejaron sentado que los acusados son hombres educados y adultos, con buen estado de salud física y mental que, al momento de su arresto disfrutaban de acceso a importantes recursos financieros y de muchos privilegios derivados de su relación consanguínea con la Primera Dama de Venezuela.

Como ejemplo, la fiscalía recordó que los acusados viajaron a Honduras y Haití en jets privados y en diversas oportunidades hicieron alarde de sus bienes, recursos económicos y poder.

Destacó la fiscalía que era falsa la afirmación de que los acusados estaban ansiosos y angustiados por estar siendo secuestrados, por cuanto ellos mismos admitieron a los agentes de la DEA que habían disipado las dudas en cuanto a que estaban en custodia y que habían sido acusados de conspirar contra Estados Unidos.

Asimismo Preet Bharara refirió que los documentos gráficos demostraron que los agentes que llevaron a cabo el arresto en Haití estaban debidamente uniformados e identificados como policías y BLTS (Oficina de Lucha contra el Narcotráfico haitiana) en el pecho y las chaquetas.

A juicio de la fiscalía, la audiencia de pruebas demostraría que no hubo coacción para obtención de evidencia por parte de la policía tal como lo afirman los acusados.

De hecho, despojados de su tono algo sensacionalista y viendo la luz de este caso, en muchas de las alegaciones fundamentales de los acusados no lograron establecer conducta coercitiva por parte de la policía. Por ejemplo, los demandados afirmaron que los agentes de la DEA les habían dicho que enfrentarían cadena perpetua si no cooperaban.

La fiscalía destacó en su informe que las advertencias de los agentes federales a los demandados de manera alguna violan los derechos Miranda. Es un hecho que, en casos de esta naturaleza, los acusados se enfrentan a penas que pueden ser de por vida y que mediante garantías que ofrece la cooperación estas circunstancias podrían mejorar.

La defensa se anotó un punto a favor, toda vez que el juez de la Corte del Distrito Sur de Nueva York, Paul Crotty, acordó el 29 de julio de 2016 llevar a cabo la audiencia de supresión de evidencias del caso Efraín Antonio Campo Flores y Franqui Francisco Flores de Freitas por ellos solicitada el 2 de julio.

En tal sentido, se fijaron los días 8 y 9 de septiembre como la fecha para realizar tal proceso.

La audiencia para discutir la supresión de evidencias es un mecanismo de defensa legal del que se valen los abogados para excluir las pruebas que estiman como inadmisibles en los juicios. En ella, tanto fiscales como abogados defensores discuten ante el juez la viabilidad de las pruebas con las que la fiscalía sustenta sus acusaciones.

Los equipos de defensores fueron ampliados a principios del mes de septiembre de 2016.

El martes 6, Elizabeth A. Espinosa envió una carta a la Corte del Distrito Sur de Nueva York dando a conocer su incorporación al equipo deMichael Mann y David Rody de la firma Sidley Austin LLP que defendía los derechos de Franqui Francisco Flores de Freitas. En esa comunicación anunciaba que estaría presente en la audiencia programada para 8 de septiembre de 2016 a las 9:30 de la mañana.

Entretanto, a Randall Jackson y John Zach de Boies, Schiller, & Flexner LLP, se unía Joanna C. Wright para defender a Efraín Antonio Campo Flores. En una misiva remitida al juez Crotty informó que el día de la cita para la audiencia de supresión de pruebas, ella estaría presente en la Corte.

Dos jornadas sirvieron para llevar a cabo la referida audiencia de pruebas en la que seis aguerridos abogados —tres para cada uno— encargados de defender los derechos de Efraín Antonio Campo Flores y Franqui Francisco Flores de Freitas hicieron todo cuando estuvo en sus manos para eliminar algunas evidencias de las presentadas por la fiscalía sustentando la acusación contra sus clientes.

Previamente, los juristas remitieron al gobierno una lista de testigos que requerían interrogar, entre ellos las tres fuentes confidenciales, dos tripulantes del avión de la DEA en el cual fueron trasladados los acusados de Haití a Nueva York y los cuatro agentes especiales de la DEA que participaron en el caso (Leith Habayeb, Sandalio González, Robert Zachariasiewicz y Kimojha Brooks). Posteriormente, la defensa desistió de conversar con los tripulantes de la aeronave.

La fiscalía reaccionó y dijo que una de las citaciones de la defensa contenía una amplia e inadmisible demanda de documentos y advirtió que las exigencias de los abogados de los acusados debían ser anuladas en su totalidad o una buena parte de ellas. El gobierno acordó aceptar nueve de las diez citaciones de defensa. El fiscal Preet Bharara estimó que los registros no se ajustaban a derecho, en particular los dirigidos a los informantes confidenciales.

Exigió el gobierno que no se autorizara a la defensa a utilizar la audiencia de prueba para tratar de probar la tesis de "entrampamiento" que venían esgrimiendo. Igualmente, advirtió que el alcance de cualquier testimonio de los informantes confidenciales debía limitarse estrictamente a las cuestiones relacionadas con supuesta expoliación de pruebas: 1) Si el agente de la DEA o Carlos Amílcar Leva Cabrera (CW-1) habían destruido las pruebas que generaron los cargos en relación a las reuniones sostenidas en octubre y noviembre de 2015 entre CW-1 y los acusados; y 2) Si los agentes de la DEA o cualquiera de los informantes confidenciales habían destruido pruebas o grabaciones de manera evidente durante la investigación.

Con relación a los dispositivos de registro, las partes acordaron excluir lo relativo a las características sensibles de los mismos. En tal sentido, las preguntas pertinentes sobre dichos dispositivos deberían únicamente apuntar a establecer: 1) Si el operador del dispositivo podría iniciar y detener el dispositivo de grabación; 2) En caso afirmativo, si el dispositivo crea un archivo de grabación por separado cuando se vuelve a iniciar la grabación en el dispositivo; y 3) Si las grabaciones almacenadas en los dispositivos podrían ser alteradas o eliminadas por el operador del dispositivo antes de ser descargadas por la DEA.

Ante las limitaciones planteadas por la fiscalía, la defensa no se quedó de brazos cruzados y en una carta al juez Crotty rechazó la pretensión del gobierno de limitar a temas específicos los interrogatorios. Para los juristas de Sidley Austin LLP y de Boies, Schiller & Flexner LLP resultaba inadmisible la "solicitud del gobierno de negar la información completa y de catalogar lo entregado hasta ahora como suficiente", según expresaron en su carta.

Los defensores pidieron al tribunal exigir a la fiscalía la entrega de más información con la que respaldaba las supuestas evidencias del caso, en especial la relacionada con las pruebas suministradas por los informantes confidenciales. "Dicha información se le ha pedido en varias oportunidades y el gobierno no ha suministrado nada a la corte"[111], expresaron en su misiva, al tiempo que advirtieron la supuesta intención de la fiscalía de bloquear la posibilidad de la defensa de develar un tema importante a favor de los acusados, que es la expoliación de las evidencias de los presuntos narcóticos manipulados por Campo Flores.

En la audiencia inicial de pruebas del 8 y 9 de septiembre de 2016, el primero de los acusados en hacer acto de entrada a la sala de la Corte fue Efraín Antonio Campo Flores, quien a la fecha acababa de cumplir 30 años de edad. Se mostró jovial y muy seguro de sí mismo y hablando inglés de manera bastante desenvuelta con su abogado, John Zach, al parecer sobre las vistas de la ciudad que desde ese lugar era posible observar. Saludó con una sonrisa a los periodistas. Se trataba de un hombre altamente confiado en sus defensores.

Entretanto, Franqui Francisco Flores de Freitas se presentó muy bien acicalado, con una musculatura recién adquirida en la que resaltaba un tatuaje en su brazo izquierdo. No se le veía tan alegre como a su primo, más bien exhibió cierto nivel de nervios durante

---

[111] Venezuela Política. "Narcosobrinos se enfrentan al gobierno de EE. UU.: "Nos oponemos a limitar los temas en los interrogatorios de los testigos". 4 de septiembre de 2016.
http://maibortpetit.blogspot.com/search?q=%22Dicha+informaci%C3%B3n+se+le+ha+pedido+en+varias+oportunidades+y+el+gobierno+no+ha+suministrado+nada+a+la+corte%22

toda la audiencia. A diferencia de Campo, su nivel de dominio del idioma inglés era apenas básico, por lo que se mantuvo al lado de su nueva abogada latina, Elizabeth Espinosa, quien en español le daba el santo y seña de todo lo que se decía en el estrado, si bien la corte tiene sus intérpretes oficiales. En todo momento evitó mirar en dirección al palco.

Ambos vestían el uniforme de presidiarios color azul, correspondiente a los reos que no han terminado de ser procesados.

La defensa mostraba toda su batería, seis abogados y siete asistentes que venían dispuestos a acabar con el mayor número posible de pruebas inculpatorias de sus clientes.

Al comenzar la sesión, el primer testigo en comparecer fue el agente de la policía haitiana que se encargó de esposar a los acusados al momento del arresto y cuyo nombre no fue revelado por motivos de seguridad. Por ser francés el idioma oficial en Haití, este testigo requirió de la asistencia de una intérprete. Explicó que trabajaba para la Unidad Antinarcóticos de la Policía de su país desde hacía más de tres años a la fecha de la audiencia. Fue instruido por sus superiores para trabajar en la operación de arresto de los dos acusados por delitos de narcotráfico.

Luego de prestar juramento, el policía haitiano dio a conocer los detalles de la llegada de los efectivos al hotel donde tuvo lugar el arresto "como misión específica de las autoridades haitianas", que se llevó a cabo a pedido de Estados Unidos, país que solicitaba a los dos sujetos de nacionalidad venezolana.

Randall Jackson, abogado caracterizado por el uso de un verbo duro y por su agresividad, inquirió al agente si no notó en ningún momento el nerviosismo de los acusados, a lo que el oficial respondió: "Fue un procedimiento apegado a las normas de Haití. Los dos hombres no se resistieron al arresto, ambos colocaron las manos para ponerles las esposas y en todo momento nosotros nos identificamos como policías nacionales".

Jackson requirió información acerca de la razón del uso del pasamontaña, a lo que el policía haitiano indicó que es parte de "la vestimenta normal cuando se procedía en una operación de narcotráfico, donde la seguridad de los policías está en juego".

El abogado preguntó si no habían percibido el estado de pánico que embargaba a los acusados quienes estimaron que estaban siendo víctimas de un secuestro debido a su parentesco con el presidente venezolano. La respuesta del policía fue que "cuando los oficiales llegaron a la mesa del restaurante del hotel donde se estaban haciendo las negociaciones, se presentaron como las autoridades y les dijeron que iban a ser arrestados". Aseguró que los uniformes de quienes participaron en la operación portaban insignias que decían "*Police*" de manera clara.

Haciendo uso de una fotografía tomada durante el arresto, Jackson enfiló sus baterías, pues en la imagen del grupo de seis oficiales uniformados uno de ellos mira al frente y, debido a sus equipos de seguridad y un chaleco, no es posible ver identificación alguna. El resto de los efectivos aparece de espalda y se ve claramente la insignia en el uniforme.

—¿Por qué ese oficial no tiene insignia? —interrogó el abogado.

—Es obligatorio usar el uniforme, es la ley, y nadie puede quitarle las insignias al uniforme sin ser sancionado —replicó el testigo.

El defensor de Campo Flores inició un contrapunteo de preguntas que buscaban generar alguna contradicción en el agente haitiano, quien contestó de todas las formas posibles que todos quienes participaron en el arresto de los Flores portaban sus insignias identificativas y se anunciaron a viva voz ante los acusados.

Luego Jackson solicitó al policía que narrara el procedimiento en el hotel, procurando con ello comprobar la versión del secuestro sostenida por la defensa. A este requerimiento el oficial refirió que llegaron al lugar a bordo de una patrulla en la que iban otros tres oficiales. Las máscaras, reiteró, se usan debido al tipo de operativo criminal y que, además, actuó bajo las órdenes de su supervisor, quien igualmente estaba uniformado.

—Al hotel entramos tres oficiales y luego nos siguieron otros que vinieron aparte en otro carro, todos de la policía de mi país —explicó.

Seguidamente al arresto en el hotel se dirigieron a la estación de policía para proceder a hacer los registros correspondientes y precisó que los policías no tuvieron interacción con los hombres. El paso siguiente fue fotografiarlos y llenar las formas previstas para ese tipo de casos.

En el interrogatorio al agente de la policía de Haití también intervino la abogada de Flores de Freitas, Elizabeth Espinosa, quien le insistió que aclarara cuántos oficiales habían participado en el operativo.

—No recuerdo si eran siete u ocho.

—¿Cómo llevaban las armas? —preguntó.

—Una pistola en la pierna y el arma de asalto en las manos, como suele ocurrir en estos casos. No teníamos otro tipo de armas.

—¿Es usted esa persona que aparece en la foto? —interrogó Espinosa.

—No lo sé. Se parece a mí pero no estoy seguro de ser yo. No sabía que habían tomado esa foto.

—¿Por qué los uniformes no tienen insignias? —volvió al ataque.

—Yo le veo las insignias. Es obligatorio. Nadie puede quitarles las insignias. Nadie está autorizado para hacerlo.

—¿Habló usted con los acusados?

—No. Solo mi supervisor que habla español y fue quien les explicó claramente que estaban siendo arrestados por una acusación en su contra.

—¿Estaban agentes de la DEA con ustedes en el arresto?

—No. Solo estábamos los oficiales de la policía. Mí supervisor estaba en la patrulla conmigo. Los agentes de la DEA estaban en la estación. No fueron al hotel con nosotros en los carros de la policía. Desconozco cómo era la movilización de los agentes de la DEA.

Encontrar elementos que sirvieran de sustento a la tesis del secuestro fue el tono que mantuvieron todas las preguntas de los abogados defensores de los Flores dirigidas a este agente de la policía de Haití. La respuesta siempre fue la misma: estaban identificados y procedieron de acuerdo a la reglamentación para realizar el arresto.

Igualmente le solicitaron su opinión acerca de si no le resultó extraño llevar a cabo el arresto en un restaurante de hotel, a lo que el policía haitiano indicó que su supervisor había informado previamente al gerente del establecimiento sobre el procedimiento a seguir para que no hubiera sorpresas.

El siguiente testigo en pasar al estrado fue Sandalio González, Agente Especial de la DEA, quien luego de prestar juramento procedió a narrarle al fiscal Emil Bove el desarrollo del caso de los primos Flores.

González era el único integrante del equipo que hablaba español perfectamente y fue la persona encargada de entrevistar a los acusados en el avión cuando eran trasladados de Puerto Príncipe a Nueva York. Fue él el agente a quien correspondió dar a conocer los derechos Miranda a los acusados, leerles las formas y comunicarles las razones del arresto.

Procedió a informar que el día 1° de septiembre de 2015 una de las fuentes de la DEA en América Latina lo contactó para darle a conocer que dos venezolanos estaban planeando hacer un envío de cocaína de las FARC desde Venezuela a Honduras, para luego introducirla a Estados Unidos a través de México.

Tal novedad fue referida por Sandalio González a sus superiores, quienes lo instruyeron a darle curso a la investigación del caso que condujo a la custodia de los sobrinos de Cilia Flores. Narró que esta fuente inicial que le llamó para informarle del asunto era un narcotraficante que estaba siendo encausado por EE. UU. por delitos relacionados al tráfico de drogas, pero que había llegado a un acuerdo con la agencia antinarcóticos para disminuir su pena a cambio de colaboración. Este hombre oriundo de Honduras, país donde estaba residenciado, específicamente en Santa Cruz de Yojoa, departamento de Cortés, al norte de la nación centroamericana, se encontraba lisiado a raíz de un accidente que lo postró en una silla de ruedas. Durante el proceso fue conocido como CW-1 o "El Sentado". El 3 de diciembre de 2015, tres semanas después del arresto de los Flores, fue asesinado en Honduras por una supuesta deuda de un millón de dólares, de acuerdo a información suministrada por la fiscalía de Nueva York.

El siguiente paso fue activar a otros agentes y a las fuentes confidenciales a quienes se les dotó con los dispositivos de registro (video y audio) los cuales, advirtió, no pueden ser manipulados ni debe ser alterado su contenido. Entonces se procedió a poner en funcionamiento el operativo que culminó con la captura de los Flores el 10 de noviembre de 2015.

CW-1 o "El Sentado" se reunió en Honduras con los acusados en octubre y noviembre de ese año, y se estableció el plan y la logística que regiría el envío de los 800 kilos de cocaína colombiana desde

Venezuela, saliendo del hangar presidencial del Aeropuerto Internacional "Simón Bolívar" de Maiquetía —donde los Flores se movían a sus anchas y tenían absoluto control— hasta Honduras, donde sería desembarcada e importada a Estados Unidos, vía México. El destino de la droga sería la costa este de EE. UU., especialmente Nueva York, y algunas ciudades de California.

Sandalio González refirió que no se pudo dotar a "El Sentado" con los dispositivos de grabación y dársele instrucciones precisas acerca de la necesidad de grabar la reunión con los Flores en un restaurante en Lago Yojoa, San Pedro Sula, un lugar alejado de la capital Tegucigalpa, único sitio donde la DEA tiene oficinas. El encuentro iba a tener lugar ese mismo día, por lo que se hacía imposible el envío de los dispositivos de registro.

El agente de la DEA refirió que giró instrucciones a CW-1 acerca de cómo manejar la reunión anticipada de octubre de 2015 y le pidió grabar el encuentro, a lo que el cooperante accedió y dijo que registraría la reunión con su teléfono. Esto no sucedió y CW-1 solamente envió una fotografía tomada en las afueras del citado restaurante en la que puede apreciarse a los acusados, a "El Sentado" y a otras dos personas no identificadas.

Según informó Sandalio González, "El Sentado" hizo una grabación de una conversación telefónica que tuvo lugar en los primeros días de octubre de 2015 en donde puede constatarse que un oficial venezolano de nombre Bladimir Flores le informó que enviaría a sus dos sobrinos a la reunión de Honduras.

Del mismo modo, el agente González hizo referencia a los informantes confidenciales CS-1 y CS-2, quienes acudieron a una misión en Caracas a finales de octubre de 2015. Estas personas, padre e hijo, venían prestando sus servicios a la DEA en diversos casos internacionales.

A la capital venezolana arribaron CS-1 y CS-2 portando los dispositivos 1 y 2 para grabar todos los encuentros que iban a mantener con Campo Flores y Flores de Freitas.

Randall Jackson enfiló su artillería hacia Sandalio González y lo conminó a explicar por qué razón los informantes no trajeron la prueba de la cocaína y los guantes látex que usaron para verificar la calidad de la droga que supuestamente se estaba negociando con los acusados. La respuesta del agente fue que por medidas de seguridad se decidió no transportar la cocaína a través de los aeropuertos internacionales por todas las dificultades que esto conllevaba, especialmente en Venezuela, país que ha suspendido toda cooperación con Estados Unidos. González advirtió que si los informantes eran interceptados por la policía portando las drogas se hubieran visto en graves aprietos y con toda seguridad habrían sido arrestados. Además, los informantes conocían el vínculo familiar entre los acusados y el alto gobierno. El agente precisó que la droga que los acusados estaban negociando era provista por las Fuerzas Armadas Revolucionarias de Colombia, FARC.

El agente dijo que viajó a Puerto Príncipe el 9 de noviembre de 2015 junto a otros agentes de la DEA con el objetivo de finiquitar los detalles de la operación.

De manera categórica, González negó que el arresto de los Flores haya sido ejecutado por agentes de la DEA.

—Fueron los oficiales de la policía de Haití quienes procedieron a arrestar en el restaurante del hotel a los acusados, cumpliendo lo establecido en las leyes de ese país. Nosotros esperamos que se cumplieran todos los protocolos para luego tomar custodia de los dos hombres.

Una y otra vez los abogados de la defensa interrogaron a Sandalio González sobre los procedimientos implementados para la operación en Haití y sobre los detalles del arresto. Demostrar la tesis del secuestro seguía siendo un objetivo fundamental para los litigantes. Para ellos era indispensable dejar sentada la participación de los agentes estadounidenses en la captura de los Flores.

Esta audiencia sirvió para dar a conocer que los agentes de la DEA fueron engañados por los informantes confidenciales, quienes llevaron a cabo actividades de narcotráfico durante el tiempo que se desarrolló la operación.

El abogado de Franqui Francisco Flores de Freitas, David Rody, conminó a Sandalio González a aclarar si la DEA conocía que CS-1 y CS-2 consumían drogas, se mantenían activos en el negocio del narcotráfico y que habían gastado el dinero del presupuesto de la agencia en el pago de prostitutas, strippers y cocaína durante su estancia en Caracas.

La respuesta de Sandalio González fue que para el momento en que los informantes suministraban datos sobre la operación que involucraba a los sobrinos de la pareja presidencial venezolana, la agencia desconocía que estaban incursos en dichas actividades. Estos detalles solo se supieron en abril de 2016 y fueron encausados en junio en una corte en California.

Durante este primer día de la audiencia de pruebas también comparecieron el agente especial Kimojha Brooks, de NYFD, y el agente Leith Habayeb, quienes se refirieron a aspectos atinentes a la investigación y los mecanismos de que se valieron para la recolección de las evidencias.

Brooks insistió en que las declaraciones de los acusados durante el vuelo de Haití a Nueva York se hicieron ajustadas a los parámetros de la ley y luegoles fueron informados los derechos Miranda de parte del agente Sandalio González, en español y de forma oral y escrita. Entretanto, Habayeb dijo que todos los procedimientos estuvieron ajustados a derecho.

Subrayaron que Campo Flores fue interrogado por casi dos horas y a Flores de Freitas por unos 45 minutos, entrevistas que terminaron cuando el avión estuvo próximo a descender para aterrizar en el aeropuerto de White Plains, en Nueva York.

A las 5 de la tarde el juez Paul Crotty dio por terminada la sesión y convocó para el día siguiente, cuando continuaría la audiencia de pruebas.

El magistrado solicitó a los abogados de la defensa centrar sus preguntas en los aspectos relacionados a la verificación de las evidencias que pretendían suprimir antes del juicio.

La fiscalía acusó a la defensa de violar lo establecido en la regla 17 de los procedimientos al tratar de "pescar" elementos que les permitieran seguir adelante con la tesis de "entrampamiento".

Al igual que la primera jornada, el segundo día de la audiencia de prueba revelaría gran parte de la estrategia a seguir por los abogados de la defensa de los Flores durante todo el proceso.

Los seis abogados de la defensa y su séquito de asistentes estaban desde muy temprano el 9 de septiembre en la sala 14C de la corte a la que arribaron con un carrito de compras hasta el tope de carpetas, libros y enormes fotografías, todo un conjunto de elementos que conformaban sus "herramientas" para argumentar su pedido de supresión de parte de las pruebas que el gobierno usaba para acusar a sus representados.

Los Flores hicieron acto de entrada a las 9:30 de la mañana de la mano de los alguaciles. Como el día anterior, Campo Flores llegó y sonrió a la prensa. Flores de Freitas se veía estresado. Los dos, bien presentados y recién afeitados. Acto seguido apareció el juez, Paul Crotty, a quien todos recibieron de pie, siguiendo el protocolo.

Entonces la fiscalía llamó a su primer testigo del día, un especialista en justicia criminal de la DEA que trabaja con los dispositivos utilizados para generar las evidencias de los acusados.

La primera intervención del testigo fue para advertir que para bajar la información contenida en dichos dispositivos de registro es absolutamente necesario insertar una contraseña o *password* y un código especial. Agregó que la DEA, por lo general, envía los equipos a los informantes a través de la empresa Fedex un día antes de que se vaya a producir la operación, y cuando esta concluye son remitidos a la agencia o los entregan personalmente a los agentes.

Igualmente indicó que los informantes únicamente pueden prender y apagar los dispositivos, pues solamente la DEA accede al contenido de estos al que ingresa mediante un software interno al que muy pocos tienen acceso en la agencia antinarcóticos.

El siguiente testigo en comparecer fue el agente especial de la DEA y supervisor de la operación, Robert Zachariasiewicz, quien cuenta con 18 años de experiencia.

Lo primero que hizo fue advertir que no hubo secuestro sino el arresto de los acusados por parte de los efectivos de la policía de Haití, quienes siguieron los protocolos que impone la ley en esa nación además de lo estipulado en los acuerdos de cooperación con el gobierno norteamericano.

Zachariasiewicz informó que le correspondió supervisar en conjunto con la Embajada de Estados Unidos en Haití y el gobierno de la nación franco caribeña, todos los detalles de la operación. Dijo que llegó a   Puerto Príncipe el 9 de noviembre de 2015 junto a dos agentes pertenecientes a su grupo y uno que se desempeñaba en Nueva York, una selección que hizo personalmente. Especificó que fueron seleccionados los agentes Sandalio González y Leith Habayeb, mientras que de la oficina en Nueva York se escogió al agente especial Kimojha Brooks.

Detalló que la escogencia de Sandalio González obedeció a que fue el agente principal de la investigación del caso, así como también por su dominio del idioma español. Habayeb fue seleccionado por su formación médica, en tanto que el agente especial Brooks fue escogido en virtud de que tenía un equipo en Nueva York dispuesto a brindar apoyo en caso de ser necesario.

Refirió que el objetivo de la operación en Haití era concretar el arresto del cual se encargaría una unidad especial de la Policía Nacional de Haití, conocida como los BLTS con los que la DEA venía trabajando a través de su agente local en la isla. Luego detalló los hechos ocurridos el 10 de noviembre cuando, efectivamente, los Flores fueron arrestados.

Los representantes legales de los sobrinos de la pareja presidencial venezolana insistieron en todo momento en que, en lugar de un arresto, en Haití se había producido el secuestro de sus clientes, a quienes se les violaron sus derechos, se les mantuvo sin alimentos ni bebida durante todo el día y tampoco se les permitió ir al baño. Una tesis que contrasta con la esgrimida por los agentes, quienes señalaron en todo momento que a los acusados se les ofreció en varias oportunidades agua y caramelos a bordo del avión y habían ido al baño todas las veces que así lo solicitaron.

Los abogados de los Flores descalificaron al testigo, quien habiendo dicho que no hablaba español, aseguró que el agente Sandalio les informó a los acusados de manera oral y escrita los derechos Miranda.

—Si usted no habla español, ¿cómo puede estar seguro de que el agente González les leyó los derechos y que ellos entendieron cómo funciona el sistema de leyes norteamericanas?—inquirió Randall Jackson.

Entretanto, el abogado John Zach criticó el uso de fuentes sin ninguna credibilidad en las investigaciones de la DEA.

—Son unos mentirosos y no se les puede creer lo que dicen —enfatizó Zach en relación con CS-1 y CS-2.

Luego de un receso continuó la audiencia de prueba y pasó al estrado la fuente confidencial 2 (CS-2), quien requirió de un intérprete.

La fiscalía, en la persona de Emil Bove, tomó en primer lugar los datos biográficos del testigo, quien precisó tener 34 años a la fecha de la audiencia, ser natural de México, con español como lengua materna y muy poco dominio del inglés. También dio a conocer que por sus trabajos a la DEA había obtenido unos 400 mil dólares. Para el momento de esta comparecencia, era reo de la justicia estadounidense, pues en agosto de 2016, junto a su padre (CS-1), se declaró culpable de conspirar para traficar cocaína a EE. UU., así como también de conspirar para distribuir la droga y por mentirles a los agentes de la DEA entre 2012 y 2016, cuando eran sus informantes. Tanto José Santos Peña (a) "El Mexicano" o "El Mayor" (CS-1), como José Santos Hernández (a) "El Junior" (CS-2), fueron traídos a Nueva York desde California, donde están recluidos en una prisión federal.

Bove se remitió al mes de octubre de 2015 cuando CS-2 viajó a Caracas, Venezuela, en un vuelo comercial desde Ciudad de México junto a CS-1 e informó que fueron provistos por la DEA de dispositivos de registro, uno para grabar audio y video y otro para grabar solo audio.

A requerimiento del fiscal, negó rotundamente haber tenido algún equipo que le permitiera descargar las grabaciones de los citados dispositivos 1 y 2, al tiempo que dijo desconocer cómo hacer dichas descargar de los archivos.

Narró que en Caracas, él y CS-1 se reunieron en cuatro oportunidades con los acusados para discutir temas referidos al tráfico de drogas.

—¿Dónde se celebraron esas tres reuniones? —preguntó Bove.

—No estoy familiarizado con la ciudad, pero puedo decir que fue entre una casa y una oficina —precisó CS-2.

El testigo contó que eran recogidos en el hotel en el que se encontraban hospedados él y CS-1 por enviados de los acusados que iban en automóvil escoltados por motocicletas manejadas por policías.

Refirió que durante las citadas reuniones en las que se discutió sobre narcotráfico con los acusados utilizó el dispositivo 1 para registrar los encuentros. Informó, a solicitud del fiscal, que en ocasiones apagó el dispositivo 1 para verificar que estaban grabando y porque, de acuerdo a su experiencia, el dispositivo de audio y video no tiene una capacidad de grabación muy larga. Por tanto, a sabiendas de que habría un próximo encuentro y de que no se estaba hablando sobre drogas lo apagaba para administrar mejor el tiempo de grabación. Advirtió que CS-1 estaba también presente en las reuniones e igualmente hacía registro de las mismas. Explicó que para activar los dispositivos pedía ir al baño y al concluir, igualmente iba a la sala sanitaria para desactivarlos.

Los abogados defensores preguntaron a CS-2 quién era la persona que había estado presente en las reuniones con los acusados y que no estaba autorizada por la DEA, a lo que dijo que se trataba de un amigo de muchos años a quien se había encontrado en el avión cuando se trasladaba a Caracas desde México y con quien había tenido encuentros en Venezuela.

El testigo aseguró que no había consumido cocaína durante la operación en Caracas. Dijo que hacía varios años había parado el consumo de marihuana. Admitió, eso sí, que su padre, CS-1 sí era consumidor.

CS-2 le reiteró al abogado de Flores de Freitas, David Rody, que en ningún momento le informó a su amigo que él trabajaba como informante de la DEA y manifestó que nunca se sintió preocupado porque este escuchara sus conversaciones. Supone que su amigo debe haber entendido que él era un distribuidor de drogas, pero negó que este fuera un narcotraficante. Aseguró haber informado al gobierno sobre este hombre y de su presencia en la última reunión con los acusados en la parte de atrás de la habitación.

—¿Cuándo le dijo a la DEA que ese hombre estuvo en las reuniones? —le requirió Rody.

—¿A la DEA? No. He hablado con el fiscal, no con la DEA.

—Así que nunca le dijo eso a la DEA, ¿correcto?

—Correcto.

—Ocultaba esa información de la DEA, ¿verdad? —precisó el abogado.

—Correcto.

—¿Cuándo le dijo a los fiscales esa información? —insistió Rody.

—La semana pasada, en los últimos diez días.

—Después de que lo arrestaron por su cargo actual, ¿correcto? —subrayó el jurista.

—Correcto.

—¿Le dijo esto al gobierno antes o después de declararse culpable? —remató Rody.

—Antes.

CS-2 convino en que la presencia de este hombre en la habitación mientras participaba en las conversaciones fue un hecho no autorizado por la DEA, lo que se constituyó como otra manera de haber engañado a la agencia antidroga.

La sesión vespertina de la segunda jornada de la audiencia de pruebas la abrió el fiscal Brendan Quigley, quien llamó como testigo a la Fuente Confidencial 1 (CS-1,"El Mexicano"), un hombre de 55 años de edad para la fecha de la audiencia, según información suministrada por él mismo.

CS-1 dijo que en las reuniones sostenidas en Venezuela en octubre de 2015 utilizó el dispositivo 2 para hacer los registros y advirtió que este aparato solo puede ser accionado para grabar y dejar de hacerlo. Agregó que tenía entendido que la batería del mismo tiene capacidad para durar 24 horas y que, en virtud de que la operación en Caracas se extendería por varios días, era necesario administrar el tiempo de grabación y no se podía encender para registrar cada minuto de los encuentros.

CS-1 informó, al igual que CS-2, que se reunió con los acusados cuatro veces, de los cuales fueron grabados tres de estos encuentros. La cuarta reunión no fue registrada porque tuvo lugar en un club nocturno al que fueron invitados por Flores de Freitas. Además, a esta cita no asistiría Campo Flores, pero advirtió que quizás solo pasaría un momento por el lugar. Recalcó CS-1 que este acusado les había solicitado no discutir temas de narcotráfico en ese encuentro.

Otra razón se impuso para no hacer grabaciones en esta ocasión: asistirían a una discoteca y el ruido impediría la fidelidad de los registros, por lo que solo hubiera significado un desperdicio de la batería.

CS-1 manifestó que durante la tercera cita Campo Flores le aseguró que la cocaína que traficaba era de la mejor calidad para no tener problemas con sus clientes.

El testigo confesó al juez que consumía cocaína mientras cooperaba con la DEA, un hecho que hasta ese día era ignorado por la agencia, mucho menos que había consumido cocaína mientras estuvo en Caracas en la operación.

Asimismo, el informante indicó que Campo Flores le pidió hacer una prueba al kilo de cocaína de muestra que le presentó, para determinar la calidad del producto que deseaban importar a EE. UU.

—No la inhalé, nada más la olí y la toqué —aseguró el informante al abogado defensor.

La defensa entonces atacó y conminó al testigo a decir cómo podía asegurar que se trataba de cocaína y, además, determinar su calidad sin contar con los equipos de laboratorio necesarios para determinarlo con certeza.

—¿Usted no recuerda que durante una reunión que tuvo con la DEA dijo que es imposible determinar el porcentaje de pureza de la cocaína sin prueba química? —lo cuestionó Randall Jackson.

—No me acuerdo, pero puede que tenga razón al respecto. Sin una prueba química puede que no sea posible determinar la pureza. Pero basado en mi propia experiencia puedo decir que esa cocaína era de excelente calidad, algo que puedo determinar por su color, por su brillo y por su consistencia. Porque cuando la pones en tu mano y cuando frotas la cocaína en tu mano, entonces se libera aceite. Y cuando lo hice, era aceite puro, y por eso les dije al señor Flores y Francisco que la calidad de la cocaína era buena. Y me dijeron que siempre trabajaban con cocaína de esa calidad, porque no querían tener problemas, y esa era la calidad de la tonelada que me iban a enviar.

—¿Dónde aprendió esa prueba? —requirió el abogado.

—Además de por mi uso, por haber trabajado en el narcotráfico por tanto tiempo, y por todos los años que aspiré cocaína.

—Para ser claro, nadie de la DEA le dijo que no tomara una muestra fuera de esa habitación, ¿verdad? —remató Jackson.

—No, señor. Nadie me dijo.

Al respecto, el informante reiteró que esa fue una decisión que adoptó por su propia seguridad.

"El Mexicano" precisó que tanto Campo Flores como Flores de Freitas le subrayaron que "esa era la calidad que trabajaban todo el tiempo", que no querían problemas y que la que enviarían a Honduras para su posterior traslado a EE. UU. sería similar.

Con respecto a las prostitutas con las que se relacionaron durante su estancia en Caracas fueron pagadas por Campo Flores y Flores de Freitas.

Un tercer informante, identificado como CS-3, compareció durante la audiencia. A instancia del fiscal Emil Bove, refirió que tenía 47 años de edad a la fecha, que era colombiano, que su lengua materna era el español y también hablaba inglés. Dijo que trabajaba como informante de la DEA desde 2009.

CS-3 le contó al fiscal que en noviembre de 2015 se reunió en Virginia, EE. UU. con algunos agentes de la DEA y otros dos informantes de la agencia antidroga para discutir asuntos relacionados con el caso de los Flores. Allí se acordó que haría un viaje a Honduras para cubrir una reunión relacionada con narcotráfico. Se le suministraron dos equipos de grabación, uno para registrar audio y video y otro para registrar solo audio.

En este momento se determinó referirse al equipo de audio y video como dispositivo 3, mientras que al equipo de grabar solamente audio lo denominarían dispositivo 2. CS-3 manifestó que sabía cómo usar dichos equipos, puesto que acababa de utilizar unos similares en otra operación para la DEA.

CS-3 contó que "El Sentado" envió dos choferes a buscarlo para asistir a la reunión. Destacó que grabó todo el encuentro y que usaba el baño para activar y desactivar los dispositivos.

—Igualmente lo hice cuando acudí a la otra reunión en el restaurante rústico a donde acudieron "El Sentado", Flores de Freitas, un hombre venido de Colombia y Soto García, que trabajaba en el aeropuerto de Honduras.

Al concluir la reunión fue al hotel, donde dejó olvidado su teléfono celular y el dispositivo 3 en su habitación. "Al darme cuenta llamé al hotel y lo reporté y fue "El Sentado" el encargado de recuperar los aparatos y enviarlos a la DEA".

Los abogados de la defensa, como con los anteriores testigos, dirigieron todas sus baterías a tratar de descalificar a CS-3 haciéndolo ver como una persona indigna de todo crédito.

En esta oportunidad la defensa sumó un punto a favor cuando logró que ante el juez, Paul Crotty, CS-1 admitiera que había mentido durante años a la DEA, incluso durante el transcurso de la audiencia de supresión de evidencias, cuando la fiscalía supo que una tercera persona había viajado a Venezuela con los informantes sin estar autorizado por la agencia.

Pero la paciencia del juez Crotty llegó a su límite cuando ordenó a Randall Jackson frenar el interrogatorio en el que una y otra vez apuntaba al lenguaje obsceno de CS-1 hasta el punto de hacer referencia a los manifiestos deseos del informante de tener relaciones sexuales con la Primera Dama de Venezuela, Cilia Flores.

El abogado John Zach solicitó a CS-1 que explicara el mensaje de texto que le había enviado al agente González donde le dijo que los fiscales estaban bien molestos con ellos y, además, le manifestó: "don't worry. Debemos organizar muy bien lo de los sobrinos y ellos lo van a olvidar".

A esto el informante respondió que había dicho que debían trabajar bien duro en equipo y que debían concluir el trabajo que habían iniciado. "Los fiscales estaban enojados porque habíamos llegado tarde a la reunión por el tráfico y yo suelo ser puntual", confesó CS-1.

Concluida la audiencia de pruebas, el juez ordenó a las partes presentar un resumen de los argumentos esgrimidos durante este proceso y fijó para el 26 de septiembre el nuevo encuentro.

Tal tarea fue cumplida por la defensa, que presentó al magistrado el documento requerido en el que reiteraron una a una las solicitudes de supresión esgrimidas antes de la audiencia de pruebas.

Los abogados pidieron la supresión de los interrogatorios a bordo del avión, de las imágenes del kilo de cocaína manipulado por Campo Flores y todas las grabaciones hechas por los informantes confidenciales en un escrito de 33 páginas elaborado por los seis abogados en el que destacaron que la investigación del caso prácticamente fue desarrollada por informantes de muy dudosa credibilidad y bajo una conducta ilegal sin precedentes exhibida durante la operación.

En un documento dado a conocer el 12 de octubre de 2016, el juez Paul Crotty negó absolutamente todos los pedidos de supresión de evidencias presentados por los representantes legales de Efraín Antonio Campo Flores y Franqui Francisco Flores de Freitas.

En el escrito de 24 páginas informó que todas las mociones de la defensa habían sido negadas. También se ratificó que el juicio a los acusados se iniciaría el 7 de noviembre de 2016.

El titular de la Corte del Distrito Sur de Nueva York igualmente ratificó los cargos, a saber: 1) Conspiración para importar cinco o más kilogramos de cocaína a Estados Unidos, en violación de 21 de USC §§ 952 (a) y 960 (a) (1); y 2) Conspiración para fabricar o distribuir cinco o más kilogramos de cocaína, a sabiendas y con la intención de que sería importada a Estados Unidos, en violación de 21 de USC §§ 959 (a) y 960 (a) (3).

Manifestó Paul Crotty que en la moción para suprimir evidencias basadas en la expoliación pudo constatarse que los acusados buscaban bloquear cualquier testimonio relativo a la reunión realizada el 3 de octubre de 2015 en Honduras. Asimismo, procuraban eliminar todas las grabaciones hechas con los dispositivos en las reuniones, alegando que estaban incompletas y, además, que faltaban materiales que los eximían de culpa.

Pese a esta respuesta por parte del tribunal, los abogados de la defensa negaron que un acuerdo de culpabilidad de sus defendidos estuviera contemplado.

Firmemente, el abogado Randall Jackson afirmó que continuarían hasta el final con el juicio.

La defensa estaba decidida.

Previo al inicio del juicio, los abogados de los Flores presentaron ante el juez Crotty una serie de mociones *in limine* buscando que se suprimieran durante el juicio algunas evidencias. El 2 de noviembre de 2016, el magistrado negó todas las solicitudes en este sentido.

Las mociones *in limine* por lo regular tienen por objetivo abordar aspectos que pudiera ser perjudicial que el jurado escuche en la audiencia pública.

De esta manera, el juez del Distrito Sur de Nueva York precisó que la fiscalía podría hacer uso de todas las evidencias obtenidas por los informantes, los testigos confidenciales y los agentes de la DEA que participaron en la operación, durante el desarrollo del juicio a Efraín Antonio Campo Flores y Franqui Francisco Flores de Freitas.

Los abogados de los Flores estimaban que ciertas pruebas podían llegar a ser más perjudiciales que probatorias.

La defensa había solicitado que el gobierno no hiciera referencia en el juicio a la riqueza y estilo de vida de los acusados antes de ser apresados, y en especial, sobre los medios legítimos o ilegítimos con los que ambos imputados pagaban dicha riqueza; la referencia a las FARC como proveedora de la droga que los acusados estaban negociando en la conspiración; las referencias sobre el uso del dinero de la droga para el pago de la campaña parlamentaria de Cilia Flores; y la imagen y referencia del kilo de polvo blanco (cocaína) que los acusados mostraron como prueba a los informantes en el encuentro del 27 de octubre en Caracas.

Hagamos un paréntesis antes de comentar la siguiente acción de la defensa de los Flores para referirnos al procedimiento usado por la justicia federal estadounidense para establecer las sentencias a quienes resultan declarados culpables o admiten su culpa.

La costumbre refiere que las sentencias se emiten, por lo general, noventa días después del veredicto o la declaración de culpa.

El juez deberá calcular el rango aplicable de pautas de sentencia que son un conjunto de reglas aplicadas a las sentencias federales. Dichas pautas son recomendadas, pero el juez está en libertad de considerarlas o no, puesto que no está obligado a dictar sentencia dentro del rango de pautas.

Existe una tabla que dispone las pautas, sustentada en dos asuntos fundamentales: primero, el nivel del delito (*"offense level"*), y segundo, la categoría de los antecedentes penales del acusado.

El nivel del delito se establecerá de acuerdo a su seriedad. Puede incrementarse o disminuir, de acuerdo a una serie de factores, tales como la admisión de responsabilidad, la cual se demuestra mediante la declaración de culpa.

Entretanto, los antecedentes penales se calculan asignando "puntos" a cada condena previa del acusado, dependiendo de la seriedad de estas.

Cuando el juez determina el nivel del delito y la categoría de antecedentes penales, se remite a la tabla para calcular el rango de sentencia aplicable, la cual se expresa en meses. Los jueces están en libertad de dictar sentencia por encima o por debajo del rango, hasta el máximo permitido por la ley.

Existen casos en los que hay una pena mínima obligatoria impuesta por el Congreso, por lo cual el magistrado no podrá sentenciar por debajo de lo establecido.

Los jueces pueden imponer una sentencia por encima del máximo indicado en el rango de pauta, pero nunca podrán fijar sentencias que excedan el castigo máximo establecido en la ley.

El Departamento de Probatoria elaborará el Informe Previo a la Sentencia (PSR, *Pre Sentence Report*), con causas atenuantes y agravantes.

Para la presentación de este informe, un oficial de dicho despacho realizará una entrevista a los convictos en la prisión o en la oficina del Departamento de Probatoria, en el caso de que se encuentren en libertad bajo fianza. Esta entrevista se lleva a cabo, regularmente, dentro del mes siguiente a la declaración de culpa o a un veredicto de "culpable". Para esta entrevista el acusado puede recurrir a la asistencia de un abogado.

El informe elaborado por el funcionario del Departamento de Probatoria comprende historial familiar, educación, empleo, salud física y mental, conducta delictiva, antecedentes penales y finanzas. El entrevistado deberá autorizar a dicho oficial para obtener distintos tipos de registros de empleo, educación, salud e impuestos, entre otros. Quienes están en libertad bajo fianza deberán someterse a una prueba de drogas al momento de la entrevista. Por lo general, el oficial del Departamento de Probatoria procura comprobar la información recibida mediante la aplicación de entrevistas con familiares o allegados.

Cuando tiene todos los datos, el oficial redacta un borrador del informe que será cuidadosamente revisado por la defensa para certificar que no se haya incurrido en errores u omisiones que, de existir, les serán participadas al juez de la causa y al propio funcionario del Departamento de Probatoria antes de que se dicte la sentencia. De ser necesario, tanto el juez como el oficial podrán hacer cambios en respuesta a estas objeciones.

Luego de las revisiones hechas por las partes, el oficial del Departamento de Probatoria remitirá la versión final del PSR al juez que, además, contemplará una recomendación sobre la sentencia que considera debe dictarse. Hay que advertir que aunque el juez tome en cuenta la recomendación, no está obligado a seguirla, y finalmente será él, únicamente él, quien tome la última decisión.

De principio a fin de este proceso judicial, los abogados de Efraín Antonio Campo Flores y de Franqui Francisco Flores de Freitas mantuvieron estos argumentos tratando de demostrar hasta el último día de juicio y aún después de este, que sus clientes en lugar de ser arrestados habían sido secuestrados, que en dicha aprehensión se violaron todos sus derechos, que se le interrogó bajo engaño y que no se les dieron a conocer sus derechos y, en definitiva, que todo el proceso judicial en su contra no había sido más que una trampa.

Como ejemplo de esta actitud persistente fue la sesión oral solicitada al juez de la causa por los equipos de defensa de los primos Flores a objeto de refutar los argumentos presentados por la Fiscalía del Distrito Sur de Nueva York y la Oficina de Libertad Condicional (OLC) en los Informes Previos a la Sentencia (PSR), donde solicitaron la aplicación de cadena perpetua a los Flores.

La lectura de la sentencia estaba prevista para los días 12 y 13 de septiembre de 2017, acto que la defensa pidió postergar en comunicación dirigida al juez Crotty el 6 de septiembre y en la que expusieron su rechazo a la pretensión de la fiscalía de que a sus clientes se les condenara a cadena perpetua, toda vez que los Flores no tenían antecedentes penales, nunca se demostró la existencia de droga en el caso y no hubo violencia.

"En consecuencia, pedimos respetuosamente a la Corte que establezca un calendario que permita al tribunal y a las partes trabajar las complejas cuestiones legales y fácticas que son comunes para los dos demandados, en relación con las numerosas mejoras de las Directrices expuestas en el Informe previo a la sentencia (PSR)"[112], exponía la solicitud de los abogados de los Flores.

El paso siguiente de la defensa fue solicitar una audiencia oral de argumentos con el propósito de rebatir y eliminar los alegatos con los que la fiscalía sustentaba su pedido de cadena perpetua.

Tal sesión tuvo lugar el 3 de octubre de 2017. Los abogados de los Flores habían logrado posponer la lectura de la sentencia. Ese día acudieron a la sala de la corte neoyorquina los abogados Randall Jackson, John Zach, David Rody y Michael Mann, para tratar de echar por tierra los alegatos del gobierno para aplicar la pena máxima a los sobrinos de la pareja presidencial venezolana.

Solo que en esta ocasión la acostumbrada actitud altiva y arrogante de los representantes legales y los Flores había dado paso a un Randall Jackson intranquilo y a un John Zach desaliñado, barbudo y vistiendo un traje beige arrugado y deshilachado. La imagen que ofrecían los defensores de Flores de Freitas no era mejor, pues David Rody mostraba un gran enojo en cada una de sus intervenciones, mientras Michael Mann optó por el silencio durante toda la audiencia.

---

[112] Venezuela Política. "Defensa de narcosobrinos pide al juez prorrogar fechas de las sentencias". 7 de septiembre de 2017.
http://maibortpetit.blogspot.com/2017/09/defensa-de-narcosobrinos-piden-al-juez.html

Los procesados entraron a las 11:30 a la sala esa mañana vistiendo sus uniformes de presidiarios que ya luego de 23 meses de encierro lucían desteñidos, así como pálido era su semblante y su actitud somnolienta. Se veían delgados y sin energía, dejando ver la gran preocupación que los embargaba en todo momento. Indudablemente, el tiempo en prisión había hecho mella en ellos, y de los otrora hombres prepotentes y pretenciosos ya poco podía apreciarse en aquel momento. Llamó la atención ver a Flores de Freitas con la cabeza absolutamente rapada, una apariencia totalmente diferente a la del individuo preocupado por el peinado y la buena ropa con que se exhibía al inicio del proceso judicial.

Por la fiscalía solamente hizo acto de presencia el fiscal auxiliar, Brendan F. Quigley.

Ante el magistrado, Jackson y Rody expusieron las ocho solicitudes de rechazo al igual número de mejoras presentadas por el gobierno para demandar la cadena perpetua de los Flores.

Veamos primeramente las mejoras que la fiscalía solicitó en el informe PSR:

1- Cantidad de droga: El nivel de delito base es 38, porque el objeto de la conspiración era importar más de 450 kilogramos de cocaína.

2- Posesión de armas de fuego: En razón a que los acusados y sus guardaespaldas poseían armas de fuego peligrosas, se añaden dos niveles.

3- Amenazas de violencia: En razón a que Campo Flores formuló amenazas creíbles de violencia en favor de la conspiración, a la que se unió Flores de Freitas y en la cual preveía una conducta violenta, se añaden dos niveles.

4- Uso de aeronaves privadas: En razón a que la conducta relevante de los acusados involucró el uso de aviones privados durante el proceso de importación de cocaína a Estados Unidos, se añaden dos niveles.

5- Intento de soborno a las autoridades: En razón a que los acusados intentaron sobornar al personal policial en Venezuela y Honduras para facilitar la comisión del delito, se añaden dos niveles.

6- Importación a EE. UU.: En razón a que un ajuste de rol agravante es apropiado y el objeto de la conspiración involucra la participación directa de los acusados en la importación de una sustancia controlada, se agregan dos niveles.

7- Rol de liderazgo: En razón a que los acusados eran organizadores y líderes de actividades criminales que involucraron a cinco o más participantes, se añaden cuatro niveles.

8- Obstrucción a la justicia: En razón a que los acusados presentaron declaraciones juradas falsas en apoyo de sus mociones antes del juicio y la Corte rechazó varias de sus mentiras, se añaden dos niveles.

De las ocho solicitudes de la defensa, el juez Paul Crotty negó cinco, por lo que las mejoras se mantuvieron en el informe previo a la sentencia.

En primer lugar, Crotty negó la moción relacionada con el cambio del monto de los kilos de cocaína que comprendía la conspiración. Los abogados de los Flores argumentaron que no hubo droga alguna en este caso y que la cantidad esgrimida de 800 kilos de cocaína fue un planteamiento de los informantes de la DEA. Consideró el magistrado que las evidencias señalaron con claridad que el plan consistía en hacer un envío previo equivalente a los citados 800 kilos, por lo que se mantenía ese monto en el informe. De acuerdo a lo que establecen las reglas federales, la gravedad de una ofensa se eleva al máximo nivel cuando el número de kilos de cocaína supera los 450.

En segundo término, el juez negó la moción sobre la posesión de armas de fuego. Una vez más los abogados defensores de los Flores repitieron los argumentos que habían manejado hasta la fecha en el sentido de que los acusados no estaban armados al momento de la conspiración. Refirieron que las fotografías presentadas por la fiscalía de supuesto armamento, eran de Paintball Pellets las llamadas armas "Airsoft". El juez Crotty negó de manera rotunda este argumento y dijo que la mejora se mantenía.

En tercer lugar fue negada la solicitud relacionada con el uso de aviones privados durante la conspiración. Los defensores de Campo y Flores insistieron una y otra vez que estos no tenían la capacidad para trasladar la cocaína porque, entre otras cosas, no hubo tráfico de drogas. Sin embargo el juez recordó que los dos acusados usaron aeronaves privadas para hacer sus viajes a Honduras y Haití. Además, habían previsto todo lo necesario para que el vuelo con el envío se hiciera de esa misma manera.

Paul Crotty negó a la defensa el argumento sobre que el objeto de la conspiración involucraba la participación directa de los acusados en la importación de una sustancia controlada a Estados Unidos. Los abogados sostuvieron que fueron los informantes de la DEA quienes dijeron que la droga tendría como destino final Norteamérica. Ante estas afirmaciones la fiscalía y el juez se remitieron al contenido de las grabaciones de audio y video, las cuales dejaron claro que los demandados conocían hacía dónde se dirigía la droga y que ambos habían participado directamente en la conspiración.

Finalmente, el juez negó la moción relacionada con el rol de liderazgo de los acusados en la conspiración. Los abogados reiteraron que sus clientes solo eran unos jóvenes sin experiencia en el narcotráfico, incapaces de coordinar, supervisar a cinco o más participantes de la supuesta organización. David Rody enfatizó en que la fiscalía había fracasado en su intento de nombrar a los miembros de la conspiración y que, inclusive, no lograron establecer una lista de los integrantes, esto en virtud de que los conspiradores en su mayoría trabajaban para el gobierno. El juez Crotty subrayó que las evidencias demostraron que los Flores ciertamente actuaron como organizadores y líderes de actividades criminales que involucraron a cinco o más participantes. No obstante, el magistrado decidió bajar dos niveles en este argumento. El gobierno había solicitado que se cargaran cuatro niveles, lo que influye severamente en el cálculo de la sentencia.

Paul Crotty concedió a los abogados de Campo Flores y Flores de Freitas tres de sus solicitudes, a saber, la relacionada con el uso de la violencia a lo largo de la conspiración que incluían amenazas por parte de los dos acusados. Sobre esto, el juez recordó que Campo Flores había usado en otra oportunidad el verbo matar con un sentido diferente al que realmente tiene. "Cuando él estaba siendo interrogado por el agente especial de la DEA, Sandalio González, este le preguntó si él le había comunicado a su familia que estaba vinculado a negocios de narcotráfico y Campo respondió que si lo hacía lo matarían". Con esta concesión se eliminaron dos niveles en la tabla de sentencia.

Y la segunda está relacionada al intento de soborno a las autoridades. Los despachos de Jackson y Rody señalaron que no existía evidencia de que sus clientes hubieran pagado a agentes de la ley en Estados Unidos durante la conspiración y el tribunal aceptó dicho argumento; la tercera solicitud aprobada fue la eliminación de la supuesta obstrucción a la justicia por parte de los acusados durante el proceso. De este modo, se restaron dos niveles de gravedad a la ofensa.

Al concluir la sesión, el juez Paul Crotty anunció que las sentencia de Efraín Antonio Campo Flores y Franqui Francisco Flores de Freitas serían dadas a conocer el 14 de diciembre de 2017, correspondiéndole al primero el turno de la mañana, y al segundo, el de la tarde (posteriormente se acordó hacer juntas las lecturas de ambas sentencias).

El magistrado conminó a la defensa a entregar las conclusiones de su informe el 1° de diciembre y a la fiscalía le fijó el día 8 de ese mismo mes para consignar el suyo.

Aún más cabizbajos que a su entrada, Campo Flores y Flores Freitas abandonaron la sala aquel día.

Sus abogados no tenían mejor cara, la frustración e insatisfacción se reflejaba en sus rostros.

Séptimo capítulo

La operación

Efraín Antonio Campo Flores y Franqui Francisco Flores de Freitas comenzaron con su comparecencia ante la justicia de los Estados Unidos la que será, sin dudas, la peor de sus aventuras. Quedaba atrás una historia de privilegios y prebendas obtenidas al amparo de su parentesco con la pareja presidencial venezolana.

Desde que este caso salió a luz pública los anuncios sobre revelaciones, la figuración de nuevos personajes ligados al narcotráfico internacional y otros elementos que incriminaban cada vez más a los sobrinos de Cilia Flores y Nicolás Maduro no dejaban de surgir, con lo que la estrategia diseñada por sus abogados defensores de presentarlos como unos muchachos inexpertos que cayeron en una trampa urdida por el gobierno de Estados Unidos a través de la agencia antidroga DEA, se caía por su propio peso. De hecho, todo indicaba que el haber recurrido a "El Sentado" en Honduras, se debió a su disgusto con los operadores con quienes para ese entonces estaban contactando en la Guajira colombiana. De inexpertos, los Flores sencillamente no tenían nada.

Los teléfonos celulares marca Samsung incautados a Campo Flores y Flores de Freitas al momento de su arresto en Puerto Príncipe fueron minuciosamente analizados por los investigadores y en ellos encontraron evidencia que vino a arrojar más información sobre el caso. Fotografías de los primos y de documentos en los que estaban registrados sus nombres, así como comunicaciones que los acusados establecieron con sus socios.

La tesis del "entrampamiento" que la defensa pretendió esgrimir para librar a los Flores de responsabilidad en el caso y presentarlos como las víctimas de un ardid de la DEA, rodó por los suelos al descubrirse conversaciones sostenidas en agosto y septiembre de 2015 a través de la aplicación WhatsApp Messenger entre Flores y Campo con uno de sus asociados, identificado en la confesión dada al agente Sandalio González como "Pepero".

Con este sujeto, los sobrinos del mandatario venezolano buscaban llegar a un acuerdo sobre el envío de cocaína desde Venezuela, valiéndose de varios aviones. Una de las aeronaves a usar en esta operación sería un Gulfstream V ("G5"), en el que transportarían hasta tres toneladas de cocaína en vuelos "legales" para ser entregadas a narcotraficantes mexicanos que los Flores y su socio identifican en el "chat" como "'los sombreros' La gente de los tacos". Según expresó el agente especial González, este tipo de avión posee mayor autonomía y alcance, lo que lo hace muy útil en operaciones de narcotráfico.

Se pudo establecer que la "Organización Sombrero" intentó utilizar aviones Cessna a hélice y luego un avión Gulfstream, como ya apuntamos, para enviar hasta tres toneladas de cocaína desde el aeropuerto de Maiquetía, pero aparentemente el plan fracasó.

Ni Efraín Antonio Campo Flores ni Franqui Francisco Flores de Freitas eran unos improvisados en el tráfico de drogas. De hecho, cumplieron la amenaza al no sentirse satisfechos con las negociaciones con el cartel de la Guajira y comenzaron a buscar otros derroteros para comercializar los estupefacientes. Por ello decidieron contactar a "El Sentado" (CW-1), en Honduras.

Pero previo a eso, se estableció que los Flores, al menos dos semanas antes de viajar a Honduras para reunirse con "El Sentado", diligenciaron enormes cargas de cocaína con otros narcotraficantes, entre quienes figuraban conspiradores que, de igual forma, convinieron en participar en el acuerdo que los acusados negociaron con CW-1 y quienes también resultaron ser otras fuentes confidenciales de la DEA.

Para nada podían catalogarse de principiantes unos sujetos como los Flores, quienes en estas otras negociaciones para transportar los cargamentos de drogas pedían un anticipo de, al menos, un millón de dólares, garantía de que la carga de cocaína fuera trasladada intacta de Colombia a Venezuela, desde donde ellos ofrecían toda la seguridad y se hacían responsables de la "mercancía".

Así tenemos que la operación con "El Sentado" no era, ni por asomo, el primer contacto de Efraín Antonio Campo Flores y Franqui Francisco Flores de Freitas con el narcotráfico. La operación con los testigos y fuentes confidenciales de la DEA no se constituyó, de ninguna manera, como la actividad de inicio de los Flores en el negocio de las drogas; muy por el contrario, solo se trataba de la apertura hacia un nuevo mercado para quienes, a todas luces, eran expertos en la materia. Gente con capacidad de hacer exigencias, solicitar anticipos, ofrecer garantías de servicio y hasta de diligenciar la excarcelación de narcotraficantes.

Y es que dentro del paquete de la negociación, los sobrinos de Cilia Flores prometían la seguridad y liberación de un narcotraficante preso en Venezuela, que en el "chat" sostenido con Campo Flores, Pepero identificó como Hermágoras González. Este hombre, de nacionalidad colombiana, acusado en Estados Unidos de delitos de lavado de dinero y narcotráfico, fue detenido por las autoridades venezolanas en marzo de 2008[113]. El hombre paga condena de 15 años y seis meses prisión. Los Flores moverían sus relaciones con el poder para lograr sacar al individuo de detrás de las rejas y por ello cobrarían 2 millones de dólares, aparte de ser favorecidos con el envío de aviones cargados con cocaína que ellos reencausarían desde Venezuela.

Desde al menos agosto de 2015, los acusados y Pepero gestionaron afanosamente para lograr la liberación de Hermágoras González y, para tal fin, trabajaron con unos individuos que se conocieron en el juicio como "Mayweather Jr.", "Elio" y "El Samurai".

En las conversaciones encontradas en los celulares de los Flores, estos decían en sus conversaciones que Mayweather Jr. habría conseguido un avión Cessna 404, siglas YV-2708, para trasladar la droga.

---

[113] U .S. Departament of State. "Narcotics Rewards Program: Hermagoras Gonzalez Polanco". https://www.state.gov/j/inl/narc/rewards/115395.htm

Específicamente el 25 de agosto de 2015, Pepero le remitió a Campo Flores un conjunto de mensajes de texto que conformaron una conversación sostenida con Mayweather Jr, y le refirió que este individuo le había manifestado que "él tiene dos con un piloto y copiloto", a lo que Campo respondió que "esto va a funcionar para nosotros".

Posteriormente, el 27 de agosto, Pepero le informó a Campo Flores que había establecido comunicación con posibles socios del narcotráfico a quienes ordenó que "entreguen un mil y luego podemos hablar". Igualmente indicó que había transmitido la misma información a Flores de Freitas y que se iba "de viaje" a reunirse con asociados de la "Organización Sombrero". Campo Flores advirtió que el pago era necesario, pues "tenemos que enviar un gran regalo a los grandes para abrir la puerta porque la última vez que me hicieron quedar mal".

Pasada una hora de estos mensajes, Campo Flores se comunicó con Flores de Freitas y le dijo que tanto él como Pepero habían discutido sobre el "amigo" que "quería salir de la cárcel", es decir, Hermágoras González Polanco. La respuesta de Flores de Freitas fue: "hablaremos una vez que tenga el dinero en la mano", a lo que Campo Flores indicó que ya le había dicho a Pepero qué "tendrían que hacer (...) Para enviar un millón para poder reiniciar eso".

En una comunicación establecida el 31 de agosto de 2015 entre Pepero —luego de que este regresara de una reunión con miembros de la "Organización Sombrero", la cual proveería la droga que se presume es del Cartel de la Guajira por las vinculaciones con González Polanco— y los primos Flores, quienes se encontraban juntos en ese momento, se estableció que el primero se encargaría de poner en agenda lo de "nuestro amigo en la cárcel" —Hermágoras González Polanco— lo cual les permitiría "usar esa 'barajita' para el trabajo", se lee en la conversación.

Pepero dijo a Flores de Freitas que "él ponía el dinero" en un esfuerzo por asegurar la liberación de González Polanco, la cual era requerida para despachar unos 3 mil kilogramos de cocaína de Venezuela. Por ello estaba dispuesto a compensar más a los sobrinos ofreciéndoles una participación en la carga "a crédito". Flores le indicó que él y Campo tenían una reunión con "un magistrado" para discutir el "caso" de González Polanco, y le preguntaron a Pepero si podían ofrecer al magistrado el "millón que tienen en la mano inmediatamente para iniciar la negociación". Pepero respondió que le preguntaría a Elio, un asociado de la "Organización Sombrero". Agregó unos 15 minutos después que "ya tienen el mil". Durante la conversación, Campo tomó el control del teléfono de Flores. "Es Efraín, pana", escribió.

Campo Flores propuso decirle al magistrado venezolano que estaban preparados para pagar el millón de dólares que tenían "en mano", "más uno más" si González Polanco era puesto en libertad.

En virtud de esto, Campo Flores le solicitó a Pepero que le explicara a los socios de González Polanco que la liberación costaría al menos 2 millones de dólares y le preguntó a Pepero si "son los mismos para el trabajo" que involucraba los 3 mil kilogramos de cocaína. Pepero respondió afirmativamente: "Me dijeron que tenían eso en la mano y que sí podríamos sacarlo".

Cuando eran aproximadamente las 8:40 pm, Campo Flores, quien todavía estaba usando el teléfono de Flores de Freitas, mostró su preocupación por el nivel de detalle en las comunicaciones de Pepero: "Fucker, este es el número privado de Frank", le dijo. Un minuto después, Pepero escribió al teléfono de Campo pidiéndole disculpas.

No se equivocaba Efraín Antonio Campo Flores al manifestar su preocupación, pues los teléfonos de él y su primo fueron elementos clave que ofrecieron un panorama aún más completo sobre el accionar de los primos y su experiencia delictiva, por lo que difícilmente podía creerse la versión de la defensa de que fueron víctimas de una emboscada.

El contenido extraído de los aparatos refleja el contacto que mantenían con otros traficantes de drogas y sobre sus operaciones en esta materia. Pudo constatarse que desde abril de 2015 los demandados se comunicaban con Pepero para planificar el envío de una carga de cocaína desde Venezuela a narcotraficantes mexicanos. El 1° de septiembre de 2015, Campo escribió a Pepero: "La verdad es que debido a ti es que estamos haciendo esto porque ya lo hemos hecho par de veces y la última vez que nos falló y tuvimos que pagar algo de dinero por el cerdo Costillas [es decir, la cocaína] me entienden".

Así tenemos que, al menos hasta agosto de 2015, los acusados estaban trabajando con "Pepero" y otros miembros de la "Organización Sombrero" para enviar varias toneladas de cocaína desde Venezuela.

Incluso, Campo Flores refirió su relación con la "Organización Sombrero" a José Santos Peña y a José Santos Hernández (CS-1 y CS-2, respectivamente), ambos de nacionalidad mexicana, de la siguiente manera: "Tuve algunos coches y estaba trabajando con algunas personas de allá de donde ustedes son".

En fecha 7 de septiembre de 2015, Pepero escribió a Campo Flores para contarle que los socios de Hermágoras González Polanco querían despachar tres toneladas de cocaína, siendo que la carga inicial sería de una tonelada. Le preguntó a Campo Flores si podían cobrar 200 dólares por kilogramo por un total de 200 mil dólares en ingresos en la primera carga.

—¿Cuánto debo decirles por hacer el primer mil que querían 3? Podemos cobrar 200 por unidad si es 1000 nos quedará con 200 mil —le escribió Pepero a Campo Flores.

La respuesta de Campo Flores fue advertir que él quería una participación financiera en el envío de cocaína, no solo un reembolso por los costos de transporte, porque "somos hombres de negocios" en lugar de "mensajeros".

Un tiempo más tarde, el mismo 7 de septiembre, Campo Flores le dijo a Flores de Freitas vía texto que "dio una mierda" a Pepero y amenazó con trabajar con otros narcotraficantes si este no podía facilitar las actividades de narcotráfico con la "Organización Sombrero". Refirió que le dijo a Pepero: "Estoy jodidamente roto por tu culpa, porque desde el momento en que lo arreglé tendría algunas ganancias".

El 16 de septiembre de 2015, Pepero remitió a Flores de Freitas los mensajes que había intercambiado con Mayweather Jr, donde este le preguntó si podían usar un Cessna 402 o un Cessna 404 para las cargas de drogas porque "son las que están disponibles". Refirió Pepero a Flores que "tienen esos dos ascensores" y le preguntó si "ese modelo puede llegar a la rampa" en el aeropuerto, a lo que Flores de Freitas respondió inicialmente que "otra de ellas funcionaría"; pero al día siguiente le dijo a Pepero que los Cessnas no eran aceptables porque necesitaban usar un jet. "Ningunos pistones, tiene que ser turbina" // "Ningún HÉLICE", dejó establecido Flores de Freitas, y Pepero transmitió el mensaje a Mayweather Jr, indicando que "parecería extraño conseguir permisos para uno de esos con tanta frecuencia". Mayweather respondió que se encontraba activado "en busca de un jet, un" grande... [con] turbinas". Pepero envió el intercambio a Flores de Freitas y agregó, "mejor así podemos meter más" drogas.

Para el 20 de septiembre de 2015, Pepero informó a Flores de Freitas que Mayweather Jr había asegurado un jet: "El otro gran elevador está listo". Flores de Freitas respondió: "[a] impresionante" y le dijo a Pepero que él y Campo Flores estaban "esperando para comprar uno tan pronto como podamos". Instantes después, Flores de Freitas envió a Pepero una fotografía de un Learjet registrado en Estados Unidos.

El 25 de septiembre de 2015, Pepero volvió a enviar a Flores de Freitas un nuevo grupo de mensajes intercambiados con Mayweather Jr en los que este manifestó que su "capitán" no había podido obtener el permiso necesario para el vuelo anticipado de drogas de "inac". Unos 45 minutos después Campo Flores le escribió a Pepero por el teléfono de Flores de Freitas que su envío de drogas no se iba a llevar a cabo "mañana" y que había sido "pospuesto dos veces ya". Haciendo referencia a Daza, Campo Flores informó a Pepero que tenía a "alguien más que lo hiciera y que todavía viene conmigo". Pepero instó a Campo Flores a reunirse con su socio de la "Organización Sombrero" para inspeccionar su avión y refirió que el asociado "tiene 800 kilogramos de cocaína de la cual Campo" obtendría 100 o más a crédito. Vale la pena acotar que cuando los Flores y su interlocutor hacen mención al "inac", es probable que sea una mención del Instituto Nacional de Aeronáutica Civil (INAC) de Venezuela.

Campo Flores le preguntó a Pepero por el "número de matrícula del avión", un requerimiento que este hizo a Mayweather Jr y, a su vez, este último informó: YV-2708, una aeronave registrada en Venezuela como indica el prefijo "YV".

En una comunicación que tuvo lugar el 26 de septiembre de 2015, Pepero informó a Flores de Freitas que viajaría a la Guajira colombiana para reunirse con "El Gocho".

Entretanto, el 28 de septiembre de 2015 Pepero informó que estaba "agarrando el teléfono para escribir al gocho" en virtud de que los narcotraficantes mexicanos estarían llegando ese día. En tal sentido, Pepero instó a Flores a que "se adelantara temprano"; y el 29 de septiembre Flores advierte a Pepero: "Si no tenemos Nada por mañana efra [Efraín] ya está buscando algo en otra parte... [B] porque estamos mirando muy mal con la gente que realmente quiere trabajar".

El día 1° de octubre de 2015, los acusados —cada uno— precisaron a Pepero que habían comenzado negociaciones de narcotráfico con "otras personas", en alusión a Daza y a "El Sentado". Pepero respondió dando a conocer la disposición de la "Organización Sombrero" para trabajar de inmediato incluyendo los permisos del INAC, además de estar dispuestos a pagar los 2 millones de dólares que se habían discutido anteriormente y luego enviar la carga de cocaína a México. Los Flores respondieron que para reunirse habría que esperar que ellos regresaran de Honduras.

La advertencia que los Flores formularon no fue en vano puesto que, en efecto, procuraron contactar entonces a "El Sentado" y otros operadores en Honduras, una decisión que jamás sospecharon los conduciría directamente al banquillo de los acusados de una corte en Nueva York. El 2 de octubre de 2015 Campo Flores intercambió mensajes con Daza sobre el viaje a San Pedro Sula, e hizo planes para que los recogiera a su arribo a la nación centroamericana y certificara y coordinara los encuentros con "El Sentado".

La mañana del 3 de octubre de 2015, Flores de Freitas se comunicó por mensajería de texto con un contacto guardado en su teléfono identificado como "Rondón Casa Militar", a quien le refirió la salida anticipada a San Pedro Sula y le envió el número de matrícula de su avión (YV-570T), además de solicitarle reunirse en "la zona de inspección sanitaria del aeropuerto internacional" (Aeropuerto Internacional "Simón Bolívar" de Maiquetía). Rondón respondió: "Ya estoy aquí donde está el coche [?]".

Los acusados aterrizaron en Honduras aproximadamente a la 1:30 p. m., hora local; y una hora más tarde Campo Flores le notificó a Daza que él y su primo ya estaban en el aeropuerto.

Aunque en un principio los acusados manifestaron su descontento con "El Sentado" por haberles hecho esperar hasta la 6 de la tarde para reunirse con ellos en virtud de que estaba viendo un partido de fútbol, los Flores luego expresaron a CS-1 que Carlos Leva "nos recibió muy bien" y fue "directo con nosotros" una vez que la reunión comenzó y se dieron a conocer los términos del acuerdo.

Luego de que tuvo lugar la reunión, tanto los acusados como Pepero cambiaron el enfoque de su conspiración de narcotráfico. Al parecer se convencieron de las mejores condiciones que les ofrecían los narcotraficantes hondureños y decidieron trabajar con ellos para enviar enormes cantidades de cocaína al aeropuerto de Roatán, el cual se encontraba controlado, entre otros, por los coacusados, Roberto de Jesús Soto García y Carlos González (CW-2), lo cual facilitaba la operación de importar la droga a Estados Unidos. González se convirtió más tarde en testigo cooperante de la DEA.

De los detalles de esta primera entrevista con "El Sentado", Efraín Antonio Campo Flores dio cuenta a CS-1 y CS-2 posteriormente. A estos les contaron que la cita del 3 de octubre se extendió por aproximadamente unas dos horas. Campo Flores enfatizó que le había dejado bien claro al narcotraficante hondureño que él era "el encargado" y que los envíos de drogas lo involucrarían "personalmente" y con "todo su apoyo", pero no "el gobierno" o el presidente venezolano, Nicolás Maduro.

Fue allí donde se acordó que "El Sentado" pagaría entre 12 mil y 12 mil 200 dólares por kilogramo de cocaína en Honduras, pero que cobraría una tarifa fija de 900 mil dólares por el "aterrizaje y descarga", lo que en el argot del narcotráfico se conoce como "la bajada", la cual sería más alta si se tratara de envíos a Europa en lugar de Estados Unidos. Igualmente Carlos Leva les dijo a los acusados que se les pagaría "vía México", tres días después del embarque de la cocaína. Campo Flores dijo a "El Sentado" que "podrían tener la posibilidad de proveer" un avión en el futuro para un envío de droga, pero que no tenían acceso a uno en la actualidad. "El Sentado" le respondió a Campo Flores que "Rayo", uno de sus asociados, facilitaría la introducción a una fuente de cocaína, que podría proporcionar "todo lo que quisiéramos".

El regreso a Venezuela tuvo lugar el 4 de octubre a las 7:00 a. m. Ese mismo día designaron al menos cuatro guardias para dirigir la "logística de seguridad" que se implementaría el día del envío de la cocaína, a saber, Jesfrán Josnel Moreno Sojo (a) "Tortuga" o "Tortuha"; "Félix", "Semilla" y "Neike".

Franqui Francisco Flores de Freitas informó a Pepero que habían regresado a Venezuela en la fecha antes señalada y este les manifestó que la "Organización Sombrero" estaba preparada para "finalizar las cosas" y solo requería saber "qué día" tendría lugar la operación. La respuesta de Flores de Freitas fue que ellos habían acordado trabajar con Daza y "El Sentado": "Tenemos que hablar… Ya lo hicimos en otro lugar". Entonces, Pepero sugirió que "[podemos] hacer ambas cosas", y Flores respondió que podrían "hablar en persona" al día siguiente.

Un Campo Flores más pragmático sugirió, cuando su primo le remitió la conversación mantenida con Pepero, que pudieran usarlo a este (a Pepero) y a sus asociados para conseguir la cocaína que no pudieron obtener en el anterior acuerdo fallido.

Como puede verse, la necesidad de buscar a un narcotraficante como Carlos Leva era un requerimiento para los Flores, quienes querían ampliar mercados y solventar los problemas que presentaban con sus anteriores asociados del cartel de la Guajira. No era, como pretendió hacer ver la defensa, una necesidad de CW-1 de buscar unos objetivos para presentarlos ante la DEA.

En la cadena que se estableció a objeto de que los acusados llegaran a Carlos Leva, figura el colombiano César Orlando Daza Cardona (a) "El Flaco" o "Negrito", a quien llegaron por intermedio de Mohamad Khalil Abdul Razzak Yánez, alias "Hamudi". Daza Cardona sirvió de puente para entablar relación con "El Sentado" y cuando Campo Flores le hizo referencia de "El Flaco" a CS-1, lo hizo como "mi chico, el que iba a recibirme", en San Pedro Sula, el 3 de octubre de 2015.

—Tengo un tipo ahí... él es realmente súper leal... y es una persona muy responsable... de hecho, es muy amigo de Sentado —le manifestó Campo a "El Mexicano".

Igualmente Campo Flores le refirió a CS-1 que era a ellos (los acusados) a quienes les correspondía cancelar los honorarios de Daza Cardona por su trabajo en la operación y no a "El Sentado". El hijastro de Nicolás Maduro estaba muy contento con la labor de "El Flaco" y, por ello, no escatimaba en elogios a su persona.

Luego del regreso del viaje a Honduras, el 5 de octubre los acusados se reunieron con Pepero y Campo Flores envió a "El Sentado" una serie de mensajes. Flores le refirió a "Rayo", un asociado de Carlos Leva, su malestar por el hecho de que este "no había dado el nombre del contacto a primo", es decir, a Campo Flores. Ante la queja, "Rayo" respondió que recordaría el asunto a "El Sentado". La respuesta a este planteamiento llegó una hora después, cuando "Rayo" le escribió a Flores de Freitas que "El Sentado" iba a "enviar la invitación en breve".

El 12 de octubre, Flores de Freitas escribió a "Rayo" y le expresó que "estamos listos", pero alertó que su primo solo había estado en contacto con Daza ("flaco") y no con "El Sentado".

Franqui Francisco Flores de Freitas explicó que "ya tenemos el fbo" y que él y Campo Flores estaban "esperando para recibir su visita por aquí". "FBO" (*fixed-based operator*, operador de base fija), es un negocio autorizado para operar en un aeropuerto.

Campo Flores manifestó su deseo de llevar a cabo la operación cuanto antes en virtud de la cercanía del inicio de la campaña electoral de los comicios parlamentarios del 6 de diciembre de 2015. "Lo que quiero es empezar a trabajar porque la campaña electoral está casi aquí y siempre contribuyo con dinero, si sabes lo que quiero decir, es por eso que quiero empezar a trabajar".

Antes de eso, el día 7 de octubre de 2015, Flores de Freitas envió a Campo Flores un conjunto de mensajes sostenidos con Pepero donde informó que un asociado de la "Organización Sombrero" había viajado a Venezuela para reunirse con ellos: "el caballero ya está en vene". Franqui Flores le había insistido a Pepero para que se reunieran el 8 de octubre o abandonaran el plan, porque ellos (los Flores) "no pueden esperar a su gente para siempre".

Para el 14 de octubre de 2015, Flores de Freitas escribió a un individuo identificado en la pantalla de BBM *(BlackBerry Messenger)* como "Chicha Smith", que él estaba en "la necesidad extrema de algunas sillas" para el envío de la cocaína que Flores tenía "pendiente". Cuando Smith preguntó si podían hablar por teléfono, Flores respondió que necesitaba "conseguir otro número para no hablar en este", pues estaba tratando de evitar usar el aparato al tener una conversación explícita sobre narcotráfico.

El 15 de octubre de 2015, Campo Flores le escribió a "A.M" que estaba "trabajando en el trato como loco". Sin embargo, el 16 de octubre Flores notificó a "Rayo" que "lo habían despedido" a "El Sentado" por su falta de capacidad de respuesta. El hijastro de Nicolás Maduro estaba molesto pues CW-1 no respondía a sus mensajes y llamados.

"Rayo": El hombre [es decir, "El Sentado"] dice para que usted lo contacte.

Flores: Brother lo llamamos porque tenemos un gran problema con la comunicación. No hay comunicación y no podemos hacerlo de esa manera hermano el hombre siempre tiene un montón de cosas que hacer. Cuando tenga el tiempo requerido para esto siempre estaremos aquí. Pero él no ha escrito a primo [es decir, Campo].

Con Smith, Flores de Freitas se volvió a comunicar para hablar de las distintas negociaciones sobre tráfico de drogas que implicaban un posible acuerdo en Francia, el cual Campo Flores describió posteriormente a CS-1 y CS-2. De esta posibilidad le refirieron a "El Mexicano" que estaban "comenzado a mirar alrededor en otra parte".

Transcurrida una media hora, "Rayo" le dijo a los Flores que deseaba volver a trabajar y solicitó ayuda para obtener visados para entrar en Venezuela, a lo que Flores de Freitas respondió que podrían ayudar a obtener visas venezolanas "en Estados Unidos", pero no en Honduras. Luego "Rayo" le manifestó a Flores y a CS-1 que no podía viajar a Venezuela como estaba planeado, por no poseer visa.

Campo Flores estableció comunicación el 19 de octubre de 2015 con un sujeto apodado "Gallo" a quien en una serie de mensajes le refirió acerca de una próxima reunión con un "inversionista". La respuesta de Gallo a Campo fue anunciarle que "todo está listo" y que "el inversionista quiere ver cómo se está manejando todo".

Para esos mismos días, durante la tercera semana de octubre de 2015, "El Sentado" convocó a Soto y a Carlos González, CW-2 —este último controlador de tráfico aéreo en el aeropuerto de Roatán y que testificó en el juicio como testigo cooperador— a una reunión en San Pedro Sula, la cual tuvo lugar en una casa controlada por Carlos Leva. En ese encuentro, además de Soto y González, también participaron el propio Carlos Leva, un oficial de policía hondureño y tres mexicanos (no eran CS-1 ni CS-2); uno de ellos explicó que buscaban ayuda con un envío de drogas para ser enviados desde Venezuela a Roatán.

Efraín Campo Flores le diría tiempo después a CS-1 que él podía "obtener la visa para ellos, pero en Estados Unidos". También ofreció ayudar a "Rayo" y/o a un asociado a entrar en Venezuela a través de un avión que llegaba al aeropuerto de Maiquetía.

Durante esta conversación, Campo Flores se identificó como "HRCF" en alusión al nombre del finado Hugo Rafael Chávez Frías, un apelativo que solía usar en sus mensajes con CS-1 a través de BBM. De esta cuenta no fue posible que el gobierno de Estados Unidos obtuviera mayor información por cuanto, para acceder, el acusado acostumbraba usar otro aparato telefónico. Lo conocido pudo conseguirse en razón de que Campo Flores usó su otro teléfono para tomar fotografías de su intercambio con "Gallo" usando la cuenta BBM "HRCF".

Así tenemos que no solamente las grabaciones obtenidas por los testigos y fuentes informantes de la DEA sirvieron como evidencia para sustentar el caso de los Flores, sino que sus propios registros de conversaciones y otros documentos permitieron comprobar su largo caminar en las sendas del narcotráfico. Y es que las conversaciones con Pepero prosiguieron aún después de los encuentros de Campo Flores y Flores de Freitas con Carlos Leva (CW-1) en Honduras el 3 de octubre de 2015, al igual que con las fuentes confidenciales de la DEA en Caracas a finales de ese mismo mes.

Es decir, las operaciones de los Flores tenían varios flancos de acción. En conversación sostenida el 1° de noviembre de 2015 —en plenos arreglos para el despacho de los 800 kilos de cocaína que tendría como destino Estados Unidos a través de la ruta Caracas-Honduras-México— Pepero le escribió a Flores de Freitas para advertirle acerca de la conveniencia de negociar mejores condiciones con "El Gocho", quien ofrecía proporcionar "los 800" // "las sillas" y "la tarifa de transporte" en consignación, "sin poner un solo bolívar".

Durante las confesiones de los Flores dadas al agente Sandalio González en el vuelo de Puerto Príncipe a Nueva York, ambos acusados hicieron referencia al sujeto apodado como "El Gocho".

El encuentro entre "El Sentado" y los Flores fue participado por el primero al agente Sandalio González con una particularidad: los acusados fueron referidos al narcotraficante por su propio tío, el comisario Bladimir Flores, de amplia trayectoria en la policía judicial venezolana. El comisario se comunicó con Carlos Leva para anunciarle la visita de sus sobrinos para tratar un negocio de narcotráfico.

CW-1 reportó a González el mismo día de la cita (3 de octubre 2015), a través de mensajería de BlackBerry Messenger (BBM), que un funcionario venezolano llamado Bladimir Flores estaba enviando a unos sobrinos a Honduras para discutir un negocio de narcotráfico. Carlos Leva informó que el encuentro tendría lugar en las cercanías del Lago de Yojoa, fuera de San Pedro Sula. El Agente de la DEA ordenó al testigo cooperante reunir pruebas relacionadas con la reunión, incluso registrándola y localizando a otro testigo cooperante para que ayudara, pero CW-1 manifestó no haber podido contactarlo. Ante la imposibilidad de enviar los dispositivos y que estos llegaran a tiempo, se convino en que CW-1 grabara la reunión con su teléfono personal.

Pese a las instrucciones recibidas, CW-1 informó a González a través de BBM que la reunión había tenido lugar pero que no había podido grabarla y que solamente una persona asociada suya había tomado fotografías, de las cuales solamente envió una al agente de la DEA.

La defensa insistió hasta el final en su tesis de manipulación de la imagen y echó mano de lo asegurado por el propio agente Sandalio González, quien admitió que la fotografía no había sido analizada técnicamente de manera de haber autenticado los metadatos JPEG de la misma.

Los abogados de los Flores hicieron ingentes esfuerzos para lograr suprimir la citada fotografía como prueba e, incluso, solicitaron al juez Crotty la comparecencia de un experto en fotografías digitales y metadatos, de manera de poder analizar y escrutar a fondo la imagen enviada por CW-1 a la DEA, para demostrar que había sido objeto de manipulación y, por tanto, debía ser eliminada. Precisaron los abogados de los Flores que la omisión por parte de "El Sentado" de enviar el resto de las fotografías no fue un descuido, sino una deliberada acción del testigo cooperante de eliminar el resto de las imágenes que supuestamente exculpaban a los acusados.

Carlos Leva informó posteriormente a los agentes de la DEA que una mujer, cuya identidad no dio a conocer, fue la persona que tomó las fotografías, un elemento que fue usado por la defensa para subrayar la intervención de personas no autorizadas en la investigación de la agencia.

La pretensión de la defensa de eliminar la fotografía fue rebatida por la fiscalía advirtiendo que la imagen corroboraba la información suministrada por CW-1 de que los acusados viajaron a Honduras para discutir una transacción de drogas. La fotografía muestra a los acusados y a CW-1, todos perfectamente identificables en la imagen. Esto, junto a las comunicaciones electrónicas entre los acusados, los sellos en sus pasaportes y fotografías extraídas del teléfono de los Flores, servirían para comprobar que efectivamente habían acudido a la cita con CW-1.

Además, los fiscales Bove y Quisley subrayaron que no existía ninguna razón que hiciera pensar que el resto de las fotos no enviadas por el testigo cooperante pudieran exculpar a los Flores. Aseguraron que el fracaso de la DEA para recoger más fotos de la reunión no violó el derecho al debido proceso de los acusados.

Por otra parte, la fiscalía dejó sentado que no existe ningún requisito legal que obligue a la DEA a grabar las reuniones, algo que debía conocer muy bien la defensa. Igualmente, advirtieron que los abogados de los acusados no pudieron comprobar la supuesta expoliación de las evidencias por parte del gobierno.

Esta primera reunión entre "El Sentado" y los Flores no pudo ser supervisada por los agentes de la DEA destacados en Honduras, por cuanto los mismos se encontraban en Tegucigalpa a varias horas de distancia del sitio del encuentro, lo que hacía imposible que llegaran a tiempo.

Lo que sí hizo "El Sentado" fue rendir un informe de la reunión sostenida con los Flores al agente especial de la DEA, Sandalio González. Dicho reporte fue dado a conocer tiempo después por la fiscalía y en él destaca que los sobrinos políticos de Nicolás Maduro mantuvieron una relación directa con el narcotraficante Vassyly Kotosky Villarroel-Ramírez, conocido también con el alias de "El Potro".

Este hombre es un capitán retirado de la Guardia Nacional Bolivariana (GNB) y habría sido una ficha clave en los planes de los primos Flores, pues estaría encargado de mantener la operación de narcotráfico fuera del alcance de los radares de las autoridades. Su tarea consistía en manejar los "códigos de radar" en Venezuela y mantener invisible al avión de los Flores y fuera de toda sospecha.

Tiempo después se conoció que la DEA trabajaba en la captura de Vassyly Kotosky Villarroel-Ramírez precisamente para los días cuando fue atrapado por las autoridades venezolanas, hecho ocurrido el 20 de julio de 2015[114]. Un golpe que afectó los planes de la agencia antidrogas estadunidense, pues este individuo aparentemente posee mucha información sobre los carteles de la droga de Venezuela y Colombia.

---

[114] Panorama "Capturan en Venezuela a narcotraficante solicitado por la Interpol". 20 de julio de 2015. http://www.panorama.com.ve/sucesos/Capturan-en-Venezuela-a-narcotraficante-solicitado-por-la-Interpol--20150720-0109.html

Este encuentro entre CW-1 y los acusados sirvió para que los Flores pidieran a Carlos Leva el envío de unos representantes a Venezuela a objeto de finiquitar aspectos relativos al envío de la droga y para que certificaran la capacidad de estos para llevar a cabo la operación, sobre todo el control que tenían del aeropuerto.

Fue, entonces, cuando Sandalio González contactó a José Santos Peña (a) "El Mexicano" o "El Mayor (CS-1) y al hijo de este, José Santos Hernández (a) "El Junior" (CS-2), a quienes les encomendó la tarea de ir a Venezuela haciéndose pasar por los asociados de CW-1.

Recapitulemos antes de proseguir.

La operación de los Flores requirió de reuniones en tres países —Honduras, Venezuela y Haití— y seis encuentros de los acusados con los testigos e informantes confidenciales de la DEA que los sobrinos de la pareja presidencial venezolana suponían como socios suyos.

El primero de estos encuentros tuvo lugar en San Pedro de Sula (Honduras), el 3 de octubre de 2015, entre los acusados y "El Sentado" (CW-1).

Luego, los informantes confidenciales CS-1 y CS-2 viajaron a Caracas (Venezuela) y sostuvieron entrevistas con los Flores los días 23, 26 y 27 de octubre de 2015.

Un segundo viaje se produjo a Honduras para reencontrarse con "El Sentado". En esta oportunidad solamente se trasladó Franqui Francisco Flores de Freitas. Lo hizo el 6 de noviembre de 2015.

El tercer viaje fue el 10 de noviembre cuando los primos Flores viajaron a Puerto Príncipe (Haití) para entrevistarse con CS-1, quien supuestamente iba a pagarle el envío de la droga. Este fue el día del arresto.

Así, en la primera reunión sostenida en Caracas entre los acusados y CS-1 y CS-2 el 23 de octubre de 2015 y de la que no hemos hecho mención hasta ahora, Efraín Antonio Campo Flores describió a Franqui Francisco Flores de Freitas ante "El Mexicano", como su "primo", "hermano" y "compañero"[115].

En esta cita, CS-1 informó a los Flores que él siempre "compra todo" de "El Sentado", es decir, que era su asiduo cliente. Dándole referencias del narcotraficante hondureño a los sobrinos de Cilia Flores y Nicolás Maduro, CS-1 aseguró que el sujeto era "la persona responsable de llevar todo a Estados Unidos".

Durante la conversación, Campo Flores se refirió al motivo que lo llevó a realizar esta operación: obtener fondos para financiar la campaña electoral de Cilia Flores, a quien considera como su madre. De ella dijo que "se postula para la elección y... Necesito veinte millones de dólares (...) Quiero tomar posesión nuevamente de la... Asamblea Nacional [Venezolana]".

Estos diálogos se obtuvieron de las grabaciones realizadas por CS-1 y CS-2 durante sus encuentros con los Flores en Caracas.

---

[115] Venezuela Política. "Narcosobrinos empezaron la conspiración para traficar drogas a EE. UU. en mayo 2015". 21 de febrero de 2017. http://maibortpetit.blogspot.com/2017/02/narcosobrinos-empezaron-la-conspiracion.html

Campo Flores hacía mención de Nicolás Maduro en su conversación con los informantes de la DEA como su "padre" y explicó que "lo que queremos es para que vuelva a tomar el control de la Asamblea Nacional".

Luego Campo Flores dijo: "Pero necesitamos el dinero. ¿Por qué? Porque los estadounidenses nos están golpeando duro con el dinero. ¿Lo entiendes? La oposición... Está recibiendo una infusión de mucho dinero... y entonces... También somos nosotros... Por eso estamos en guerra con ellos".

Igualmente, Flores de Freitas subrayó que la DEA no tenía presencia en Venezuela.

Como lo hizo con "Rayo", Campo Flores manifestó a "El Mexicano" y a Junior su malestar por la falta de respuesta de "El Sentado", quien desde la reunión del 3 de octubre había mantenido un absoluto silencio con los acusados. Tal comportamiento los había llevado a "mirar a otra parte" en búsqueda de nuevos socios para sus actividades de narcotráfico. Agregó que se había "separado" de otro narcotraficante, lo iban a "despedir" en virtud de que carecía de "la capacidad de recibir de nosotros".

Lo que los primos Flores querían era contactar con narcotraficantes que estuvieran en capacidad de facilitar la recepción de un vuelo legítimo de drogas despachado desde el aeropuerto de Maiquetía en un aeropuerto y no en una pista de aterrizaje clandestina. La respuesta de CS-1 sobre las preocupaciones de los acusados sobre "El Sentado", fue que él mismo ("El Mexicano") se encargaría personalmente de su atención y se comprometió a estar en contacto directo con ellos.

Los Flores indicaron que ellos se encargarían de la supervisión directa de la operación. Para ello harían acto de presencia en el Aeropuerto Internacional "Simón Bolívar" de Maiquetía durante el despacho de las drogas, como también durante el arribo de las mismas, en prevención a que un "coronel" o un "general" intentara inspeccionar el contrabando en el avión.

Campo Flores le aseguró a CS-1 que el avión cargado de drogas "no será seguido porque parte de aquí como si... alguien de nuestra familia estaba en el avión".

Otro asunto que Campo Flores trató con CS-1 y CS-2 fue su deseo de realizar un vuelo de prueba para que "los pilotos" supieran "dónde van a aparcar el coche" en Honduras y "para que todo salga según lo planeado".

En esta ocasión, "El Mexicano" le pidió a Campo Flores que le llevara un kilo de la "mercancía" a objeto de verificar su calidad. Campo Flores accedió a la petición y anunció que iba a "reunirse con la gente" al día siguiente para pedirle "algún material para que yo pueda ver lo que es".

Durante la segunda reunión en Caracas entre los acusados y los enviados de "El Sentado", Campo Flores dijo que estaba dispuesto a secuestrar y pedir a CS-1 que asesinara a cualquier persona que pretendiera interferir con el envío del cargamento de cocaína: "pellizcarlo allí y enviarlo en pedacitos".

Luego de conversar algunas generalidades, Campo Flores planteó la "cuestión con respecto al plano" y explicó que no había podido asegurar un avión para su uso y discutió la compra de un avión con CS-1 y CS-2. Su deseo era un Gulfstream o un Dassault Falcon, que podría ser adquirido en, aproximadamente, 600 mil dólares.

Campo Flores le informó a CS-1 sobre su solicitud de una muestra de la droga y le indicó que estaba abocado al asunto y para el día siguiente la tendría disponible. De hecho, Campo bromeó diciendo que haría que el kilogramo llegara al aeropuerto antes del vuelo de salida del CS-1 y lo colocaran "en su asiento en el avión".

Por otra parte, Campo Flores volvió a pedir detalles sobre "el precio del aterrizaje y descarga de la droga en Honduras ("la bajada") y le refirió que "El Sentado" le había cotizado 900 mil dólares, independientemente del volumen de la carga, fuese esta de un kilo o 5 mil. Comentó que con otros narcotraficantes le habría tocado "negociar" esta tarifa "dependiendo de hacia dónde vamos", razón por la cual decidió aceptar el precio de 900 mil porque "eso no es caro". Entretanto, CS-1 les dijo a los acusados que tenía que seguir gastando dinero en transporte una vez que la cocaína llegara a Honduras, para "cruzarla" y "meterla en los americanos".

Campo Flores se refirió al primer envío anticipado de cocaína como un "mísero acuerdo de diez millones de dólares". Luego reiteró su necesidad de conseguir "veinte millones para el diez de diciembre a más tardar", explicando que el dinero era necesario para pagar sobornos en Venezuela relacionados con las parlamentarias del 6 de diciembre de 2015.

Otra exigencia de Campo Flores durante esta reunión fue la de un adelanto parcial por lo narcóticos que suministraría, el cual debería hacerse en efectivo en Venezuela al momento de embarcar la droga en Maiquetía. Esto debía ser de esta manera "al menos las dos primeras veces". Explicó que ellos proveerían la cocaína la cual obtendrían de alguien capaz de proporcionar "material muy sólido" por la "pala". Detalló que este pago inicial se destinaría a pagar los costos y el restante esperaba recibirlo en aproximadamente cinco u ocho días después del envío. Por su parte, CS-1 se comprometió a proporcionar 5 millones de dólares que constituían la mitad de la primera transacción de cocaína por 10 millones de dólares, "cuando el trabajo esté a punto de ser hecho".

Después de esta entrevista fue cuando "El Mexicano" (CS-1) y "Junior" (CS-2), fueron "obsequiados" con la salida a la discoteca y las prostitutas.

La siguiente reunión de los acusados con CS-1 y CS-2 tuvo lugar la noche del 27 de octubre de 2015, en una gasolinera en Caracas, luego de que Campo Flores realizara lo que Flores de Freitas describiera como "algunos negocios con el camión".

Campo le informó a "El Mexicano" posteriormente que enviaría a su equipo de seguridad a recogerlos a él y a CS-2, luego de que terminaran de cenar en un restaurante de Caracas llamado "El Alazán". Después, en algún momento de la noche de ese mismo día, los Flores se reunieron con Santos Peña y Santos Hernández.

Campo anunció que había traído la muestra de cocaína: "Tengo un pequeño animal."

Entonces procedieron a abrir el paquete de cocaína que CS-1 examinó y comentó sobre el color, olor y contenido de humedad de la droga, comentándoles que esta cocaína tenía entre 95 y 97 por ciento de pureza. "El Mexicano" dijo que la cocaína de la muestra estaba "lista para trabajar".

Campo Flores respondió: "estamos cerrando un trato", pero advirtió que no proporcionaría muestras en las futuras cargas de narcóticos. "Esto no es algo que haremos más", alertó.

"El Mexicano" le comentó a Campo Flores días después de su encuentro en Caracas que estaba presentando problemas para conseguir un vuelo fuera de Venezuela, por lo que el hijo de crianza de Cilia Flores lo conminó a que "se pusiera en marcha", puesto que él estaba "haciendo compromisos anticipado al partido", es decir, el primer envío de cocaína, el cual "será la próxima semana". La respuesta de CS-1 fue que estaba preparando la entrega de los 5 millones de dólares que habían discutido en la reunión del 26 de octubre.

Entre Flores de Freitas y Pepero se produjo un intercambio de mensajes el 29 de octubre de 2015 que tenía por objetivo procurar una reunión con "el Gocho". Tres días después llegó la respuesta de Pepero, quien envió a Flores de Freitas una captura de pantalla que refleja las llamadas de Pepero a Elio ("Elías Tarrat") y Gocho ("Gocho N."), al tiempo que explicó: "Hablé con Elías y luego lo llamé" porque el Gocho "es el que tiene los frutos allá", a saber, la cocaína. Estas mismas imágenes se las remitió una horas más tarde también a Campo Flores. Pepero le dijo a Flores: "El gocho tiene algo listo para esta semana". Luego precisó que el Gocho estaba dispuesto a suministrar 800 kilogramos de cocaína a consignación: "Dijo que iba a dejar los 800 sin colocar un solo bolívar".

Para los últimos días de octubre de 2015, Efraín Campo Flores le dijo a CS-1 que finiquitar el primer envío de cocaína era algo importante. También quiso afinar el envío de los pilotos a Honduras para que se familiarizaran con la logística. Campo Flores pidió a "El Mexicano" que le pagara 10 mil dólares a Daza Cardona.

Campo seguía insistiendo con los pilotos y con la necesidad de llevar a cabo la operación cuanto antes: "Estamos en un evento aquí y estamos asumiendo compromisos de gente de aquí que te dije acerca de recordar por la cosa con mi mamá". El hombre estaba urgido de obtener los recursos que destinaría a financiar la campaña electoral de Cilia Flores. CS-1 le dijo que esperaba que "El Sentado" pautara la próxima reunión. Además, informó a Campo que en lugar de adelantar 5 millones de dólares como anteriormente habían establecido, ahora estaba dispuesto a proporcionar 11 millones de dólares por adelantado.

Efraín Campo confirmó que ya tenía un avión disponible para el embarque inicial y esperaba tener otra aeronave a principios de 2016: "te voy a dar el otro coche en enero (...) Por el momento solo tengo uno".

Después Campo Flores dijo a CS-1 que estaba preparado para hacer el envío de cocaína el 6 de noviembre de 2015, le solicitó a "El Mexicano" que comenzara a hacer los preparativos para pagarle los 11 millones de dólares en Venezuela y le reiteró su interés de llevar a cabo otras entregas: "No estamos aquí solo para esto sino para muchas otras cosas".

Efraín Antonio Campo Flores quiso que le aclararan lo relativo al precio de la mercancía en Honduras, por cuanto a pesar de que le habían hablado de 11 millones de dólares, sus cuentas respecto al envío de los 800 kilos de cocaína le arrojaban una cifra mayor.

Campo: ¿Cuál es el precio hoy en la bolsa de valores de h [Honduras]porque me estás diciendo 11 y mis cálculos están mostrando un número mucho menor.

Y agregó: "Me estás diciendo 11 sin tener en cuenta la tarifa de transporte de 900 mil por 800 kilos a un precio de $12,000 por kilogramo".

Le aclaró que poniendo cada kilo de cocaína a 12 mil dólares el total de la operación sería de 9,6 millones de dólares y aún a 12.500 dólares serían 10 millones exactos.

La respuesta de CS-1 fue que cualquier "excedente" de fondos en los 11 millones de dólares podría ser utilizado para financiar la siguiente carga de cocaína.

A lo que Campo Flores respondió: "Está bien, entonces, yo quería tener eso claro".

Días después, Campo manifestó nuevamente su frustración por el hecho de que "El Sentado" no le respondiera lo suficiente a él o a CS-1 y expresó su deseo de trabajar con "El Mexicano" "directamente". También insistió en que los pilotos fueran a Honduras el 1° o 2 de noviembre para afinar la logística y cuadrar el envío de los narcóticos el 6 de noviembre y, así, CS-1 podría pagarle.

Campo Flores aseguró que ya tenía listo el primer envío de cocaína: "Ya tengo las mesas y sillas listas aquí (...) Ya me las entregaron (...) Solo estoy esperando a mis chicos para comprobar el lugar donde el Partido va a tener lugar y toda la logística".

Pero las reuniones de los pilotos con los agentes del narcotráfico en Honduras finalmente no pudieron concretarse.

Posteriormente, el 6 de noviembre de 2015, Franqui Francisco Flores de Freitas viajó solo a Honduras para reunirse con Carlos Leva y otros agentes incursos en la operación con el objetivo de finiquitar los detalles del embarque de la droga que transportarían desde el hangar presidencial del Aeropuerto Internacional "Simón Bolívar".

A San Pedro Sula arribó con su guardaespaldas Jesfrán Josnel Moreno Sojo a las 7:20 de la noche e, inmediatamente, se trasladaron a un restaurante donde tendría lugar la reunión con César Orlando Daza Cardona, Roberto de Jesús Soto García, Juan Gómez (CS-3) y Carlos Amílcar Leva Cabrera.

"El Sentado" presentó a Gómez, a quien señaló como un representante de CS-1. Carlos Leva quiso actuar, como él mismo dijo, como moderador de la reunión a objeto de que la conversación fluyera entre Flores de Freitas, Soto y Gómez y pudieran "entenderse mutuamente y empezar a confiar unos en otros".

En varias oportunidades, Flores de Freitas se disculpó por la inasistencia de los pilotos a la reunión del 5 de noviembre y precisó, por otra parte, que estaban preparados para proceder con el primer envío el "viernes 13" de noviembre, a lo que Soto y Gómez advirtieron que dicho envío se requería que se realizara el domingo, 15 de noviembre. Más exactamente, Soto García dijo que el avión con la droga tenía que llegar al Aeropuerto de Roatán aproximadamente entre las 4:30 y las 5:20 de la tarde, de manera que hubiera suficiente tiempo para descargar la mercancía, reabastecer el avión y luego despacharlo antes de que oscureciera. Sería una operación que podría ser completada en unos 20 minutos, incluyendo 10 minutos "para quitar los dulces".

Soto subrayó la importancia de que el avión saliera del aeropuerto hacia las 6 de la tarde en razón de que las luces de la pista estaban rotas. A una consulta de Flores de Freitas, indicó que el avión tendría un plan de vuelo aparentemente legítimo y que "todos los hondureños están listos" en el aeropuerto de Roatán "excepto los estadounidenses, porque nadie puede negociar con ellos".

Soto García dijo que ante cualquier "alarma" relacionada con el avión de los acusados, la advertencia "iría a las mismas autoridades con las que ya hemos hecho arreglos", con lo cual estaban libres de todo inconveniente y alertó que la policía hondureña probablemente realizaría una falsa inspección del avión en virtud de que "tienen que hacer un trabajo para las cámaras y todo eso", pero que las drogas serían descargadas del avión en un lugar en la pista donde "no hay cámaras". Todas las eventualidades estaban cubiertas.

Otro requerimiento de Soto García fue que el avión contara con algunos pasajeros para darle una apariencia de legitimidad al vuelo y para, además, tener la oportunidad de hacer "dos golpes" al tener la posibilidad de un segundo despacho de drogas cuando el avión regresara a recoger a dichos "pasajeros".

Un "plan B" también se estableció y Soto García explicó que este consistía en el uso de una pista de aterrizaje clandestina en la región selvática La Mosquitia, en el este de Honduras, esto en caso de que "los gringos" llegasen o la aeronave arribase a Honduras después de la 6 de la tarde. De suceder así, Soto advirtió que no podía garantizar la integridad de un avión que aterrizara en esa superficie, una alternativa que en nada gustó a Flores de Freitas.

Nuevamente los familiares de Cilia Flores hicieron alarde de su poder, en este caso Franqui Francisco Flores de Freitas aseguró tener el absoluto control del Aeropuerto de Maiquetía, por lo que el vuelo podría ser despachado a la hora que se requiriese sin problemas. Precisó que la droga iría en nueve maletas y subrayó que el avión "saldría del hangar del Presidente".

El sobrino de la pareja presidencial venezolana consultó acerca de la fecha de un próximo envío de drogas, luego de que el que planeaban se hubiera ejecutado, a lo que se le indicó que esto podría ocurrir siete u ocho días después del primero.

Flores de Freitas manifestó no tener más dudas y destacó que el avión estaba completamente limpio, "ustedes lo reciben y eso es todo. Y si usted tiene todo exactamente como me está diciendo, grandioso".

Al día siguiente, es decir, el 7 de noviembre de 2015, Franqui Francisco Flores de Freitas y Jesfrán Josnel Moreno Sojo salieron de Honduras a las 11 de la mañana.

El próximo —y último— viaje relacionado con la conspiración, tuvo lugar el 10 de noviembre de 2015, cuando Campo Flores y Flores de Freitas se trasladaron a Haití en búsqueda del pago del cargamento de 800 kilos de cocaína de la operación.

Campo Flores se comunicó con CS-1 el 9 de noviembre de 2015 para informarle que él y su primo llegarían a Puerto Príncipe en un avión con el número de registro YV-2030. Los sobrinos de Cilia Flores y Nicolás Maduro ansiaban recoger en la cita con "El Mexicano" el pago acordado de 11 millones de dólares que incluía 5 millones de dólares del pago inicial que Campo había demandado para cubrir los gastos de la operación. El resto del dinero podría ser usado a discreción de los Flores para financiar envíos adicionales de cocaína.

Esa víspera, Campo Flores le advirtió a CS-1 que no viajaría a Haití con el mismo teléfono con el que se había estado comunicando con él, sino que lo contactaría "desde otro alfiler". De hecho, un poco más tarde se comunicó desde el teléfono que llevó al país caribeño.

Ya el 10 de noviembre de 2015, Campo Flores escribió a CS-1 en el momento en que él y su primo se encontraban en inmigración del aeropuerto de Puerto Príncipe. Con ellos viajaron, como ya se ha dicho, Marco Tulio Uzcátegui Contreras, suegro de Flores de Freitas; el piloto, Pedro Miguel Rodríguez González y Jesfrán Josnel Moreno Sojo, guardaespaldas de los Flores, así como otros dos hombres. Solo los sobrinos de Cilia Flores se trasladaron al Servotel, el resto se quedó en el terminal aéreo.

En el restaurante del citado hotel, los acusados y CS-1 ordenaron desayuno, discutieron el cese temporal de sus actividades de narcotráfico durante las fiestas navideñas, quedando en que este período de descanso comprendería entre el 12 de diciembre y el 18 de enero de 2016, fecha cuando tendría lugar la próxima entrega de narcóticos. Reiteraron que todo estaba listo para el envío de la cocaína el 15 de noviembre de acuerdo a las pautas de Soto García y Daza Cardona.

Flores de Freitas aprovechó la oportunidad para comentar que la cocaína ya estaba envasada en "maletas", como había prometido en la reunión del 6 de noviembre, con "falso fondo".

Allí, los Flores y CS-1 también tocaron un tópico bien importante: el origen de la droga.

Campo Flores contó a CS-1 que "a través de un amigo" accedieron a la cocaína producida por un "comandante" de las Fuerzas Armadas Revolucionarias de Colombia (FARC), tenida como una de las mayores productoras de cocaína en el mundo. Precisó que el referido "comandante de las FARC" era "supuestamente de alto rango" y dio a entender que era este hombre quien había suministrado el kilo de cocaína de muestra que ellos le presentaron en la reunión en Caracas.

Campo Flores desvió la conversación a otro rumbo y preguntó a CS-1 sobre el tráfico de drogas en Canadá y Europa, a lo que este respondió que él vendía "muy poco en Canadá" y "casi todo en Estados Unidos, la Costa Este, Nueva York". Entonces Campo Flores le refirió que él "solía tener algunos contactos" en Europa, pero la presencia de "personas torcidas" los puso un poco nerviosos. Los Flores asomaron a CS-1 la posibilidad de explorar el "mercado canadiense" en virtud de que tenían una prima que era "cónsul" en Canadá, con quien podían hablar con el fin de que pudiera ayudarlos en las operaciones.

CS-1 respondió: "El negocio está ahí dentro de Estados Unidos, que es su negocio también porque usted es el dueño de ese trabajo." Luego añadió que después de terminar con los envíos y de que "haya terminado hasta los compromisos de su madre", él podría pagarle a los Flores por algunos kilogramos de cocaína sobre la base de los precios en Nueva York en lugar de los de Honduras. Una propuesta que entusiasmó a los Flores.

Ahora bien, los acusados llevaron a cabo actividades conexas a los preparativos para el envío de la droga durante un tiempo inmediatamente anterior a la conspiración, aproximadamente entre mayo y agosto de 2015, con las cuales buscaban adquirir armamento proveniente de Estados Unidos para contrabandearlo a Venezuela, ilustrando los esfuerzos de los Flores por proteger la cocaína y el producto obtenido de las drogas que planeaban distribuir con las fuentes confidenciales y otros narcotraficantes. Un elemento más que desdice el argumento de la defensa de presentar a los Flores como sujetos de una vida sana, cuando la sumatoria de las evidencias demostró la actividad delictiva de los demandados previa a la conspiración acusada.

Por más intentos por parte de la defensa para desestimar las pruebas que evidenciaban este hecho, el tribunal decidió mantenerlas por cuanto constituían el antecedente de la conspiración y explicaban el modo como se desarrollaron los hechos de cara a la comisión de los mismos por parte de los acusados.

Así tenemos que conversaciones sostenidas a través de la aplicación WhatsApp Messenger, en o alrededor del 15 de mayo de 2015, entre Campo Flores y un sujeto identificado como "Gilson Nuevo", el primero envió una fotografía de una "Mini uzi" —tal como la describió en la conversación— la cual era propiedad de un individuo al que identifica como "Irving". Al parecer, Campo habría estado revisando con su tío Bladimir Flores prospectos de armamento y solicitó a Gilson una similar a la de la imagen. Con la expresión "Get me one" (dame una), expresaba su deseo al supuesto proveedor.

La respuesta de Gilson llegó el 12 de julio de 2015, cuando remitió a Campo Flores una serie de fotografías de armas de fuego y, entre ellas, una parecida a la "Mini uzi" solicitada por este en mayo. En el teléfono de Campo fue posible obtener dos fotografías que parecen representar las mismas armas de fuego. Igualmente el proveedor envió imágenes de un individuo manejando y desarmando al menos una de ellas. Asimismo, de dos paquetes que parecen ser las armas de fuego envueltas en cinta adhesiva y otros revestimientos. Gilson hizo referencia a las mismas como los "juguetes", lo cual sirvió de argumento a la defensa para alegar que se trataba de Paintball Pellets, las llamadas armas "Airsoft".

Posteriormente, aproximadamente el 3 de agosto de 2015, Gilson envió a Campo Flores fotografías de un arma desarmada y un gran volumen de divisas entre las que podían distinguirse dólares y bolívares venezolanos. La respuesta del sobrino de Cilia Flores fue que la enviara oculta en los compartimientos del avión o dentro de un cochecito de bebé. Tal sugerencia no fue aceptada por Gilson. El 6 de agosto de 2015, Gilson le dijo a Campo que podría volar del aeropuerto de Lara a Caracas, y el acusado le pidió que trajera el arma de fuego. Más tarde, en la misma fecha citada, el demandado escribió a Flores de Freitas que Gilson no había llevado el arma: "Le dije que tomara la mini uzi en el avión Y el hijo de puta no la trajo".

Las siguientes comunicaciones sostenidas entre Gilson y Campo Flores revelan el carácter de asociado del primero, al haberles ayudado en los preparativos del viaje a Honduras para su reunión con CW-1 y los otros agentes del narcotráfico, obviamente sin saber que lo eran.

En específico, el 1° de octubre de 2015 Campo envió a Gilson una fotografía describiendo las condiciones climáticas en San Pedro Sula, Honduras, y este en posterior mensaje (a las 8:50 pm, hora de Venezuela) le comentó que por 20 mil dólares le podrían proporcionar acceso a un avión Cessna Citation para el viaje a Centroamérica.

Las comunicaciones entre Campo Flores y Gilson también proporcionaron antecedentes de la conspiración acusada, dado que demostraron, además, la capacidad que los enjuiciados tenían para transportar contrabando a través de la frontera venezolana gracias a sus conexiones políticas, algo de lo que hicieron gran alarde ante las fuentes confidenciales cuando se reunieron con ellos en Caracas.

Durante el juicio rindió testimonio un experto en computación forense que trabaja para el Departamento de Justicia de Estados Unidos, Daniel Ogden. Este hombre, quien sirvió en los Marines durante seis años y tiene una experiencia en el campo de aplicación de la ley de 22 años, dijo que las fotografías parecían representar armas de fuego reales. Un testimonio de un experto que se suma a las propias solicitudes de Campo Flores a Gilson para que le suministrara una "Mini uzi" y un "rifle"; evidenciando que no se trataba de armamento de juguete como quería hacer creer la defensa. Este argumento se hacía menos creíble con las preocupaciones manifiestas por Gilson sobre dejar sus huellas dactilares en las armas y viajar con ellas para su entrega a los acusados.

Después se pudo comprobar que el sujeto con el que Efraín Antonio Campo Flores mantenía estas comunicaciones era Gilson Mauricio Barroeta Florez (o Flores; su apellido aparece con las dos ortografías, sin relación familiar con los acusados). Esa era la identidad del hombre, natural de Barquisimeto, estado Lara, en el occidente venezolano, que habría vendido armas de alto calibre a los sobrinos de la pareja presidencial y quien es un empresario dueño de varias compañías en Venezuela y Estados Unidos.

A solo una semana de haber salido a relucir su nombre en el caso de los familiares de la pareja presidencial en Nueva York, Gilson M. Barroeta Florez fue detenido en Barquisimeto acusado de extorsión y porte ilícito de armas. La detención se produjo el sábado 18 de febrero de 2017 cuando se encontraba en compañía de Eliomar Jesús Aponte Mendoza y el sargento primero de la Guardia Nacional Robert David Zapata Aldana, adscrito a la Guardia de Honor Presidencial. Los tres hombres fueron arrestados.

Se les acusó de haber solicitado 800 mil bolívares a un ciudadano de 54 años para devolverle su vehículo marca Mazda. El sujeto extorsionado denunció el hecho a la policía, lo cual llevó a la aprehensión de Barroeta señalado en Nueva York de haber suministrado armas mini uzis y rifles AR-15 a los primos Flores para fortalecer su seguridad personal y la de su empresa de narcotráfico. El número de teléfono decomisado en Venezuela coincide con el presentado por la fiscalía del Distrito Sur de Nueva York durante el juicio de los sobrinos de la pareja presidencial venezolana. Por una orden del Juzgado Cuarto de Control y ratificada por la Corte de Apelaciones del Circuito Judicial Penal del estado Lara, quedó en libertad luego de un mes de reclusión. Posteriormente, el 21 de noviembre de 2017 fue detenido de nuevo, acusado por los mismos delitos. En esa ocasión pretendió hacerse pasar por familiar de la Primera Dama venezolana[116].

---

[116] El Impulso. "Gilson Barroeta presunto sobrino de Cilia Flores es detenido otra vez en Barquisimeto". 26 de noviembre de 2017. http://www.elimpulso.com/noticias/sucesos/gilson-barroeta-presunto-sobrino-cilia-

Gilson M. Barroeta es propietario de varias empresas en Estados Unidos, algunas de ellas inactivas: Barquisimeto Cargo Express CA LLC, número de registro L13000013984 con sede en Doral, Condado de Miami Dade; Constructora Ecológica D & M C.A INC, ubicada en 8225 NW 116 Ave. 613841 Doral, Fl 33178 (esta misma empresa está registrada en Caracas con el número de Rif J-297093109); Importadora Lescar CA Corp., con registro número P12000044750, actualmente inactiva ubicada en el 8225 NW 116 AVE, Miami, FL 33178, que aparece como la dirección de Barroeta Florez en el correo de Estados Unidos: Corporación GBF LLC (las iníciales con su nombre), con sede en el 8427 NW 68 St. Miami, Florida 33166[117].

Los intentos de los abogados de los Flores por eliminar sus conversaciones y fotografías con Gilson Barroeta fueron infructuosos, por cuanto el tribunal determinó que estas comunicaciones contextualizaban la operación del envío de la droga a Estados Unidos. La jurisprudencia estadounidense ha determinado que las armas de fuego son admisibles como evidencia directa en los casos de estupefacientes como instrumentos del oficio, pues considera que existe una conexión entre el armamento y el narcotráfico.

Para llevar a cabo la operación, los Flores emplearon personal de seguridad armada, entre quienes puede señalarse a Jesfrán Josnel Moreno Sojo, alias "Tortuga", quien acompañó a Flores de Freitas a

---

flores-detenido-otra-vez-barquisimeo
[117] Venezuela Política. "Supuesto proveedor de armas de los narcosobrinos es un empresario en EE. UU. y Venezuela". 23 de febrero de 2017.
http://maibortpetit.blogspot.com/search?q=Gilson+Barroeta+Flores

San Pedro Sula el 6 de noviembre de 2015 y a ambos acusados a Haití el 10 de noviembre de 2015. De este hombre hay una foto en la que aparece de pie con una pistola y otro equipo táctico. Esta imagen fue enviada por WhatsApp Messenger el 5 de mayo de 2015 a Campo Flores por un asociado identificado como "Chicho".

Los teléfonos incautados siguieron arrojando elementos que los inculpaban de diversas actividades que sirvieron para comprobar la existencia de toda una organización dedicada al narcotráfico y de la que los Flores eran la cabeza. Por ejemplo, luego de las comunicaciones sostenidas entre Campo y Gilson en agosto, los acusados se comunicaron a través de WhatsApp Messenger con un asociado de narcotráfico con quien hablaron sobre el uso de varios aviones para transportar cocaína colombiana de Venezuela a narcotraficantes mexicanos.

Por la operación de la conspiración, los Flores tenían muy claro lo que obtendrían por la droga y, en tal sentido, bregaban para obtener un mayor margen de ganancia. Así lo demuestran las declaraciones dadas por Franqui Francisco Flores de Freitas a Sandalio González durante el vuelo de Puerto Príncipe a Nueva York. Este refirió que por la carga de 800 kilos de cocaína que planeaban despachar desde Venezuela a Estados Unidos vía Honduras y México, obtendrían aproximadamente 5 millones de dólares, monto del cual para él serían aproximadamente 560 mil dólares. Tal margen de ganancia obedecía a la manera como estaba repartida la carga. Flores explicó a González que a él pertenecían 100 kilos, otros cien eran de Campo Flores, 200 kilos eran propiedad de "El Gocho" y 400 kilos pertenecían a "El Mexicano" (CS-1).

Flores precisó que "El Mexicano" pagaría 12 mil dólares por kilogramo de cocaína, y que Pepero era quien les había presentado a "El Gocho" en Venezuela, luego de que le mencionara la posibilidad de hacer acuerdo para traficar cocaína.

A principios del mes de noviembre de 2015, los acusados intentaron acometer lo que había sido un compromiso adquirido durante las reuniones en Caracas con "El Mexicano" y el "El Junior", de enviar a   Honduras a los pilotos encargados de transportar la droga para finiquitar aspectos relacionados con la logística.

Debían estos hombres revisar los protocolos y familiarizarse con lo que sería la metodología a regir en el Aeropuerto de Roatán al momento de llevar el cargamento de cocaína.

Los dos intentos de cumplir con este compromiso resultaron infructuosos y el propio Flores de Freitas viajó a San Pedro Sula el 6 de noviembre y ultimó los detalles del envío de la droga a ejecutarse el domingo 15 de noviembre de 2015, aproximadamente entre las 16:30 y las 17:20 horas.

Finalmente, el 10 de noviembre de 2015, Efraín Antonio Campo Flores y Franqui Francisco Flores de Freitas, como ya lo hemos referido, viajaron a Puerto Príncipe para recoger los millones de dólares, de los cuales una parte serviría para financiar el envío de la cocaína. Al menos ese era el plan.

Lo que sucedió ese día ya lo hemos contado en páginas precedentes. El resultado de ese viaje dista en mucho de haber obtenido tal recompensa.

Octavo capítulo

Los preliminares del juicio

H abía transcurrido ya casi un año desde su arresto en Puerto Príncipe cuando, finalmente, se dio inicio al juicio de Efraín Antonio Campo Flores y Franqui Francisco Flores de Freitas, una diligencia que comenzó con la selección de los doce jurados y cuatro suplentes que conformaron el panel que evaluó las evidencias y argumentos esgrimidos por las partes —fiscalía y defensa— y procedería a determinar si les consideraba culpables o no del delito de "conspirar para importar cinco o más kilogramos de cocaína a Estados Unidos de un país extranjero; y distribuir cinco o más kilogramos de cocaína con la intención de importarla a Estados Unidos".

Tal actividad tuvo lugar el día 2 de noviembre de 2016 en la Corte del Distrito Sur de Nueva York donde, bajo la conducción del juez de la causa, Paul Crotty, los representantes del gobierno y los abogados de los Flores comenzaron el proceso de escogencia del jurado.

Para llevar a cabo tal trabajo fueron necesarias dos sesiones, por lo que la labor iniciada el miércoles 2 de noviembre se extendió hasta el día siguiente, cuando quedó constituido el jurado en cuyas manos estaría el futuro de los sobrinos de Cilia Flores y Nicolás Maduro.

A la Sala 14C de la Corte del Distrito Sur de Nueva York se presentaron los acusados ataviados con ropa de vestir, corbata y suéteres gris y azul, una concesión otorgada por el juez que los eximió de mostrarse ante los candidatos a jurado vestidos con el usual uniforme de prisión.

Por la fiscalía del Distrito Sur de Nueva York hicieron acto de presencia los fiscales Emil Bove y Brendan Quigley, quienes estuvieron acompañados por el Agente Especial de la DEA Sandalio González y el asistente legal de la Oficina del Fiscal de Estados Unidos, Peter Calabrese.

Por la defensa de Efraín Antonio Campo Flores estaban los abogados Randall W. Jackson, John T. Zach y Joanna C. Wright, del escritorio jurídico Boies, Schillere & Flexner LLP.

Representando los derechos de Franqui Francisco Flores de Freitas acudieron los abogados David M. Rody, Michael D. Mann y Elizabeth A. Espinosa de la firma Sidley Austin LLP.

Para comenzar, el juez Crotty explicó que procederían a examinar 94 jurados potenciales, de acuerdo a la información suministrada por el secretario adjunto del tribunal.

La sala se hizo un recinto insuficiente para albergar en su seno a la gran cantidad de candidatos a jurado, el personal de la corte, las partes, periodistas y demás presente, dado el carácter público del evento.

En tal sentido, el juez Crotty advirtió que había que distribuir muy bien a las personas, dado que no quería que los jurados potenciales se mezclaran con el público asistente, por lo que luego de escucharse algunas sugerencias se acordó la distribución en la sala con acuerdo de todos. La solución resultó ser la habilitación de una sala contigua para albergar a los jurados potenciales a quienes irían pasando a la sala de sesiones para llevar a cabo las entrevistas.

Seguidamente el juez procedió a informar sus decisiones con respecto a algunas mociones presentadas ante su despacho. Pidió que cualquier planteamiento u observación al respecto debería ser presentada al día siguiente.

Crotty, en primer lugar, hizo mención a las mociones *in limine* solicitadas por las partes.

Las denominadas mociones *in limine* por lo general se refieren a cuestiones que sería perjudicial que el jurado escuche en la audiencia pública. Los abogados de la defensa pueden pedir que algunas evidencias no sean admitidas porque serían más perjudiciales que probatorias.

En tal sentido, el juez Paul A. Crotty negó casi en su totalidad las mociones *in limine* formuladas por la defensa de Efraín Antonio Campo Flores y Franqui Francisco Flores de Freitas. El gobierno podría hacer uso —solo con algunas limitaciones— de las evidencias obtenidas por los informantes, los testigos confidenciales y los agentes de la DEA que participaron en la investigación que conllevó a la captura de los acusados.

Así, el juez decidió que durante el juicio regirían las medidas de seguridad acostumbradas en la Corte, pues al consultar con el

Mariscal llegaron a la conclusión de que serían suficientes, por lo que solo iban a ser necesarios los controles regulares al momento de entrar al edificio, desestimándose así el uso de detectores de metales fuera de la sala del tribunal.

El magistrado decidió que los acusados se mantendrían custodiados por el número habitual de mariscales, no requiriéndose la asistencia de otros oficiales. Se acordó la vigilancia acostumbrada de la sala por parte del suboficial de supervisión y dos oficiales de seguridad del tribunal, quienes permanecerían durante las sesiones de la Corte.

Asimismo, el juez Crotty decidió que los testigos protegidos testificarían usando un seudónimo y negó la solicitud de los demandados de prohibir a los dibujantes los bosquejos de dichos testigos. Expresó que para él era sumamente importante la protección de estas personas y sus familias, por lo que prohibió la grabación de sus testimonios.

Paul Crotty también negó excluir los argumentos que demostraban la riqueza y estilo de vida de los acusados por estimar que estos tenían carácter probatorio de que los acusados tenían la capacidad para llevar a cabo la conspiración para el envío de cocaína.

Igualmente negó la moción en la cual los Flores solicitaban que CS-1 no ofreciera testimonio sobre la identificación de la sustancia blanca en polvo que, según su experiencia, aseguró se trataba de cocaína. Esta decisión del magistrado se sustentó en una enmienda legislativa del año 2000 que estableció que un testigo puede "testificar que una sustancia parecía ser un narcótico, siempre y cuando se establezca un fundamento de familiaridad con la sustancia". En razón de que CS-1 es una persona tan vinculada con la cocaína que con el examen de la sustancia que realizó —la vio, la tocó y la olió— para él la ingestión de la sustancia no era necesaria, se permitió que ofreciera su opinión laica sobre el asunto.

Por el contrario, no se permitió —tal como lo solicitó la defensa— que CS-2 testificara sobre la identificación de la sustancia blanca en polvo, por cuanto solo manifestó haberla visto y por no tener la misma experticia y familiaridad con la cocaína que al respecto exhibía su padre (CS-1).

El juez Crotty negó la moción *in limine* de la defensa en la que solicitó que el gobierno no pudiera hacer ninguna referencia a las Fuerzas Armadas Revolucionarias de Colombia, FARC, de acuerdo a lo declarado por los acusados en el interrogatorio realizado luego de su arresto. El juez dio luz verde a las alusiones al grupo guerrillero como fuente de suministro de la cocaína, pues el propio Efraín Antonio Campo Flores así lo dio a conocer en su conversación con el agente especial de la DEA Sandalio González, así como en su anterior conversación con CS-1.

En tal sentido se permitió a la fiscalía referirse a las FARC como organización paramilitar de Colombia, Venezuela y Ecuador, y como uno de los mayores productores de cocaína en el mundo, pero no como una "organización terrorista extranjera". El titular del tribunal estimó que estas declaraciones tenían carácter probatorio de la fuente de suministro y de la capacidad de los demandados para adquirir cocaína, por lo que para nada constituía su alusión un riesgo de prejuicio injusto.

El juez también negó la solicitud de los acusados para que se impidiera a la fiscalía ofrecer las declaraciones de CW-1 y el testimonio dado por CS-1 al agente Sandalio González, relativas a los antecedentes y contexto de la operación. Pero no todas las declaraciones de CW-1 a González podrían darse a conocer al jurado.

De este modo se permitió que el Agente Especial Sandalio González testificara que CW-1 lo había contactado y se dieran a conocer las instrucciones que le giró; también se podría hacer referencia a la fotografía suministrada por CW-1 sobre la reunión de octubre de 2015 en Honduras y al hecho de que CW-1 dijo que no registró la reunión. De tal forma que el testimonio comprendería: primero, el reporte suministrado por CW-1 al agente González a través de BBM *(BlackBerry Messenger)*relativo a la reunión que tuvo lugar a principios de octubre de 2015 cuando se le contactó acerca de la posibilidad de realizar negocios de narcotráfico con dos ciudadanos venezolanos; segundo, el informe de CW-1 proporcionado al agente González a través de BBM el 3 de octubre en el que daba cuenta de que uno o más venezolanos iban a su encuentro para verse ese día cerca de Lago de Yojoa en Honduras para conversar sobre un negocio de tráfico de drogas; y tercero, el informe de CW-1 rendido al agente González de que los venezolanos con los que se había reunido le pidieron que enviara representantes a Caracas.

Se negó la solicitud de los acusados de que no se admitieran determinadas declaraciones emitidas durante la reunión del 23 de octubre de 2015 en Venezuela. En opinión del tribunal, las declaraciones y referencias a la guerra, la cárcel y la campaña electoral, así como las donaciones a dicha campaña, eran probatorias de los posibles motivos de los acusados para participar en la conspiración.

El juez Paul Crotty le dio el visto bueno a la solicitud del gobierno de que a los Flores no se les permitiera admitir algunas porciones de sus propias declaraciones que constituyeran perjuicio para ellos mismos, esto en virtud de que no se identificó qué partes se querían excluir. El magistrado lo negó por cuanto esas mismas partes podrían erigirse como pruebas. La jugada de la defensa era mantener cierta discrecionalidad respecto a las partes a suprimir y por eso evitó hacer especificaciones. El magistrado no lo permitió.

El tribunal negó a la fiscalía su solicitud de impedir a los acusados usar en su defensa el alegato de "entrampamiento" por estimar que era prematura. Se instó al gobierno a consignar un escrito con las especificaciones de las declaraciones de Franqui Francisco Flores de Freitas relativas a este tema. El juez invitó a las partes a presentar instrucciones limitativas dirigidas al jurado.

La defensa mantuvo gran inquietud en los momentos previos a la selección del jurado, en virtud de que quería saber si podrían conocer con suficiente tiempo de antelación los cuestionarios que se aplicarían a los candidatos.

El juez manifestó que, efectivamente, las partes recibirían antes de iniciarse la selección los referidos cuestionarios y podrían formular sus objeciones y presentar sus solicitudes de exclusión, así como los impedimentos que creyeran convenientes sobre las preguntas a aplicar. El magistrado aclaró que durante el tiempo en que las partes hiciesen la revisión, los candidatos a jurado no se encontrarían presentes en la sala.

Además, Paul Crotty explicó que, por lo general, después de que se aplican las preguntas del cuestionario, él acostumbra a formular sus propias preguntas a los candidatos a jurados, las cuales versan sobre sus datos biográficos. Tanto la fiscalía como la defensa manifestaron su aprobación del procedimiento.

Durante la sesión vespertina del 2 de noviembre de 2015 comenzó, propiamente dicho, el proceso de selección, cuando Paul Crotty llamó a los potenciales miembros del jurado a la sala, ante quienes se presentó como juez de Tribunal de Distrito de Estados Unidos encargado de presidir el juicio por el caso criminal titulado: "Estados Unidos de América contra Efraín Antonio Campo Flores y Franqui Francisco Flores de Freitas", para el cual se les había convocado como potenciales candidatos a integrar el jurado.

Crotty explicó que el juicio tendría una duración de diez días, al tiempo que refirió que una de las características del sistema de justicia de EE. UU. es la utilización de jurado, sobre cuyos miembros recae la responsabilidad de determinar y evaluar los hechos, a diferencia de lo que ocurre en la mayoría de los países del mundo, donde la resolución de los conflictos está en manos de los jueces.

El magistrado hizo una reseña histórica sobre la importancia que el jurado tiene para el sistema de justicia estadounidense en el que los ciudadanos tienen participación en las decisiones y destacó que la propia Constitución garantiza los juicios con jurado.

Luego de tomar juramento a los candidatos a integrar el jurado, el juez Crotty les refirió que estaban ante un caso penal en el que los acusados del gobierno eran Efraín Antonio Campo Flores y Franqui Francisco Flores de Freitas.

Advirtió que dicha acusación no constituía una prueba en sí misma, sino que simplemente contenía los elementos que el gobierno debía probar más allá de toda duda razonable.

Asimismo, informó que quienes resultaran escogidos como miembros del jurado de este caso recibirían una explicación detallada acerca de los cargos que se les imputan a los acusados.

Seguidamente explicó que la acusación contra Campo Flores y Flores de Freitas alega que estos, junto con otras personas, conspiraron para violar las leyes de narcóticos de Estados Unidos.

Refirió que la acusación señala que, en o alrededor de agosto de 2015, hasta en o alrededor de noviembre de 2015, los acusados conspiraron para importar cinco o más kilogramos de cocaína en Estados Unidos, y elaboraron o distribuyeron cinco o más kilogramos de cocaína con la intención de que esta fuera importada a Estados Unidos.

Crotty precisó que Efraín Antonio Campo Flores y Franqui Francisco Flores de Freitas se declararon no culpables de la acusación, negando los cargos formulados por el gobierno.

El juez indicó a los candidatos a jurado que el gobierno y las denuncias de los Flores con respecto a estos alegatos plantean cuestiones de hecho que deben decidirse a través de la participación de un jurado sobre la base de la evidencia que se presente en el tribunal.

De inmediato se procedió a llamar a la caja del jurado a doce posibles miembros a quienes el juez procedió a formularles algunas preguntas. En la medida que iban descartándose algunos, eran sustituidos por otros a quienes igualmente se les iba aplicando el cuestionario.

El juez subrayó la importancia de que los candidatos manifestasen si algo sobre los cargos formulados contra los acusados constituía una imposibilidad para que los potenciales jurados no se sintieran justos e imparciales.

También aclaró que la intención de las preguntas era verificar que el jurado a seleccionar cubriera los extremos de ser justo e imparcial durante el juicio, razón por la cual pedía la mayor sinceridad al contestar las preguntas, máxime al encontrarse bajo juramento. Pidió a los candidatos informar si por alguna razón se veían impedidos de ser justos e imparciales como lo había señalado.

—Sus respuestas a mis preguntas me permitirán determinar si debe ser excusado por alguna causa de integrar el jurado. Si por alguna razón, ya sea una moción de mi parte, por la petición de una de las partes, o porque usted deba excusarse sin una razón indicada esto se dilucidará en el desafío perentorio. Habrá seis rondas de desafíos perentorios. Mis preguntas y sus respuestas a ellas no constituyen evidencia en este caso. Es importante no decir nada que las partes puedan considerar que afecten el criterio de otros miembros del jurado. Responda con un SÍ o con un NO cuando estime que esa es la respuesta que amerita cualquiera de las preguntas. Si debe hacer cualquier otra consideración que piense que puede incidir en otros miembros del jurado, pida acercarse al estrado.

El juez Paul Crotty formuló unas preguntas preliminares a todos los potenciales candidatos a jurado que, a saber, eran:

—¿Cualquiera de ustedes tiene algún problema con su audición o visión que le impida prestar toda la atención necesaria a todas las pruebas en este juicio?

—¿Alguno de ustedes está tomando algún medicamento o tiene algún problema relacionado con la salud que le impida prestar atención a todas las pruebas presentadas en el juicio?

—¿Alguno de ustedes tiene problemas para entender o para leer en inglés?

—¿Alguno de ustedes profesa alguna religión, filosofía u otras creencias que le harían difícil ser justos e imparciales aquí y hacer un veredicto basado en la ley y la evidencia?

—¿Alguno de ustedes tiene algún sesgo o prejuicio que pudiera no permitirle emitir un veredicto justo e imparcial basado en la ley y las pruebas?

Entre los aspectos consultados a los potenciales candidatos estuvo su posible experiencia como jurado en casos civiles donde la carga de la prueba es preponderante, mientras que en los casos criminales la carga de la prueba es mucho mayor. El jurado debe encontrar que el acusado es culpable más allá de una duda razonable. En tal sentido, cuando los candidatos manifestaban tener experiencia se les requería exponer si la misma podría influenciar su manera de aplicar el estándar de la prueba en el caso para el cual ahora se le pedía su concurso.

Se les solicitó a los candidatos referir si tenían información sobre el caso de los Flores, si habían leído algo en prensa o visto alguna noticia en televisión. Era imprescindible saber si tenían conocimiento acerca de quiénes eran Efraín Antonio Campo Flores y Franqui Francisco Flores de Freitas, sobre los abogados del primero, Randall Jackson, John Zach y Joanna Wright de la firma Boies, Schillere & Flexner LLP; o sobre los defensores del segundo, David Rody, Michael Mann y Elizabeth Espinosa, del escritorio jurídico Sidley Austin LLP.

Se pidió informar si tenían información o conocían a los representantes del gobierno, el Fiscal del Distrito Sur de Nueva York, Preet Bharara, o sus asistentes en el caso, Emil Bove y Brendan Quigley. Igual sobre quienes asistirían a estos, el Agente Especial de la DEA Sandalio González, y el especialista para legal de la Oficina del Fiscal de Estados Unidos, Peter Calabrese.

A cada señalamiento las personas aludidas se ponían de pie para poder ser visualizados por los candidatos a integrar el jurado.

El juez también requirió que los potenciales candidatos a jurados informaran al tribunal si tenían referencias o conocían a los posibles testigos del caso, a quienes los miembros de jurado podrían ver en algún momento cuando testificaran o fuesen nombrados. Se les refirieron los nombres de: Daniel Ogden, Frank Piazza,Enrique Santos, María Elena Alvarado, Henry Rugeles, Lawrence McCabe;y siete agentes de la DEA, a saber, Daniel Mahoney, Kimojha Brooks, Robert Zachariasiewicz (conocido como Oficial Zach), Mateo Mahoney, Leith Habayeb, Kevin Corcoran y Jacinto Flores.

El mismo requerimiento se formuló respecto a: Vivian Goa, Anna María Riso, Cilia Flores, Gilson Barroeta Florez, Marco Uzcátegui, Roberto de Jesús Soto García, Carlos Amílcar Leva Cabrera, César Orlando Daza Cardona, Jesfran Josnel Moreno Sojo, Pedro Miguel Rodríguez, y Pablo Rafael Urbano Pérez.

El magistrado hizo mención a algunos lugares que podrían ser mencionados durante el juicio y pidió, como en las anteriores oportunidades, que se indicara si se tenía referencia de los mismos o estaban familiarizados con ellos. Los lugares eran: Caracas, Venezuela; Servotel en Puerto Príncipe, Haití; Roatán, Honduras; Hotel Clarion en San Pedro Sula, Honduras; Lago Yajoa, en Honduras.

Seguidamente, el juez hizo mención de algunas pruebas que serían mencionadas, como el hecho de que los acusados son miembros de la familia del presidente y Primera Dama de Venezuela, Nicolás Maduro y Cilia Flores. Solicitó asimismo informar si alguien tenía algún conocimiento u opiniones sobre Venezuela y/o su gobierno que pudieran afectar su capacidad para ser justo e imparcial durante el juicio. Se indagó si los candidatos o algún familiar habían estado en Venezuela, o si conocían o tenían alguna asociación, profesional, negocios, sociedad directa o indirecta, con cualquier miembro del gobierno venezolano.

El juez Crotty también indagó si alguien de los potenciales jurados o sus familiares o amigos habían sido testigos, demandantes o demandados en algún juicio con un jurado federal o estatal o por un comité legislativo del Congreso o del Estado, licencias, autoridad o agencia gubernamental. Se requería que los candidatos informaran si ellos o alguno de sus familiares o cualquiera de sus allegados o amigos, había sido interrogado por una agencia local en aplicación de la ley.

Fue así como luego de dos maratónicas sesiones que culminaron el 3 de noviembre de 2016, se logró precisar a los miembros del jurado a quienes correspondería evaluar los hechos, evidencias y testimonios presentados durante el juicio a Efraín Antonio Campo Flores y Franqui Francisco Flores de Freitas. El grupo quedó conformado por 10 mujeres y 6 hombres, la mayoría de ellos ciudadanos afroamericanos, dos latinos, una asiática y el resto personas blancas.

De los 94 potenciales candidatos que se presentaron, 24 fueron excusados por distintas razones al inicio del proceso, por lo que las seis rondas de preguntas se formularon a las 70 personas restantes a objeto de evaluar su idoneidad para integrar el panel que emitiría el veredicto en este juicio a los sobrinos de Nicolás Maduro y Cilia Flores.

De este modo fueron seleccionadas las 16 personas: 12 principales y 4 suplentes que ocuparon durante los diez días de juicio la caja del jurado en el proceso contra los Flores. Entre los jurados hubo un arquitecto, un economista, una profesora de la Universidad de Columbia, una terapeuta, un ama de casa, un conductor de camiones de carga, entre otros oficios y profesiones.

Finalmente, el juez Paul Crotty tomó juramento a los miembros del jurado. La próxima cita se convocó para el lunes 7 de noviembre de 2016, a las 9:30 a. m., cuando iniciaría el juicio que, como ya apuntamos, se extendería por diez días hábiles, a saber dos semanas. Era el interés del magistrado culminar el proceso antes del feriado de Acción de Gracias (24 de noviembre).

Antes de que se diera inicio al juicio, los abogados defensores de Campo Flores y Flores de Freitas formularon ante el tribunal nuevas solicitudes, una de ellas dirigida a que la corte adoptara el formulario de veredicto propuesto por sus abogados y no el presentado por la Fiscalía del Distrito Sur de Nueva York, así como que tampoco se especificara en la hoja la cantidad de la cocaína envuelta en la conspiración que, como se sabe, equivale a 800 kilos.

Los defensores de los Flores se oponían al formulario de veredicto presentado por el gobierno en el que la palabra "culpable" antecede a la expresión "no culpable" y ellos proponían invertir el orden de los términos.

Igualmente se oponían al uso de un formulario de veredicto especial en el que se establecía la cantidad de droga involucrada en el caso, obviando la indicación de los demandadosde que se estipulara que cualquier conspiración, de existir esta, implicaba cinco o más kilogramos de cocaína.

Sostenían los abogados que el orden propuesto por el gobierno contravenía la instrucción del Tribunal Supremo de Justicia que estableció que la presunción de inocencia se extiende a lo largo del proceso y por encima de la acusación del gobierno. Estimaban los juristas que las formas de veredicto especiales "son sugestivas, y la presunción constitucional de la inocencia debe extenderse a cada componente del caso hasta el veredicto final".

Otra petición de los defensores de Campo Flores y Flores de Freitas fue que se prohibiera a la fiscalía presentar ante el jurado las fotografías correspondientes a la reseña policial de los dos acusados en Haití en la cual aparecían portando grilletes en virtud de que esto, a su juicio, constituía "una fuerte sugerencia de peligrosidad y criminalidad implícita".

Una posición que no coincidía con el criterio del gobierno que insistió en presentar las imágenes por cuanto dejaban claro ante el jurado que ni los oficiales de la policía haitiana ni los agentes de la DEA abusaron físicamente de los dos acusados, tal y como lo aseguraban Campo Flores y Flores de Freitas en una de las confesiones juradas.

Insistió la defensa en su tesis de que los acusados fueron presionados por los agentes de la DEA a rendir sus declaraciones durante el vuelo de Puerto Príncipe a Nueva York, luego de ser arrestados en la capital haitiana. Tanto Campo Flores como Flores de Freitas dijeron que habían sido objeto de abusos y presiones por parte de los representantes del gobierno de EE. UU., quienes supuestamente los obligaron a firmar los derechos Miranda.

Los para entonces acusados remitieron una carta al juez de la causa días antes de iniciarse el juicio en la que pidieron al tribunal que no admitiera que la fiscalía presentara las cuatro fotografías que tenían muy poca carga probatoria, según su criterio.

Las imágenes son las fotos de ambos acusados con el número de su caso y que son conocidas con el nombre de "Placas frontales". En ellas se ve a los Flores en perfecta forma física, abordando y desembarcando el avión de la DEA el 10 de noviembre de 2015.

Estimaban los defensores que la admisión de esas fotografías era inapropiada, puesto que solo generarían confusión en el jurado. "Las dos tomas policiales de los acusados son completamente innecesarias para identificarlos, puesto que el jurado— seguramente-—sabrá quiénes son los acusados cuando se haga referencia a ellos"[118].

Aseguraron los abogados en la misiva al juez que las fotos no revelaban nada sobre las circunstancias del interrogatorio que era la prueba a discutir y advirtieron que no era su intención alegar maltrato físico.

---

[118] Venezuela Política. "Sobrinos de Cilia Flores no quieren que el jurado vea sus fotos portando 'grilletes' cuando subían al avión de la DEA en Haití". 5 de noviembre de 2016. https://maibortpetit.blogspot.com/2016/11/sobrinos-de-cilia-flores-no-quieren-que.html

Refirieron que "los tribunales de primera instancia piden excluir las tomas frontales de la policía de las evidencias, ya que con las mismas se pretende hacer creer que la persona es 'mala', y por lo tanto, puede ser un elemento injustamente perjudicial".

Los abogados de los Flores le manifestaron al juez Paul Crotty que el impacto visual de una foto policial puede referenciar a una condena anterior, "puede dejar un impacto duradero, aunque ilegítimo, en el jurado". Por tal motivo, estimaron los juristas que el uso de las fotos de reseña policial era altamente desfavorecedor, "ya que podría eliminar efectivamente la presunción de inocencia y reemplazarla con una insignia inconfundible de la criminalidad".

El próximo paso de los Flores era sentarse ante estas personas, el jurado, quienes tenían sobre sus hombros la responsabilidad de juzgarles y determinar si, definitivamente, eran culpables o inocentes.

Noveno capítulo

El juicio y el veredicto

Había llegado la hora en que Efraín Antonio Campo Flores y Flores de Freitas definieran su destino ante el juez y el jurado que habría de emitir el veredicto sobre su caso. Así iniciaron los hechos:

Primer día del juicio, 7 de noviembre 2016

El juez de la causa, Paul Crotty, aprovechó los primeros minutos para conversar con los integrantes del jurado, girarles una serie de instrucciones y establecer las reglas que regularían el desarrollo del proceso judicial, así como recordarles sus deberes.

Fue enfático al señalar que dichas instrucciones debían ser seguidas para hacer las deliberaciones. Indicó, asimismo, que en el transcurso del juicio podría hacer nuevas indicaciones y, a menos que él señalara lo contrario, todas deberían ser seguidas al pie de la letra, pues eran vinculantes.

Paul Crotty les manifestó que el deber del jurado es establecer los hechos a partir de la evidencia y evaluar dichos hechos de acuerdo a lo que dicta la ley. Les advirtió que la ley debe ser seguida independientemente de que se esté o no de acuerdo con ella.

Seguidamente, el juez reiteró los cargos de que se acusaba a Efraín Antonio Campo Flores y Franqui Francisco Flores de Freitas, a quienes se les señalaba de conspirar para violar las leyes de narcóticos de Estados Unidos. Recordó que un gran jurado fue el que admitió la acusación al determinar que en o alrededor de agosto de 2015 y hasta alrededor de noviembre de 2015, los acusados conspiraron para importar cinco o más kilogramos de cocaína a Estados Unidos, y para fabricar o distribuir cinco o más kilogramos de cocaína con la intención de ser importada a Estados Unidos.

Se refirió entonces a la respuesta de Campo Flores y Flores de Freitas a esta acusación, quienes la negaron y se declararon "no culpables", por lo que en el transcurso del juicio le correspondería al gobierno probarla, más allá de toda duda razonable. Les explicó que la evidencia consistiría en el testimonio de testigos que comparecerían en el tribunal, así como documentos y otros elementos que se les irían presentando durante todo el proceso judicial. Agregó que como evidencia también se tendría a hechos que las partes pudieran acordar y que se conocen como estipulaciones.

De inmediato, el juez Crotty pasó a instruirles acerca de aquello que no podía tenerse como evidencia por el jurado al momento de emitir su veredicto. En tal sentido, especificó que no deberían ser considerados como evidencia los argumentos de los abogados, pues estos no han jurado como testigos, como tampoco lo serían las declaraciones de dichos juristas, ni sus preguntas. En este sentido, les dejó sentado lo relevante y lo que verdaderamente debería ser tenido como evidencia, a saber las respuestas que los testigos dieran a dichas preguntas.

Les indicó que tampoco son evidencias las objeciones formuladas durante el proceso, ni las respuestas del juez a las mismas. Respecto a estas, explicó que el jurado podría escuchar respuestas de su parte, tales como "sostenido" o "ha lugar", las cuales significarían la admisión de la objeción por lo que, en este caso, el jurado no debería tomar en cuenta la pregunta objetada. Cuando por el contrario tenga lugar la anulación de la objeción, el juez indicó que el jurado debería tomar en cuenta la respuesta que se ofrezca a dicha pregunta admitida. En tal sentido, el juez Crotty aclaró que su trabajo consistía en decidir cuáles pruebas se presentan en el juicio, pero no opinar acerca de cuál debería ser el veredicto del jurado, el cual depende única y exclusivamente de cada uno de los integrantes del panel.

El magistrado los alertó, igualmente, acerca de la evidencia cuando esta debe admitirse solamente con un propósito limitado, hecho que obliga al jurado a seguir rigurosamente esa instrucción. En tal sentido, les manifestó que cuando esto llegare a suceder, las referidas indicaciones limitadoras irían acompañadas de una explicación a objeto de que se siguiera la instrucción. Para ejemplificar, citó que pudiera producirse una orden de desestimar un testimonio o no tomar en cuenta una evidencia que él como juez considere debe ser excluido. También les advirtió que nada que el jurado pudiera llegar a escuchar o ver fuera de la sala del tribunal podría considerarse como evidencia del caso, siendo que ésta sólo se limita a la admitida por la corte.

Otra instrucción al jurado respecto a la evidencia la suministró el juez Crotty al indicarles que existen dos tipos de evidencia: la evidencia directa y las pruebas circunstanciales. Las primera, es la prueba directa del hecho, por ejemplo, el testimonio ocular de alguien que presenció los acontecimientos tal y como ocurrieron. Entretanto, por pruebas circunstanciales se tienen aquellas en que un hecho o hechos se infieren o se concluyen a partir de determinadas circunstancias.

Por otra parte, el magistrado indicó que una tarea importante de los jurados es determinar la credibilidad de los testigos, una decisión que es responsabilidad de cada miembro del panel: creer o no creer en lo que el testigo dice.

El juez de la Corte del Distrito Sur de Nueva York les reiteró a los miembros del jurado que los testimonios emitidos por los testigos no tienen mayor o menor peso dependiendo de que dicho testigo cumpla o no con la ley. En segundo término, les dijo que es posible considerar el testimonio de testigos cooperantes, pero esto debe hacerse siguiendo las instrucciones dadas por el tribunal.

Además refirió que el proceso en el cual este jurado prestaría su servicio era un caso criminal en el que debían tener en cuenta tres reglas básicas del derecho penal: la primera, que los acusados se presumen inocentes; la segunda, que el gobierno (fiscalía) tiene la carga de la prueba; la tercera, que el gobierno debe probar el caso más allá de toda duda razonable.

Dejó sentado que la acusación presentada por la fiscalía contra los acusados solo debía ser tenida como lo que es y nada más: una acusación, lo cual no prueba la culpabilidad de los demandados. Por ello, a los acusados es necesario considerarlos absolutamente limpios, correspondiéndole a la fiscalía, a través de la carga de la prueba, demostrar la culpabilidad. Puntualizó que a los demandados no les corresponde probar su inocencia ni presentar pruebas o testimonios de ello. Ellos tienen derecho a permanecer en silencio y la ley le prohíbe al jurado llegar a un veredicto de culpabilidad por el hecho de que los acusados no testifiquen a su favor.

Paul Crotty destacó la diferencia entre los casos civiles y los criminales, pues en estos últimos la carga de la prueba debe ser contundente y más allá de toda duda razonable.

El magistrado explicó que durante el juicio podía haber momentos en los que él como juez tendría que hacer conferencias con las partes sin la presencia de ellos, lo cual no debería interpretarse como una irregularidad para ocultar información relevante al jurado, sino que se trata de momentos en que deben tomar decisiones relacionadas con el procedimiento.

Crotty instruyó al jurado sobre la importancia de no discutir acerca del caso con otras personas, ni que esas otras personas les pudieran hacer referencias sobre el mismo. La prohibición, subrayó, incluye todos los medios, además del contacto personal, quedando por tanto negada toda posibilidad de hacer referencias por teléfono, por escrito, a través de medios electrónicos, mensajes de texto, correo electrónico, redes sociales, blogs, o cualquier otra forma. Tampoco se les permitiría discutir con otros miembros del jurado durante el tiempo en el que el juicio estuviera en desarrollo, por lo que en la sala del jurado no podrían hacerse deliberaciones sobre el veredicto hasta el final del juicio y después de ser instruidos por el tribunal. Esto obedece a la necesidad de que el jurado solo debe discutir sobre el caso luego de haber escuchado y visto la totalidad de las pruebas y de haber conocido todos los hechos y escuchado todos los testimonios de manera de tener una visión global del caso, además de recibir las instrucciones de parte del tribunal para proceder a las deliberaciones.

Instó a los integrantes del jurado a informarle cuando alguien intentara hablar con alguno de ellos sobre el caso durante el curso del juicio, información que debería hacerse de manera discreta al juez y sin participarlo a otras personas o miembros del jurado. También recordó la prohibición de hablar con los abogados y testigos del caso, ni siquiera para saludarse.

Dijo que el jurado debía informar al tribunal si en algún momento del juicio reconocía a alguien, a un amigo o miembro de su familia, en la sala. Tampoco se deberían leer informaciones sobre el caso, ni realizar investigaciones, ni ver programas de televisión o escuchar la radio, ni siquiera buscar en el diccionario o en internet el significado de alguna palabra. El juramento de los jurados incluye emitir un veredicto sustentado únicamente en las evidencias, hechos y testimonios presentados en la sala del tribunal.

Según les dijo, estaba permitido tomar notas durante el desarrollo del proceso, pero les advirtió que tomar excesivos apuntes podría distraerlos de escuchar el testimonio y evaluar la credibilidad de los testigos. Tales notas tendrían un carácter estrictamente personal como una ayuda a la memoria para las posteriores deliberaciones. Las notas no debían sacarse fuera de la corte, sino que había que dejarlas en la sala del jurado al final de cada día y cuando haya terminado el juicio.

Paul Crotty destacó la importancia del servicio que presta el jurado y los conminó a la puntual asistencia cada día del desarrollo del juicio, exigencia que extendió al resto de las personas: abogados, testigos, el reportero de la corte, el juez mismo.

Las sesiones se llevarían a cabo en un horario comprendido entre las 9:30 de la mañana y las 4:30 de la tarde, de lunes a viernes, eximiéndose únicamente el Día del Veterano (11 de noviembre), cuando no habría sesión. La sala del jurado estaría abierta desde la 9:00, donde los integrantes podrían tomar un desayuno ligero y una merienda en el receso vespertino. La sesión matutina se extendería hasta las 12:45 reanudándose a las 2 de la tarde. Los descansos de la mañana y la tarde eran de 15 minutos. Los viernes las sesiones terminarían más temprano.

En cuanto al procedimiento del juicio, el juez Crotty informó al jurado que le correspondía al gobierno iniciar con una declaración de apertura para exponer lo que esperaban demostrar y tratar de ayudar a entender la evidencia. Los acusados podrían hacer declaraciones de apertura, pero esto no tiene carácter obligatorio, pues no tienen la carga de la prueba.

Luego vendrían las exposiciones de los abogados y al concluir estas la fiscalía procedería a presentar sus testigos y los demandados, a través de sus defensores, podrían interrogarlos.

Al final de estas instrucciones, el juez Paul Crotty refirió que también los acusados estaban en su derecho de presentar testigos, pero se trata de algo opcional, pues no es su obligación hacerlo. Luego, una vez se haya presentado toda la evidencia, cada una de las partes tendría la oportunidad de hacer sus exposiciones finales al jurado. Al final el juez girará algunas instrucciones al jurado sobre lo que dicta la ley y este podría iniciar sus deliberaciones.

Tal como lo había informado el juez Paul Crotty, la primera en tomar la palabra durante esta primera audiencia del juicio fue la fiscalía, para la presentación de cargos. En esta oportunidad, el para entonces fiscal del Distrito Sur de Nueva York, Preet Bharara, hizo acto de presencia para girar instrucciones a los fiscales auxiliares, Emil Bove III y Brendan Quigley.

De ellos, Bove fue quien tomó la palabra para hacer la exposición en la que recordó, en primer lugar, que a la fecha hacía un año que dos hombres habían tomado un avión en Venezuela para trasladarse a Haití con un objetivo muy serio: recoger millones de dólares en efectivo que iban a llevar a Venezuela, para entonces enviar desde esa nación 800 kilos de cocaína a Honduras, país desde el cual los narcóticos serían llevados a Estados Unidos para ser vendidos por decenas de millones de dólares.

Señaló que estos dos hombres eran Efraín Antonio Campo Flores, a quien se referiría a partir de entonces en esa mañana por su apellido, Campo. El otro hombre era Franqui Francisco Flores de Freitas a quien haría alusión a partir de ese momento como Flores. Precisó que estos sujetos son sobrinos de la Primera Dama de Venezuela y pensaban que, por el poder que detentaban en su país, podían enviar casi una tonelada de cocaína de un aeropuerto a otro sin ningún problema.

Entonces el fiscal refirió un problema con el que no contaban los acusados, inconveniente que tendría lugar no en Venezuela, sino en Haití, donde antes de obtener el dinero en efectivo que aspiraban cobrar, fueron arrestados. Las fuerzas de la ley habían logrado detener el plan de los Flores antes de que pudiera haberse completado. Su complot fue neutralizado y los acusados dejaron Haití ese día en un avión perteneciente a la Administración para el Control de Drogas (*Drug Enforcement Administration*), DEA.

El fiscal expuso que durante el juicio la fiscalía presentaría una gran cantidad de pruebas para establecer que los acusados eran culpables más allá de toda duda razonable.

Expresó Bove al jurado que su exposición tenía por objetivo ubicarlos en el contexto, para lo cual echaría mano de una serie de nombres, fechas y lugares que permitirían demostrar la relación de los acusados con el crimen que se les imputaba. Prometió volver al final del juicio para entonces explicar la manera en que las pruebas presentadas demostraban la culpabilidad de los acusados.

El fiscal le indicó al jurado que durante el juicio conocerían la manera cómo opera el narcotráfico en las Américas, que la mayor producción de cocaína proviene de Colombia, y cómo Centroamérica sirve de puente para que los narcóticos lleguen a Estados Unidos, país a donde arriba el 90 por ciento de la droga procesada en el extranjero. Igualmente conocerían que al no poseer la mayoría de los narcotraficantes el poder o autoridad para mover grandes envíos, lo hacían a través de vuelos secretos o clandestinos. Una situación que no era la de los acusados en este juicio, pues los Flores lo harían a bordo de aviones privados cargados de cocaína en vuelos legales desde un aeropuerto importante a otro. Algo que podrían hacer por el control que tenían del principal aeropuerto venezolano, donde ni siquiera requerían de la ayuda de los militares para ejercerlo y hacer los envíos. De este poder y conexiones políticas los acusados hacían alarde antes de ser arrestados.

Emil Bove narró al jurado cómo a partir del mes de octubre de 2015 los acusados contactaron en Honduras a un hombre apodado "El Sentado", alguien que ellos pensaban era un narcotraficante que les podía a comprar uno de sus cargamentos de droga, el cual enviarían en un vuelo proveniente del principal aeropuerto venezolano. Luego de este primer contacto, los demandados viajaron el 3 de octubre de 2015 a Honduras para comenzar las negociaciones sobre el envío de la droga con el citado hombre.

Por la imaginación de los acusados —advirtió el fiscal— no asomó siquiera la posibilidad de que "El Sentado" pudiera ser un testigo cooperante de la DEA, como en efecto lo era, por lo que luego de esa reunión la agencia antidroga procedió a enviar a Venezuela a dos fuentes confidenciales quienes se hicieron pasar por agentes del hondureño, con el objeto de negociar el acuerdo.

Esto ocurrió a finales de octubre de 2015, cuando las citadas fuentes confidenciales se trasladaron a Caracas y se reunieron con los acusados en varias ocasiones fingiendo ser agentes del narcotráfico de "El Sentado" en México. Durante los encuentros, estos hombres usaron equipos de registro ocultos que les permitieron grabar en audio y video las reuniones. Algunas de esas grabaciones, el fiscal informó al jurado, se les darían a conocer para que pudieran escuchar cómo los demandados dijeron en Caracas que enviarían cientos de kilogramos de cocaína desde ese país a Honduras y también podrían oír cuando las fuentes confidenciales afirmaron que los acusados llevarían estos narcóticos a Estados Unidos.

Emil Bove fue enfático en señalar que los Flores sabían perfectamente lo que estaban haciendo, se sentían poderosos y apoyados por el gobierno de Venezuela. Entonces hizo referencia a las confesiones de los demandados, quienes revelaron que parte de lo que obtuvieran de la venta de la droga sería destinado a financiar la campaña electoral de la Primera Dama, Cilia Flores, quien se presentaría como candidata a la reelección en los comicios parlamentarios de diciembre de 2015.

El representante del gobierno les manifestó que, del mismo modo, el jurado escucharía a Flores asegurar a las fuentes de la DEA que en Venezuela no había nadie que pudiera interferir con sus actividades de narcotráfico. El panel igualmente podría constatar el gran entusiasmo de los acusados con el acuerdo y su compromiso con el mismo, a tal punto que en una de las reuniones proporcionaron a las fuentes una muestra de la cocaína a objeto de que comprobaran la calidad del narcótico. Como adelanto, el fiscal mostró al jurado la fotografía de Campo Flores en la que aparecía manipulando un ladrillo o panela de cocaína, al tiempo que revelaba que la droga en cuestión, es decir, la cocaína objeto de la conspiración, provenía de las Fuerzas Armadas Revolucionarias de Colombia, FARC, una confesión salida de los propios labios del acusado.

Bove narró el siguiente paso de los acusados, ocurrido a principios de noviembre de 2015, cuando Flores tomó un avión a Honduras para finiquitar los detalles del plan para el envío de la cocaína. En esta oportunidad, durante la reunión participaron "El Sentado" y otra fuente confidencial que se encargó de registrar el encuentro con un equipo de grabación oculto. El fiscal refirió que el jurado conocería que en esa cita también estaba un narcotraficante hondureño de nombre Roberto Soto, quien tenía conexiones importantes en un aeropuerto en Honduras, como lo demostraría la evidencia. Este hombre habló con Flores acerca de los detalles de la operación, la fecha y hora en que debería tener lugar el envío de la cocaína que, como se certificaría en el juicio, sería en la tarde del 15 de noviembre de 2015.

Nuevamente los registros darán cuenta del alarde que Flores hacía de su poder y completo control del principal aeropuerto de Venezuela, teniendo el jurado la oportunidad de escuchar decir al acusado que las drogas serían embarcadas desde el hangar presidencial de dicho terminal aéreo.

El fiscal Emil Bove citó el próximo paso de los acusados, quienes días después del encuentro de Flores en Honduras, se dirigieron a Puerto Príncipe, Haití, donde acudieron a una reunión con una de las fuentes para recoger varios millones de dólares en efectivo. El informante, como en otras ocasiones, grabó el encuentro con un equipo de registro oculto, el cual le permitiría al jurado enterarse de cómo los acusados informaron que ya la cocaína se encontraba empacada en maletas y lista para el envío. En la capital haitiana también se ultimaron los detalles sobre la importación de los narcóticos hacia Estados Unidos. Prometió al jurado mostrar las pruebas de que entre agosto y noviembre de 2015 los acusados trabajaron junto con otras personas para enviar una carga de cocaína desde Venezuela a Honduras que, creían, sería llevada a EE. UU.

El fiscal Emil Bove aseguró que para probar estas acusaciones mostrarían un conjunto de evidencias muy variadas, entre ellas las propias confesiones de los acusados ofrecidas durante su traslado de Haití a Nueva York. Para ello escucharían el testimonio del agente de la DEA que tomó tales declaraciones y quien sería el primero en testificar demostrando así los hechos.

También sería posible, aseguró el fiscal, que el jurado viera evidencia física, tales como fotos de los aviones que los acusados llevaron a estas reuniones, y sellos en sus pasaportes que reflejan sus viajes de Venezuela a Honduras y Haití para negociar el acuerdo.

También podrían ver los teléfonos que fueron incautados en Haití el día del arresto, los cuales fueron usados por los acusados para hablar sobre sus actividades de narcotráfico, tanto entre ellos como con sus coconspiradores. Igualmente, a través de estos teléfonos enviaron mensajes de texto y desarrollaron "chats" que creían eran secretos y que nunca imaginaron que terminarían en manos de la DEA y en la sala de un tribunal. Bove aseveró ante el jurado que todas estas comunicaciones formaban parte del trabajo de los acusados para llevar a cabo esta transacción de cocaína sin sospechar que lo estaban haciendo con fuentes confidenciales. Igualmente anunció que el gobierno mostraría algunas de las grabaciones de las reuniones de los acusados con esas fuentes y el jurado podría conocer que a través deestas los acusados pudieron ser atrapados en flagrancia.

Las palabras de un hombre hondureño, que actuaba como controlador de tráfico aéreo al mismo tiempo que se desempeñaba como narcotraficante, explicarían que los acusados —de cuya conspiración formaban parte él y otras personas en ese aeropuerto de Honduras— acordaron ayudar a recibir el avión en el que sería transportada la cocaína, a cambio de un pago de 900 mil dólares. Escuchando a este testigo—prometió el fiscal— sería posible que el jurado conociera la mecánica para realizar los envíos de drogas a través de los vuelos que atienden en ese aeropuerto.

Emil Bove admitió que muchos de estos testigos actuaron como fuentes confidenciales; e incluso, luego de que los acusados fueran detenidos, la DEA pudo descubrir que estas fuentes habían cometido graves delitos de narcotráfico que mantuvieron ocultos a la agencia antinarcóticos, razón por la cual fueron arrestados y ahora pagan condena en la cárcel. Se trataba, pues, no de gente movida por el deseo de hacer el bien, sino que actuaron porque era su trabajo como fuente confidencial. Pese a esto, el fiscal advirtió al jurado que lo importante no era esta circunstancia, ni si les gustaban o no estos testigos, sino si su testimonio sobre sus tratos con los acusados y sus socios en el crimen merecen su credibilidad.

El fiscal finalizó su intervención invitando al jurado a permanecer atentos a las evidencias que lograrían probar, más allá de toda duda razonable, la culpabilidad de los acusados.

Así terminó el fiscal Bove su declaración de apertura en el juicio de los sobrinos de la pareja presidencial venezolana e, inmediatamente, el juez Paul Crotty le concedió la palabra a John T. Zach, integrante de la firma de abogados Boies, Schillere & Flexner LLP que defiende a Efraín Antonio Campo Flores.

Zach comenzó su intervención ironizando acerca de la gran historia contada por la fiscalía, la cual para nada, dijo, debía tomarse como la realidad, pues se trataba de un caso donde los testigos carecían de toda credibilidad, que se trató tan solo de una operación de picadura que fracasó absolutamente, una investigación mal llevada que solamente dejaría en el jurado grandes dudas que le impedirían mostrar la carga de la prueba más allá de toda duda razonable en este caso.

El abogado aseguró que la DEA presentó un enrevesado caso en el que destacaba un hecho contundente: un caso de drogas sin drogas. Además, según el jurista, al jurado le correspondería confiar y creer en unos informantes que, incluso para el gobierno, eran unos mentirosos y por ello presentaron cargos penales federales contra sus propias fuentes por mentir.

John T. Zach enfatizó que los informantes del gobierno eran en su totalidad personas de este tipo que solamente podían ser catalogadas de caza recompensas.

El defensor destacó que los informantes de este caso, tenidos entre los más confiables de la DEA y que además estaban adscritos a una unidad particular llamada División de Operaciones Especiales, dirigían su propia y secreta operación de narcóticos en masa en las narices de la agencia antinarcóticos. Estas, subrayó, eran las personas en las que el gobierno le pedía al jurado que confiase.

Destacó el abogado Zach que en las grabaciones de este caso los informantes dictaron la pauta con respecto a lo que se dice con la intención de confundir a los acusados. Subrayó que ninguno de los registros puede comprobar la supuesta conspiración, pues ninguno de los acusados dice algo sobre la intención de enviar narcóticos a Estados Unidos. Sostuvo que lo más cercano a lo afirmado por la fiscalía fueron referencias vagas hechas por informantes corruptos sobre compradores imaginarios que estaban en lugares como Canadá u otros países y algunas ciudades en América.

En cuanto a las confesiones de los acusados, el abogado aseguró que las mismas solo se hicieron ante una única persona, el único agente de la DEA que hablaba español y que participó en la investigación. Además, destacó que el propio agente admitió no estar seguro de haber tomado notas exactas o completas de lo dicho por los acusados. Igualmente recalcó que el agente de la DEA eligió no grabar las supuestas confesiones, a pesar de que contaba con todos los equipos para hacerlo en el avión que los trasladó de Haití a Estados Unidos.

John T. Zach dijo que su defendido, Efraín Antonio Campo Flores, era un hombre de 30 años que había pasado toda su vida en

Venezuela, donde fue a la universidad y estudió abogacía, que es propietario de pequeñas empresas, entre ellas un negocio de taxis en Panamá, que está casado con una mujer trabajadora con quien tiene dos hijos pequeños, que no tiene posición alguna en el gobierno venezolano, no maneja alguna agencia gubernamental, que no vive en la residencia presidencial venezolana, sino en un apartamento normal en una zona normal de Caracas. Destacó que Campo Flores no tenía antecedentes penales y que nunca, hasta ser arrestado por la DEA, había tenido problemas con Estados Unidos.

Refirió Zach que la relación de su cliente con algunos políticos muy importantes en Venezuela, tal es el caso de Cilia Flores, su tía, la Primera Dama, así como con Nicolás Maduro, presidente de Venezuela, cuyo gobierno está políticamente en desacuerdo con Estados Unidos, es una realidad que para nadie es un secreto, pero que esta circunstancia no lo convertía en el jefe de la droga que la fiscalía pretendía mostrar en el juicio.

El abogado pasó a subrayar un hecho que se convirtió en estrategia fundamental de la defensa, como era la supuesta ineptitud e inexperiencia de los acusados en el narcotráfico. En tal sentido, indicó que hasta los propios testigos de la fiscalía reconocieron que Efraín Campo y Franqui Flores no tenían idea de lo que estaban haciendo y que el jurado también podría ver cómo los informantes y los agentes de la DEA se burlaban de ellos, de su inexperiencia e incompetencia.

También John T. Zach alertó de que el fiscal dejó de lado la realidad del entorno en el que tuvo lugar todo esto, Caracas, una de las ciudades más peligrosas del mundo, escenario de múltiples disturbios y un clima que generaba un constante temor en Campo Flores por su familia y por sí mismo, razón por la cual tenían guardias de seguridad para protegerlos. El abogado indicó que tal situación hizo que la oferta de los informantes de suministrarle decenas de millones de dólares fuera tan significativa para él al vivir con su familia en, esencialmente, una zona de guerra.

Zach enfatizó que la evidencia demostraría que Efraín Antonio Campo Flores nunca tuvo la intención o la capacidad de importar 800 kilogramos de cocaína a Estados Unidos, nunca hizo una sola declaración en las grabaciones en las que dijera que tenía intención de hacerlo sino que fue víctima de unos informantes engañosos.

Fue entonces cuando lanzó la frase que inmediatamente se volvió viral en las redes sociales y medios de comunicación: "Hubo un puñado de decisiones estúpidas de mi cliente y su primo que no equivalen a una conspiración criminal (...) Efraín y Franqui eran demasiado estúpidos y demasiado inexpertos (...) Nunca hubieran podido producir 800 kilos de cocaína".

Sí, el abogado Zach, sin rodeos, catalogó como "estúpidas" cada una de las decisiones adoptadas por su cliente y su primo, las cuales de ninguna manera podían considerarse como una conspiración criminal a su modo de ver.

En tal sentido, aseguró que tal circunstancia sirvió para que a mediados de 2015, la DEA y la oficina del Fiscal de Estados Unidos en Nueva York se las arreglaran para lograr capturar a un pez gordo, un lavador de dinero y narcotraficante hondureño con un amplio prontuario por tráfico de drogas equivalentes a millones de dólares. A pesar de su historial, la DEA no lo arrestó ni sus agentes lo subieron a un avión para llevarlos a Nueva York —acotó Zach— sino que llegaron a un trato con él para que los ayudara a capturar a otros delincuentes. Un acuerdo que le permitió resguardar su negocio.

Este hombre, sostuvo el abogado, no estaba dispuesto a vender a otros narcotraficantes porque hacerlo significaba afectar sus propios intereses, por lo que necesitaba encontrar a quienes le sirvieran para ser entregados, gente que fuera prescindible y estúpida, a la cual poder lanzar a los brazos de la DEA. En tal sentido, Zach le expresó al jurado que los hechos y las evidencias les permitirían comprobar cómo este narcotraficante hondureño decidió "montar" y entregar a Efraín Antonio Campo Flores y a Franqui Francisco Flores de Freitas, lo acusados en este caso, y constatarían cómo en el otoño de 2015 lo arregló todo para que volaran a Honduras a reunirse con él.

Contrario a lo afirmado por la fiscalía, el abogado aseguró que ni Campo Flores ni Flores de Freitas poseían aviones privados, pero gracias a sus conexiones pudieron conseguirlos, porque supuestamente el narcotraficante hondureño así se los solicitó y ellos resultaron ser lo suficientemente estúpidos como para acceder a esta petición y allí fue donde comenzó la operación de picadura, a criterio de la defensa.

A partir de tal hecho —narró el abogado— el narcotraficante hondureño comenzó sus contactos con la DEA, a quienes presentó a estas personas que resultaban ser objetivos políticamente conectados en Venezuela y el agente especial Sandalio González confió en el traficante que ya estaba operando con la agencia.

Destacó lo insólito que resultó que el narcotraficante obviara la instrucción de la DEA de grabar el que sería el primer encuentro, algo que es fundamental en toda operación de picadura.

Zach explicó a los efectos de quien no estuviera al tanto, que una operación de picadura es un procedimiento que consiste en armar un escenario de ficción en el que el objetivo está rodeado de personas que interpretan un papel. El problema estuvo, según el abogado de Campo Flores, en que la DEA en esta operación no encontró el escondite del dinero de la droga, ni huellas dactilares, ni los narcóticos, ni se infiltró a una gran organización de narcotraficantes la cual estaba llevando drogas a EE. UU. En su lugar se dirigieron a sus clientes y el jurado iba a poder comprobar el desenlace desastroso que tuvo todo este procedimiento.

A esta primera reunión el abogado la catalogó simplemente como la oportunidad en que el traficante hondureño montó un supuesto trato con los acusados que el gobierno insistía en llamar conspiración y por la cual se juzgaba a Campo y a Flores. Según él, en la cita los acusados dejaron sentado que no tenían la capacidad de ejecutar el tipo de plan que les había propuesto el narcotraficante hondureño. Insistió en que el hondureño estableció las cosas de tal manera que los acusados básicamente no tendrían que hacer nada, proporcionando él todo, incluyendo ganarse decenas de millones de dólares sin ningún trabajo. También informó a los acusados que les enviaría a otros dos expertos para que se reunieran con ellos.

Zach dijo que de esta reunión el testigo cooperante solo envió una fotografía y no las grabaciones que hubieran demostrado que los acusados eran "demasiado inexpertos y demasiado estúpidos" con respecto al narcotráfico, carentes de la capacidad efectiva para asegurar que los narcóticos fueran de valor para la DEA. Esa, supuestamente, habría sido la razón para que el narcotraficante hondureño destruyera la grabación, y cuando el agente especial Sandalio González le preguntó al respecto, le contó una mentira carente de todo sentido que fue claramente contradicha por la evidencia.

Lo siguiente, prosiguió Zach, fue que la DEA envió a un grupo de informantes corruptos para reunirse con los acusados en Venezuela y mantener una serie de encuentros en los que, en todo momento, mantuvieron el control y de los cuales se obtuvieron grabaciones que serían utilizadas por la fiscalía para hacer presentar una simple operación de picadura, con un guión prestablecido, como una entrega de drogas. Aseguró Zach nuevamente que los informantes también incurrieron en la destrucción de las pruebas críticas del caso.

El abogado defensor subrayó que los supuestos 800 kilogramos de cocaína eran una cantidad enorme de droga con una valor probable de más de 20 millones de dólares, además de ser un volumen que muy pocas personas en el mundo pueden mover, no estando los acusados entre ese grupo, razón por la cual los informantes comenzaron a desactivar selectivamente sus grabaciones cuando les convenía a pesar de que tenían instrucciones de registrarlo todo. Es por ello, dijo, que el jurado podrá ver cómo muchas partes importantes de las conversaciones desaparecían sin razón.

John Zach aseguró al jurado que la supuesta droga mostrada en una grabación no era cocaína y que los acusados la presentaron ante los informantes debido a la presión ejercida sobre ellos. Precisó que por no tratarse de cocaína, los informantes procedieron a destruir la muestra.

El abogado defensor igualmente aseveró que la DEA y sus informantes rompieron numerosas normas durante el transcurso del proceso y destruyeron evidencia, algo que, incluso, fue admitido por los primeros.

Estos hombres, añadió, no lograron obtener cocaína sobre el caso, pero sí la consiguieron para su propio consumo cuando estuvieron en Venezuela, al tiempo que también interactuaron con prostitutas.

Zach aseguró que los informantes controlaron la investigación y no el agente especial de la DEA, Sandalio González. Todo se salió de las manos por la mala supervisión y gestión, por lo que el gobierno tuvo que lanzar a sus propios empleados, a sus testigos estrellas, a la cárcel después de que les había pagado casi 2 millones de dólares por su trabajo.

Zach dijo que la certeza de la DEA era tal acerca de la imposibilidad de los acusados de importar los 800 kilogramos de cocaína de que habla la fiscalía, que se vieron en la necesidad de suspender la operación de picadura antes de obtener la droga, pues sabían que nunca habría tal cantidad de droga y, sin embargo, los arrestaron.

El abogado le dijo al jurado que la fiscalía pintó en su discurso de apertura un escenario que no es real y que lo único cierto es que la evidencia del caso solo comprobaría que nunca hubo conspiración para importar cocaína a Estados Unidos. Sostuvo que la evidencia solo mostraba la completa falta de integridad de la investigación llevada a cabo por la DEA.

Finalmente, Zach dijo que la única pregunta real que podría surgir al final de este caso giraría en torno a las grandes dudas razonables que tendría el jurado ante lo expuesto y que, al seguir las instrucciones del juez, lo llevarían a declarar "no culpables" a los acusados.

Al concluir la exposición de apertura de John T. Zach, el juez Paul Crotty le cedió la palabra al abogado Michael D. Mann, integrante del equipo de la defensa de Franqui Francisco Flores de Freitas, perteneciente a la firma Sidley Austin LLP.

Como su antecesor, Mann aseguró que su cliente, Flores de Freitas, era inocente y así lo comprobaría el jurado al final del juicio

En ilación con su colega, se refirió a la existencia de tres hombres que fungían como protagonistas en este caso, uno de ellos que quería evitar una pena de prisión luego de ser capturado por la DEA (CW-1) y otros dos, padre e hijo (CS-1 y CS-2), que solo perseguían encubrir su propio negocio de drogas al tiempo que ganaban casi 2 millones de dólares que les pagaba el gobierno de

Estados Unidos. Son tres de los informantes en el caso presentado por la fiscalía.

A ellos, aseguró Mann, se debe que Efraín Antonio Campo Flores y Franqui Francisco Flores de Freitas se encontraran en Estados Unidos enfrentando un juicio por un delito inexistente. Fueron ellos quienes ejecutaron la operación de picadura y mantuvieron el control de toda la investigación en lugar de la DEA.

En la misma línea que Zach, Mann sostuvo que estos informantes fueron quienes se pusieron en contacto con los acusados, controlaron las grabaciones de que habla la fiscalía en su declaración de apertura y se constituyeron en prácticamente la única fuente de información para el gobierno sobre los acusados.

El abogado de Flores de Freitas aseguró que la evidencia le demostraría al jurado que estos tres informantes fueron los que tomaron todas las decisiones críticas del caso, qué se grababa y qué no, qué pruebas se le presentaban a la DEA y qué pruebas se iban a destruir o esconder.

Insistió también en que la sustancia presentada como cocaína no era tal y al haberlo comprobado los informantes, el dúo padre e hijo decidió por su cuenta no conservarla como prueba para comprobar su auténtica naturaleza.

Mann agregó que estos informantes mintieron y engañaron, no solo a los acusados para que los arrestaran en Haití, sino que también manipularon a los agentes de la DEA, a los fiscales del caso e, incluso, le mintieron a la Corte al ocultar su actividad delictiva mientras trabajaban para el gobierno a cambio de una recompensa que casi alcanzaba los 2 millones de dólares.

Destacó que estos dos informantes luego de su declaración de culpabilidad, se sentaron como testigos en este juicio para seguir mintiendo bajo juramento.

Mann dijo al jurado que quería hablarles de Franqui Francisco Flores de Freitas, cuyos derechos defendería junto a Dave Rody y Elizabeth Espinosa. Sobre él indicó que era un ciudadano de Venezuela que vivía en la capital, Caracas, que solamente había estado una vez en EE. UU., específicamente en Universal Studios en Orlando, Florida, como turista con su novia y su hijo de 8 años de edad (a la fecha del juicio). Destacó que no tenía antecedentes penales y nunca antes había sido arrestado, que junto a su primo Efraín Antonio Campo Flores, como ya se ha dicho, es sobrino de la Primera Dama de Venezuela, lo cual viene a constituirse en el corazón medular de la acusación que se levantó contra ellos, por cuanto constituían un objetivo que les permitiría a los informantes recibir mucho dinero de parte de la DEA, a la par de evitar que salieran a la luz sus propias actividades delictivas, como efectivamente se había conocido recientemente.

Insistió Zach en que los propios testigos del gobierno testificaron que ni Franqui Flores, ni Efraín Campo tenían experiencia en el comercio de drogas.

Agregó que aun cuando sus clientes se encontraban mejor que muchos de sus compatriotas, no tenían vidas de lujo y, en particular, su defendido, Franqui Francisco, no vivía en el palacio presidencial, ni en una finca acomodada, sino en un modesto apartamento de dos dormitorios en Caracas; que laboró en una tienda de reparación de teléfonos celulares y realizó todo tipo de trabajos para salir adelante y proveer a su hijo.

Mann se refirió a las pruebas que se presentarían durante el juicio para tratar de inculpar a su defendido y destacó que los acontecimientos de que se trataba este juicio ocurrieron fuera del territorio de EE. UU. y los testigos, con la excepción de los agentes de la DEA, son latinoamericanos, que ninguno de ellos exhibe suficiente credibilidad para inculpar a los acusados y que ninguna de las grabaciones aludidas por el fiscal Bove lo refiere, que los únicos fragmentos dispersos de la evidencia que de alguna manera los relacionan con Estados Unidos son afirmaciones de los propios informantes del gobierno y no de los Flores.

Michael D. Mann aseguró que ninguna de las pruebas presentadas ante la corte tenía la suficiente carga para enviar a los acusados a la cárcel.

Precisó que la calidad de las audios y videos que el gobierno presentó es horrible, difícil de escuchar y entender, pero el jurado podrá comprobar que en ellas los acusados hablan de trasladar las drogas de Venezuela a Honduras, mostrándose jactanciosos en ocasiones y tratando de hacer ver que tenían el control y eran unos grandes en el negocio, pero solo era pura fanfarronería.

Como su antecesor recordó que en esta conspiración de drogas sencillamente no hubo drogas y la evidencia corroboraría que nunca existieron los 800 kilos de cocaína, como tampoco hubo un avión transportando drogas, hombres cargando o descargando los narcóticos de los aviones ni en Venezuela ni en Honduras.

Igualmente insistió en el carácter discrecional de los informantes al momento de decidir qué grabar y qué no, durante los encuentros con los acusados. El único episodio en que la DEA pudo tener el protagonismo al momento de referir los hechos fue en Haití, pues en el resto fueron los informantes quienes tuvieron el completo dominio de la operación.

Mann subrayó el fracaso de dicha operación, comprobable en el hecho de que en la primera reunión que los acusados tuvieron en Honduras con uno de los tres principales informantes del gobierno, el traficante hondureño conocido como "El Sentado" les ofreció a los acusados, dos "jóvenes" de Caracas, la enorme suma de 20 millones de dólares sin tener que hacer nada. Igualmente destacó la negativa del informante a grabar la reunión pese a estar instruido para ello por la DEA.

El abogado advirtió que de esa cita solo se presentó una foto como prueba en la que aparecen los acusados y "El Sentado" hablando en la oscuridad. De esa cita hubo otras fotografías, pero el informante solo remitió una a la DEA, por lo que a un año de los hechos la agencia aun desconocía lo ocurrido en el encuentro. Ni siquiera, alertó, prepararon un informe que lo resumiera. Esto demostraba el fracaso del investigador del caso.

Sobre las supuestas confesiones de los Flores, Michael D. Mann refirió que el fiscal Bove no contó la historia completa ni hizo referencia a las circunstancias en que se produjeron las mismas, como el hecho de que sus clientes pasaron horas sin comer y sin poder establecer contacto con su familia o con el cónsul de Venezuela o, incluso, con un abogado. Dijo que tampoco se hizo alusión a la rapidez con que fueron montados en el avión privado de la DEA, esposados, sin saber lo que estaba ocurriendo, ni hacia dónde los llevaban, ni la manera como milagrosamente durante las horas de vuelo supuestamente confesaron.

Advirtió que el interrogatorio lo realizó la única persona que hablaba español en ese vuelo y que este, junto a su supervisor, tomaron una decisión estratégica que afecta directamente la vida de los Flores, pues exprofeso decidieron no grabar la conversación ni siquiera con su teléfono. El jurado, pues, destacó Mann, nunca podrá escuchar tales confesiones y constatar si efectivamente dijeron lo que dicen que dijeron, ni si se les dieron a conocer debidamente sus derechos constitucionales.

Finalmente, Mann le expresó al jurado que durante el juicio estarían frente a un caso de conspiración para importar drogas a Estados Unidos en el que no había drogas y en el que las principales evidencias del gobierno, las grabaciones secretas, no mostraban tal acuerdo, por lo que la conclusión era que los acusados no eran culpables, que estos dos "jóvenes" fueron llevados a EE. UU. hacía un año (a la fecha del juicio) por la DEA sin tener suficientes pruebas de su culpabilidad. Les advirtió que al final de este caso, el abogado Dave Rody les pediría que los declarasen "no culpables" y los enviasen junto a sus familias y a sus vidas en Venezuela.

Como puede verse, la línea trazada por la defensa de los Flores apuntaba a la tesis de que el gobierno había confeccionado la conspiración de las que se les acusó, todo con el objetivo de cumplir un objetivo de política internacional de Estados Unidos que incluyó un plan de "entrampamiento", en el cual informantes y testigos confidenciales cumplieron órdenes de la DEA para incitar a los familiares de Nicolás Maduro y Cilia Flores a cometer un delito por el que pudiesen ser juzgados en EE. UU.

Para probar esta teoría, Randall W. Jackson, John T. Zach, Joanna C. Wright, David M. Rody, Michael D. Mann y Elizabeth A. Espinosa establecieron los siguientes elementos para probar ante los miembros del jurado la no culpabilidad de sus clientes:

1) Víctimas de una trampa. Los acusados fueron emboscados por agentes del gobierno estadounidense y, por tanto, no podían ser condenados por los delitos imputados en la acusación porque la idea de delinquir de los Flores provino del mismo gobierno. Igualmente habría estado en manos de estos últimos la tarea de convencer a los familiares de la pareja presidencial venezolana de cometer la conspiración en la forma necesaria para que dicho evento calificara como un delito federal, inclusive antes de que los agentes del Estado se comunicaran por primera vez con los demandados.

2) Incitación a delinquir. Sostuvo la defensa que los sujetos vinculados al gobierno norteamericano —informantes confidenciales, testigos confidenciales y agentes de la DEA— trabajaron coordinadamente para incitar a los acusados a cometer el delito y a dejar las huellas necesarias para que fueran juzgados en los términos que ellos mismos planearon al inicio del complot.

El trabajo de los abogados defensores, a partir de estas afirmaciones, era demostrar que sus clientes habían sido inducidos a cometer el delito y visibilizar alguna evidencia de que el gobierno había puesto en marcha el crimen. En caso de que así lo demostraran, correspondería entonces a la fiscalía probar más allá de toda duda razonable que antes de que los agentes del gobierno se acercaran por primera vez a los acusados, estos tenían predisposición y estaban listos para cometer la conspiración en las condiciones necesarias para constituirse como un crimen bajo la ley federal: importar narcóticos a Estados Unidos.

Igualmente, los abogados de los primos Flores alegaron que el gobierno de Estados Unidos no estaba en capacidad de demostrar, más allá de toda duda razonable, que los acusados habían entrado en la conspiración que supuestamente se discutió en octubre de 2015 para transportar 800 kilos de cocaína de Venezuela a Honduras, con la intención de que una parte de la misma fuera llevada a Estados Unidos.

Los defensores de Campo Flores y Flores de Freitas estaban empeñados en demostrar que "el gobierno inyectó unilateralmente el elemento de que el supuesto envío de droga iba a Estados Unidos", pues según su tesis los acusados no tenían conocimiento de tal propósito y tampoco manifestaron la intención a los informantes de querer participar en la acción específica, voluntaria y afirmativamente, de dirigir las actividades de una conspiración hacia Estados Unidos.

Para probar este último aspecto, la defensa se propuso instar al jurado a realizar un juicio sobre el testimonio de los testigos, aliados al gobierno, que participaron en la operación con la intención de que los mismos fueran descalificados, a saber:

1) El primer contacto de los acusados con CW-1, testigo cooperante en la operación cuyo testimonio resultaba imposible de verificar por cuanto fue asesinado en Honduras el 4 de diciembre de 2015. Su nombre era Carlos Amílcar Leva Cabrera, según lo confirmó la DEA.

De acuerdo a la defensa, los informes presentados por CW-1 carecían de valor probatorio y no podían ser presentados como evidencias. Uno de los pasos previos de los acusados fue pedir al juez de la causa, Paul Crotty, bloquear cualquier testimonio relativo a una reunión que sostuvieron los demandados con ese testigo cooperante en Honduras el 3 de octubre de 2015. La respuesta del magistrado fue negar la solicitud.

2) En la misma tónica, los acusados intentaron que el tribunal no aceptara como evidencia la fotografía tomada a las afueras del restaurant en Honduras donde se llevó a cabo el primer encuentro entre los Flores y el testigo cooperante.

La gráfica fue el único registro suministrado por el testigo cooperante de la DEA, aun cuando este había referido que había otras más. Sin embargo, de nada sirvieron las tres solicitudes de entrega que le formuló el agente especial de la DEA Sandalio González. Los abogados de Campo Flores y Flores de Freitas sostuvieron que la imagen fue alterada. El juez negó la petición y la foto fue mostrada en la audiencia.

La fotografía en cuestión fue una de las pruebas reseñadas por CW-1 sobre el encuentro en San Pedro Sula, Honduras, una cita que no fue grabada pues, de acuerdo al reporte del testigo confidencial, no se sentía seguro de llevar los aparatos a esa primera oportunidad con los acusados. La foto fue tomada a las afueras del restaurante rústico por una mujer que acompañó a CW-1 y cuyo nombre no se divulgó.

La defensa, para lograr cumplir con el objetivo de desacreditar a los informantes de la DEA, formuló algunos señalamientos, a saber:

Primero, la necesidad de que el jurado evaluara la credibilidad de los testigos propuestos por la fiscalía, sobre todo cuando estos hubiesen resultado condenados previamente de un crimen y castigados con más de un año en la cárcel. No debía pasarse por alto, a los ojos de los representantes legales de los Flores, que dichos testigos eran delincuentes convictos y, en consecuencia, se hacía necesario determinar qué parte de su testimonio se debía aceptar, así como el peso del mismo.

Segundo, era necesario que el jurado tuviera la oportunidad de rechazar los testimonios —en su totalidad o en parte— de unos testigos que ya en anteriores oportunidades habían declarado falsamente acerca de cualquier hecho material, o bajo juramento. Es decir, solo tomar en cuenta el testimonio que se estimara veraz y que pudiera ser corroborado por otras pruebas independientes.

Tercero, creía la defensa que era necesario advertir al jurado sobre la necesidad de ver con cautela y sopesar con cuidado el testimonio de testigos que anteriormente fueron encontrados culpables del delito de hacer declaraciones falsas a las autoridades.

Estimaban los abogados defensores de los Flores que el jurado debía poder decidir qué parte de dichos testimonio deseaba creer, sobre todo cuando existían antecedentes de una conducta impropia en este sentido.

Segundo día del juicio, 8 de noviembre 2016

A la sala del tribunal llegaron los sobrinos de Cilia Flores y Nicolás Maduro vistiendo ropa de civil: corbata y sweaters elegantes, el cabello bien cortado y afeitados de manera impecable.

A Efraín Antonio Campo Flores se le veía muy sonriente, como había procurado mostrarse en las últimas sesiones. Conversaba muy animado con su abogado John Zach.

Una actitud muy diferente mostró Franqui Francisco Flores de Freitas, quien estaba pensativo y reservado. Solamente la presencia de su exmujer y madre de su hijo le hizo sonreír cuando logró saludarla mientras ella estaba en las bancas de la sala, un saludo que extendió a otra señora cuya relación con el acusado no fue posible averiguar en el momento. Tiempo después se pudo conocer que se trataba de una tía.

Las mujeres de los acusados —también estaba en la sala la esposa de Campo Flores— lucían elegantes, con hermosas carteras de marca y finas ropas muy bien combinadas.

Los equipos de la defensa de los Flores se presentaron con imagen triunfante, apostando a ganador, una actitud nada inusual en casos como este de gran repercusión mediática, en los cuales los abogados buscan exhibirse optimistas y seguros ante el jurado y la prensa.

En esta tónica los abogados de los Flores iniciaron la segunda jornada del juicio marcando la pauta con una agresiva estrategia dirigida a acabar con la credibilidad de los informantes confidenciales CS1, CS2 y CW1 ante los miembros del jurado, así como contra el crédito de los agentes de la DEA con el objetivo de hacerlos ver como burócratas "incapaces de mantener la objetividad en una investigación que fracasó por la incompetencia de las personas involucradas". Del mismo modo, los abogados buscaban demostrar que el gobierno de Estados Unidos fue el que elaboró un plan para atrapar a los sobrinos de la Primera Dama venezolana, quienes se constituían como dos peces gordos, una presa importante para cumplir sus objetivos y satisfacer intereses políticos y monetarios.

Al estrado solo subió un único testigo en este día: el agente especial de la DEA Sandalio González. Hacia él enfiló en primer término el abogado de Campo Flores, Randall Jackson, quien arremetió contra este hombre encargado de llevar a cabo gran parte de la operación que finalizó con la captura de los dos hombres en Haití.

En primer término, Jackson puso sobre la mesa la información suministrada a la DEA por criminales convictos, tal como es el caso de los informantes confidenciales —padre e hijo—identificados durante la investigación como CS-1 y CS-2, cuyos nombres de pila son José Santos Peña y José Santos Hernández, respectivamente. Estos hombres, destacó el abogado, recibieron millones de dólares durante el tiempo que prestaron servicio para la agencia antinarcóticos, y el trabajo en esta ocasión fue tentar a los dos sobrinos de la Primera Dama venezolana. En tal sentido, aseguró que la DEA paga grandes cantidades a aquellos informantes que les suministran datos con los que puedan capturar "peces gordos" lo que, sin duda alguna, constituían "los sobrinos de Cilia Flores".

La artillería contra el agente de la DEA pasó por comentar ante el jurado que Sandalio González intimidó a los demandados cuando procedió a interrogarlos en el avión durante el vuelo que los trasladó de Puerto Príncipe a Nueva York. Para ese momento —narró Randall Jackson— los dos imputados "estaban temblando de miedo", un estado del que se valió para presionarlos y hacerlos hablar, amenazándolos con penas de por vida si no colaboraban con el gobierno de Estados Unidos.

El abogado de Campo Flores aseguró que la DEA acostumbra a que los acusados procedan de inmediato con la declaración de culpabilidad de modo de llegar a la cooperación de los involucrados, solo que "cuando fracasan en los primeros intentos para llegar a un acuerdo, entonces se empeñan en que el acusado testifique". Para lograr este testimonio, los agentes presionan para que los acusados confiesen el crimen que supuestamente cometieron. Jackson refirió que el agente González mantuvo esta conducta en el caso de los demandados, a quienes presionó con el objetivo de que testificaran en su contra aún a sabiendas de que no tenían la capacidad de cometer dicho delito.

Tales señalamientos del abogado Jackson fueron negados en su totalidad por el testigo, el agente González, al tiempo que aseguró que los acusados emitieron su declaración de manera voluntaria y que sus notas reflejaban lo que habían dicho, tanto Campo Flores como Flores de Freitas. Sostuvo de manera enfática que no grabó los interrogatorios por cuestiones "únicamente de seguridad".

Esto no amilanó al abogado de la defensa que enfiló, entonces, contra la relación entablada por el agente de la DEA con CW-1, "El Sentado", quien le mintió al gobierno estadounidense luego de haber llegado a un acuerdo de cooperación. Además, agregó que el testigo cooperante llevó a cabo negocios de drogas entre el verano y el otoño de 2015, justo después de haber llegado a un acuerdo con el gobierno de EE. UU. para cooperar y evitar ser extraditado y juzgado en tribunales estadounidenses.

Randall Jackson cuestionó con severidad la seriedad de la agencia antidroga de Estados Unidos en lo referente a la escogencia de sus fuentes confidenciales, subrayando que solo puede considerarse como un fracaso la política del organismo en este sentido, toda vez que ni siquiera hace un seguimiento a sus informantes, lo cual debería contemplar una prueba rutinaria de drogas, el uso del polígrafo y la averiguación de sus cuentas bancarias o propiedades. La respuesta de Sandalio González a tales observaciones fue que eso no estaba contemplado en los procedimientos de la agencia. Argumentó que la DEA no cuenta con suficientes especialistas para realizar exámenes de polígrafo y que los existentes se encuentran sumamente ocupados en las labores diarias del organismo. Remató con el hecho de que la DEA no tiene presupuesto para tal fin.

Pero los señalamientos de Randall Jackson en cuanto al nivel de intimidad entablado con los informantes no se limitaron a "El Sentado", sino que también incluyó a CS-1, José Santos Peña, con quien el agente González —a juicio del abogado— perdió la objetividad en el trabajo realizado para capturar a Campo Flores y a Flores de Freitas. Para ejemplificar este hecho, el jurista comentó que Sandalio González envió saludos en el Día de Acción de Gracias, Navidad y Año Nuevo al informante confidencial y, además, le prometió ayudarlo cuando los fiscales del gobierno lo encauzaron por haber cometido serios crímenes, entre ellos haber mentido a las autoridades federales.

Uno de los puntos centrales de la defensa fue insistir en que la DEA giró instrucciones a sus informantes para que consiguieran las evidencias para encauzar a los dos acusados por un crimen federal y destacó que fue CS-1 quien en las conversaciones registradas sacó a colación lo relativo al destino de las drogas negociadas, es decir, que fue "El Mexicano" quien dijo en todo momento que la cocaína iba a ser llevada a EE. UU.

Tercer día del juicio, 9 de noviembre 2016

La defensa de Efraín Antonio Campo Flores y Franqui Francisco Flores de Freitas se aferró a un punto: cuestionar las declaraciones de sus clientes luego de su arresto en Haití. Alegaron que las mismas estaban llenas de imprecisiones, eran subjetivas y carecían de valor probatorio.

Los abogados de los Flores sabían lo importante que era tratar de quitarle valor a esas declaraciones y, por ello, trabajaron incasablemente para tratar de lograrlo. Era vital para ellos que la corte desestimara las confesiones en las que admitieron haber cometido el delito por los cuales eran juzgados en la Corte del Distrito Sur de Nueva York.

La tercera jornada del juicio comenzó con el agente especial de la DEA Sandalio González aún en el estrado. Este funcionario fue quien dirigió la investigación de la agencia antidroga estadounidense que condujo a la captura y posterior procesamiento judicial de los sobrinos de Cilia Flores y Nicolás Maduro.

Desde las bancas de los abogados, estos dispararon toda su artillería para demostrar la supuesta incompetencia que el agente había exhibido durante toda la investigación. Esta fue parte de su estrategia desde que tomaron en sus manos el caso de los sobrinos de la pareja presidencial venezolana y ahora, en pleno juicio, frente al jurado, estaban dispuestos a demostrarlo a como diera lugar.

Argumentaron que era imposible que González hubiera podido transcribir la totalidad de las declaraciones que Campo Flores y Flores de Freitas le dieron en el avión. Consideraron que era humanamente imposible que Sandalio González pudiera sostener su teléfono celular en una mano y, al mismo tiempo tomar nota fiel y exacta de lo dicho por sus clientes, además de atender "su imaginario temor a un alto riesgo de seguridad", tal como insistió en afirmarlo.

Por su parte, el fiscal Emil Bove preguntó al agente González si la DEA había ordenado a sus fuentes que dijeran a los acusados que debían usar guantes de látex para evitar que sus huellas digitales fueran captadas por EE. UU., lo que el agente negó en tres oportunidades.

El testimonio de CW-1 o "El Sentado" tampoco fue pasado por alto por los defensores de Campo Flores y Flores de Freitas y, por ende, insistieron ante el juez Crotty que desestimara los aportes de este testigo cooperante y prohibiera su difusión durante el juicio. En la estrategia de la defensa eliminar como evidencia estos testimonios era fundamental.

Sandalio González dijo que "El Sentado"—asesinado en Honduras tres semanas después de que los Flores fueran arrestados en Haití— fue la persona que en primer término informó a la DEA que los acusados le habían contactado pues estaban interesados en hacer un negocio millonario de tráfico de cocaína. Los Flores habían sido referidos al narcotraficante hondureño por un alto oficial de la policía científica venezolana a principios de octubre de 2015.

En su declaración, Franqui Francisco Flores de Freitas le dijo al agente González que "El Flaco" fue quien lo puso en contacto con "El Sentado", mientras que Efraín Antonio Campo Flores le dijo al funcionario de la DEA que "El Flaco" les había presentado a "narcotraficantes en Honduras".

Para la defensa lograr que se desestimara el testimonio del "El Sentado" era muy importante, y para ello trabajaron en torno a la tesis de que fue el testigo cooperante quien primeramente estableció contacto con los Flores. Esto les permitiría desmontar el caso al hacer prevalecer su teoría de que había sido la DEA la que montó el plan para atrapar a "dos peces gordos", que les aportarían muchos puntos en la agencia antidroga, así como beneficios a los informantes que participaron en la operación.

Los abogados de Campo Flores y Flores de Freitas sostuvieron en todo momento que las conexiones políticas de los sobrinos de la pareja presidencial venezolana los habían convertido en un objetivo apetecible ante un grupo de narcotraficantes que buscaba prebendas para ganar méritos con el gobierno norteamericano. Sobre este criterio estructuraron buena parte de su estrategia de defensa y ahora en el juicio dispararon todas sus municiones para lograr este cometido.

También testificaron dos intérpretes: María Elena Alvarado y Henry Reyerbe, los profesionales encargados de traducir al inglés las evidencias aportadas en español por las fuentes de la investigación.

Ellos igualmente fueron objeto del ataque de la defensa, la cual quiso poner en tela de juicio su capacidad para traducir correctamente del español al inglés, a pesar de las impresionantes credenciales que ambos exhibían. Para tratar de lograr este cometido los abogados tomaron algunas palabras que tienen significados diferentes en Venezuela, como por ejemplo "marico" que en la jerga venezolana puede interpretarse en algunas ocasiones como "amigo", pero en inglés traduce "faggot", "homosexual". Igualmente la palabra "primo" o la expresión "mi hijo" o "mijo", que refiere "amigo" y que en inglés es "buddy".

Entretanto, el agente especial de la DEA y para el momento del juicio representante de la agencia en la embajada de EE. UU. en Bogotá, Daniel Mahoney, fue llamado por la fiscalía en su calidad de especialista en rutas de narcotráfico. Ante los presentes refirió que tenía 24 años trabajando con la agencia antinarcóticos y que pasó más de siete años desempeñándose en la unidad de Miami, donde atendió muchos casos importantes de tráfico de droga y lavado de dinero.

Mahoney informó que a Estados Unidos llega el 40 por ciento de la cocaína que produce y exporta Colombia anualmente, de acuerdo a los reportes de la DEA. Indicó que esta droga es enviada a territorio estadounidense a través de distintas rutas, entre las que citó el Caribe (Haití, República Dominicana y Las Bahamas) y Centroamérica (Panamá, Honduras y México). Precisó que la droga pasa por la frontera vía California y Texas.

Contra este testigo arremetió la defensa para tratar de desprestigiar y poner en duda su credibilidad, para lo cual trajeron a colación los porcentajes de droga elaborada en Colombia que llega a Canadá, al igual que la cantidad de la droga que en tránsito por Venezuela era trasladada a aquel país norteamericano.

Los abogados de los Flores solicitaron al agente Mahoney que explicara ante el jurado cuántos paquetes constituyen y qué volumen pueden alcanzar 800 kilos de cocaína.

En esta jornada también fue interpelado un experto en audio, el empresario Frank Piazza, propietario de la empresa "Legal Audio Video", compañía encargada de asistir a despachos de abogados y tribunales sobre los procesos de grabación de audio y video que son utilizados como evidencia en distintos procedimientos judiciales que se llevan a cabo en las cortes de Estados Unidos.

Este hombre explicó los mecanismos técnicos que se utilizaron para trabajar las grabaciones hechas en el restaurante del hotel de Puerto Príncipe, lugar donde tuvo lugar el arresto de los acusados.

Como con los otros testigos, los abogados defensores de los Flores dirigieron su interrogatorio a tratar de descalificar la labor de este profesional y mellar su credibilidad y la fiabilidad de los trabajos realizados por Piazza.

Por último, en este día comenzó a rendir su testimonio el informante confidencial José Santos Peña, conocido también como "El Mexicano" o CS-1.

Ante el jurado, este hombre aseguró que Efraín Antonio Campo Flores no era ningún improvisado en el negocio del narcotráfico; de hecho, la inconformidad con la actitud demostrada por "El Sentado" al haber desaparecido en varios oportunidades y no estar disponible ante sus requerimientos, lo llevaron a procurar hacer negocios con otras personas.

Santos Peña reconoció que no conoció a "El Sentado", pero que sí pretendió tener relaciones de trabajo con él, puesto que en la operación él figuraba como un narcotraficante que mantenía una relación de negocios con el testigo cooperante asesinado en Honduras en 2015.

Durante el interrogatorio a CS-1, se difundieron algunos registros de las reuniones llevadas a cabo en Caracas entre él y los primos Flores, constituyéndose en los acontecimientos claves en este día del juicio.

Pero no todo estaba dicho por parte de este hombre, por lo que su testimonio continuaría el próximo día.

Cuarto día del juicio, 10 de noviembre 2016

A diferencia del día anterior, en esta ocasión a los acusados no se les vio tan risueños y animados sino, por el contrario, su semblante era de preocupación y, junto a sus abogados, exhibieron durante todo el tiempo lo que en el argot popular se conoce como "caras largas".

El responsable de tal actitud fue el fiscal Brendan Quigley, quien desde los primeros momentos de la audiencia se encargó de desmotar la tesis de los representantes legales de los Flores de presentarlos como dos hombres sin experiencia en el negocio del narcotráfico, desconocedores por completo de la logística e intríngulis de la actividad delictiva.

Quigley dejó muy bien sentado que los sobrinos de Cilia Flores y Nicolás Maduro sabían perfectamente que la droga que embarcarían desde el aeropuerto internacional "Simón Bolívar" de

Maiquetía con rumbo a Honduras tendría como destino final varias ciudades de Estados Unidos.

Ante el jurado, el fiscal fue mostrando cómo los dos acusados tenían en su haber amplio conocimiento y dominio del narcotráfico pues, como hizo ver el gobierno, habían estado involucrados en otras operaciones de venta de drogas. En esta ocasión la defensa no pudo recurrir a la tesis del desprestigio de las fuentes de la DEA y su historial criminal, con la que aparentemente habían salido airosos durante la jornada anterior. Por eso el fiscal Quigley recurrió a la fórmula de usar directamente las evidencias validadas por la corte para probar cada uno de los aspectos que constituían el delito por el cual los sobrinos de Nicolás Maduro estaban siendo juzgados.

Valiéndose de las grabaciones como pruebas irrefutables, el fiscal demostró el delito cometido por los primos Flores más allá de toda duda razonable. Así, fue la propia voz de los acusados la que en su interacción con el informante confidencial CS-1 sirvió para que el jurado conociera los pormenores de la conspiración.

A cada palabra, ante cada frase de Campo Flores y Flores de Freitas fijando los detalles de la operación, su expresión facial se fue palideciendo y la actitud altanera de la defensa demudó a un gesto meditabundo y sombrío. Ya Campo Flores no sonreía ni compartía con sus abogados, ahora se le veía turbado y pensativo.

Como apuntamos líneas arriba, durante los primeros dos días del juicio la defensa había salido aparentemente airosa al lograr generar dudas en el jurado presentando un panorama en el que sus clientes lucían como las víctimas de un plan orquestado por los informantes y la DEA para afectar al gobierno de Nicolás Maduro.

Pero este escenario, inicialmente favorable para los Flores, fue cediendo terreno hasta ubicarlos como unos sujetos capaces y dispuestos a valerse de sus conexiones políticas para concretar un negocio de cocaína de más de 20 millones de dólares. Más aún, parte de ese dinero iba a ser utilizado, según palabras del propio Campo Flores, para pagar gastos de la campaña electoral de su madre de crianza, contribuyendo así a consolidar el poder político que su familia mantiene en Venezuela.

Nuevamente el gobierno llamó al estrado al informante confidencial José Santos Peña, CS-1, a quien ordenó escuchar secciones de las grabaciones para luego pedirle que describiera lo ocurrido en los registros de audio y video realizados por él mismo durante los encuentros que sostuvo con los Flores en Caracas en octubre de 2015.

En la sala de audiencias se hizo sentir la urgencia de Campo Flores por concretar la operación cuando se dejaron escuchar en el tribunal varios fragmentos de su conversación con Santos Peña: "Necesito contactarlo respecto a la mercancía". Y más adelante: "Es muy urgente para mí que reciban a mis pilotos allí en este momento". El sobrino de Cilia Flores requería finiquitar el negocio rápidamente. También expresó su molestia por el hecho de que no se sentía satisfecho con los resultados de sus primeros contactos con "El Sentado".

Cabe recordar que el primer encuentro de los Flores con el narcotraficante hondureño y testigo cooperante de la DEA tuvo lugar el 3 de octubre de 2015 en la nación centroamericana. Esta cita sirvió para hacer los primeros acuerdos y "cuadrar" con "El Sentado" el envío de 1 mil 600 kilos de cocaína a Honduras —serían varios los envíos— para luego exportarla a Estados Unidos.

Luego hubo otro encuentro con el hondureño el 6 de noviembre de 2015, pero en esta ocasión a la cita solo acudió Franqui Francisco Flores de Freitas. Entre los asuntos tratados estuvo el ultimar los detalles de la operación y finiquitar el pago de "la bajada", como se conoce en el argot de los narcos la recepción de la droga. Por este concepto debían cancelarle a "El Sentado" 900 mil dólares que le permitirían garantizar que el envío de los 800 kilos de droga fuera recibido con seguridad en el aeropuerto de Roatán en Honduras.

Las grabaciones también sirvieron para revelar ante el jurado que Campo Flores propuso a Santos Peña trabajar en conjunto y dejar a "El Sentado" fuera del negocio. El sobrino de Cilia Flores mantenía la disconformidad por el trato recibido por parte del narcotraficante hondureño quien, a su parecer, no le dispensó las atenciones que ellos creían merecer.

El malestar de Campo se debía a que el día de su entrevista los dejó esperando mientras veía un partido de fútbol. El sobrino de Cilia Flores también se quejó porque el hombre "desapareció" luego del encuentro. En las grabaciones, Campo Flores le decía al informante que quería empezar "inmediatamente" con el negocio y las tardanzas de "El Sentado" le molestaban sobremanera. En concreto, dijo que él había desarmado el plan inicial porque "El Sentado" se perdió y no le respondía las llamadas. Para tratar de calmarlo, Santos Peña le explicó que "El Sentado" era un hombre serio, muy ocupado y con mucho dinero, por lo que debía entender que si se "desaparecía" era porque el ambiente "se había puesto caliente por allá". En esta operación José Santos Peña figuraba como el hombre de confianza del narcotraficante hondureño, quien lo había enviado a Venezuela para afinar los detalles del trato.

En otro de los registros Efraín Campo Flores dice que tenía que programar una reunión para un día en que no se encontrase ocupado trabajando en la campaña de su mamá (Cilia Flores). Igualmente puso sobre el tapete la posibilidad de ampliar la operación a Canadá, esto en virtud de que ellos tenían "una prima allá que es cónsul" con quien podían hacer negocios. Campo le preguntó a Flores: "¿Dónde es que está la prima cónsul allá arriba?", haciendo referencia a Canadá, luego de que CS-1 le hablara de los precios de la droga en ese país.

Asimismo, un video que los miembros del jurado pudieron observar en esta sesión mostró a Campo Flores en conversación con Santos Peña. Allí, el sobrino de Cilia Flores y Nicolás Maduro podía verse con unos guates de látex manipulando y mostrando a su interlocutor una panela de cocaína, muestra de la droga que, supuestamente, el segundo iba a comprar.

Vale acotarque las imágenes presentadas en la corte fueron grabadas con unos dispositivos que usa la DEA para este tipo de operaciones. Las grabaciones son captadas desde el nivel de la cintura aproximadamente, donde los informantes confidenciales la tienen camuflada y aunque el video es a veces confuso, en él los acusados podían apreciarse claramente y ser escuchados sin problemas.

Efraín Antonio Campo Flores aparece manipulando un kilo de polvo blanco y habla a través de un radio a uno de sus guardaespaldas pidiendo que le busquen una navaja para abrir el paquete.

Luego de esta exhibición, el fiscal Brendan Quigley le preguntó a José Santos Peña si él había probado la cocaína. La respuesta del testigo fue que en razón de que él había sido un adicto a la cocaína, para comprobar su pureza se limitó a palparla para examinar la textura, color y olor de la droga. Narró que se valió de sus dedos para liberar los aceites naturales de la sustancia y expresó a la corte: "Era cocaína de la buena".

Del mismo modo el testigo le explicó al jurado su experiencia como traficante internacional de drogas. Al panel le refirió que trabajó por años para el Cartel de Sinaloa en México, cometió delitos de secuestro, robo y sobornos. Además, contó que pagó al gobierno de México para conseguir resguardo y proteger la mercancía (droga).

Con gran desparpajo confesó que no tenía idea de cuántos miles de kilos de cocaína había ayudado a pasar a Estados Unidos y agregó que había estado preso en California por robar ropa en la tienda Macy's junto a su hijo y otro familiar.

Refirió una oportunidad en la que se reunió con Julián Pacheco Tinoco (a la fecha de esta publicación Ministro de Seguridad de

Honduras, desde enero 2015): "Lo conocí por el hijo del expresidente, Porfirio Lobo, llamado Fabio Lobo, en la época que yo trabajaba para la DEA". Como dato al margen, recordamos que Fabio Lobo fue extraditado a EE. UU., se declaró culpable y fue condenado a pagar 24 años de cárcel en Nueva York por conspirar para traficar droga a Norteamérica en julio de 2015. Precisó que el exfuncionario le prestó apoyo para recibir un cargamento de cocaína en Honduras el cual provenía de Colombia.

Todos estos datos salieron a colación a raíz de una pregunta que el abogado David Rody le formuló a Santos Peña con el objetivo de imponer la tesis de que el informante solo testificaba contra sus clientes en razón del dinero que recibía del gobierno de EE. UU. y por el interés de lograr una sentencia menos severa.

Entre los dardos lanzados por la defensa para destruir la credibilidad de los informantes de la DEA estuvo el comentario de que Santos Peña y su hijo "El Junior" ganaron más de 1.2 millones dólares del gobierno de Estados Unidos por su trabajo encubierto y sobre ese monto no pagaron impuestos. También dijeron que cuando estos dos hombres trabajaban para la agencia antidroga estadounidense, no habían abandonado su actividad delictiva y, engañando a la DEA, hicieron negocios de drogas por su cuenta. Por esta razón se les rescindió el acuerdo de cooperación y, en agosto de 2016, fueron arrestados con la advertencia de que si llegaban a mentir nuevamente podrían ser condenados a cadena perpetua.

David Rody acusó a Santos Peña de explorar —durante su estadía en Venezuela en octubre de 2015 en misión de la DEA— la posibilidad de realizar transacciones paralelas de drogas, para lo cual se había hecho acompañar de un tercer hombre no autorizado por la agencia, de nombre Paul.

El abogado de Flores de Freitas dijo que los informantes, a pesar de que solo se reunieron en cuatro ocasiones con los acusados, permanecieron en Venezuela por un lapso de 10 días.

Ofuscado, Rody le preguntaba de manera reiterada a Santos Peña: "¿No es cierto que una de las razones por las que llevaste a Paul a Caracas fue para investigar la posibilidad de hacer otros tratos con drogas?".

La respuesta del informante fue la absoluta negación de tal afirmación. Aseguró que su rutina en Caracas fue asistir a unos prostíbulos, a un centro comercial y a comer mariscos y carnes en un restaurant cercano al hotel.

El objetivo de la defensa de acabar con la credibilidad de las fuentes se cumplió y en esto sí puede asegurarse que salieron victoriosos. Dejaron claro que Santos Peña era un delincuente que pagaba prisión por mentir a los agentes de la DEA sobre su participación en actividades de narcotráfico mientras prestaba servicios al gobierno como informante encubierto. Los abogados de los Flores lograron sembrar dudas en el jurado sobre este sujeto que violó los acuerdos establecidos en los cuales se comprometió a no mentir a las autoridades norteamericanas. Un fin que Rody alcanzó al arremeter contra Santos Peña y divulgar una lista de delitos cometidos por él en México y en EE. UU., incluyendo el secuestro de unos hombres que se habían robado 321 kilos de cocaína. Este hecho ocurrió cuando estaba ligado con el cartel de Sinaloa.

Sin duda, una jornada cargada de emociones y expectativa que podrían calmarse un poco en virtud de que, por celebrarse el Día de los Veteranos ese viernes, la próxima cita en el juzgado se postergaba hasta el lunes siguiente.

Quinto día del juicio, 14 de noviembre de 2016

Pero el breve receso no sirvió para hallar la calma, pues al reiniciarse las sesiones del juicio de Efraín Antonio Campo Flores y Franqui Francisco Flores de Freitas continuaron las sorpresas.

El primer cambio de la agenda del día se debió a la imposibilidad de que José Santos Peña continuara rindiendo testimonio debido a un problema con la Oficina de Prisiones (BOP) que no permitió que el prisionero llegara a tiempo a la corte. Por ello se decidió alterar el orden de comparecencia de los testigos y subió al estrado un experto en computación forense que trabaja para el Departamento de Justicia de Estados Unidos, a saber, Daniel Ogden, especialista en análisis de data de teléfonos celulares.

A Ogden le correspondió bajar la información que contenían los teléfonos celulares de los dos acusados, los cuales les fueron confiscados al momento de su arresto en Haití, el 10 de noviembre de 2015. Sus primeras declaraciones versaron sobre los aspectos técnicos de los procedimientos para obtener los datos de estos aparatos.

Luego procedió a mostrar una serie de "chats" entablados por los acusados y los nombres que utilizaron en cada una de las conversaciones.

Así, el jurado pudo conocer un "chat" de Whatsapp entre Campo Flores (Tanner con un avatar de Hugo Chávez) para el cual se usó el número de un teléfono celular venezolano +584142865397. La comunicación tuvo lugar el 8 de noviembre de 2015 entre el citado y "Negro", un nombre de usuario con que se identificó CS-1.

Asimismo, Ogden mostró llamadas telefónicas y mensajes de texto y precisó que era posible, como en efecto lo hicieron, recuperar el contenido que "había sido borrado". De este modo, quedaron especialmente evidenciadas ante el jurado las comunicaciones de Efraín Campo Flores en Honduras.

Fue posible ver, incluso, dos *selfies* captadas del celular de Efraín Campo, las cuales fueron tomadas frente a un espejo. En una de ellas se le aprecia con los brazos arriba con el teléfono por encima de la cabeza, y en la otra tenía el teléfono entre el ombligo y el pecho. Se mostraron también conversaciones de llamadas telefónicas y de "chats" sostenidos entre los primos Flores.

Entretanto, las fotografías obtenidas del teléfono celular de Franqui Flores, eran unas *selfies* del sobrino de Cilia Flores, una de ellas lo mostraba sonriente con una avioneta de fondo en Honduras. Según la defensa esta imagen fue una foto que el acusado envió a su hermana. Igualmente se obtuvo una fotografía de su cédula de identidad y otra de su pasaporte, además de una tarjeta de crédito "Visa Platinum" del banco venezolano Banesco.

A Campo Flores también se lo pudo ver en unos *selfies* tomados el 30 de abril de 2015. Una fotografía daría mucho de qué hablar durante el juicio, pues lo mostraba con unas armas largas sobre una cama.

El jurado pudo ver un "chat" en el que Efraín Campo Flores se identificó con el nombre de usuario "HRCF" —por Hugo Rafael Chávez Frías—, donde mostraba su impaciencia y manifestaba al informante CS-1 su deseo de empezar a trabajar lo antes posible "porque nos viene la campaña y yo siempre aporto con plata, si me entiende, por eso quiero empezar." La respuesta de CS-1 fue: "No se preocupe que vamos a salir".

Del mismo modo se dio a conocer la información de un "chat" de Blackberry de Flores de Freitas en el que se identificaba como "Don Ramón" y la foto del popular personaje de la serie mexicana "El Chavo del 8". Ogden indicó que el número de teléfono usado para este chat fue el +584141635405, también de Venezuela. Allí, entre las conversaciones sostenidas entre Campo y Flores, dice: "Vamos a reunirnos esta noche con esa gente. Fonsek".

Entre las fotografías captadas del celular de Flores de Freitas, además de las ya mencionadas —tarjeta de crédito, su cédula de identidad, pasaporte, un *selfie*— había una foto tomada desde un vehículo marca Toyota. Estas imágenes fueron enviadas a alguien identificado como Tía Mayerlin.

En las conversaciones sostenidas entre los acusados, una daba cuenta de la instrucción girada por Campo Flores a Flores de

Freitas de comprar seis celulares BlackBerry en Mercadolibre.com: "3 para mí, dos para ti y uno para el enano Capichi".

En otra conversación por Whatsapp aparecía Campo Flores intercambiando mensajes con "Gilson", cuyo número de teléfono era +584145267023. En un momento de la conversación Campo le expresó a su interlocutor sus deseos e impresiones sobre unas armas: "Una para mí y una para mi tío. A 1000 dólares...no es caro. Son bellas. Mini Uzi."

Había igualmente una conversación con Sr. Marco +584141150167 y Papa Laury.

Durante el interrogatorio a Daniel Ogden, este presentó una conversación en Snapchat entre Flores de Freitas y "Hamudi" en la que podía leerse lo siguiente:

Flores: Papi llamame...pelo

Hamudi: Si.

Hamuditrd@gmail.com y desde el teléfono +584242294796.

Franqui Flores de Freitas y "Hamudi" intercambiaron una foto de ambos abrazados y en la que puede apreciarse a "Hamudi" sin camisa y otra que mostraba a Campo Flores y "Hamudi" en la cual el primero lleva una camisa a rayas amarillas y blancas.

Se divulgó igualmente una conversación entre Flores de Freitas y "Youssef", donde el primero le solicitaba los datos de "Hamudi" al segundo, al tiempo que le informaba que su nombre era Mohammed Abdul.

Después de esto una conversación sostenida entre Campo Flores y Flores de Freitas daba cuenta de que: "Al parecer mataron a Hamudi. Lo encontraron muerto en el cementerio...me han llamado 5. En el cementerio".

Campo responde: "Que peo vale..."

Flores: "Si marico"

Flores: "Me encontré con Pepero"

"El sapo mexicano y su amigo el Pollo"

Marcel el concesionario....En el San Ignacio"/

Hay otra conversación entre Flores de Freitas y "Salemi" y con "Pepero PPR" desde el teléfono +584143883275.

Por otra parte, la fiscalía dio a conocer una serie de fotografías de unas armas largas, rifles y ametralladoras Uzi que los Flores supuestamente habrían comprado a través de un proveedor local en Caracas.

Los abogados de la defensa lograron anotarse un punto a favor al evidenciar ante el jurado que José Santos Peña, conocido con el alias de "El Mexicano" y parte de la operación de la DEA que capturó a los primos Flores como CS-1, mantenía un plan para tentar a los acusados a cometer el delito por el que eran juzgados.

El informante confidencial de la agencia antidroga estadounidense, ante la presión de los abogados de la defensa, reconoció durante la quinta jornada del juicio que "El Sentado",

Carlos Amílcar Leva Cabrera, tenía previsto suministrar la droga objeto de la conspiración a los acusados.

El abogado de Flores de Freitas, David Rody, preguntó a CS-1 si sabía que CW-1 tenía previsto proveer la droga para los acusados, y este confesó que, efectivamente, sí tenía conocimiento de ello.

De igual manera, dijo que por instrucciones del agente especial de la DEA Sandalio González había viajado a Caracas dispuesto a manipular a los dos hombres.

Declaraciones de tal envergadura allanaban el camino de la defensa de los Flores en su intención de comprobar que sus clientes fueron objeto de un complot político por parte de los informantes y testigos de la DEA con el objetivo de ganar dinero por la captura de quienes se perfilaban como dos altas fichas, dados sus lazos familiares con Cilia Flores, Primera Dama de Venezuela.

Pero no conforme con esto, David Rody insistió ante Santos Peña hasta hacerlo admitir que él había sido quien introdujo en las conversaciones sostenidas con los acusados el tema de que la droga tendría como destino final Estados Unidos. Y aun cuando no lo afirmó en estos términos, quedó sobreentendido que fue el primero en mencionar a Norteamérica como el lugar a donde serían llevados los 800 kilos de cocaína.

Y si estos hechos lograron sumarle puntos, no lo hizo menos el que lograran obtener una grabación en la que se escuchaba a José Santos Peña (CS-1) y a su hijo José Santos Hernández, también conocido como "El Junior" y CS-2, en plena negociación de drogas con el mismo sujeto que los acompañó a Caracas en octubre de

2015 y a quien se conoció con el apelativo de Paul, cuya presencia no estaba autorizada por la DEA. Allí, quienes fungieron como informantes confidenciales en el caso de los primos Flores, fueron captados con Paul negociando unos envíos de drogas. Ambos hombres se encontraban, a la fecha del juicio, presos en el Centro Correccional Federal de California.

El informante admitió nuevamente haber mentido a la DEA durante el tiempo que trabajó con ellos y que, incluso, lo siguió haciendo cuando se confesó culpable de tres delitos: traficar drogas a EE. UU., ayudar a manufacturar y distribuir drogas, y mentirle al gobierno federal.

En el interrogatorio, el abogado Rody llevó a Santos Peña a reconocer que había ido a Caracas con instrucciones precisas de la DEA de registrar todos los encuentros que sostuviera con los acusados. También dijo que "El Sentado" prometió en un principio poner a disposición los aviones necesarios para el traslado de la droga objeto de la conspiración.

En este interrogatorio, también Rody hizo que Santos Peña reconociera que en una conversación con el agente Sandalio González había admitido que los primos Flores carecían de experiencia en el negocio de las drogas: "sí, dije que eran novatos, si lo comparamos con mi experiencia".

De todas las maneras habidas y por haber, David Rody preguntó a Santos Peña cuál era el plan original que lo había llevado hasta los en ese momento acusados. También lo conminó a la admisión de que, en las conversaciones en Caracas, él introdujo el tema de que la cocaína iba a ser llevada a Estados Unidos.

La defensa pidió al juez Paul Crotty permiso para presentar ante el jurado la grabación de la conversación de CS-1 y CS-2 sostenida con Paul en la cárcel de California y el magistrado concedió que el audio fuese difundido durante la siguiente sesión. Con esto podrían quedar de manifiesto, tanto las reiteradas mentiras de estos informantes al gobierno, como la posible ruptura del acuerdo de cooperación entre Santos Peña y las autoridades estadounidenses.

Esta secuencia de hechos dejó noqueados a los fiscales, quienes se mostraron sorprendidos con la revelación de la defensa y salieron de la sala apresurados sin hacer comentarios. Entretanto los abogados defensores lucieron victoriosos en esta jornada, triunfo del que se hicieron eco Efraín Antonio Campo Flores y Franqui Francisco Flores de Freitas, quienes sonrieron y abrazaron a sus representantes legales.

Sexto día del juicio: 15 de noviembre de 2016

Las estocadas dadas por la defensa el día anterior tuvieron su resultado cuando en la sexta sesión los abogados lograron sacar del juego al informante confidencial de la DEA, José Santos Peñas (CS-1), quien definitivamente fue eliminado como testigo clave en el juicio.

La punzada mortal la dieron en mancuerna el abogado de Campo Flores, Randall Jackson, y el de Flores de Freitas, David Rody, quienes enviaron al foso más profundo la credibilidad de José Santos Peña ante el jurado, a tal extremo de que los fiscales auxiliares le advirtieron en plena corte que su acuerdo de cooperación quedaba sin efecto.

Durante este día, los integrantes del panel de jurados pudieron escuchar la grabación hecha por la Oficina de Prisiones (BOP) en la cárcel federal de California donde permanecen en custodia Santos Peña y su hijo José Santos Hernández, desde el 4 de agosto de 2016. El registro permitió escuchar a los dos informantes conversar con otros dos hijos de Santos Peña, a saber Joaquín e Hilario, quienes para el momento del juicio vivían en Los Mochis, Sinaloa, México.

Claramente el jurado pudo enterarse a través de las grabaciones cómo los ahora dos exinformantes ultimaban detalles de una operación de narcotráfico. Allí CS-1 giraba instrucciones a sus dos hijos para que vendieran drogas a algunos de sus clientes. Específicamente refirieron la entrega de unas maletas llenas de mercancía, unas 120 "bolas" cuyo contenido al parecer era cocaína. También hicieron alusión a una transacción de anfetaminas.

Ante cada confesión de CS-1 en los interrogatorios practicados por Jackson y Rody, los fiscales guardaban riguroso silencio y solo al final del cuestionario intervino Emil Bove para informar a José Santos Peña que el gobierno no le entregaría la carta 5K, un instrumento con el cual podía beneficiarse con una rebaja de condena. Las reiteradas mentiras del informante tuvieron su fruto y ahora enfrentaba la posibilidad de ser condenado a cadena perpetua. Ante estas palabras el rostro de Santos Peña se desdibujó por completo mientras era observado por un jurado absolutamente perplejo ante el espectáculo que acababa de presenciar.

Los abogados de Campo Flores y Flores de Freitas remataron al presentar al jurado el caso de sus clientes como "un complot preparado por los informantes de la DEA" con la intención de atraer a los Flores y llevarlos a concretar un negocio de narcotráfico, "donde ellos no tenían que poner nada y que iban a ganar muchos millones de dólares".

A los jurados, los defensores de los Flores dijeron que estos fueron víctimas de los informantes de la DEA quienes buscaban peces gordos para cobrar una gran recompensa.

—¿Usted lo hizo por dinero, por ganar mucho dinero? —preguntó Randall Jackson en tono enérgico.

La respuesta del informante fue: "No. Yo cobraba por todos mis trabajos, ya que todos eran exitosos".

Entretanto, David Rody acusó a Santos Peña de haber "pescado" a los dos sobrinos del presidente Nicolás Maduro y la Primera Dama Cilia Flores como "trofeo" para la DEA.

Le preguntó a CS-1 si él sentía odio o rabia contra la familia de los dos acusados, a lo que el hombre negó rotundamente, pues, como dijo, no tenía nada personal contra Campo, Flores, ni su familia.

Entonces David Rody recordó un "chat" mantenido entre Santos Peña y el agente especial Sandalio González en el que el primero manifestó al segundo sus deseos de tener sexo con la mamá de Efraín Campo, Cilia Flores.

Entretanto, Randall Jackson sostuvo ante el jurado que la panela que pudo observarse en uno de los videos presentados como prueba y que fue manipulada por Campo Flores y posteriormente examinada por CS-1, no era auténtica cocaína como se ha pretendido hacer ver durante todo el curso de la investigación y el juicio.

Jackson acusó al informante confidencial de haber destruido la panela de sustancia cuando descubrió que no era cocaína de verdad.

—¿Usted destruyó la cocaína de este caso cuando descubrió que no era cocaína de verdad? ¿Cierto? —interrogó vehementemente el abogado de Campo Flores.

Buscaba Jackson imponer su criterio frente al jurado —que lo observaba atentamente— y sembrar en ellos una seria duda acerca de la naturaleza de la sustancia que durante todo el curso de este proceso se ha insistido en identificar como cocaína.

Pero la respuesta de Santos Peña fue tajante: "Sí era cocaína y de la buena".

Pero no todo fue éxito para la defensa, pues si bien lograron acabar con la credibilidad de las fuentes confidenciales de la DEA, la decisión del juez Paul Crotty fue mantener las evidencias que los dos sujetos, CS-1 y CS-2, recolectaron y las cuales constan de grabaciones de audio y video cuando fueron a Caracas a reunirse con los acusados con el objetivo de finiquitar el negocio.

La fiscalía acusó el duro golpe de la defensa, pero luego de pasar un tiempo sobre la lona comenzó a recuperarse y se levantó dispuesta a seguir la pelea propinando ella también varios ganchos de derecha; uno de ellos lo dio el fiscal Emil Bove, quien mostró a los miembros del jurado varias transcripciones de comunicaciones por mensajes de texto sostenidas por Efraín Antonio Campo Flores con una persona apodada "Pepero". En los "chats" presentados por el gobierno se podía leer que el hijastro de Nicolás Maduro le pedía información al señalado "Pepero" sobre los pilotos que harían el viaje del envío de la droga. El intercambio de mensajes versó sobre la necesidad urgente de reunirse para ultimar este asunto.

Igualmente, Campo dijo a "Pepero" que debían enviar "regalos grandes a los tipos grandes". Hacían alusión a su condición de empresarios y, como tal, tenían que actuar y mostrarse. "Pepero" le informó a Campo que "ellos querían tomar crédito (...) por 300, 500". "Me gusta ese 500", acotó Campo.

A lo que "Pepero" respondió: "Le dije que nos diera crédito a nosotros".

Campo: "Ya lo hicimos dos veces...ya. ¿Y con el portugués? Cuando llegue a Miami voy a cambiar el ticket..."

"Pepero": "Ellos quieren que les vendamos para la fiesta...1000...les dije que 3".

Campo: "200 por unidad...Vente y hablamos".

Posteriormente la fiscalía dio a conocer al jurado una conversación sostenida entre Flores de Freitas con "Pepero". Allí, el primero le pregunta al segundo por el "G52...luego dice a dónde enviamos...3000 de créditos".

Flores: "Va al 'El Sombrero', esa era la condición".

"Pepero": "Voy a juntarme con el magistrado...".

Flores: "Cuánto le digo...si ofrecemos un millón... Dos...ellos me dan crédito...Esperemos a ver si se puede meter más..."

En este sexto día de juicio también pasó a testificar otro agente de la DEA, a saber, Kimojha Brooks, quien informó que su trabajo en la operación consistió en recibir, de manos de la policía de Haití, los teléfonos celulares de los acusados, así como también los pasaportes y fotografías de los pasaportes de los otros individuos que viajaron en el avión que llevó a Campo Flores y Flores de Freitas de Caracas a Puerto Príncipe el 10 de noviembre de 2015.

Del mismo modo Brooks explicó que se había encargado de la seguridad de los acusados, de tomar sus datos biográficos, de completar las formas de inmigración y del procedimiento de entrada a EE. UU.

Interrogado por el abogado David Rody, el agente Brooks refirió que él fue el encargado de cuidar las evidencias que había recibido de manos de los oficiales haitianos.

Dejó sentado que el avión en el que viajaron los Flores a Haití no fue requisado por la DEA por cuanto no estaban autorizados para ello al no ser su jurisdicción.

A la pregunta de Rody acerca de si él vio que los acusados tuvieran drogas o armas consigo, el agente Brooks contestó:"No".

El gobierno presentó al juez Paul Crotty la solicitud de aprobar el interrogatorio de un nuevo testigo, el hondureño Carlos González, parte integrante de la conspiración motivo del juicio.

Con uniforme de prisionero hizo su entrada a la sala el referido Carlos González, quien se declaró culpable del delito de conspirar para traficar 5 o más kilos de droga a Estados Unidos. Este hombre, de nacionalidad hondureña, se entregó de manera voluntaria a la DEA después de que las autoridades de su país lo arrestaran. Para esa fecha se desempeñaba como encargado del tráfico aéreo en el aeropuerto de Roatán "Juan Manuel Gálvez", de la nación centroamericana.

En su testimonio precisó que trabajó con Carlos Amílcar Leva Cabrera, alias "El Sentado", así como como con un socio de este de nombre Marcos Maryels. Informó que asistió a dos reuniones en San Pedro Sula en las que se acordaron algunos detalles para la operación de envío de la cocaína que saldría desde la rampa presidencial del aeropuerto internacional "Simón Bolívar" de Maiquetía.

Ante el jurado, Carlos González refirió que trabajó con el supuesto socio de Campo Flores y Flores de Freitas, Roberto de Jesús Soto García, quien a la fecha del juicio se encontraba preso en Honduras. Los dos viajaron a San Pedro Sula para reunirse con "El Sentado" y establecer toda la logística que regiría para el arribo del primer cargamento de cocaína al aeropuerto de Roatán controlado por González y Soto García. La droga colombiana, acordaron, llegaría el domingo 15 de noviembre de 2015 en horas de la tarde, despachada desde Venezuela por los primos Flores.

Precisó que cobraría 200 mil dólares por recibir el avión, una tarifa que incluía los pagos que se cancelarían al personal del aeropuerto, entre los que se encontraban jefes del departamento de planes de vuelo, de radares, policías y militares hondureños.

Con este testimonio llegó a su fin la sexta sesión del juicio caracterizada por recibir por parte de los abogados de la defensa una serie de ataques destinados a descalificar y desmeritar la credibilidad de González, del mismo modo que lo hicieron con los informantes confidenciales. Todas las armas sirvieron a los representantes legales de los Flores para cumplir con este cometido, entre ellas sacar a colación que este hombre había sido acusado de violencia doméstica y tenía antecedentes criminales.

Séptimo día del juicio, 16 de noviembre de 2016

Si bien la defensa de los Flores se había anotado algunos puntos en las jornadas anteriores, durante el séptimo día de juicio experimentaron un duro revés cuando la fiscalía presentó un conjunto de evidencias con las que el jurado pudo conocer el plan que implementarían los sobrinos de Cilia Flores para llevar su primer cargamento de drogas desde Caracas a Honduras, donde sería recibida la cocaína que, posteriormente sería llevada a Estados Unidos. Las pruebas del gobierno dejaron ver cómo en los acuerdos establecidos entre los acusados y sus socios hondureños la droga sería recibida por estos en el aeropuerto de Roatán el domingo 15 de noviembre de 2015, entre 4:30 y 5:15 de la tarde.

En esta sesión, en primer término, continuó el interrogatorio al controlador aéreo del aeropuerto de Roatán, Carlos González, quien señaló que se sumó a la conspiración por intermedio de Roberto Soto García, coacusado en este caso.

El abogado de Campo Flores, John Zach, arremetió contra González tratando de descalificarlo al tiempo que lo acusó de colaborar con el gobierno en este caso por el solo interés de obtener una pena menos severa, señalándolo de ser capaz de hacer o decir cualquier cosa con tal de pasar menos años en la cárcel.

Zach le preguntó a González si conocía a Campo Flores y a Flores de Freitas, a lo que el testigo manifestó que ciertamente no los conocía, pero que sí había participado de una reunión en Honduras "donde se discutió un envío de cocaína que venía de Venezuela".

Del mismo modo el abogado lo acusó de mentirle a la DEA, pues no informó acerca de una reunión que tuvo lugar en octubre de 2015. La respuesta del testigo fue contundente: El 11 de agosto de 2016 ante los abogados y los fiscales del gobierno estadounidense dijo toda la verdad sobre su relación con "El Sentado" y sobre sus numerosas actividades con el narcotráfico.

John Zach quiso presentarlo como un simple empleado de "El Sentado", pero Carlos González negó que esto fuera cierto, toda vez que solamente había hablado con él para ultimar los detalles del negocio referido a una droga que sería enviada desde Venezuela y por la cual se encontraba testificando en este juicio.

—"El Sentado" llamó a Roberto Soto García y fue Soto quien me llamó a mí para hacer el negocio. Nosotros le prestábamos el servicio de recibir los aviones llenos de drogas a varios carteles de droga y "El Sentado" era solo uno de ellos —dejó bien claro el hombre.

El relato de Carlos González sobre los sobornos que se pagan a la policía de la isla de Roatán y a los empleados del aeropuerto echó por tierra la acusación de John Zach en la que lo señalaba como empleado de "El Sentado". Quería el abogado presentarlo como un simple apéndice del narcotraficante hondureño que terminó siendo testigo cooperante del gobierno estadounidense. El testigo sostuvo que él trabajaba con un grupo aparte que pagaba los sobornos y que "El Sentado" era solamente un narcotraficante más de los muchos con que hacía negocios. De hecho aseguró haber ayudado a más de 50 aviones con drogas a aterrizar en el aeropuerto de Roatán.

Ante el jurado también testificó otra fuente confidencial de la DEA, a saber, Juan Gómez (CS-3), quien aseguró que Franqui Francisco Flores de Freitas no era ningún improvisado en el narcotráfico, con lo que dejó muy mal parada a la defensa que insistía en afirmar que sus clientes solo eran "jóvenes inexpertos" y hasta "estúpidos", que fueron engañados por el gobierno, la DEA y sus informantes.

Gómez aseguró que Flores de Freitas tenía un amplio conocimiento de la actividad del narcotráfico y dominio en la organización de planes de vuelo, la mercancía y los pilotos. Además señaló como un aspecto muy importante el hecho de que poseía o disponía de aviones y tenía acceso al hangar presidencial del principal aeropuerto venezolano.

Gómez es de nacionalidad colombiana y trabaja como informante para la DEA desde el año 2009. Precisó que estuvo presente en la reunión que se efectuó en Honduras el 6 de noviembre de 2015, a la que asistieron Franqui Francisco Flores de Freitas, César Orlando Daza Cardona, Roberto Soto García y "El Sentado".

Ante los requerimientos del fiscal Emil Bove III, Juan Gómez procedió a detallar al jurado el contenido de las grabaciones que hizo durante la citada reunión del 6 de noviembre.

Informó que hizo registros en solo audio y en audio y video de la reunión por orden de la DEA y abundó en detalles sobre el encuentro que de acuerdo al gobierno fue determinante para estructurar la conspiración de los sobrinos de Nicolás Maduro y Cilia Flores. En esa cita, destacó, se concretó el envío de la cocaína que saldría desde la rampa presidencial del Aeropuerto Internacional "Simón Bolívar" de Maiquetía el 15 de noviembre de 2015 y arribaría a Roatán entre las 4:30 y 5:15 de la tarde en un vuelo legal con su respectivo plan de vuelo.

Las grabaciones que hizo Gómez en la reunión que tuvo lugar en un restaurante en San Pedro Sula se efectuó con los dispositivos 2 y 3 del gobierno norteamericano para registrar las evidencias de los crímenes de narcotráfico.

Juan Gómez indicó que en la reunión se trataron tópicos relativos a la transacción de narcotráfico, dejando todo en claro acerca de cómo debían llevarse a cabo los procedimientos. Soto explicó a Flores los horarios en que debía concretarse el aterrizaje en Honduras, al tiempo que recomendó traer en el vuelo a unas cuatro personas que actuaran o bien como turistas o como hombres de negocios que debían bajarse del avión y hacer tránsito de tal forma que la aeronave escapara de toda sospecha. Explicó que se trataba de una operación de doble envío, puesto que la aeronave debía regresar con otra carga de droga cuando el avión volviera a recogerlos.

Gómez describió la actuación de Flores de Freitas en la reunión y detalló que este había formulado varias preguntas a Soto sobre posibles problemas que pudieran presentarse, a lo que el segundo le aseguró que siempre y cuando el vuelo llegara a tiempo, todo estaría bien.

Soto alertó a Flores de Freitas que los únicos problemas que no podían controlar eran el clima o un "acto de Dios", así como a los agentes de la Administración de Control de Drogas de Estados Unidos. De cualquier forma, explicó también lo que podía catalogarse como "el Plan B", que consistía en el aterrizaje del avión en una pista clandestina en las montañas, algo que solo se haría en caso de una emergencia.

—De presentarse ese caso, nosotros nos haríamos responsables por la droga y no por el avión —advirtió.

Una advertencia que no gustó "nada, nada" a Flores de Freitas.

Vale reiterar que Roberto de Jesús Soto García fue nombrado coacusado en este caso.

El nombre del segundo hombre más fuerte del régimen venezolano, Diosdado Cabello, se escuchó nuevamente durante esta jornada del juicio.

El dirigente oficialista venezolano salió a relucir, según se narró ante el jurado, durante la conversación que sostuvieron "El Sentado", Juan Gómez (CS-3), César Daza Cardona, Roberto de Jesús Soto y Franqui Francisco Flores de Freitas.

Parte de lo que allí se dijo fue lo siguiente:

CW-1: "La verdad es que como uno tiene que platicar de la gente allá para darse cuenta. Uno, no, no... él no es tan mentado a nivel internacional...acá como...con... Si yo sé que... porque dicen que Diosdado Cabello es el jefe del cartel de los Soles".

Flores: "Bueno, tiene sus peos (líos, problemas)..."

CW1: "Uhum..."

Flores: "Tiene peos, tiene peos en Estados Unidos y lo denunciaron de narcotraficante".

Flores: "Eso dicen que es el jefe del cartel. Solo rumores no de verdad que no....no lo sé pero el carajo me dicen que él es bueno de presidente".

CW-1: "El hombre más fuerte de Venezuela".

Flores: "Tiene a todos en las fuerzas armadas. Él las controla".

Flores: "Uhum".

Daza Cardona alias "El Negrito": "A ver pero...lo único malo es que no quiere trabajar con vos".

Flores: "¿Cómo?"

John Zach le preguntó a Gómez si había sido él quien había introducido el tema de la política venezolana en la conversación. El informante respondió afirmativamente porque, como dijo, "hay que hablar de algo".

Zach: "¿Usted leyó el artículo que publicó *The Wall Street Journal* sobre Diosdado Cabello?"

Gómez: "No".

Zach: "¿Leyó *The Washington Post*, *The New York Times* que también lo publicó?".

Gómez: "No, yo no leo esas cosas".

Octavo día del juicio: 17 de noviembre de 2016

Del entusiasmo mostrado en los primeros días, ya poco o casi nada se observaba —por lo menos, poco se dejaba ver— en el ánimo de Efraín Antonio Campo Flores y Franqui Francisco Flores de Freitas, al comenzar la octava jornada de su juicio.

Sus rostros lucían desencajados cuando a las 9:30 de la mañana los alguaciles de la Oficina de Prisiones trajeron a los dos acusados a la sala de la Corte del Distrito Sur de Nueva York; se les veía tan grises como los *sweaters pullover* que vestían, un atavío que junto a las corbatas y pantalón los pretendía mostrar como estudiantes de escuelas jesuitas.

Fueron muchos los golpes recibidos cuando cada nuevo dato sobre su conducta y la operación de narcotráfico que comandaron era dado a conocer por el gobierno, desmontando así la estrategia esgrimida por la defensa dirigida a exhibirlos como unos "muchachos" víctimas de "una trampa de la DEA".

Por su parte, su equipo de defensa, a pesar de la adversidad, se mostraba solícito con sus clientes y pendientes de cuidar cada detalle en su apariencia. En esta mañana, se vio a Elizabeth Espinosa y a David Rody arreglar el cuello de la camisa y la corbata a Flores de Freitas, mientras que John Zach trataba, en todo momento, de que Campo Flores estuviera impecable antes de que llegara el jurado a sus asientos. Cuando entraron, los acusados buscaban cruzar miradas con ellos, como en cada una de las sesiones.

Cuando ya todos estaban en sus puestos, el juez de la causa, Paul Crotty, cedió la palabra a la fiscalía que, como establece el reglamento, inicia las declaraciones de cierre al final del juicio. Representando al gobierno, el fiscal Brendan Quigley comenzó su exposición destacando la importancia de las evidencias presentadas a lo largo del juicio y con las cuales esperaban probar ante el jurado la culpabilidad de los acusados, más allá de la duda razonable:

—Los dos acusados creyeron que estaban por encima de la ley. Se creían poderosos en Venezuela y actuaban con "impunidad" a causa de quienes eran y quiénes eran sus familiares —resumió el fiscal al momento de solicitarle al jurado condenar a Efraín Antonio Campo Flores y a Franqui Francisco Flores de Freitas por conspirar para introducir masivos cargamentos de cocaína en Estados Unidos.

El representante del gobierno manifestó que las evidencias que se recolectaron entre agosto y noviembre de 2015 dejan constancia de que los acusados mantenían perfecto control del principal aeropuerto venezolano, el cual utilizaban en beneficio propio, burlando las leyes, para enviar droga a Estados Unidos.

Brendan Quigley alertó al jurado de que los Flores mal podían confundirse con personas ingenuas, víctimas de un complot dirigido por Estados Unidos y destinado a perjudicarlos con fines políticos, dadas las diferencias mantenidas entre los gobiernos de EE. UU y Venezuela.

—Son dos hombres adultos ansiosos y entusiastas que trabajaron metódicamente durante meses para ejecutar un complicado acuerdo de drogas por el cual buscaron ganar 20 millones de dólares.

Quigley subrayó con mucha vehemencia que "los acusados estaban desesperados por lograr el dinero fácil para ayudar a impulsar la campaña de su tía Cilia Flores y lograr consolidar a su familia en el poder".

Y entonces pasó a rebatir esa imagen de "muchachos" inocentes e ingenuos de los Flores que la defensa pretendió presentar durante todo el juicio. "No. Son hombres de 30 años. Uno de ellos, el señor

Campo, es abogado. Ellos sabían lo que estaban haciendo y lo que buscaban con su acuerdo para vender droga proveniente del grupo terrorista FARC hacia Estados Unidos".

Entonces el fiscal procedió a narrar de manera cronológica la investigación de la conspiración con todos sus detalles hasta concluir que había suficientes pruebas para acusar a los Flores y proceder a su arresto.

En tal sentido, Quigley hizo mención a "los planes de vuelo, los pagos de 900 mil dólares por la llegada del vuelo a la isla de Roatán, a donde llegaría la cocaína que enviarían el 15 de noviembre de 2015, a las 4:30 p. m".

No eran "muchachos" inocentes, ni unos improvisados, sino hombres con poder, tal que se manifestaba en su capacidad de usar el hangar presidencial del Aeropuerto Internacional "Simón Bolívar" de Maiquetía a su antojo. Más aún, pensaban incrementar su estructura, pues Campo Flores expresó su deseo de comprarse un avión Falcon para el envío de la mercancía.

Contundentemente, Quigley dijo que los acusados no eran los tontos inducidos y engañados por los corruptos informantes de la DEA que se aprovecharon de los crédulos "jóvenes" que soñaban con ganar dinero sin hacer nada, pues "la verdad es que los acusados fueron capaces de conspirar y creyeron que eran capaces de hacerlo, logrando juntar todas las piezas para traficar cocaína".

En tal sentido, el fiscal pidió al jurado hacer una comparación entre las declaraciones de los acusados durante el vuelo de Puerto Príncipe a Nueva York con el contenido de las evidencias, los audios y videos, los mensajes de texto y las conversaciones sostenidas a través de "chats", lo cual les permitiría comprobar, tal como la fiscalía lo demostró más allá de toda duda razonable, que los Flores, además de ser narcotraficantes, sabían perfectamente que la cocaína tenía como destino Estados Unidos.

Según el fiscal, el jurado debía poner especial cuidado a las confesiones de los sobrinos de los acusados, puesto que en ellas encontraría suficientes elementos para condenarlos. Precisó que Campo Flores sabía que quienes proveerían la droga eran las FARC y que tanto él como su primo, Flores de Freitas, sabían que la droga iba a Estados Unidos.

Los remitió a las seis horas de audio en las que podrían escuchar de la boca de los propios acusados —fueron traducidas— y verificar que los Flores documentaron su propósito de volar a Honduras, la información sobre los pilotos, el avión, el plan de vuelo, el cargamento de drogas y el poder que ambos tenían para usar el hangar presidencial del primer aeropuerto de Venezuela. Destacó el fiscal que estos registros les permitirían ver que ni siquiera los militares de más alto rango, como generales y coroneles, tenían poder para interferir sus operaciones, dado su parentesco con la pareja presidencial venezolana.

El fiscal recordó al jurado que en las grabaciones podía escucharse perfectamente a Efraín Antonio Campo Flores manifestar su desesperación por conseguir 20 millones de dólares, toda vez que tenía que pagar los 4 mil votos que cada dirigente de parroquia le había conseguido para la campaña de su madre.

Entretanto, en su argumentación final, el abogado defensor de Franqui Francisco Flores de Freitas, David Rody, se propuso ridiculizar a las fuentes de la DEA, así como descalificar la investigación llevada a cabo por la agencia antidroga, asegurando que era un vulgar montaje.

Rody quiso echar mano de la manipulación sentimental del jurado al exponerles que "en sus manos está que estos dos hombres regresen a casa con sus familias".

Nuevamente recurrió a la estrategia de presentar a su cliente y al primo de este como inexpertos, como "muchachos" que no tenían idea de lo que estaban haciendo y, mucho menos, sabían cómo estructurar un negocio de narcotráfico.

"Lo que se escucha en esas grabaciones que el gobierno dice que es la carga de la prueba es solo una fanfarronería, ya que mis clientes nunca tuvieron la intención o la capacidad de sacar el trato".

Y volvió a asegurar que los acusados cayeron en las manos de algunos de los "peores, corruptos y engañosos informantes" que tiene la DEA.

Subrayó el hecho de que la fiscalía se vio obligada a descartar a su informante confidencial, José Santos Peña, con quien rompió su acuerdo de cooperación luego de enterarse, a través de las grabaciones presentadas por la defensa, cómo ultimaba una operación de drogas junto a sus hijos desde la cárcel en la que se encuentra recluido.

Rody no perdió la oportunidad para referir que José Santos Peña, el informante confidencial de la DEA, es miembro del cartel de Sinaloa, un hombre con una relación muy cercana con "El Chapo Guzmán" y que mantuvo negocios con el narcotraficante Pablo Escobar. Subrayó que fue él quien habló de Estados Unidos como el destino de la droga en la supuesta conspiración, pero destacó que de ello no había evidencia que lo probara.

Además, señaló que este hombre apenas fue uno de los varios informantes corruptos que quisieron obtener una gran recompensa o una condena reducida por delitos cometidos en el pasado al ayudar a la DEA a condenar a un miembro de la familia presidencial venezolana.

"Señores, esto es lo más crítico que haya ocurrido en las vidas de Campo y Flores. En sus manos está que estos jóvenes regresen a casa con sus familias".

El abogado de Campo Flores, Randall Jackson, también intervino para repetir los alegatos que él y sus colegas integrantes del equipo de defensores de los Flores esgrimieron durante todo el proceso: que sus clientes fueron víctimas de una trampa confabulada por la DEA y el gobierno de Estados Unidos, pues ellos nunca pretendieron llevar drogas a EE. UU., sino las fuentes de los citados organismos.

"Fue una operación encubierta, un escenario creado para atraparlos. Nunca les encontraron drogas reales", afirmó Jackson.

Igualmente refirió que los acusados provenían de una familia modesta y trabajadora y que ellos mantenían una vida sencilla en Venezuela: "Su familia es la que tiene poder, ellos no".

De igual forma Randall Jackson hizo énfasis en las que catalogó como serias fallas de la investigación llevada a cabo por la fiscalía: "Mis clientes sí sostuvieron reuniones con unos narcos que eran informantes de la DEA, pensando que podrían ganar hasta 20 millones de dólares a cambio de hacer nada, de tan inexpertos que son".

Para dar respuesta a los puntos expuestos por la defensa, intervino el fiscal Emil Bove, quien indicó que el objetivo de los Flores fue, en parte, obtener dinero en efectivo de manera de poder contrarrestar el dinero que ellos suponían que Estados Unidos suministraba a la oposición antes de las elecciones parlamentarias que tuvieron lugar en Venezuela en diciembre de 2015.

El fiscal conminó al jurado a centrarse en lo que revelaban las evidencias, constituidas por grabaciones, videos, audios, mensajes de texto y telefónicos, que mostraban que los primos Flores estaban "ansiosos y entusiasmados de hacer tratos con drogas".

El siguiente paso fueron las deliberaciones del jurado que se iniciaron al siguiente día, luego de recibir las instrucciones suministradas por el juez, Paul Crotty, las cuales versaban sobre los temas legales y los delitos que se debían observar para emitir el veredicto.

Noveno día del juicio, el veredicto: 18 de noviembre de 2016

Desde tempranas horas la expectativa era general, no solamente en la Sala 14C de la Corte del Distrito Sur de Nueva York, sino en diversos puntos del orbe, y especialmente en Venezuela, donde muchos trataban de burlar el cerco impuesto por el gobierno para limitar y censurar toda información que le sea adversa.

Ya desde mucho antes de lo acostumbrado se dieron cita en la Corte periodistas de todo el mundo que querían conocer de primera mano lo que acontecería en esta jornada, la que definiría el destino de los sobrinos de Cilia Flores y Nicolás Maduro.

Los seis abogados y sus asistentes arribaron al edificio también desde muy temprano.

Llegada la hora, 9:30 de la mañana, se dio acceso a la sala. Para algunos presentes este no era más que otro caso de narcotráfico, pero para millones de personas varios kilómetros al sur, en Venezuela, la decisión que allí estaba por tomarse podían significar el dejar al desnudo el verdadero talante de la élite gobernante.

Entonces los alguaciles dieron entrada a los acusados, quienes se ubicaron junto a sus abogados en esta jornada como lo venían haciendo a lo largo de las dos semanas que se había extendido el juicio y cuya atmósfera era más pesada que en otras oportunidades; tanto, que el lugar común que reza que el aire se podía cortar con un cuchillo era una descripción fotográfica de lo que allí se vivía.

El futuro de Efraín Antonio Campo Flores y Franqui Francisco Flores de Freitas estaba en manos de las doce personas que conformaban el jurado. Atentos, casi sin parpadeo, escucharon las instrucciones que el juez de la causa, Paul Crotty, le dio al panel.

El magistrado recordó los cargos de la acusación por conspirar para importar 800 kilos de cocaína a Estados Unidos, y de fabricar o distribuir la droga, a sabiendas y con la intención de que sería importada a este país, en violación del Título 21, del Código de Estados Unidos, Secciones 952 (a), 959 (a), y 963.

Hasta aquí los había traído la zaga que se inició el 10 de noviembre de 2015 cuando fueron arrestados en Puerto Príncipe, Haití, pero cuyos intríngulis se habían venido desarrollando al menos desde agosto del mismo año, cuando Bladimir Flores, un tío de los acusados, veterano de la policía científica venezolana, contactó a un narcotraficante en Honduras que terminó siendo un testigo cooperante de la DEA. Desde entonces, el destino de los sobrinos de Cilia Flores y Nicolás Maduro había quedado marcado por una serie de acontecimientos que hemos venido narrando a lo largo de estas páginas y que se encontraba en sus momentos culminantes.

Cuando el juez Crotty terminó de instruir al jurado sobre las reglas que debían ser tomadas en cuenta para evaluar las evidencias, así como la gran responsabilidad que reposaba en sus manos, los cinco hombres y siete mujeres procedieron a comenzar sus deliberaciones en privado, las cuales se extendieron por más de seis horas y media.

Un tiempo que sirvió para hacer todo tipo de elucubraciones hasta que, aproximadamente a las 5 de la tarde, el secretario de la corte les comentó a los periodistas que era posible que los miembros del jurado extendieran hasta el próximo lunes —a la sazón era viernes—el debate para finalmente dar a conocer su veredicto. Esto incrementó la expectativa y la tensión que, cual capítulo de telenovela, dejaba para la próxima semana el desenlace de esta historia.

Pero todo cambió pasados apenas unos quince minutos, cuando los integrantes del panel hicieron acto de entrada en la sala del piso 14 del tribunal, pues habían llegado a un acuerdo.

La hoja del veredicto en la mano del jefe del jurado transparentaba la tinta rosada que dejaba adivinar la decisión.

Uno a uno los integrantes del panel se acomodaron en sus puestos y, la mayoría de ellos, fijó su mirada al frente o hacia abajo. Solamente uno dirigió su mirada a los acusados poco antes de sentarse.

Un hombre de unos 50 años de edad tomó la palabra, era el presidente del jurado, y con voz nerviosa procedió a dar a conocer el resultado de las discusiones.

"Culpables", se escuchó en el lugar.

Acto seguido, el secretario comenzó a tomar nota de la confirmación de la votación, consultando a cada uno de los miembros del panel su decisión, que al final resultó un unánime veredicto de culpabilidad.

Este grupo, constituido al azar entre un universo de 94 ciudadanos estadounidenses de diferentes razas, creencias y profesiones, había tomado una decisión que cambiaría para siempre la vida de Efraín Antonio Campo Flores y Franqui Francisco Flores de Freitas, unos hombres que creyeron que sus influencias y poder, surgidos al amparo de sus relaciones familiares con el alto gobierno venezolano, no tenían límites. La justicia, esa que en Venezuela es casi inexistente, tan solo una quimera, una esperanza en el corazón de muchos, los había alcanzado.

La palabra "culpables" en la boca del jurado los había predestinado a pasar muchos años en una prisión federal de Estados Unidos.

Sin embargo, a los primeros minutos de haber sido pronunciada, los sobrinos de Cilia Flores y Nicolás Maduro parecían no haberla entendido.

Campo Flores miraba fijo hacia adelante. Incapaz de expresar ninguna emoción, su acostumbrada sonrisa había quedado atrás, su mirada parecía perdida entre las paredes de madera adornadas con símbolos patrios estadounidenses. El abogado John Zach puso su mano dulcemente sobre su espalda y lo presionó con fuerza después de la lectura buscando confortarlo de alguna manera. Durante todos estos meses, parecían haber entablado una relación que iba más allá del simple nexo defensor-cliente.

Entretanto, todo indicaba que Flores de Freitas había ido tomando consciencia de lo que allí había sucedido y la realidad comenzaba a presentarse diáfana ante sus ojos. A diferencia de su primo, durante todo el proceso de juicio se había mostrado más adusto y casi siempre con su ceño fruncido, tal vez avizorando un futuro que había ido dibujándose poco a poco ante él.

De acusados, los Flores habían pasado a ser convictos y ahora, con el veredicto del jurado aun retumbando en sus mentes, se abrazaron fraternalmente a sus abogados antes de que los alguaciles del gobierno los condujeran de nuevo a sus calabozos.

Los miembros del jurado también abandonaron el recinto.

El equipo de abogados defensores solicitó alrededor de sesenta días para presentar las objeciones posteriores al juicio.

El juez Crotty informó que la sentencia sería leída el 7 de marzo de 2017, una fecha que posteriormente fue postergada en varias oportunidades debido a que las partes continuaron presentando diversos documentos y petitorios.

La prensa que colmaba el lugar quiso obtener las impresiones de los abogados defensores de los Flores, una posibilidad a la que se negó David Rody, mientras que Randall Jackson manifestó la decepción que los embargaba a él y a los ahora convictos.

Dijo que estudiarían las acciones a seguir y, aunque no aseguró nada en este sentido, la posibilidad de una apelación quedó en el ambiente. La ley otorga una serie de recursos a los cuales la defensa podría echar mano.

Por su parte, los fiscales federales Emil Bove III, Brendan Quigley y el agente de la DEA Sandalio González, negaron la posibilidad de hablar con la prensa y huyeron de las cámaras de televisión y grabadores que inundaban el lugar. Salieron raudos.

A pocos metros de la Corte del Distrito Sur de Nueva York, tan solo cruzando una calle, Efraín Antonio Campo Flores y Franqui Francisco Flores de Freitas tal vez comenzaban a reflexionar sobre sus vidas en la soledad de las celdas del Centro Correccional Metropolitano (MCC).

Décimo capítulo

Los determinantes del juicio

P ara que el jurado llegara a la decisión de declarar culpables a Efraín Antonio Campo Flores y a Franqui Francisco Flores de Freitas fueron determinantes algunas de las evidencias presentadas por la Fiscalía del Distrito Sur de Nueva York que comprobaron que los sobrinos de la pareja presidencial venezolana no eran ningunos improvisados sino, por el contrario, exhibían experiencia en el crimen del narcotráfico.

Los fiscales insistieron hasta el cansancio en hacer ver que los encuentros surgidos a partir de agosto de 2015 para enviar 800 kilos de cocaína a los Estadios Unidos vía Honduras, no eran "la primera vez" de los primos Flores en el negocio.

Las evidencias llevaron al jurado a concluir que los acusados sabían perfectamente lo que estaban haciendo. Los doce miembros del panel desestimaron la tesis de la defensa que sostenía que los Flores habían sido las víctimas desafortunadas de una operación de picadura planificada y dirigida por un informante confidencial de la Agencia Antidrogas de Estados Unidos.

De nada sirvieron las estratagemas de los seis costosos abogados —contratados por el empresario venezolano vinculado al chavismo, Wilmer Ruperti[119], según declaró a la prensa—quienes

---

[119] Vértice. "El polémico empresario detrás de la defensa de los narcosobrinos". 29 de septiembre de 2016. https://www.verticenews.com/polemico-empresario-

433

invirtieron largas horas en litigar para acabar con la credibilidad de cuanto testigo del gobierno subiera al estrado o hubiera participado en la investigación que llevó a la captura y posterior enjuiciamiento de los primos Flores.

El equipo de la defensa hizo cuanto pudo para mostrar al agente especial de la DEA Sandalio González como un incapaz y no como el hombre clave en la investigación del caso.

La representación legal de los sobrinos de Nicolás Maduro y Cilia Flores hizo esfuerzos indecibles para que el tribunal desechara como evidencia las confesiones de los dos acusados en las que admitieron que habían cometido el delito por el cual fueron procesados.

Eso sí, los abogados lograron anotarse un tanto cuando consiguieron enterrar en prisión a José Santos Peña (CS-1), conocido con los alias de "El Senior" y "El Mexicano", y a su hijo, José Santos Hernández (CS-2), a quien en varias ocasiones se le presentó como "El Junior". Lo que sí no pudieron alcanzar fue el objetivo de que se desestimaran las pruebas suministradas por ambos hombres, las cuales fueron contundentes al mostrar registros de audio y video en los que los Flores exhibían experiencia en el narcotráfico y su clara intención de introducir y distribuir en Estados Unidos los 800 kilos de cocaína de las FARC que durante varios meses planificaron importar desde Venezuela y Honduras.

---

detras-de-la-defensa-narcosobrinos/

Los equipos de abogados de Boies, Schiller& Flexner LLP y Sidley Austin LLP presentaron registros de audio en los que el jurado pudo escuchar cómo CS-1 y CS-2 mantenían operaciones de narcotráfico, aun cuando se encontraban trabajando como informantes del gobierno, con lo que violaron los acuerdos establecidos con la fiscalía. Como ya hemos referido en estas páginas, los fiscales Emil Bove III y Brendan Quigley anunciaron a los Peña, en pleno juicio, que no recibirían la carta 5K, documento que les habría ayudado a reducir su sentencia. Advirtieron, eso sí, y en eso los secundó el juez de la causa, Paul Crotty, que las grabaciones de audio y video y los mensajes de texto demostraban perfectamente y más allá de toda duda razonable, la conspiración por la que el gobierno de Estados Unidos los acusó.

La fiscalía logró enfrentar los argumentos de la defensa haciendo prevalecer el criterio de que los Flores creyeron "que estaban por encima de la ley" y que "podían operar con impunidad en Venezuela por ser quienes eran, por estar relacionados con la familia presidencial" y, mediante sus conexiones políticas y el acceso a la "rampa presidencial" del Aeropuerto Internacional "Simón Bolívar" de Maiquetía, despachar cientos de kilos de droga a EE. UU.

Otro elemento que la defensa insistió en sacar del juicio fueron los testimonios del testigo cooperante Carlos Amílcar Leva Cabrera, mejor conocido como "El Sentado" e identificado durante la investigación como CW-1. Tres fueron los intentos de los abogados ante el juez Crotty para que decidiera no presentar ante el jurado lo dicho por este hombre, toda vez que no podía ser verificado al haber sido asesinado y porque —según aseguraban— no aportaba valor probatorio en el caso.

"El Sentado", un conocido narcotraficante hondureño, fue la primera persona que informó a la DEA del interés manifiesto por Efraín Antonio Campo Flores y Franqui Francisco Flores de Freitas de traficar droga. Este hombre formó parte de un cartel hondureño que controlaba la región de Roatán, un conocido corredor de drogas de Centroamérica que, desde el año 2000, figura entre las rutas preferidas por los narcotraficantes colombianos y venezolanos para mover sus cargamentos y asegurar su entrada exitosa a EE. UU.

La defensa de los Flores quiso demostrar que el contacto inicial no fue como CW-1 lo narró sino que, por el contrario, fueron este testigo cooperante y los otros informantes confidenciales de la DEA quienes ubicaron a los familiares de Nicolás Maduro y Cilia Flores para tentarlos e involucrarlos en una operación de narcotráfico en la que no tendrían que hacer nada y, sin embargo, ganarían varios millones de dólares.

La trampa a unos peces gordos, a unos jóvenes con un "target de alto nivel", fue la estrategia que la defensa esgrimió durante todo el proceso judicial para intentar exculpar a sus clientes. "Cuando los informantes los identificaron, planificaron deliberadamente una agenda que logró embaucarlos, atraerlos a un negocio fácil con el que iban a ganar millones de dólares sin prácticamente hacer nada ni arriesgar dinero", aseguró David Rody, abogado de Flores de Freitas, durante el primer día del juicio.

Más allá fue John Zach, representante legal de Campo Flores, quien catalogó a los acusados como unos "estúpidos, muy estúpidos para tomar decisiones estúpidas que los trajeron a este juicio".

Algo de lo que más sorprendió a todos durante el juicio fue la declaración del agente Sandalio González, quien aseguró que "El Sentado" fue contactado, en primer término, por un alto funcionario de la policía científica venezolana de nombre Bladimir Flores, quien resultó ser tío de los acusados. Este hombre, a la sazón comisario general del Cuerpo de Investigaciones Científicas, Penales y Criminalísticas, CICPC —donde a la fecha del juicio fungía como Inspector General Nacional—, se comunicó con CW-1 para anunciarle que iba a enviar a sus dos sobrinos a Honduras para planificar todo lo referente a la operación de narcotráfico objeto de este juicio.

A la primera entrevista sostenida el 3 de octubre de 2015 le siguió un segundo encuentro con CW-1 el 6 de noviembre del mismo año, al que solamente acudió Flores de Freitas para finiquitar y concretar "la bajada", la cual tendría lugar, en teoría, el domingo 15 de noviembre de 2015 en horas de la tarde.

La defensa sostuvo que un año después del arresto el gobierno desconocía lo que se había tratado en la primera reunión preparatoria de la operación, por cuanto "El Sentado" se negó a presentar los registros de audio y video que le ordenó la DEA, limitándose a enviar una foto tomada por alguien no autorizado por el gobierno de EE. UU.

El gobierno manifestó que la defensa nunca pudo comprobar que CW-1 había destruido las pruebas de la reunión como en todo momento insistió en afirmar. "Si las grabaciones no están presentes, no es porque fueron destruidas, sino por nunca se hicieron", advirtió la fiscalía.

La conversación sostenida entre Efraín Antonio Campo Flores y José Santos Peña que el jurado pudo escuchar durante el cuarto día de juicio permitió a los miembros del panel oír de boca del propio Campo Flores decir cómo daba cuenta de su experiencia en el negocio del narcotráfico, así como de su conocimiento de que el destino final de los 800 kilos de cocaína que ellos enviarían desde Venezuela era Estados Unidos.

Esto resultó ser clave para el gobierno, puesto que la defensa insistió en todo momento que los acusados desconocían el destino de la droga, porque sencillamente carecían de la logística y los medios para ello.

Allí pudieron escuchar a los acusados y a los informantes hacer referencia al diputado Diosdado Cabello, figura clave del chavismo tenido como el segundo hombre más fuerte del régimen venezolano, a quien se le señala de ser cabecilla de "el Cartel de los Soles", la supuesta organización criminal conformada por militares de alto rango de las fuerzas armadas venezolanas.

El jurado pudo escuchar a Campo Flores decirle a CS-1 que había acordado con "El Sentado" el pago de 12 mil dólares por cada kilo de cocaína que vendería. En el registro era posible constatar cómo el acusado planificaba los gastos de envío de la cocaína y cómo le inquiría al enviado de "El Sentado" cuál sería el precio de "la bajada" o recibimiento de la droga en Honduras.

Allí Santos Peña le informó a Campo Flores que el costo de esta diligencia era de 900 mil dólares, independientemente de la cantidad de droga enviada, ya se tratara de un kilo o mil. El registro permitió que el jurado escuchara a Campo Flores decir que si la bajada era 900 y el kilo 12, "me quedarán como 10.200 o 10.300" dólares.

"El Mexicano" comentó al respecto, que mientras más droga se enviaba, más económica resultaba "la bajada".

Una pregunta formulada por Campo Flores y que resultaba determinante a la hora de establecer su pleno conocimiento sobre el destino de la droga fue:

—¿Y tienen el contacto con los americanos? [Sonido ilegible]

Y la respuesta de CS-1: "Aquí lo que importa más es la seguridad, que usted tenga un envío seguro y que si se cae el negocio acá, usted es el responsable"

Campo Flores: "Sale desde el aeropuerto principal del país. Nosotros estamos sacando eso desde el principal aeropuerto del país"... y Centroamérica..." [Sonido ilegible]

Aunque varios segmentos del audio resultaban ilegibles, el jurado pudo escuchar algunas afirmaciones que resultaron determinantes a la hora de evaluar los hechos. Aquí algunos fragmentos:

CS1: "Yo le dije que me sirve porque allá es lo máximo".

Aquí el informante hacía referencia a la variación del costo de la bajada según el lugar, sea Panamá o Nueva York.

Igualmente, CS-1 acotó que "Lo más sagrado que usted tiene es la salida blanca de un aeropuerto".

A lo que Campo Flores responde:

—(Ruido) El cartel de los Soles... la gente del gobierno... todo aquel que... en el narcotráfico... se envían varios tipos, hay unos que la mandaban... [Sonido ilegible] maletas en comerciales... 200 kilos.

—El... soles sigue controlando todo... es más adaptable los blancos que los comerciales

—12 mil o 12 mil 500

—A veces se va a 14... Te voy a pagar más y a veces baja.

Entonces interviene CS-1:

—No vas a tener problemas, lo hacemos por la vía de usted.

Y respondió Campo:

—Yo quiero ganar lo justo, ni más ni menos. Me cobran mil por cada uno... Me dijo que es muy raro cuando baja de 12 por kilo... "El Sentado" paga...

Como puede verse, son varios los aspectos y evidencias que servían para demostrar la amplia experiencia de los acusados en la actividad del narcotráfico, por lo cual sus abogados bregaron hasta último minuto para evitar que fueran dados a conocer al jurado y este infiriera la pericia de los Flores en ese delito.

Por ejemplo, tres días antes de que se iniciara el juicio, los representantes legales de los primos Flores solicitaron al juez Paul Crotty la anulación de una información suministrada en un informe confidencial de la DEA, en el que José Santos Peña (CS-1) hacía referencia a su relación con el Ministro de Seguridad de Honduras, Julián Pacheco Tinoco.

Según los abogados, el único fin del gobierno con esta información era "argumentar que los acusados tenían conexión con los narcotraficantes del gobierno hondureño".

Pero la defensa no logró su cometido y durante el interrogatorio a Santos Peña frente al jurado, este dijo lo siguiente:

Fiscalía (Quigley): "¿En su trabajo como informante de la DEA se reunió alguna vez con alguien llamado Julián Pacheco Tinoco?"

CS-1: "Sí, señor".

Fiscalía: "¿En qué país conoció al señor Pacheco Tinoco?"

CS-1: "En Honduras".

Fiscalía: "¿Y sabía usted si tenía una posición en el gobierno hondureño?"

CS-1: "Sí, señor".

Fiscalía: "¿Cuál era esa posición?"

CS-1: "Ministro de Defensa de Honduras" (el título oficial es Ministro de Seguridad).

Fiscalía: "¿Cómo lo conoció?"

El abogado defensor Randall Jackson objeta la pregunta.

Juez Paul Crotty: "Derogado".

Fiscalía: "¿Cómo lo conoció?"

CS-1: "Lo conocí a través del hijo del expresidente de Honduras, Fabio Lobo".

Fiscalía: "¿Estaba usted reuniéndose con el Sr. Lobo como parte de su trabajo como informante de la DEA?"

CS-1: "Sí, señor".

Fiscal Quigley: "Un momento, señoría..."

Fiscalía: "¿Con qué se relacionó la reunión con el señor Pacheco?"

CS-1: "Era para él darme apoyo para recibir envíos desde Colombia a Honduras. Él estaba a cargo de la parte de seguridad en Honduras".

Fiscalía: "¿Y qué tipo de envíos?"

CS-1: Cocaína.

Los abogados de los Flores se quejaron ante el juez de que en uno de los anexos de la fiscalía (GX610), había una nota o un borrador del correo electrónico extraído del teléfono de Campo Flores que incluía los nombres "Julián Pacheco Tinoco" y "Orlando Daza alias el flaco".

De acuerdo a los defensores, la única intención de la fiscalía al invocar estas pruebas era argumentar que los acusados estaban asociados con los narcotraficantes hondureños. En tal sentido pidieron su exclusión, por cuanto eran "indebidamente perjudiciales y no probatorias de la existencia o inexistencia de la conspiración", y confunden y engañan al jurado al asociar injustamente a Campo Flores y Flores de Freitas con un funcionario hondureño que puede o no haber estado involucrado en el tráfico de drogas.

"CS-1 nunca declaró que Pacheco Tinoco estuviera involucrado en el tráfico de drogas ilegales, el gobierno nunca ofreció pruebas de que Pacheco Tinoco y el CS-1 estuvieran involucrados en operaciones no autorizadas de tráfico de drogas", expresaron los abogados en la carta dirigida al juez Crotty.

Consideraron que el testimonio solo estableció que Pacheco Tinoco y el CS-1 estuvieron involucrados en operaciones separadas y no relacionadas con la picadura de drogas que envolvió a Campo Flores y Flores de Freitas en este caso.

Para la fiscalía, las argumentaciones de los abogados de los Flores eran "desconcertantes", pues Campo Flores era el usuario del dispositivo de donde se extrajeron los "chats" a los que se hacen referencia en las evidencias.

Durante el proceso judicial contra Efraín Antonio Campo Flores y Franqui Francisco Flores de Freitas, la Fiscalía del Distrito Sur de Nueva York pudo comprobar ante el jurado tres elementos que resultaron ser fundamentales a la hora de emitir el veredicto de culpabilidad.

En primer lugar, el gobierno estableció que hubo un acuerdo de los dos acusados para violar una ley de drogas estadounidense; en segundo término, que ambos conspiradores conocían el acuerdo; y en tercer lugar, que los acusados actuaron para promover la conspiración.

Para lograr el primer cometido, los fiscales presentaron un conjunto de conversaciones que tuvieron lugar entre el 28 de agosto y el 10 de noviembre de 2015, en las cuales Campo Flores y Flores de Freitas hablaban con otras personas señaladas de la conspiración, como Roberto de Jesús Soto García, quien, junto con Carlos González, era uno de los encargados de recibir la droga en el aeropuerto de la isla de Roatán, en Honduras; y con César Orlando Daza Cardona, cuyo papel fue ser puente entre los acusados y testigo cooperante CW-1.

Del mismo modo, los "chats" de blackberry y los correos electrónicos entre los dos acusados permitieron a la fiscalía probar que los Flores se valían de seudónimos como "don Ramón" (Flores de Freitas) y "Hugo Rafael Chávez Frías" (Campo Flores), y que estaban de acuerdo con violar la ley. El jurado pudo conocer los registros de sonido y video de las reuniones sostenidas entre los acusados y los informantes de la DEA (CS-1, CS-2, CS-3, así como el testigo cooperante CW-1), en los que se daba cuenta de los detalles de los envíos planeados de droga colombiana de Venezuela a Honduras, para luego ser llevada a Estados Unidos.

Los representantes del gobierno lograron probar ante el jurado que los acusados viajaron a Honduras en dos oportunidades (3 de octubre y 6 de noviembre de 2015) y a Haití (10 de noviembre de 2015) para promover la conspiración. Unos traslados que conllevaron inversiones significativas por parte de Campo Flores y Flores de Freitas, pues el fiscal Emil Bove III determinó que cada viaje en avión privado costó más de 20 mil dólares. Esto prueba que solamente en viaje gastaron 60 mil dólares, sin incluir los adelantos pagados para el recibimiento de la mercancía en Honduras. Tales acciones constituyeron actos para promover la conspiración por la cual fueron juzgados y encontrados culpables.

Asimismo, para el jurado debió resultar significativo el número de bienes que posee Efraín Antonio Campo Flores pese a su corta edad: "Tiene 30 años, está casado y con dos hijos. El menor nació cuando estaba preso en el Centro Correccional de Manhattan. Según sus declaraciones juradas, tiene una empresa de taxis en Panamá. Ganó más de 10 millones dólares con negocios de petróleo. Tiene un (auto) Ferrari amarillo, motos de alto cilindraje, una camioneta Land Rover, un apartamento en La Castellana y otros inmuebles en El Paraíso y El Cafetal, en Caracas. Una finca en Higuerote, en Miranda, y seis guardaespaldas entre quienes había guardias nacionales"[120], según nos informó una fuente durante la cobertura del caso.

---

[120] Venezuela Política. "Tres evidencias pesaron en fallo contra los sobrinos presidenciales". 10 de noviembre de 2016.
http://maibortpetit.blogspot.com/2016/11/cuarto-dia-del-juicio-de-los-sobrinos.html

El hecho de que la Fiscalía del Distrito Sur de Nueva York incluyera a César Orlando Daza Cardona como conspirador en el caso de los sobrinos de la pareja presidencial venezolana, sin duda alguna agregó peso contra Efraín Antonio Campo Flores y Franqui Francisco Flores de Freitas.

Este hombre fue quien sirvió de puente entre los primos Flores y los narcotraficantes hondureños: Roberto de Jesús Soto García y Carlos Amílcar Leva Cabrera. De Daza Cardona se pudo tener noticias en varios de los "chats" sostenidos por Campo Flores y Flores de Freitas durante los meses de octubre y noviembre de 2015.

El fiscal, Preet Bharara, le manifestó al juez Paul Crotty en una comunicación, que las pruebas que hacen referencia a Daza Cardona tenían un alto valor probatorio de la culpabilidad de Campo y Flores.

Detalló Bharara que las referencias a César Orlando Daza Cardona en el caso datan del 30 de septiembre de 2015, cuando Campo y Flores se refirieron a este hombre a lo largo de la conspiración como "Negrito", o "El Flaco" y que él facilitó su participación en el delito.

Sandalio González explicó que las investigaciones permitieron determinar que alias "Negrito" o "El Flaco" era César Orlando Daza Cardona quien, además, estuvo presente en la reunión que los acusados sostuvieron el 3 de octubre de 2015 con "El Sentado" en Honduras.

El día previo a la cita, Campo Flores se comunicó con Daza Cardona a través de una cuenta de WhatsApp Messenger en la que usó el apelativo de "Negrito Nico".

Muchos de estos elementos y evidencias provienen del teléfono de Campo Flores, donde los "chats" contenidos en él permitieron conocer los detalles del viaje que los acusados hicieron a Honduras para reunirse con "El Sentado".

De hecho, fueron estas comunicaciones las que permitieron al gobierno determinar que Daza Cardona había participado en los encuentros en Honduras, al comprobar que estuvo presente en la reunión entre Flores de Freitas, Roberto de Jesús Soto García, "El Sentado" y Juan Gómez (CS-3) en San Pedro Sula, el 6 de noviembre de 2015.

Para el gobierno, el contenido de los mensajes de texto dirigidos a Daza Cardona permitió identificar a este último como uno de los conspiradores. Cabe recordar que, en sus confesiones a Sandalio González durante su traslado de Haití a Nueva York, los Flores reconocieron a "El Flaco" como una parte importante de la operación. La evidencia del celular que tiene fecha 3 de octubre de 2015 y registraba la hora 10:45p. m., hacía referencia al nombre completo de Daza Cardona, algo que sugiere que Campo Flores conoció esta información cuando se reunió con él en persona fuera de San Pedro Sula.

A través de un documento la fiscalía destacó una conversación sostenida entre Campo Flores y Daza Cardona, con fecha 27 de octubre de 2015, que incluyó un número de teléfono adicional para

Daza con el código de país (504) de Honduras. El gobierno aseguró que Campo Flores se mantuvo en contacto con Daza los meses seguidos a la conspiración.

No se trató, por tanto, de un juicio sin evidencias como lo pretendió hacer ver la defensa de los Flores sino, por el contrario, de un caso en el que abundaron las pruebas que permitieron al jurado dictaminar la culpabilidad de los sobrinos de Nicolás Maduro y Cilia Flores.

Undécimo capítulo

Los miembros de la conspiración

Hasta el momento hemos conocido cómo se produjo el arresto de Efraín Antonio Campo Flores y Franqui Francisco Flores de Freitas y cómo, a partir de allí, la narración de los hechos sucedidos, las investigaciones y los testigos e informantes del caso fueron arrojando elementos que permitieron entender la estructura de la conspiración encabezada por los sobrinos de la pareja presidencial venezolana para traficar 800 kilos de cocaína a Estados Unidos.

Ahora hagamos un recuento de los personajes que formaron parte de esta historia, los cuales hicieron aparición conforme la narración de los protagonistas, los testigos y los investigadores los pusieron sobre el escenario.

Obviamente, en el centro de todo este entramado encontramos a los dos personajes principales, sobrinos, casi hijos, de Cilia Flores y Nicolás Maduro, criados y levantados en el seno del hogar de quienes a la fecha de esta publicación ocupan la jefatura del estado venezolano y un curul en el Poder Legislativo nacional.

El primero de ellos, **Efraín Antonio Campo Flores**, de 30 años de edad para el momento en que ocurren los hechos y titulado Abogado, sobrino de la Primera Dama venezolana y diputada Cilia Flores, criado por ella a raíz de la muerte de su hermana y, por tanto, tenido como hijo de crianza de la pareja presidencial y ahijado de Nicolás Maduro, según se dio a conocer desde un principio y no ha sido desmentido desde el seno de la familia Flores. Está casado con Jessair Rodríguez Camacho, con quien tiene dos hijos, el menor de ellos nacido cuando ya Campo Flores se encontraba detenido en el *Metropolitan Correctional Center*(MCC), en el Bajo Manhattan.

Bajo juramento declaró que es propietario de una empresa de taxis en Panamá de nombre Transportes Herfra S.A, registrada en el país centroamericano el 31 de agosto de 2014. En dicha compañía ha desempeñado el cargo de presidente y director[121]. Según los registros, Campo Flores también trabajó en la enfermería de la Asamblea Nacional y laboró en el Parlamento Latinoamericano entre 2008 y 2011.

Campo Flores era custodiado por seis guardaespaldas, entre quienes había guardias nacionales. Se le considera como el jefe de la organización criminal que llevó a cabo el delito por el cual se le imputó. Durante la conspiración participó en cuatro reuniones que tuvieron lugar en la capital venezolana y dos en el exterior, a saber, una en Honduras el 3 de octubre de 2015 y la otra en Haití, el 10 de noviembre de 2015, cuando fue apresado.

El segundo de los protagonistas del caso conocido como "narcosobrinos" es **Franqui Francisco Flores de Freitas**, quien a la fecha de su arresto contaba 31 años de edad y es divorciado de Yessika Flores, con quien es padre de Aarón Flores, menor de 8 años.   Al momento del arresto mantenía una relación sentimental

---

121 Open Corporates. Transportes Hefra S.A.
https://opencorporates.com/companies/pa/830045

con Laury Uzcátegui, pero esta mujer parece haberse desentendido de la misma.

Flores de Freitas solo cursó estudios hasta el 4° año de bachillerato y trabaja para la empresa Digital desde 2011, según dan cuenta registros[122].Esta empresa está ubicada en el Centro Ciudad Comercial Tamanaco en Chuao, Caracas, de acuerdo con el Instituto Venezolano de los Seguros Sociales.

Flores de Freitas es propietario de una camioneta Toyota 4Runner y de una moto. Con su primo Efraín Antonio, disfrutó de múltiples viajes realizados en aviones privados. Tiene fascinación por los vehículos rústicos y deportivos.

Este sobrino de Cilia Flores participó de todas las reuniones que se produjeron durante la conspiración para traficar cocaína a EE. UU., las cuatro que tuvieron lugar en Caracas y las tres que se llevaron a cabo fuera de la geografía venezolana: las dos primeras en Honduras, el 3 de octubre de 2015 en San Pedro de Sula y el 6 de noviembre de 2015; el tercero de estos encuentros fue el realizado en Haití el 10 de noviembre de 2015, durante el cual la policía antinarcóticos haitiana lo detuvo junto a su primo en el hotel Servotel de Puerto Príncipe.

En tercer lugar, encontramos a **Roberto de Jesús Soto García**, de 45 años, coacusado en el caso de los primos Flores, quien servía de puente entre Carlos González y "El Sentado", en el Aeropuerto Internacional "Juan Manuel Gálvez", isla Roatán, Honduras.

---

122 Vértice News. "Los viajes 'diplomáticos' de los narcosobrinos". 26 de julio de 2016. https://www.verticenews.com/viajes-diplomaticos-los-narcosobrinos/

En el mundo del narcotráfico se le conocía también con el apodo de "Andreína", un hombre que actuaba sigilosamente, pero que era una pieza fundamental para llevar a cabo las operaciones. En el caso de los narcosobrinos era fundamental para la fiscalía, por cuanto era prácticamente la única persona viva que podía dar el santo y seña de lo ocurrido durante los primeros contactos de Campo Flores y Flores de Freitas para concretar la conspiración que los llevó a los tribunales estadounidenses.

Soto García participó en tres reuniones de la conspiración de los Flores, las cuales tuvieron lugar en San Pedro Sula, la primera de ellas el 15 de octubre de 2015, cuando conoció personalmente a Franqui Francisco Flores de Freitas.

En la operación de narcotráfico de Campo Flores y Flores de Freitas, a Soto García le correspondía trabajar en la recepción del avión con el cargamento de 800 kilos de cocaína en el aeropuerto de Roatán y disponer luego el reenvío de la droga a Estados Unidos.

Según los abogados de la defensa, no había pruebas suficientes para demostrar que Soto García sabía que el envío de drogas en cuestión estaba destinado a Estados Unidos. Sostuvieron que las grabaciones reflejaban que en la reunión del 6 de noviembre de 2015 en Honduras no se hizo referencia alguna a que la droga iba a ser enviada a EE. UU. Por tanto, de acuerdo al criterio de los abogados defensores de los Flores, los registros no proporcionaban ninguna base para inferir que Soto García era un conocido participante en la conspiración.

El 29 de octubre de 2016, Roberto de Jesús Soto García fue capturado por la autoridades de Honduras en Flowers Bay, una localidad de la isla Roatán, desde donde fue trasladado a Tegucigalpa, ciudad capital en la que tenía abierto un proceso judicial. Por su participación en el caso de los sobrinos de Cilia Flores y Nicolás Maduro, el gobierno de Estados Unidos solicitó su extradición en julio de 2016 por delitos de tráfico de drogas. Fue extraditado a los Estados Unidos.

El 22 de diciembre de 2017 fue presentado ante el juez Paul Crotty, quien le leyó los dos cargos por los cuales se le acusó: conspirar para traficar y distribuir cinco o más kilos de cocaína a Estados Unidos. Soto García llegó a un acuerdo de negociación con la fiscalía que le permitirá bajar los años de su condena. El hombre suministrará información de interés a las autoridades del Departamento de Justicia de los Estados Unidos que podrá ser usada como evidencia para próximos casos criminales.

En la lista de implicados en la conspiración Flores también figura **César Orlando Daza Cardona**, de nacionalidad colombiana, conocido como "Negrito" o "El Flaco", quien viajó a San Pedro Sula para integrarse a la reunión efectuada el 6 de noviembre de 2015 y a la cual también asistieron "El Sentado", Flores de Freitas, Roberto de Jesús Soto García y Jesfrán Josnel Moreno Sojo, alias "Tortuga".

En esa oportunidad, Daza Cardona hizo mención al diputado venezolano Diosdado Cabello como supuesto jefe del "Cartel de los Soles" y quien según él no quería trabajar con Flores de Freitas.

Este hombre sirvió de enlace entre los primos Flores y los hondureños Roberto de Jesús Soto García y Carlos Amílcar Leva Cabrera.

Igualmente figura en varios "chats" de Campo Flores y Flores de Freitas sostenidos entre octubre y noviembre de 2015 que, según lo expuesto por el fiscal Preet Bharara al juez Paul Crotty en una comunicación, constituyen prueba de un alto valor probatorio de la culpabilidad de los sobrinos Flores. De hecho la fiscalía de Nueva York lo incluyó entre los acusados de conspirar para traficar droga a Estados Unidos.

Daza Cardona también estuvo presente en la reunión de los Flores con "El Sentado"el 3 de octubre de 2015 en Honduras. Campo Flores lo contactó el día anterior por WhatsApp Messenger y allí figuraba con el nombre de "Negrito Nico".

La fiscalía explicó que las referencias en los mensajes de texto a Daza Cardona permitieron probar la identidad de uno de los conspiradores que los Flores describieron en sus confesiones al agente especial Sandalio González en el avión de la DEA.

Tanto Campo Flores como Flores de Freitas hicieron referencias a él con el alias de "El Flaco" y requirieron su presencia en Honduras cuando viajaron allí.

Según la fiscalía de Nueva York, Campo Flores mantuvo contacto con Daza Cardona en los meses en que se desarrolló la conspiración.

Igual que con los otros señalados por la fiscalía como miembros de la organización de los Flores, los abogados de la defensa consideraron como insuficiente la evidencia de la que se valió el gobierno para así afirmarlo en el caso de Daza Cardona.

Refirieron que si bien los registros de ciertas comunicaciones daban cuenta de este hombre, no hicieron mención expresa a importar droga a Estados Unidos.

Para los abogados de los Flores, estaba más que claro que César Orlando Daza Cardona era un empleado de "El Sentado" (CW-1), bajo cuyas directrices llevaba a cabo todas sus actuaciones dentro del contexto de la que llamaban la supuesta conspiración por la cual se acusaba a sus clientes. Destacaron que en la medida en que CW-1 informaba a Daza Cardona de los detalles de la conspiración con el objetivo de contribuir con él a atrapar a los demandados en la operación de picadura, este individuo debería ser considerado el equivalente de un agente gubernamental y no un participante consciente en la conspiración.

Un quinto elemento fue **Carlos González**, quien fungía como controlador de tránsito aéreo en el aeropuerto internacional "Juan Manuel Gálvez" de Roatán, dentro del complejo denominado como Islas de la Bahía, parte de los dieciocho departamentos que constituyen la República de Honduras.

González integraba el equipo de cómplices que laboraba en ese terminal aéreo, entre quienes había planificadores de vuelo, empleados de la oficina de aduanas, personal de seguridad y militares.   Por más de una década estuvo participando en actividades de narcotráfico.

En el contexto de las actividades que conformaron la conspiración encabezada por los primos Flores, Carlos González participó en dos reuniones con "El Sentado" (Carlos Amílcar Leva Cabrera, CW-1), a quien conoció en 2014, según reveló en su testimonio. González, quien realizó varios "negocios" con el cooperador de la agencia antinarcóticos de EE. UU., aseguró que trabajó con diferentes carteles. Su papel era recibir en el aeropuerto los vuelos que llevaban la droga y permitir su salida del terminal aéreo.

Pero para la defensa de los Flores esto, de ningún modo, podía ser considerado como parte de una conspiración y, cuando mucho, sus comunicaciones solo fueron un acuerdo separado con CW1, Roberto de Jesús Soto García y unos oficiales de la policía hondureña, que también involucró a ciudadanos venezolanos. Refirieron los abogados que González declaró que ninguno de los participantes en la reunión de octubre de 2015 dijo nada sobre la gente en Venezuela que enviaría una aeronave para la operación, y que su testimonio de que el avión para transportar la supuesta droga sería "despachado del hangar presidencial" del aeropuerto de Maiquetía era insuficiente para conectarlo con la acusada conspiración. Además, al haber quedado establecido que Carlos González no conocía a Campo Flores y Flores de Freitas, los venezolanos a que hizo referencia pudieron ser otros y no necesariamente los acusados. Para la defensa, cualquiera con acceso al hangar presidencial del aeropuerto internacional "Simón

Bolívar" podría haber sido parte de laspersonas supuestamente mencionadas durante la reunión de octubre de 2015 por González.

Insistieron los abogados en esto y subrayaron que, en las grabaciones, González no hablaba del hangar presidencial en la primera y segunda reunión con la DEA, y que Soto García nunca les mencionó este hombre a los acusados, aun cuando González y Soto García habían hecho negocios de drogas con anterioridad.

Sin embargo, de acuerdo a lo establecido por la fiscalía y demostrado en el juicio, en el plan de los Flores a Carlos González le correspondería recibir el 15 de noviembre de 2015 en Roatán el avión proveniente del hangar presidencial del aeropuerto internacional "Simón Bolívar", de Maiquetía. Esto, según los planes trazados, se preveía que iba a ocurrir entre las 4:30 p. m. y las 5:15 p. m. Por cada operación Carlos González cobraba 200 mil dólares, conocido como la "bajada", un dinero que compartía y del cual una parte era destinada al pago de sobornos a la policía de la isla. Los encuentros que sostuvo con "El Sentado" tuvieron lugar el 15 de octubre y el 5 de noviembre de 2015.

Carlos González se entregó a las autoridades norteamericanas en agosto de 2016, luego de declararse culpable del delito de "conspirar para traficar cinco o más kilos de cocaína a Estados Unidos".

Este sujeto, quien estableció un acuerdo de cooperación con el gobierno de EE. UU., está preso en una cárcel federal de Nueva York. Se le identificaba como CW-2 en las comunicaciones y documentos mostrados como evidencia por la fiscalía en el juicio contra los sobrinos Flores.

El 20 de julio de 2015 las autoridades venezolanas capturaron a **Vassyly Kotosky Villarroel-Ramírez**, conocido también como "El Potro", capitán de la Guardia Nacional Bolivariana en situación de retiro.

A Vassyly Kotosky Villarroel-Ramírez se refirió Campo Flores en San Pedro Sula cuando le dijo a "El Sentado" que este sujeto hubiera sido la persona encargada del control de los radares en Venezuela. El excapitán de la GNB mantendría las operaciones de los primos Flores fuera del alcance de los radares de las autoridades.

La captura de Kotosky Villarroel-Ramírez lo sacó de la jugada. Sin embargo, continúa siendo una figura clave en los casos de narcotráfico que involucran a carteles colombianos y venezolanos dada la gran cantidad de información que posee.

En Estados Unidos se le acusa de prestarles vehículos militares venezolanos a miembros de carteles colombianos y de permitir la salida de cientos de cargamentos de cocaína proveniente de la guerrilla colombiana FARC a través de puertos de Venezuela. En Venezuela está imputado por delitos de legitimación de capitales, tráfico ilícito de sustancias estupefacientes, asociación para delinquir, usurpación de identidad, falsificación de documento y ocultamiento de arma de fuego.

La fiscalía del Distrito Este de Nueva York lo acusa de narcotráfico desde el 30 de marzo de 2013. La DEA sostiene que

Villarroel-Ramírez permitió mover droga perteneciente a capos colombianos y mexicanos a Estados Unidos. Desde 2015 figura en la Lista Clinton del Departamento del Tesoro, nombre que se da a la "lista negra" de empresas y personas acusadas de tener vínculos con dinero proveniente del narcotráfico en el mundo, en la que por cierto, en julio de 2017, fue incluido Nicolás Maduro[123].

Villarroel-Ramírez es pieza clave en las investigaciones de la DEA sobre la penetración del narcotráfico en las fuerzas públicas en Venezuela. Aparece vinculado al caso que se le sigue al general retirado Hugo Carvajal, quien está acusado de delitos de narcotráfico, con expedientes abiertos en Florida y Nueva York[124].

Datos extraoficiales señalan que Carvajal supuestamente habría contratado a escritorios jurídicos para aclarar su situación con la justicia de los Estados Unidos. Su caso, según información oficial, pasó a la fiscalía de Nueva York.

En el expediente de los primos Flores aparece referenciado **Mohamad Khalil Abdul Razzak Yánez**, alias "Hamudi", como el intermediario que contactó a los Flores con el proveedor de la cocaína que intentaron pasar a Estados Unidos.

Este hombre, nacido el 29 de mayo de 1979 y asesinado de un disparo en la cabeza el 20 octubre de 2015 en la población de Santa Teresa del Tuy, en el estado Miranda, figuró en vida como dirigente

---

[123] TVN Noticias. "EE. UU. incluye a Maduro en Lista Clinton". 31 de julio de 2017. https://www.tvn-2.com/mundo/EE. UU.-incluye-Maduro-Lista-Clinton_0_4815268492.html
[124] Venezuela Política. "Los casos criminales contra Hugo Armando Carvajal Barrios en EE. UU. y el cambio de identidad del acusado". 16 de agosto de 2016. https://maibortpetit.blogspot.com/2016/08/los-casos-criminales-contra-hugo.html

del Partido Socialista Unido de Venezuela, PSUV, y también como coordinador de la Unidad de Batalla Bolívar-Chávez —organización de base del partido oficialista—, en San Antonio de los Altos.

Razzak Yánez, identificado con la cédula de identidad número V-14.034.083, participó activamente en las campañas presidenciales de 2012 y 2013.

Investigaciones dan cuenta de que movía grandes cantidades de dinero a pesar de que nunca se le conoció un trabajo formal, ni cotizó a la Seguridad Social.

A él hicieron mención Efraín Antonio Campo Flores y Franqui Francisco Flores de Freitas durante el interrogatorio de que fueron objeto por parte del agente Sandalio González en su viaje a Nueva York luego de que fueran arrestados en Haití el 10 de noviembre de 2015. El primero dijo que "Hamudi" fue la persona que le presentó al proveedor de las drogas de las FARC, de quien dijo desconocer su nombre real. Algo que parece no ser cierto puesto que muchas fotografías dan cuenta de momentos compartidos en fiestas en Caracas y luciendo vehículos lujosos y motos.

Entretanto, Flores de Freitas dijo que "Hamudi" fue quien les presentó a "El Gocho", el individuo a quien refirió como el encargado de suministrar la droga. También informó que este hombre los contactó con "El Sentado", quien a su vez le presentó a "El Mexicano". Ante los requerimientos de Sandalio González, Flores de Freitas especificó que "Hamudi" los puso en contacto con "El Flaco", en Honduras, y este amigo de Abdul Razzak Yánez los llevó a conversar con "El Sentado".

"El Gocho" sería el enlace con la guerrilla colombiana proveedora de los estupefacientes, algo que la defensa de los acusados negó categóricamente bajo el alegato de que no había nada que probara tal hecho.

A él, como lo dijeron los propios acusados en su declaración, llegaron a través de "Pepero", quien los presentó. Dicho encuentro fue en el restaurante "Thai" en el Centro Comercial Tolón de Caracas, donde comenzaron a hablar del acuerdo que, según aseguraron los defensores de Campo Flores y Flores de Freitas, nada probaba que fuera para importar drogas a Estados Unidos.

Un amigo cercano de Franqui Francisco Flores de Freitas de nombre **Jesfrán Josnel Moreno Sojo**, también conocido con el apodo de "Tortuga", formó parte del grupo de seis guardaespaldas de los sobrinos presidenciales. De hecho, estuvo presente junto a Flores de Freitas en el encuentro de este último con "El Sentado", Soto García y Daza Cardona en San Pedro Sula, el 6 de noviembre de 2015. Del mismo modo, integró la tripulación que acompañó a los primos en su vuelo a Haití cuando fueron apresados el 10 de noviembre de 2015.

Se conoció que "Tortuga" reside en el sector "El Observatorio" del barrio "23 de Enero", en Caracas, y en 2010 trabajó en Corpoelec (empresa de suministro eléctrico en Venezuela). Como los Flores y otros de los reseñados con anterioridad, es amante de los vehículos rústicos y las motos de alto cilindraje.

Durante el interrogatorio que les formuló Sandalio González en su traslado a Nueva York, los Flores refirieron que serían sus guardaespaldas quienes los ayudarían a cargar la droga en la rampa presidencial del aeropuerto de Maiquetía cuando el 15 de noviembre de 2015 fuera trasladada a Estados Unidos, vía Honduras.

Con Jesfrán Josnel Moreno Sojo la defensa repitió el esquema con que refutó las afirmaciones de la fiscalía que apuntaban a la organización de los Flores para su empresa de narcotráfico, alegando insuficiencia de pruebas para sustentar tal afirmación. Señalaron los abogados que el mejor intento del gobierno para identificar a los supuestos miembros del grupo de los Flores fue listar, aparte de Moreno Sojo, a "Félix", "Semilla" y "Neike", como integrantes del "equipo de seguridad" de los acusados que participarían en el delito.

Se trató, sostuvieron, de puras especulaciones e inferencias. No había evidencia, grabación alguna ni registro de ninguna naturaleza o documento que probara que "Tortuga", "Félix", "Semilla" y "Neike" asistieron a alguna reunión o participaron en cualquier conversación con conocimiento de la conspiración.

La defensa consideró que no fue suficiente que Flores de Freitas le haya dicho al agente Sandalio González que sus guardaespaldas conocían el envío de la droga pues, entre otras cosas, no necesariamente significaba que conocieran el destino del mismo.

El piloto del referido avión Cessna Citation siglas YV-2030 fue**Pedro Miguel Rodríguez González**, teniente coronel retirado de la Fuerza Aérea Venezolana, integrante del Grupo Aéreo N° 5. Fue piloto del Ministerio de la Defensa y para la fecha de esta publicación su domicilio electoral era la sección consular de la Embajada de Venezuela en Bolivia. Es propietario de un apartamento en Maracay (Venezuela); también los registros de propiedad del estado de Florida señalan que posee una propiedad en Wellington.

La aeronave que trasladó a Efraín Antonio Campo Flores y a Franqui Francisco Flores de Freitas a Haití el 10 de noviembre de 2015 iba copilotada por **Pablo Rafael Urbano Pérez**, un profesional certificado por la FAA, el organismo federal responsable de la aviación civil en EE. UU. Así, este hombre era el segundo al mando del avión Cessna Citation que llevó a los sobrinos de Cilia Flores a la isla caribeña donde fueron apresados. Se sabe que es propietario de un apartamento en el edificio Orinoco, sector Puente Hierro, en Caracas, y trabajó para la empresa Distribuidora Rower (Casiolandia) hasta el año 2011.

El avión en el que viajaron los primos Flores a Haití es propiedad de **Marco Tulio Uzcátegui Contreras**, quien para más señas es suegro de Franqui Francisco Flores de Freitas. En el año 2002 este hombre figuraba como director suplente en el directorio del Fondo Intergubernamental para la Descentralización, Fides.

Además, Uzcátegui Contreras es dueño de varias empresas constructoras, entre ellas Construcción y Mantenimiento Coinspectra, C.A. Tiene propiedades en Estados Unidos, entre las que destaca un apartamento en el condado de Miami Dade. También en Florida posee una empresa llamada Coinspectra Aviación, constituida en 2009 y en la cual es socio de Laura Pacheco.

A criterio de la defensa de los Flores, no había nada que probara suficientemente la participación de este hombre en la conspiración. Según ellos no se estableció que Uzcátegui tuviera conocimiento del supuesto complot para llevar estupefacientes a EE. UU. estimaron que la única irregularidad cometida porUzcátegui Contreras fue no portar los permisos adecuados para pilotar la aeronave, pero esto no constituye una evidencia de que sabía de la importación de la cocaína a Estados Unidos, por lo que no podría ser considerado un participante conocedor.

Ahora hagamos referencia a los informantes confidenciales y los testigos de la DEA que figuran en la investigación y juicio a los primos Flores.

En primer lugar, quien en el expediente es identificado como CS-1, cuyo nombre de pila es **José Santos Peña**, conocido también con los alias de "El Mexicano" y "El Mayor", quien contaba, para el momento de los hechos que se narran, 55 años de edad. Se trata de un narcotraficante que mantenía un acuerdo de cooperación con la agencia antinarcóticos estadounidense.

Las actuaciones de este informante dieron al traste con su credibilidad y la defensa de los primos Flores se anotó un punto a su favor cuando presentó en el juicio unas grabaciones realizadas por la oficina de prisiones (BOP), en una cárcel federal en la ciudad de Los Ángeles, California, donde él y su hijo José—también informante de la DEA— permanecen en custodia desde el 4 de agosto de 2016. Los audios daban cuenta de las instrucciones que CS-1 giró a otros de sus hijos, Joaquín e Hilario, quienes viven en la población de Los Monchis, Sinaloa, México, respecto a negocios relacionados con el narcotráfico.

Específicamente, "El Mexicano" los instruyó sobre la venta de drogas a varios de sus clientes. La grabación permitió constatar que la operación a la que hacía alusión CS-1 tenía que ver con la entrega de maletas que contenían mercancía, a las que se referían como "bolas" y en número de 120,llenas al parecer de cocaína. Igualmente, hacían referencia a una transacción de anfetaminas.

Aunque el juez Crotty determinó que las evidencias aportadas por CS-1 mantenían su validez, la DEA dio por concluido el acuerdo de cooperación con José Santos Peña al haber quedado completamente desacreditado como informante, dadas sus reiteradas mentiras y su persistencia en las actividades de narcotráfico. Esto exponía a Santos Peña a una condena de cadena perpetua.

Identificado como CS-2, otro informante de la DEA era **José Santos Hernández**, alias "El Junior", un narcotraficante mexicano de 35 años, hijo de CS-1.

Santos Hernández fue un testigo clave en el juicio de los Flores. Participó en las cuatro reuniones que tuvieron lugar en Caracas junto a su padre José Santos Peña y otro individuo de nombre Paul que no estaba autorizado por la DEA para ello. Tal como ocurrió con "El Mexicano", "El Junior" perdió el acuerdo de cooperación que mantenía con la fiscalía al comprobarse que seguían incursos en actividades de narcotráfico, exponiéndose a ser condenado a prisión de por vida.

El tercer informante de la DEA fue **Juan Gómez**, identificado en el expediente como CS-3, quien mantiene un acuerdo de cooperación con la Administración para el Control de Drogas desde el año 2009. También se le conoce con el alias de "El Colombiano".

Gómez estuvo presente en la reunión que Flores de Freitas sostuvo con "El Sentado", Roberto de Jesús Soto García y César Orlando Daza Cardona, en Roatán, Honduras, el 6 de noviembre de 2015, en la que se hizo revisión de toda la logística que regiría la operación comandada por los Flores.

CS-3, quien aseguró haber ganado unos 400 mil dólares por sus labores, tuvo una figuración muy importante en el juicio por cuanto dejó muy mal parada a la defensa, que insistía en hacer ver a los primos Flores como unos inexpertos. Juan Gómez sostuvo que Flores de Freitas demostró tener amplios conocimientos sobre la actividad del narcotráfico, algo comprobable con el hecho de que sabía perfectamente cómo organizar los planes de vuelo, manejaba detalles sobre la mercancía, la organización de los pilotos, contaba con aeronave y tenía acceso al hangar presidencial del principal aeropuerto de Venezuela.

Gómez hizo precisiones acerca de cómo pudo realizar la grabación del citado encuentro, quedando absolutamente establecida la conspiración para enviar la cocaína a Estados Unidos vía Honduras el 15 de noviembre de 2015, entre las 4:30 y 5:15 p. m.

La DEA contaba también con un testigo cooperante de nombre de **Carlos Amílcar Leva Cabrera,** identificado en la investigación como   CW-1, y de quien se ha hablado ampliamente mencionándosele con el alias de "El Sentado", un apodo que hacía referencia a que se encontraba postrado en una silla de ruedas luego de haber sufrido un accidente de tránsito en Tegucigalpa. Sobrevivió a varios días en coma, pero sin poder volver a caminar.

Leva Cabrera fue un importante narcotraficante hondureño, quien ingresó a esta actividad delictiva de la mano de su hermano, un teniente coronel del ejército dado de baja deshonrosamente, de nombre Wilfredo Leva Cabrera, quien primero se inició con tráfico de carros hacia Nicaragua y luego amplió sus negocios al narcotráfico. Actividades delictivas que pudieron llevar a cabo gracias a la permisividad del gobierno del para entonces presidente José Manuel Zelaya (2006-2009), aliado de Hugo Chávez y destituido por el Congreso de Honduras.

"El Sentado" no formaba parte de ningún cartel, pero mantenía relaciones con varios, vendía "mercancía" a bandas y era el contacto y enlace con las mafias de Nicaragua. Así fue haciéndose de un nombre entre los traficantes y llegó a adquirir fama y poder que lo llevaron a dominar el área de Roatán, donde instauró toda una estructura que le permitía actuar libremente gracias a sus contactos con la policía y las Fuerzas Armadas, especialmente con la Marina. En las islas mantenía relaciones con otro narcotraficante apodado "El Isleño", también individuo clave en el crimen en la zona.

Gracias a una entrevista a un capo del narcotráfico identificado como "Pablo", publicada en el diario "El Pulso" de Honduras el 13 de julio de 2017[125], se conoció que Carlos Amílcar Leva Cabrera se habría convertido en testigo de la DEA desde 2006, luego de haber sido acorralado por el organismo antidroga estadounidense. Posteriormente habría convencido a "El Isleño" para que también colaborara con la agencia. Desde esa fecha "El Sentado" pasó a ser un doble agente que la DEA mantenía incurso en el narcotráfico hondureño.

En la publicación, el narcotraficante asomó la posibilidad de que la orden de asesinar a "El Sentado" en diciembre de 2015 haya provenido de Venezuela a raíz del caso de los Flores, pero deja establecido que hay informaciones confusas al respecto, puesto que otra versión apuntaba a "El Isleño" como autor intelectual, al enterarse de que Leva Cabrera lo había vendido a la DEA.

Leva Cabrera fue una figura clave en el caso que los abogados defensores de los primos Flores trataron de anular. De hecho, formularon tres solicitudes en este sentido al juez de la causa, Paul Crotty. Argumentaban que los testimonios aportados por este testigo cooperante no podían ser verificados ni confrontados por cuanto el sujeto había muerto. Insistían en que sus aportes carecían de valor probatorio, pero el magistrado desestimó tales peticiones y argumentos.

"El Sentado" era un narcotraficante hondureño de 53 años de edad abatido el 4 de diciembre de 2015 en "La Cañada", una aldea de Santa Cruz de Yojoa, departamento Cortés, al norte de Honduras. La prensa local reseñó este hecho como el asesinato de

---

[125] El Pulso. "'El Sentado', el enlace hondureño del Cartel de los Soles". 13 de julio de 2017.
http://elpulso.hn/el-sentado-el-enlace-hondureno-del-cartel-de-los-soles/

un empresario dedicado a la construcción. Lo encontraron sin vida en el interior de su vehículo con múltiples impactos de bala. A pesar de contar con un gran séquito de guardaespaldas, curiosamente el día de su muerte ninguno de ellos lo acompañaba.

En la operación comandada por los Flores, Carlos Amílcar Leva Cabrera era la persona encargada de prestar el servicio de la "bajada", es decir facilitar la entrada y descarga de la mercancía en Honduras para luego redireccionar la droga a Estados Unidos.

"El Sentado" fue quien informó a la DEA que los dos venezolanos lo habían contactado para entablar negocios de narcotráfico, dado que Leva Cabrera controlaba la actividad en Roatán.

El gobierno señaló que **Gilson Barroeta Flores** quien según fuentes entrevistadas para este trabajo no tiene vínculo familiar con los acusados formaba parte de la conspiración de los Flores para importar 800 kilos de cocaína a Estados Unidos. La Fiscalía del Distrito Sur de Nueva York dijo que este hombre era el proveedor de armas de los acusados para fortalecer su seguridad personal y la de su empresa de narcotráfico.

De acuerdo a lo indicado por el gobierno, Campo Flores y Flores de Freitas mantuvieron conversaciones en los meses de agosto y septiembre de 2015 con Gil son Barreta Flores (o Flores, como también aparece reseñado en algunos documentos). El hijastro de Nicolás Maduro habría pedido a Barreta unos mini uzis y rifles AR-15.

Durante el juicio, las alusiones a Barroeta Flores se limitaron a dar a conocer las fotografías de las armas que a través de mensajería de texto fueron remitidas desde su celular a Campo Flores a solicitud de este, quien le pidió enviar el armamento desde Barquisimeto escondido en un compartimiento de avión o, en última instancia, en un coche de bebé.

Esto, según los abogados de la defensa, no es suficiente para involucrar a Barroeta Flores en la conspiración para enviar drogas a EUA y, mucho menos, considerarlo como participante de la misma. Refiere la defensa que ni Campo Flores ni Flores de Freitas poseen armas ni tampoco las hubo en ninguna de las reuniones que fueron registradas en audio y video. Reiteraron en todo momento que ninguna evidencia comprobaba los hechos acusados por el gobierno.

En todo caso, los defensores de los Flores precisaron que las alusiones y bromas sobre armamento no se produjeron durante el tiempo en que ocurrió la supuesta conspiración por las que se les procesó en Estados Unidos. Dijeron que las evidencias presentadas por la fiscalía establecían que las armas referidas, incluso, no eran reales; y tampoco decían cómo se usaron o se pretendían utilizar.

Los abogados aseguraron que las pruebas presentadas sobre Barroeta Flores y los acusados hablando el 1° de octubre de 2015 sobre el viaje de los demandados a Honduras, tampoco era suficiente para demostrar que Barroeta Flores fuera un participante conocedor de la conspiración.

Barroeta, dicen los defensores de los familiares de Nicolás Maduro y Cilia Flores, no conocía el propósito del planeado viaje a

Honduras ni tenía conocimiento de ninguna conspiración para importar cocaína a Estados Unidos.

Hay algunos otros nombres que fueron referidos en el caso, pero de los cuales no se dieron más detalles, tales como Julio César Hernández, Rubén Paredes C., Rubén Lugo y Mohhamed Abulzazza.

También se hizo mención de "Chicho", "Gordo", "El Flaco", "Pepero", "El Negrito", citados por estos apodos, pero no hubo más información sobre ellos.

En el caso de "Pepero" se manejó que fue quien le presentó los primos Flores a "El Gocho" con el objetivo de que se reunieran con él en un restaurante tailandés cerca del Centro Comercial Tolón, en Caracas.

La fiscalía señaló que "Pepero", "Ppr" o "Pepe", como también se le dio a conocer, actuó como coconspirador adicional en el caso Flores, algo que objetó la defensa argumentando que "no había absolutamente ninguna evidencia presentada en el juicio" que apoyara "la idea de que 'Pepero' era un miembro de la acusada conspiración"; sostuvieron que este sujeto no había participado en ninguna de las reuniones con los informantes ni tampoco había formulado declaración alguna a la policía. El hecho de que les presentará "El Gocho" a los acusados no significaba que estuviera al tanto de una supuesta operación para importar drogas a Estados Unidos. Del mismo modo, el equipo defensor indicó que los mensajes de texto que fueron admitidos como prueba no demostraban su participación en la operación. Estos alegatos fueron todos desestimados por el juez.

Por su parte, "El Flaco" fue quien contactó a los sobrinos de Cilia Flores y Nicolás Maduro con "El Sentado" en Honduras, pues era empleado de este último y, a la vez, amigo de "Hamudi".

Por supuesto, no puede obviarse la actuación de los agentes de la Administración para el Control de Drogas, DEA, en la investigación y el desenlace del juicio a Efraín Antonio Campo Flores y Franqui Francisco Flores de Freitas.

Papel protagónico juega el agente especial **Sandalio González**, quien llevó a cabo la investigación por narcotráfico de los sobrinos de Cilia Flores y Nicolás Maduro.

González es un agente asignado a la División de Operaciones Especiales de la DEA ubicada en Virginia. Trabaja en la DEA desde 2006, nació en EE. UU., pero se crio en México y Costa Rica.

Los datos que arrojaron la investigación de González y su testimonio en el juicio fueron determinantes para declarar la culpabilidad de los primos Flores. Uno de los principales elementos aportados por este agente fue la confesión obtenida de los acusados durante su traslado de Puerto Príncipe a Nueva York después de haber renunciado a sus derechos Miranda.

Otro agente especial de la DEA que participó en el caso de los sobrinos Flores fue **Kimojha Brooks**, encargado de recibir de manos de la policía de Haití los teléfonos de Efraín Antonio Campo Flores y Franqui Francisco Flores de Freitas y guardarlos en custodia, así como sus pasaportes y las fotografías de los pasaportes de las otras personas que integraron la tripulación del avión que trasladó a los acusados de Caracas a Puerto Príncipe el 10 de noviembre de 2015.

En el juicio, Brooks precisó que se encargó de la seguridad de los acusados, así como de tomar sus datos biográficos, completar las formas de inmigración y el procedimiento de entrada de los Flores al territorio estadounidense.Los sobrinos de Cilia Flores poseían visade turista B1/B2. Ambos habían visitado los Estados Unidos antes de haber sido capturados y procesados por delitos de narcotráfico.

Durante el interrogatorio de que fue objeto por parte de los abogados de la defensa, Brooks dijo que el avión en el que viajaron los acusados no fue requisado por personal de la DEA en virtud de que no estaban autorizados para ello. Esta era una tarea que correspondía a las autoridades de Haití.

También enfatizó que las declaraciones juradas de Campo Flores y Flores de Freitas en el avión, durante su viaje a Nueva York, las dieron después de haber recibido de manos del agente Sandalio González los formulariosusados por la DEA, en español, sobre los derechos Miranda, que se les leyeron y aclararon perfectamente.

El agente especial **Robert Zachariasiewicz**, integrante de la Unidad de Investigaciones Bilaterales (BIU), fue otro de los cuatro integrantes del equipo de la agencia antinarcóticos de EE. UU. que participó en el caso de los sobrinos de la pareja presidencial venezolana.

A Zachariasiewicz le correspondió supervisar la investigación del caso Flores.

Dejó claramente sentado durante los interrogatorios a los que fue sometido durante el proceso judicial, que fue la policía haitiana la que llevó a cabo el arresto y la encargada de la custodia y posterior expulsión de los dos acusados mientras estuvieron en territorio de Haití. Indicó que fue la Policía Nacional de la isla francocaribeña la que los entregó a la DEA una vez que se cumplió con el procedimiento legal correspondiente.

Del mismo modo, Zachariasiewicz refirió que había advertido antes al Ministro de Justicia de Haití que la operación involucraba a dos familiares de la pareja presidencial venezolana, por lo cual debían permanecer atentos a las posibles implicaciones políticas que el arresto de los Flores podría traer consigo.

Zachariasiewicz admitió que el hecho de que Haití mantiene excelentes relaciones de cooperación con Estados Unidoscontribuyó a que se propiciara el que fuera esa nación el lugar donde se produjera la captura de los primos Flores, de tal manera que esto facilitara un procedimiento de extradición inmediata.

Leith Habayeb, agente especial de la DEA que forma parte de la División de Operaciones Especiales (SOD), también integró el equipo de la agencia antinarcóticos que investigó la conspiración fraguada por los primos Flores para traficar cocaína en EE. UU.

Junto al agente Brooks explicó aspectos de la investigación y los mecanismos usados para recolectar las evidencias del caso.

En tal sentido, Habayeb aseguró en todo momento que los procedimientos estuvieron ajustados a derecho, a las normas y leyes estadounidenses, así como al manual de procedimiento de la DEA.

Daniel Ogden es un experto en computación forense que trabaja para el Departamento de Justicia de Estados Unidos como especialista en análisis de data de teléfonos celulares.

Durante el juicio a los Flores refirió que fue la persona encargada de extraer la información que se encontraba en los celulares de los dos acusados, aparatos que fueron confiscados al momento de su arresto en Haití el 10 de noviembre de 2015.

Luego de explicar la técnica utilizada para hacer su trabajo, Ogden mostró en el juicio una serie de "chats" que los Flores mantuvieron con distintas personas, para lo cual usaron nombres diferentes.

Ogden mostró llamadas telefónicas y mensajes de texto y dijo que, incluso, estaba en capacidad de mostrar el contenido que "había sido borrado" de los teléfonos celulares de los acusados.

Durante el proceso se hizo mención a varias personas, pero nunca se especificó si formaban parte de esa u otras investigaciones.

Así tenemos a **Cilia Flores**, Primera Dama de Venezuela, diputada a la Asamblea Nacional y tía de Efraín Antonio Campo Flores y Franqui Francisco Flores de Freitas. Del primero es madre de crianza al haberse hecho cargo de él al morir su progenitora, hermana de la política venezolana, de acuerdo a la versión que circuló desde que se conocieron los hechos y que, en ningún momento, la familia Flores ha desmentido.

En las evidencias que inculparon a los Flores, la esposa de Nicolás Maduro aparece como supuesta beneficiaria del dinero de la conspiración, el cual serviría para pagar su campaña electoral durante los comicios parlamentarios del 6 de diciembre de 2015. Campo Flores en varias oportunidades dijo a los narcotraficantes mexicanos y hondureños que lo obtenido de la operación serviría para pagar votos a favor de su "mamá", Cilia Flores.

Bladimir Flores, hermano de Cilia Flores y tío de los acusados, salió a relucir cuando se le mencionó como la persona que supuestamente contactó a "El Sentado" para anunciar el arribo de sus sobrinos a Honduras y finiquitar la operación de narcotráfico. Durante la audiencia de supresión de evidencias que se llevó a cabo el 8 y 9 de septiembre de 2016, el agente Sandalio González dijo que Carlos Leva Cabrera le había dado tal información.

Bladimir Flores es un alto funcionario de la policía científica venezolana con más de cuatro décadas de carrera en el organismo. Para el momento de los hechos aquí referidos, se desempeñaba como Inspector General Nacional del Cuerpo de Investigaciones Científicas, Penales y Criminalísticas, CICPC.

El diputado **Diosdado Cabello** es exvicepresidente ejecutivo de la república, exministro, exgobernador y expresidente de la Asamblea Nacional. También es vicepresidente del Partido Socialista Unido de Venezuela (PSUV) y miembro de la Asamblea Nacional Constituyente instaurada de manera fraudulenta por el oficialismo en Venezuela en agosto de 2017, sin ser reconocida por la comunidad internacional. Cabello, tenido como uno de los hombres fuertes y con más poder dentro del régimen venezolano desde 1999, también figuró en el proceso. En específico, se le mencionó en tres oportunidades durante el juicio.

Conversando con José Santos Peña, Efraín Antonio Campo Flores asomó, aunque de manera indirecta, que el alto dirigente formaría parte de las personas que se desempeñaban en actividades de narcotráfico en Venezuela. Igualmente lo mencionó junto al "Cartel de los Soles" en la reunión celebrada en Caracas el 26 de octubre de 2015.

Del mismo modo se nombró a Cabello en el proceso judicial cuando se refirió que Franqui Francisco Flores de Freitas fue consultado por "El Sentado" sobre la vinculación de Diosdado Cabello con el ya citado "Cartel de los Soles". Flores dijo que eso decían los rumores y que el alto dirigente tenía "peos" (problemas) con los gringos por narcotráfico. Igualmente el sobrino de Cilia Flores dijo que Cabello controlaba a las fuerzas armadas venezolanas.

A **Carlos Erick Malpica Flores,** otro sobrino de Cilia Flores, también se le nombró durante el juicio cuando se refirió su función como tesorero de la nación en la Oficina Nacional de Presupuesto, hasta enero de 2016 y como vicepresidente de Finanzas de Petróleos de Venezuela (PDVSA). Campo Flores dijo durante su confesión al agente Sandalio González que había solicitado como favor a Malpica Flores que le pagara unas deudas a unos empresarios con el objetivo de obtener unas comisiones al servir él como intermediario. Malpica Flores no habría atendido la solicitud de Flores de Freitas en virtud de que en el seno de esa familia no acostumbraban a ayudarse unos con otros, según comentó el acusado.

Su nombre también salió a relucir cuando la corte dio a conocer la transcripción de una conversación sostenida entre Efraín Antonio Campo Flores y un sujeto llamado "Jonathan", el primero identifica a Malpica Flores como parte fundamental del "negocio", toda vez que a través de él era posible legitimar el dinero proveniente de las drogas.

Duodécimo capítulo

Mentiras de telenovela

Hasta acá hemos podido apreciar cómo se ha desarrollado este caso desde el momento en que se conoció la noticia del arresto de Efraín Antonio Campo Flores y Franqui Francisco Flores de Freitas el 10 de noviembre de 2015 en Puerto Príncipe, Haití, por estar acusados de conspirar para importar cinco o más kilogramos de cocaína a Estados Unidos, así como de distribuir dicha droga a sabiendas de que sería introducida a territorio estadounidense.

Esta acusación fue producto de una investigación que durante varios meses se llevaron a cabo la DEA y otros órganos encargados de la aplicación de la ley en EE. UU.

Hemos visto que el caso contra los primos Flores se levantó con base a evidencias recolectadas durante toda la averiguación, así como las que fueron apareciendo luego de iniciado el proceso judicial contra ellos y que llevaron al jurado a determinar su culpabilidad, dejando atrás los alegatos de la defensa, que insistió previo al juicio, en el juicio y después del juicio, en que todo se trató de una acción orquestada por la DEA y sus informantes para inculpar a los sobrinos de la pareja presidencial venezolana, con ánimo e intereses meramente políticos.

Según los abogados de los despachos Boies, Schiller & Flexner LLP y Sidley Austin LLP se quería presentar a unos "peces gordos" que sirvieran para mostrar a los organismos de investigación como altamente eficientes, mientras los informantes buscaban una "presa altamente significativa" que les permitiera obtener beneficios procesales y una rebaja en sus condenas.

En tal sentido, una y otra vez la defensa sostuvo que el caso de los Flores no fue más que una operación "seca" en la que la Fiscalía no recuperó droga alguna, donde no se incurrió en violencia y en la que el gobierno no pudo presentar una sola prueba que incriminara a Campo Flores y Flores de Freitas, ni evidenció que hubieran distribuido siquiera un gramo de cocaína "en ningún lugar, mucho menos en Estados Unidos".

Pero luego del veredicto del jurado, el objetivo de la defensa cambió y se enfocó, primero, en desmeritar el juicio, sustentados en el descrédito de quienes intervinieron en la investigación y, después, en tratar de lograr una condena lo menos severa posible, enfrentando la solicitud de la fiscalía que exigía cadena perpetua o una pena nunca inferior a los 30 años de prisión.

El período previo a la lectura de la sentencia por parte del juez de la causa, Paul Crotty, se caracterizó por un afanoso empeño en contradecir los criterios del gobierno y la corte que, al tomar en cuenta los agravantes y diversos elementos que intervinieron en la operación, arrojó el más alto índice de gravedad de los hechos y, por ende, determinó que se imponía una severa condena, bien de cadena perpetua o, en su defecto, una larga permanencia tras las rejas para los sobrinos de Cilia Flores y Nicolás Maduro por el delito cometido.

Además, de manera curiosa, por primera vez desde que fuera iniciado el proceso judicial, la estrategia de defensa de uno y otro —por lo menos en el objetivo aunque el procedimiento haya sido similar— cambió. Mientras los abogados de Campo Flores —Randall W. Jackson y John Zach— solicitaron al juez Crotty desestimar establecer una pena de prisión y, en su defecto, pidieron enviar a su cliente a Venezuela, los representantes de Flores de Freitas —Michael D. Mann y David M. Rody— solicitaron al magistrado fijar la sentencia mínima obligatoria de diez años de prisión a su defendido. Ambos despachos, eso sí, apelaron a la clemencia del juez y se valieron de un conjunto de cartas remitidas por familiares y amigos de los Flores, haciendo la rogatoria. Las misivas, escritas en castellano, fueron traducidas al inglés por los despachos de abogados para presentárselas al juez Crotty.

Mann y Rody recurrieron a contar la historia personal de Franqui Francisco, la cual —de acuerdo a lo narrado— estuvo cargada de vicisitudes y circunstancias casi trágicas durante su infancia que, lejos de amilanarlo, sirvieron de estímulo de para que se convirtiera en un hombre y padre "dedicado, responsable y afectuoso para su hijo de nueve años", de acuerdo a lo expuesto por los abogados a la corte en la comunicación que acompañó las citadas cartas de petición de clemencia[126].

Igualmente, lo presentaron como un ser humano solidario, acostumbrado a hacer contribuciones positivas a la comunidad en la que se desenvolvía. Aseguraron que durante su tiempo de

---

[126] Venezuela Política. "Narcosobrinos: Defensa de Flores de Freitas pide sentencia de 10 años de prisión". 5 de diciembre de 2017.
http://maibortpetit.blogspot.com/2017/12/defensa-de-flores-de-freitas-pide.html

reclusión en el *Metropolitan Correctional Center* (MCC) ha mantenido una buena conducta, alejada de los problemas, sin haber incurrido en faltas y habiéndose ganado el reconocimiento de sus guardias de la prisión. Refirieron que es un hombre perseverante que aprende de sus experiencias "y está decidido a sacar lo mejor de una situación difícil. En consecuencia, la historia personal y las características del Sr. Flores también dejan en claro que el plazo mínimo obligatorio de diez años sería suficiente, y no mayor de lo necesario, para lograr los objetivos de la sentencia".

Por su parte, los abogados de Campo Flores solicitaron en el memorando de sentencia enviado a la corte, que tomara en cuenta que su cliente era —de acuerdo a su opinión— "un hombre honesto, con principios familiares y valores morales que merece una segunda oportunidad".

Randall W. Jackson y John Zach sostuvieron en todo momento que el caso de Campo Flores no merecía una cadena perpetua, tal como lo solicitaba el gobierno, sino ser sentenciado por debajo de lo establecido en la guía que sirve a los jueces para fijar la magnitud de las condenas, "un rango necesario y suficiente para cumplir con lo establecido en el estatuto de sentencia".

Los representantes legales de Campo pidieron al juez Crotty que la sentencia a Campo Flores no fuera exagerada, "y que tome en cuenta la básica y verdadera situación del caso, dejando de lado los hechos establecidos en las conclusiones del Informe Previo a la Sentencia (PSR) entregado por la Fiscalía del Distrito Sur de Nueva York y por la Oficina de Libertad Condicional".

Igualmente, apelaron de nuevo al recurso de justificar la conducta y capacidades de su cliente al insistir presentarlo como un "joven" que "tomó una serie de decisiones tontas".

"No hay duda de que el Sr. Campo Flores tomó una serie de decisiones tontas. Pero en eso el Sr. Campo Flores es similar a innumerables hombres jóvenes que viven en lugares difíciles y se sienten tentados por la posibilidad de obtener una recompensa financiera", argumentaron los abogados ante el juez.

Refirieron que se trataba de un "joven" proveniente de un país y sociedad con dificultades que vivía en un modesto apartamento con su esposa embarazada y su hijo de 3 años. "El acusado tiene un niño que nació cuando él estaba encarcelado en el Centro Correccional Metropolitano y no ha tenido oportunidad de formar parte de la vida de ese bebé".

"Lo que realmente sabemos sobre el Sr. Campo Flores es que, antes de involucrarse en los eventos que condujeron a su arresto, vivía en un modesto apartamento en Caracas con su esposa embarazada y su hijo de tres años. Sabemos que el Sr. Campo Flores tiene un bebé que nació mientras estaba encarcelado en el MCC y no ha podido ser parte de la vida de su hijo recién nacido", refieren más adelante.

Reiteraron que Campo Flores fue "un objetivo de una de las operaciones de picadura más comprometidas en la historia de la Agencia Antinarcóticos de Estados Unidos (DEA) por el solo hecho de ser un familiar cercano de la Primera Dama de Venezuela (...) un valioso objetivo, a pesar de que ellos [la DEA], sabían que era un inexperto incapaz de conseguir droga, lo cual es contrario a lo que deberían ser las operaciones de este tipo".

Del mismo modo, advirtieron que Campo Flores "nunca había sido arrestado ni había sido capturado, como sí ocurrió con los informantes confidenciales y colaboradores de la DEA".

Y haciendo uso del sentimentalismo, matizaron su argumentación con el hecho de que era una persona que había crecido en condiciones modestas en un país muy pobre, y que pese a estas circunstancias estudió derecho en la Universidad Santa María de Caracas y se graduó de abogado dos meses antes de su arresto; que se casó con su esposa, Jessair Rodríguez cuando tenía 24 años y con ella tiene dos hijos; y que a pesar de estar arrestado en Nueva York, continua siendo un esposo y padre amoroso y solidario.

Un análisis apresurado de estos últimos hechos simplemente llevaría a concluir que la defensa de los Flores decidió recurrir a la sensiblería para tratar de despertar la compasión del juez y así librar a sus clientes de una dura sentencia en su contra.

Un recurso si se quiere burdo, pero que en nada podía catalogarse de irregular o fuera de lugar. Este tipo de argumentos suelen ser usados por los abogados defensores para tocar la fibra humana de la justicia y en ocasiones suelen resultar beneficiosos.

Pero lo que tuvo de manida la fórmula de recurrir a presentar a los Flores como unos "pobres jóvenes" que actuaron como lo hicieron víctimas de las circunstancias —pese a que la mayoría de los venezolanos agobiados por la crisis prefiere mantenerse apegados a la ley, a lo correcto y a las buenas costumbres— pues también lo tuvo de sorpresiva, porque tanto las historias contadas por los abogadas como lo expuesto en las cartas de familiares y amigos, solo vino a crear más dudas respecto a lo que hasta ese momento se conocía acerca de la vida de los ya convictos.

¿A qué nos referimos? A varios aspectos a los que iremos haciendo referencia conforme nuestra mermada capacidad de asombro así nos lo permita.

Veamos.

Desde el comienzo de esta historia se ha dicho que Efraín Antonio Campo Flores era un joven huérfano quien, a la muerte de su madre, a la sazón hermana de la hoy Primera Dama de Venezuela, Cilia Flores, esta última se había hecho cargo de sus cuidados y lo había criado como a un hijo.

El propio Campo Flores en no pocas oportunidades se refirió a Cilia Flores como su madre en las declaraciones al agente espacial de la DEA Sandalio González, dadas a bordo del avión que los condujo de Puerto Príncipe a Nueva York y en las que aseguró que parte de los recursos que hubiera obtenido de la operación de narcotráfico los iba a invertir en el pago de factores que intervinieron en la campaña electoral de su "madre", quien para ese entonces se presentaba a la reelección como diputada a la Asamblea Nacional de Venezuela, cuyos comicios estaban pautados para el 6 de diciembre de 2015. También en varios "chats", grabaciones y otros documentos había hecho mención a ella como su "mamá".

En el memorando de sentencia enviado por Randall W. Jackson y John Zach al juez Crotty expusieron que Campo Flores "creció en condiciones modestas en un país pobre. Desde el momento en que tenía siete años vivía en la pequeña casa de su abuela con aproximadamente otros 16 miembros de su familia. Pasó con gran parte de su infancia allí hasta que un alud destruyó la casa. Él y el resto de su familia se mudaron con su tía, que en ese momento era abogada de derechos civiles y luego se convirtió en la Primera Dama de Venezuela. Tal como lo describieron los miembros de su familia, usualmente estaba 'ocupado con sus estudios, su familia, su perro Laika, PlayStation y [era] un gran aficionado al fútbol'".

Un cuadro dramático, sin duda alguna, cuyas características y circunstancias los abogados trataron de incrementar al acompañar su solicitud por un grupo de cartas de familiares y amigos que se unían al pedido de clemencia de Jackson y Zach.

Lo que causó más curiosidad es que una de estas misiva venía firmada ¡oh, sorpresa!, por Hernes Melquiades Flores, a saber, ¡la madre de Efraín Antonio Campo Flores!, a quien también se la conoce con "La China".

Atando cabos, constatamos que no era la primera vez que nos encontrábamos con este nombre. De hecho lo habíamos referido en el primer capítulo cuando hicimos mención a Transportes Herfra S.A., la empresa que Campo Flores posee en Panamá y en la cual Hernes Flores figura como directora, solo que las informaciones de prensa citadas a inicio de este caso la presentaban como un hombre, hermano de Cilia Flores y confundían el nombre con el de "Hermes".

En la carta, firmada en Caracas el 20 de mayo de 2017, Hernes Melquiades expone que "en este momento de angustia, desesperación y dolor, Dios le (sic) ha dado la oportunidad de comunicarse" con el juez Crotty, quien tiene "en sus manos el futuro de su hijo Efraín A. Campo" y lo insta a que "tome en consideración que el (sic) es un muchacho que [desde que] nació me esforcé por darle una educación de calidad, criado con valores y principios para ser un hombre de bien, nacido en una familia humilde dándole todo con el esfuerzo y sacrificio de mi trabajo, llevándolo a ser un profesional".

Con estas afirmaciones se venía al suelo toda la historia que desde el principio de este caso se había manejado. Campo Flores no es huérfano y, aunque sí se crió en casa de Cilia Flores, lo hizo junto a su madre biológica y el resto de su núcleo familiar.

La carta de la madre de Efraín Antonio Campo Flores al juez Crotty continuó en estos términos:

"Desde niño le enseñé a tener hábitos de lectura, alimentación, puntualidad, respeto a sus semejantes, los cuales asumió en el hogar y en su medio ambiente donde transcurrieron sus días".

"Efraín es amante y defensor de su familia, la cual adora sobre todas las cosas en la vida, casado con una dama a la cual ama y respeta, tiene dos hijos maravillosos [nombre del niño] de 4 años y [nombre del niño] de 1 añito, el cual no lo vio nacer sino que hace dos semanas conoció a su bebé, por cierto un milagro de la naturaleza".

"Puedo decirle que estoy orgullosa de mi hijo por ser como es, digno de alabar y no porque sea mío, sino por sus méritos, tierno, cariñoso, honesto, amante de su familia, con una conducta intachable, y con una gran calidad humana, que más puede pedir una madre, que no sea estar al lado de su hijo. Se gana el cariño de todo el que lo conoce".

"Sr. Juez espero que usted tenga misericordia y tome en cuenta lo escrito y como dije al inicio de estas líneas, el futuro de mi hijo está en sus manos, por favor tenga clemencia y consideración al momento de tomar una decisión, ya que aquí hay una madre, esposa, hijos que esperan con ansia a ese ser tan especial para nosotros".

"Queda de usted,

Hernes Flores / Madre de Efraín".

Abundan las preguntas más típicas de una telenovela clásica. ¿Por qué Efraín Antonio Campo Flores y el gobierno venezolano dejaron que se colara la versión según la cual su madre había muerto cuando él era apenas era un niño? ¿Por qué nunca reveló que su verdadera madre estaba viva? ¿Por qué hizo creer a todo el mundo que su tía, Cilia Flores, lo había criado desde la supuesta muerte de su madre? ¿Por qué decía que su madre era la Primera Dama venezolana? ¿Acaso se avergüenza de su madre? ¿O será que presentarse como hijo de la Primera Dama e hijastro del Presidente de la República le daba más réditos económicos, políticos y sociales o, sencillamente, más poder?   ¿Por qué la madre que guardó silencio durante todo el tiempo en que fue negada ahora aparece reclamando clemencia para quien la había ignorado por completo?

Pues bien, en nuestro proceso indagatorio, quien estas páginas suscribe logró establecer contacto telefónico con alguien perteneciente al entorno íntimo de los Flores, quien exigió mantenerse en el anonimato y, por tanto, apegados a nuestra ética periodística mantendremos su identidad en la reserva. Esta persona comenzó por dar respuesta a las preguntas formuladas en el párrafo anterior y, en un ejercicio de descripción de la personalidad de Efraín Antonio Campo Flores, aseguró que, sencillamente, este hombre es un verdadero charlatán que se hacía pasar por hijo de Cilia Flores, aun cuando su relación con la esposa de Nicolás Maduro fue mínima.

Una explicación que, lejos de aclarar, incrementa la confusión surgida con las últimas revelaciones. Si es cierto que Efraín Campo y Cilia Flores apenas se contactaban, ¿por qué se accionaron todos los mecanismos del estado venezolano cuando se conoció su arresto y hasta estuvieron en la corte el cónsul Calixto Ortega y el encargado de negocios de la Embajada en Washington, Maximilian Arveláez?

Agregó la fuente que el padre de Efraín Antonio también está vivo, que es taxista y vive en Valencia, aunque nunca se responsabilizó ni por este ni por su otro hijo. Y es que de la unión entre Hernes Melquiades y este hombre de quien no logramos saber su nombre, nacieron Efraín Antonio y Marco Antonio. Tienen un medio hermano por parte de madre, Irving Molina Flores, quien es juez de Control de Caracas y firma una de las cartas de petición de clemencia dirigidas al Paul Crotty, como veremos más adelante.

Refirió además que Hernes y sus hijos vivieron toda la vida en el sector El Paraíso de la parroquia San Martín de Caracas, y sostuvo que Efraín Antonio nunca ejerció ninguna función pública de importancia ni fue militante del PSUV.

Esta misma fuente indicó que la madre de la Primera Dama y abuela de Efraín, Cilia Adela Flores, fallecida el 16 de marzo de 2016, vivió en el Barrio Niño Jesús de Caracas, donde la diputada creció junto a sus hermanos, naturales del estado Cojedes, a saber, Eloísa, Bladimir, Hernes Melquiades, Francisco, Franklin, Giusón Fernando y Demetrio.

Hay que advertir que la información acerca de la identidad de los hermanos de Cilia Flores es sumamente confusa, pues además de los señalados también otras reseñas de prensa hablan de una hermana llamada Numidia y otros dos varones, Christian y Frankis.

Sobre Franqui Francisco Flores de Freitas, nuestra fuente sostuvo que su relación familiar con Cilia Flores es muy lejana y que en realidad es primo tercero de la esposa de Nicolás Maduro y no sobrino. El padre de Flores de Freitas —según dijo— es primo segundo de la abuela que murió en 2016.

Ratificó que cuando Franqui tenía tan solo 8 años de edad su madre falleció y que, emocionalmente, su hermano ocupó la figura paterna para él. También le agregó un trabajo que hasta ahora no conocíamos, el de chofer de autobús, por cierto el mismo oficio de Nicolás Maduro antes de entrar a la política.

Esta fuente no hizo alusión alguna a la hermana de Flores de Freitas, referida por los abogados como veremos más adelante y, mucho menos a la "vida trágica" que describieron a consecuencia de los supuestos maltratos del padre.

Ahora bien, ante la corte los abogados de Campo Flores pretendieron presentar una familia desvalida e imposibilitada de visitar a su familiar durante su prisión en Estados Unidos, si bien algunos familiares fueron vistos en la corte. Obviaron el detalle que quedó de manifiesto durante todo el proceso judicial relativo al poder que ostentaban los acusados y su entorno: vuelos privados que salían desde la mismísima rampa presidencial del principal aeropuerto de Venezuela, manejo de las instituciones públicas y empresas del estado como si fueran sus predios personales y las referencias al poderío, influencias y conexiones políticas y económicas que poseían. Durante el proceso se estableció que Campo Flores poseía varias propiedades, entre ellas una empresa en Panamá, país al que viajaba mensualmente.

A juicio de los abogados, las cartas enviadas al juez justificaban el pedido de clemencia, pues en ellas se describía "a una persona que ha pasado su vida tratando de ayudar a amigos y familiares, tratando de ser solidario, un buen esposo y padre de sus hijos".

Además de la madre, remitieron cartas al tribunal en favor de Campo Flores, su esposa, Jessair Del Valle Rodríguez Camacho, quien aseguró que su cónyuge era una persona "humana, humilde, de buen corazón y trabajador, también es buen padre" que jamás había tenido problemas con la justicia.

Pese al ostentoso tren de vida demostrado durante el juicio que exhibía Efraín Antonio Campo Flores al tener capacidad, por ejemplo, para contratar vuelos privados cuyo flete superaba los 20 mil dólares, su cónyuge le aseguró al magistrado Crotty que de condenarse a su marido a pagar prisión en Estados Unidos sin atender la solicitud que ella, otros familiares, amigos y abogados del convicto formularon, ella "lamentablemente" no podría verlo pues "NO tengo los medios económicos suficientes para visitar a mi esposo en ese país, solo he tenido la oportunidad de estar presente la primera semana del juicio y luego en este mes de mayo que logré estar 10 días con mis 2 hijos con la finalidad de que conociera a nuestro hijo menor, por esta razón y todas las anteriores le pido considere la oportunidad de que mi esposo salga de prisión lo más pronto posible y darle la oportunidad de estar con nosotros su familia que tanto lo amamos y necesitamos, solo Dios sabe lo buen hombre que Efraín es, pero en sus manos está el futuro de él y de mi familia también, le suplico tenga misericordia y consideración para que él pueda criar y educar a sus hijos y nuestro hogar vuelva a estar completo".

Por su parte, Irving José Molina Flores, hermano por parte de madre de Campo Flores, conminó al juez Crotty a tener "buena vista a la hora de tomar alguna decisión visto que la persona antes mencionada [Efraín Antonio Campo Flores] no merece ser separada de su familia y seres queridos como ha venido pasando hasta los momentos".

El suegro de Campo Flores, Jesús Rodríguez, además de reiterar su carácter bondadoso, amable y el ser una persona trabajadora, le refirió al juez de la causa el gran amor que él sentía por su abuela, fallecida mientras estaba preso, así como por su madre, quien ha sufrido mucho por estas circunstancias y quien "crió (sic) a sus hijos con mucho trabajo y esfuerzo hasta lograr que fueran profesionales universitarios".

Entretanto, Petra Amelia Flores, tía abuela de Campo Flores, le expresó al juez que los Flores "somos una familia con valores morales y familiares transmitidos a cada uno de nuestros descendientes, particularmente mi niño Efraín Antonio ha demostrado un especial comportamiento de solidaridad y amor a las personas mayores, responsable y pendiente de su familia y amigos, ayudando en la medida de sus posibilidades a los necesitados".

Carmen Campo y Adriana Yeguez, prima y tía de Campo Flores, en una carta conjunta le expresaron al Juez Crotty, que su familiar es una persona responsable, siempre apegada a sus hijos, "buen padre y buen hijo".

También escribieron misivas al magistrado Paul Crotty otros familiares, todas en el mismo tenor de resaltar las que estimaban grandes cualidades de Campo Flores, así como sus valores y principios, uniéndose al pedido de clemencia Numidia Rocío Flores, María Gabriela Guerra, Alirio Alfonso Guerra Campo y Arturo Nusbel Madera Flores (primos); Juan F. Guerra M. (tío y padrino); y Saira Josefina Camacho de Rodríguez (suegra).

A ellos se sumaron varios amigos de Campo Flores: Mayerlin Akras, Enmanuel Avelino, Pantaleón Aguirre, Carlos Daniel Casas

Camargo, Tania M. Carranza Carrillo, Vanessa Márquez, Berna del Carmen Valero, Jhonatan Henríquez, Ronald Moreno, Chirley Rivero, Rossa A. Suárez y Carlos Daniel Casas.

Los abogados refirieron al juez que el conjunto de cartas da una idea de la "modesta y humilde familia" de la que proviene Campo Flores "y de lo mucho que admiran su carácter cariñoso y generoso".

Curiosamente, los mismos abogados que rechazaron las pruebas extraídas por la fiscalía de los teléfonos de los Flores, estimaron que el tribunal debía tomar en cuenta los videos y fotografías en ellos contenidos en los que se aprecia a Campo Flores "jugando con su hijo de tres años y nutriéndolo y de alguna manera pasando tiempo con su familia. La Corte debería imponer una sentencia que refleje toda esta historia y estas características".

La defensa echó mano de la jurisprudencia para señalar una serie de casos en los cuales los acusados lograron sentencias menos severas en razón al impacto que una cadena perpetua tendría en los hijos de los reos. "Ese ha sido un factor que se ha sido tomado en cuenta por los jueces para dictar sentencias menores, incluyendo los casos en los que ha habido de verdad droga. Como ejemplo el caso donde un narcotraficante fue sentenciado a 66 meses de prisión luego que la guía de sentencia daba entre 292 a 365, por el impacto en la vida del niño del acusado".

A pesar de que en el juicio quedó absolutamente demostrada la experiencia de los Flores en delitos no juzgados, más allá, incluso, del narcotráfico, por el abuso de los poderes públicos venezolanos, corrupción, pago de sobornos a la autoridad y otras faltas a la ley, la defensa insistió una y otra vez en destacar que eran unos novatos y no los criminales que el jurado dictaminó. "Este caso expuso los novatos y suficientemente tontos que eran como para viajar a Haití con la promesa de recibir millones de dólares sin haber hecho prácticamente nada. Estas no son circunstancias que justifiquen cadena perpetua. Estas son francamente circunstancias que no justifican ni siquiera la sentencia mínima obligatoria", manifestaron los abogados al juez Crotty.

La fiscalía advirtió que la corte no debía dejarse manipular ni confundir con las historias de una niñez pobre, cuando en realidad los Flores gozaban de una vida llena de riquezas y excesos, producto de las posiciones políticas de su familia y de sus delitos.

El caso de Franqui Francisco Flores de Freitas difirió —como lo señalamos al principio del capítulo— en el objetivo a perseguir por la defensa, pues mientras los abogados de Campo Flores solicitaron clemencia y liberar a su cliente de tener que pagar pena de prisión o, en todo caso, fijarle un condena leve, estos representantes legales optaron por solicitar al juez Paul Crotty la imposición de la sentencia mínima obligatoria de 10 años de cárcel.

Esgrimieron que la naturaleza del crimen y la historia personal del acusado no lo hacían merecedor de una condena superior a una década en prisión.

Igual que como lo hicieron Randall W. Jackson y John T. Zach, Michael D. Mann y David M. Rody acompañaron su pedido de un conjunto de cartas de familiares y amigos en las que solicitaban la indulgencia de la corte.

Remitieron cartas al juez Crotty: Jessika Contreras (exnovia); su hijo de 9 años; Yaxelli Tahina Flores de Freitas (hermana); Amelia Flores y Hernes Flores (tías); Numidia Rocío Flores y Arturo Nusbel Madera Flores (primos); Laura Betancourt, Gladys M. López, Gilberto R. López, Gary L. Solórzano L., Henri Sandoval y Taina M. Carranza Carrillo (amigos).

Y mientras Campo Flores resultó tener a su madre viva, el verdadero huérfano de esta historia terminó siendo su primo Flores de Freitas, de quien sus abogados relataron al juez se levantó pese a las "trágicas circunstancias de la infancia para convertirse en un padre dedicado, responsable y afectuoso para su hijo de nueve años".

Narraron Mann y Rody al juez que Flores de Freitas vivió una infancia traumática y una serie de circunstancias difíciles, algo que a criterio de la defensa debía tener un peso significativo al momento de establecer la sentencia.

"La madre del Sr. Flores murió cuando él tenía ocho años y luego sufrió duros abusos físicos y emocionales por parte de su padre alcohólico, quien a menudo arrojó al Sr. Flores y su hermana fuera de su casa. A pesar de estos desafíos, el Sr. Flores perseveró y trabajó para superar este trauma infantil. Obtuvo empleo a una edad muy temprana para ayudar a mantener a su familia, se mantuvo alejado de problemas con la excepción de los últimos meses antes de su arresto en este caso, y se convirtió en el padre que su padre nunca fue. Incluso durante su encarcelamiento aquí ha trabajado para aprender y mejorarse, y ha sido un recluso modelo. Él no ha renunciado a llevar una vida productiva, y todavía está mirando hacia el futuro", relataron los abogados al tribunal.

Refirieron que la muerte de la madre de Flores de Freitas a consecuencia de un cáncer de mama cuando contaba tan solo con ocho años de edad, lo afectó profundamente durante su juventud y se constituyó en una fuente de mucha angustia para él, al extremo de requerir terapia por ello.

Él y su hermana —relataron los abogados— carecieron de un hogar estable y amoroso y vivieron intermitentemente con su padre, su abuela materna y su tío. Ambos hermanos fueron sometidos a abusos graves por parte de su progenitor, quien siempre exhibió un comportamiento violento, incluso, "como castigo, a menudo los echaba a patadas a los dos, dejándolos a merced y amabilidad de sus parientes, hasta que decidió llevarlos a casa de nuevo. Como resultado, el Sr. Flores y su hermana tuvieron una infancia muy inestable y carecían de un hogar seguro y confiable. Lo que es más, el alcoholismo de su padre lo llevó a golpear y abusar verbalmente del Sr. Flores y de su hermana. Los niños generalmente recurrían a su abuela materna cuando su padre los echaba. No fue hasta los 12 años cuando el Sr. Flores vivió temporalmente con su tío durante tres meses".

Indicó la defensa que además de esto debieron enfrentar "dificultades financieras significativas. Su hermana era quien le brindaba los cuidados, así como también la abuela materna, pero era sumamente pobre. Eventualmente, sin embargo, la hermana del

Sr. Flores se mudó porque ya no podía tolerar el abuso de su padre. Estas condiciones hicieron que al Sr. Flores le resultara difícil continuar su educación y se retiró antes de terminar la escuela secundaria. El padre del Sr. Flores continuó con su comportamiento abusivo hasta la edad adulta del Sr. Flores. Cuando el Sr. Flores tenía 18 años, su padre lo golpeó y lo echó de la casa por última vez después de comprar un auto nuevo. Sin otro lugar a donde ir, el Sr. Flores durmió en el automóvil hasta que un amigo le dio un lugar temporal para vivir. Cuando un amigo de la familia se enteró de lo sucedido, ofreció venderle una casa al señor Flores, que el señor Flores aceptó. El Sr. Flores dio su automóvil como anticipo de la casa y se mudó allí con su novia de entonces (que más tarde se convirtió en la madre de su hijo)".

Pese a todas estas circunstancias, Flores de Freitas, de acuerdo al relato de sus abogados, salió adelante, trabajó desde los 12 años, ayudó a su abuela a mantener la familia. Tuvo diversas ocupaciones hasta que montó una tienda de teléfonos celulares en la que tenía a tres trabajadores bajo su supervisión, pagaba el alquiler de la tienda y mantenía "satisfechos a los clientes con un servicio rápido y confiable".

Así, los abogados de Flores de Freitas pretendieron justificar la conducta criminal de su cliente sustentados en las supuestas circunstancias difíciles que vivió durante su infancia.

La defensa de Flores de Freitas aseguró que su cliente "ha hecho muchas contribuciones positivas a su comunidad, como lo demuestran las cartas de apoyo adjuntas a este documento como pruebas". Apelaron, igualmente, a su buen comportamiento durante su reclusión en el *Metropolitan Correctional Center* donde, según dicen, se convirtió en un "recluso modelo" que nunca incurrió en infracciones disciplinarias y se ganó el reconocimiento de los guardias de la prisión.

Sostuvieron ante el juez Crotty que, a pesar de las circunstancias desalentadoras que ha enfrentado y sigue enfrentando, Franqui Francisco Flores de Freitas perseveró, aprendió de sus acciones anteriores y está decidido a sacar lo mejor de una situación difícil. "En consecuencia, la historia personal y las características del Sr. Flores también dejan en claro que el plazo mínimo obligatorio de diez años sería suficiente, y no mayor de lo necesario, para lograr los objetivos de la sentencia".

Entre las cartas remitidas al juez de la causa por familiares y amigos en favor de Flores de Freitas, haremos mención a algunas de ellas por lo significativas que resultan.

Una, la escrita por su exnovia y madre de su hijo, Jessika M. Contreras, quien vivió con él desde 2003 hasta que su relación terminó amistosamente en 2010. Ella afirmó que su exmarido es una persona amorosa y solidaria, padre responsable que la ayudó a pagar su educación superior. "Él nunca se ha separado de su hijo, a pesar de que él y yo nos separamos como pareja. Él siempre ha estado allí para nuestro hijo, brindándole todo el apoyo, amor, afecto, valores y educación que pudo".

Otra, remitida por su hermana, Yaxelli Tahina Flores de Freitas, hizo alusión a que Franqui Francisco comenzó a trabajar a los 12 años de edad como "ayudante de un camión para así ayudar a papa (sic) con los gastos del hogar siendo excelente trabajador honesto y responsable". Cabe destacar que la mujer habla de su progenitor en estos términos y en ningún momento hace referencia a los maltratos de que dan cuenta los abogados de su hermano, dejando de lado un hecho tan altamente significativo y determinante en la vida del acusado, de acuerdo a lo expuesto por sus representantes legales.

Gladys M. López, Gilberto R. López y Gary L. Solórzano L., quienes también escribieron al juez, obvian este hecho y solo hacen referencia al progenitor cuando narran que, al morir su madre, Flores y su hermana "tuvieron una crianza compartida entre su padre, abuela y tíos. A medida que fue creciendo, se fue ganando el afecto, amor y cariño de toda su familia, vecinos y quienes lo conocen".

Una de las cartas llama poderosamente la atención debido a que a pesar de haber sido redactada por el hijo de Flores de Freitas y Jessika M. Contreras, cuya edad para el momento era de 9 años y cuyo nombre se mantiene en la reserva, los términos de la misma contrastan, incluso, con las escritas por personas adultas. La misiva fue escrita en una computadora a diferencia de otras de las enviadas por allegados adultos, las cuales fueron manuscritas.

Nos resulta por lo menos curioso que un niño de esa edad escriba como supuestamente este lo hace. Es por ello que queremos transcribirla a objeto de que el lector pueda juzgar por sí mismo.

A continuación la carta del hijo de Franqui Francisco Flores de Freitas:

"Estimado Sr. Juez Crotty, tengo 9 años de edad, soy el hijo de Franqui Francisco Flores de Freitas, le escribo esta carta para comunicarle que mi padre es una buena persona, que siempre ha estado conmigo desde que nací, en los momentos buenos y también en los malos, es quien me ha enseñado los valores de respeto, educación, tolerancia, paciencia, responsabilidad y quien me orienta todos los días para ser mejor persona, él es mi guía, siempre me ha dado todo su amor y cariño, me enseña que la vida es valiosa y que tengo que ser fuerte. Con él, he viajado por todo mi país, compartíamos todos los fines de semanas juntos, me buscaba por el colegio todas las tardes, me llevaba a los juegos deportivos, paseábamos juntos, iba a su trabajo cuando podía. Mi papá siempre me ha brindado su compañía y amor, es quien me dice que cuando me caiga me levante, es quien me motivaba a hacer las cosas que me daban miedo, con él me sentía seguro y tranquilo. Le gustaba pasear con todos mis primos, quienes lo quieren y extrañan al igual que yo.

"Extraño mucho a mi padre Sr. Juez Crotty, mi mayor deseo es tenerlo pronto de vuelta y recuperar todo el tiempo que hemos estado separados. No entiendo por qué le están pasando estas cosas si él no es malo. Le pido a Dios todos los días volverlo a ver, tener la oportunidad de estar con él, lo extraño. Siempre le pido a mi mamá ir a visitarlo, pero ella me dice que no tiene dinero suficiente para pagar el viaje, tampoco puedo ver una foto de él ni saber cómo cuánto ha cambiado (sic), me preocupo mucho por lo que le está pasando, porque sé que mi papá es una buena persona y no merece estar preso.

"Sr. Juez Crotty, le pido que por favor lo ayude, que me deje tener la oportunidad de volver a ver a mi padre, permítame tenerlo de vuelta, yo lo espero todos los días de mi vida, lo extraño demasiado y lamento mucho no poder hacer nada, estamos muy lejos y no podemos siquiera vernos, por lo que le pido desde mi corazón que por favor lo ayude a salir pronto de prisión, ya ha pasado mucho tiempo y deseo tenerlo pronto conmigo porque me hace mucha falta.

"Me despido respetuosamente de usted Sr. Juez Crotty, con el sueño y esperanza de que tenga consideración sobre la situación de mi padre y me ayude a tenerlo nuevamente conmigo, guiándome como siempre lo ha hecho".

Tanto abogados como los remitentes de las cartas se refirieron únicamente a las bondades de Flores de Freitas, pero obviaron hacer referencia al modo de vida, ostentación y recursos que él y su primo Efraín Antonio Campo Flores mantuvieron gracias a sus relaciones con el poder y del cual se jactaron una y otra vez en conversaciones y expresiones registradas en "chats", grabaciones, fotografías y videos. Todo lo cual quedó evidenciado durante el juicio.

Decimotercer capítulo

La sentencia

Finalmente, luego de varias prórrogas, llegó el día en que el juez de la causa, Paul Crotty, dio lectura a la sentencia que había decidido establecer para Efraín Antonio Campo Flores y Franqui Francisco Flores de Freitas. Esto ocurrió el jueves 14 de diciembre de 2017, una fecha que seguramente será inolvidable para los sobrinos de Cilia Flores y Nicolás Maduro.

Habían transcurrido 25 meses desde su salida de Caracas el 10 de noviembre de 2015, día en el que terminaron arrestados en la ciudad de Puerto Príncipe, un acontecimiento que los llevó de la capital haitiana a la Corte del Distrito Sur de Nueva York a enfrentar un juicio, acusados de conspirar para importar, traficar y distribuir 800 kilogramos de cocaína en Estados Unidos a través de la organización criminal que lideraban.

En la sala del tribunal estuvieron presentes la esposa de Campo Flores, Jessair Rodríguez, quien en esa oportunidad mostraba una cabellera rubia y rasgos físicamente diferentes. Eso sí, como había ocurrido en cada una de sus apariciones, vestía elegantemente con accesorios de marcas de diseñadores famosos. También se dejó ver la madre del hijo de Flores de Freitas, Jessika Contreras, quien a diferencia de la primera vestía más modestamente.

Aquella tarde la emoción que los embargaba a todos era indescriptible, y en los hasta ese momento convictos se manifestó en un llanto copioso mientras escuchaban la traducción de la sentencia que pronunciaba el magistrado.

La exposición del juez se inició con la advertencia de que "no se puede tener piedad sin justicia", para entonces proceder a despejar la duda que había embargado a todos durante no pocos meses. En la sala, entonces, se dejó oír el fallo: 216 meses equivalentes a 18 años de prisión (de los cuales ya han pagado dos años) y el pago de una multa de 50 mil 100 dólares que debería cancelar cada uno de los ahora reos.

El juez Crotty atendió el pedido de la defensa y usó sus facultades para recomendar como sitio de reclusión una cárcel de máxima seguridad en Wildwood, cerca de Orlando, Florida, a saber el Centro Correccional Coleman, de manera de facilitar que la familia de los condenados pueda viajar a visitarlos desde Venezuela, siempre y cuando tengan visa estadounidense, claro está.

Pero la decisión del juez no dejó satisfecha a ninguna de las partes, ni a la fiscalía que aspiraba a la cadena perpetua o a, por lo menos, una condena de 30 años, una pena que fuera ejemplarizante y sirviera de advertencia a todo aquel que tuviera la pretensión de traficar drogas a Estados Unidos; ni a la defensa, que había abogado por su libertad y, en el peor de los casos, por un mínimo de años de reclusión que no superara una década en prisión.

El gobierno había insistido en que los agravantes del caso exigían severidad en el castigo, pues había quedado demostrado que los Flores exhibían una amplia conducta criminal aprovechándose de sus conexiones políticas para traficar grandes envíos de cocaína a Estados Unidos. También pedían la imposición de multas entre 50 mil y 10 millones de dólares.

Sin sorpresa, los equipos de defensa de los Flores mantenían una opinión diametralmente opuesta a la del gobierno y, en todo momento, negaron la gravedad de la ofensa y reiteraron sus acusaciones de que los informantes "corruptos" de la DEA fueron los responsables de empujar a sus clientes a cometer el delito.

Antes de que el juez leyera su sentencia, la voz de los sobrinos de la pareja presidencial venezolana se dejó oír en la corte. Ambos leyeron sendas cartas, pidiendo clemencia. También hablaron sus abogados y, en sentido contrario, la fiscalía, como reza el protocolo.

Efraín Antonio Campo Flores mostró su arrepentimiento por haberle causado daño y pesar a su familia con toda esta situación en la que se había visto envuelto. Igualmente aprovechó la oportunidad para manifestarle al juez que el tiempo de reclusión hasta ese momento lo había aprovechado para reflexionar acerca de lo acontecido, estudiar las leyes estadounidenses y así entender con claridad la razón por la cual estaba viviendo esa experiencia y, también, para aprender inglés.

—*I can talk in English now with my attorneys* [Puedo hablar ahora en inglés con mis abogados] —leyó ante los presentes, como una muestra de la veracidad de lo afirmado anteriormente.

Quiso aprovechar la ocasión para expresar su amor por su esposa y sus hijos, pero en ningún momento mencionó a Cilia Flores ni a Nicolás Maduro[127].

Seguidamente, Franqui Francisco Flores de Freitas contó a todos su trágica infancia anunciada por sus abogados, así como el dolor que lo embargaba por haber dejado solo a su hijo de 9 años.

Al momento de leer su carta, Flores De Freitas comenzó diciendo "no soy una persona que habla mucho. No me va bien expresarme con palabras", anunció en primer término para después agregar que "A lo largo de mi vida he hecho grandes esfuerzos para sobrevivir. Siempre he sido una buena persona, incluso aquí en la cárcel: aconsejo a otros, corto cabellos y reparo radios. Estoy aprendiendo inglés, estudio la biblia y voy a la iglesia".

Al hablar de su hijo de nueve años se le quebró la voz e imploró al juez que lo enviara a casa para terminar de criarlo. No se refirió a su exesposa, Jessika Contreras, presente en la corte.

Junto a la alusión a su hijo, el perdón que le pidió tanto a este como a su abuela, y escucharle decir que ayudaba a otros prisioneros a superar la depresión que les generaba estar privados de libertad, fue lo más emotivo de su exposición.

Tampoco hubo referencias en su discurso a la Primera Dama ni al presidente venezolano. Sí expresó su deseo de tratar de sacar una experiencia positiva de todo lo que estaba viviendo.

Luego de conocida la sentencia, el fiscal interino del Distrito Sur de Nueva York, John H. Kim, manifestó que a los condenados les

---

[127] Venezuela Política. "LO ULTIMO: Juez condena a Narcosobrinos de Cilia Flores y Nicolás Maduro a 18 años de prisión". 14 de diciembre de 2017. http://maibortpetit.blogspot.com/2017/12/lo-ultimo-juez-condena-narcosobrinos-de.html

correspondía pasar muchos años en una cárcel de Estados Unidos por haber urdido un "plan descarado de tráfico de cocaína".

El fiscal Kim hizo un recuento del caso y destacó en su exposición que los Flores "diseñaron un plan para trabajar con la organización terrorista FARC para enviar toneladas de cocaína a Estados Unidos", a la par que subrayó que la evidencia había sido contundente para probar que estos hombres trabajaron con otros sujetos en Venezuela, México, Honduras y otros lugares, para armar la trama que buscaba traficar drogas a EE. UU.

"Los sentenciados tenían como objetivo, despachar grandes cantidades de cocaína en aviones privados desde las instalaciones controladas por el presidente venezolano Nicolás Maduro en el Aeropuerto Internacional Simón Bolívar en Maiquetía".

John H. Kim hizo mención a lo afirmado por Campo Flores a los informantes confidenciales CS-1 y CS-2, en relación a que había habido un "acuerdo" que involucraba al oficial venezolano Diosdado Cabello —quien también ha sido sancionado de conformidad con la E.O. 13692— que permitió a la familia de los acusados "controlar el petróleo por completo en Venezuela"[128].

Una segunda versión de la declaración enviada por la Oficina de prensa del fiscal obvió la mención a Diosdado Cabello como sancionado por Estados Unidos.

---

[128] Venezuela Política. "Fiscal de NY sobre el caso de los narcosobrinos: 'Por participar en un plan descarado de tráfico de cocaína pasarán muchos años en una prisión estadounidense'". 15 de diciembre de 2017. https://maibortpetit.blogspot.de/2017/12/fiscal-de-ny-sobre-el-caso-de-los.html

El fiscal elogió la labor de la División de Operaciones Especiales de la DEA, la Unidad de Investigaciones Bilaterales y la Fuerza de Ataque de Nueva York y agradeció a la Oficina de la DEA de Puerto Príncipe, al Centro Nacional de Alcance de Aduanas y Patrulla Fronteriza, Airwing de la DEA, al Gobierno de la República de Haití, a la Policía Nacional de Haití y la Oficina de Asuntos Internacionales del Departamento de Justicia de EE. UU. por su ayuda en esta operación que concluyó con una sentencia contra dos culpables de delitos de narcotráfico.

El reconocimiento de Kim se extendió a la Unidad de Terrorismo y Narcóticos Internacionales de su despacho y destacó el trabajo realizado por Emil J. Bove III y Brendan F. Quigley, fiscales auxiliares que estuvieron al frente de la acusación de los primos Flores.

Ahora bien, en el seno de la opinión pública, especialmente la venezolana, la sentencia emitida por el juez Crotty dejó un mal sabor toda vez que se esperaba que el magistrado se pronunciara por la cadena perpetua o, por lo menos, una condena que no bajara de los 30 años de presidio.

Para muchos, el único consuelo que el pronunciamiento del juez dejó en quienes exigían un castigo más severo fue el saber que la sentencia emitida era sin *parole*, es decir, sin derecho a beneficios de ninguna naturaleza, por lo que los Flores deberán purgar la condena completa sin posibilidad de reducción de la pena por buena conducta o cualquier otra circunstancia, hasta el otoño del 2033, cuando ambos ya superarían los 50 años de edad.

Se llegó a especular que los sobrinos de Cilia Flores habían negociado con el Departamento de Justicia de Estados Unidos y no faltó quien afirmara que el juez había recibido pagos por parte del gobierno venezolano para ser benevolente con los familiares del presidente y su esposa.

Pero todo no fueron más que rumores, pues se conoció que la sentencia dictada no respondió a negociación alguna por parte de los primos Flores que los llevara a lograr una pena menor de la esperada a cambio de que delataran a otros implicados.

Quedó así asentado que el acuerdo con el gobierno nunca estuvo planteado de acuerdo a lo que revelan documentos federales, pues la defensa de Campo Flores y Flores de Freitas estimó que negociar no era beneficioso y supondría una condena muy larga. Argumentaron los representantes legales de los acusados que la declaración de culpabilidad propuesta por el gobierno no bajaría la pena y de allí la decisión de ir a juicio[129].

Tan solo unas semanas antes de que se diera lectura a la sentencia, se conoció que terceras personas que no eran familiares directos de los Flores ni actuaron por lineamientos de estos, intentaron negociar tras bastidores con la fiscalía para entregar información privilegiada a cambio de la reducción de la condena, pero esta propuesta no llegó a concretarse.

---

[129] Venezuela Política. "Los narcosobrinos no negociaron con el gobierno de los EE. UU. para disminuir su condena". 17 de diciembre de 2017. http://maibortpetit.blogspot.com/2017/12/los-narcosobrinos-no-negociaron-con-el.html

A juicio de los entendidos, lo ocurrido en este caso correspondió a un acto de justicia ordinaria totalmente ajustado a los parámetros establecidos en las normas procedimentales del derecho estadounidense.

Y es que, de acuerdo al reporte anual de la Comisión de Sentencias de Estados Unidos del año fiscal 2016, el 20,8 por ciento de las sentencias impuestas en las cortes federales estuvieron por debajo del rango establecido por las pautas federales, en comparación con el 21,3 por ciento en el año fiscal 2015[130].

Paul Crotty, pues, habría actuado de acuerdo a las atribuciones que el Tribunal Supremo de Justicia de Estados Unidos les otorgó a los jueces federales en el año 2007, en lo atinente a su papel central tradicional en la sentencia penal.

Es decir, lo acordado con el máximo tribunal estadounidense no fue otra cosa que dejar en manos de los jueces de distrito la discreción para imponer lo que estimen es la sentencia razonable en cada caso, incluso cuando las pautas federales exigen que las condenas sean mayores, tal fue el caso de los Flores.

"Las sentencias deben ser precisas y razonables", dijo Crotty esa tarde antes de anunciar la condena. Fue enfático cuando inició su alegato afirmando no tener duda de que "el plan de los acusados era usar sus conexiones políticas" para traficar droga a Estados Unidos. Y señaló además que este caso le recordaba el de Fabio

---

[130] Venezuela al día. "¿Por qué la condena de los narcosobrinos fue menor a la esperada?". 17 de diciembre de 2017.
http://www.venezuelaaldia.com/2017/12/17/por-que-condena-narcosobrinos-fue-menor-a-la-esperada/

Lobo, hijo del expresidente hondureño Porfirio Lobo, sentenciado por otra corte de Nueva York a 24 años de prisión, en 2017.

El juez echó mano de la discrecionalidad que la decisión del Poder Judicial le otorgó y dejó de lado los argumentos que lo llevaron a fijar en la audiencia de argumentos que se celebró el 3 de octubre de 2017, un nivel de ofensa de 44, según la Guía de Sentencias Federales, y uso más bien su libre albedrío para fijar el castigo que habrán de pagar Campo Flores y Flores de Freitas.

En tal sentido, el juez Crotty dejó sentado que la petición del gobierno de sentenciar a los Flores a cadena perpetua no era razonable y que el término de las directrices más altas sería inapropiado. De allí su decisión de fijarles una condena de 216 meses de prisión sin beneficios.

Tampoco puede descartarse que la estrategia de los abogados de la defensa de remitir al juez Crotty un conjunto de cartas de familiares y amigos pidiendo clemencia, tuviera algún efecto en el magistrado, considerando que tienen hijos menores de edad que se criarán sin sus padres y en otro país.

Los expertos que han emitido opinión sobre este caso consideraron que la condena de 18 años por el delito cometido por los sobrinos de la pareja presidencial de Venezuela está apegada a las establecidas por otros jueces de distrito en los últimos años.

Al echar mano de las estadísticas de los últimos años se infiere que los acusados se benefician más cuando los jueces se apartan de las pautas. Así, las condenas por debajo de las directrices en el año 2016 se dieron en 20,8 por ciento de los casos, siendo que 79,2 por ciento de todas las sentencias impuestas están dentro del rango de las pautas aplicables, por encima o por debajo del rango a petición del gobierno.

Igualmente, menos de la mitad —a saber 48,6 por ciento— de los casos fueron sentenciados dentro del rango de pautas, y la tendencia es a la disminución.

Los datos también arrojan en el año fiscal 2016 que 84,9 por ciento de los delincuentes sentenciados por tráfico de drogas en EE. UU. son hombres, 50 por ciento de los criminales que trafican con cocaína eran hispanos (50,7 por ciento), seguido de afroamericanos (23,6 por ciento), blancos (22,8 por ciento) y otras razas (2,9 por ciento).

Las estadísticas también mostraron que la edad promedio de los delincuentes sentenciados fue de 36 años y más de la mitad (49,4 por ciento) tenían poca o ninguna historia criminal previa, es decir, Categoría de historial criminal I.

Del mismo modo, el reporte del gobierno mostró que en 2016 hubo un incremento de las sentencias de narcotraficantes que envolvieron posesión de armas durante el delito en 17,8 por ciento, y 7,6 de los acusados tenían rol de líderes o supervisores en el delito.

En el año fiscal 2016, 44,5 por ciento de los infractores de drogas fueron condenados por una ofensa que conlleva una multa mínima obligatoria, en comparación con el 62,2 por ciento de los delincuentes por drogas en el año fiscal 2013.

Era de esperarse que los equipos de defensa de los Flores apelaran la decisión de la Corte del Distrito Sur de Nueva York y, de hecho, los representantes de Efrain Antonio Campo Flores y Franqui Francisco Flores de Freitas acudieron ante la Corte del Segundo Circuito de Apelaciones el 18 de diciembre de 2017.

Pero tales acciones aún están por contarse y no nos corresponde darlas a conocer en estas páginas pues esa, sencillamente, es otra historia que todavía está por escribirse.

Reflexiones a manera de conclusión

La historia que hemos contado en estas páginas no hubiese sido posible de no haber contado sus dos protagonistas con el apoyo del poder para cometer los delitos aquí descritos. Es inimaginable que dos hombres hubieran podido hacer uso del hangar presidencial sin el visto bueno de las autoridades. En la etapa final del juicio, tuve oportunidad de conversar con fuentes ligadas a la Fiscalía del Distrito Sur de Nueva York, quienes me insistieron que los fiscales lograron ubicar elementos que vinculaban al poderoso tío de los acusados en la conspiración. En diciembre de 2017, el fiscal del Distrito Sur de Nueva York, Joon H. Kim, aseguró que existen evidencias suficientes que prueban ante cualquier jurado razonable que Campo Flores y Flores de Freitas estaban predispuestos a cometer el crimen por el cual se les imputó, pues estos mantenían conexiones de suministro de cocaína con las FARC, las cuales incorporaron a su conspiración, al tiempo que contaban con el visto bueno del presidente de Venezuela, Nicolás Maduro.

Esta es la primera vez que el gobierno de los Estados Unidos señala directamente a Nicolás Maduro en el caso de los sobrinos de la pareja presidencial. Igualmente, en las nuevas revelaciones, el fiscal sostuvo que los vuelos de droga salían de los aeropuertos más importantes del país con el auspicio del gobierno venezolano.

En el documento presentado ante la corte, la fiscalía usa la palabra "imprimátur" para referirse al conocimiento que Maduro habría tenido de los negocios de narcotráfico que hacían sus sobrinos. Este término se usa en el lenguaje político para indicar que un programa, una declaración pública o cualquier otro documento, reciben la aprobación de la jerarquía de un partido, de sus aliados o de cualquier otro agente cuyo beneplácito se considera importante. De la misma manera, se aplica cuando los documentos técnicos de la administración deben ser autorizados por algún superior jerárquico o comité antes de considerarse oficiales.

El fiscal Kim pidió en ese entonces al juez, Paul Crotty, que impusiera a Campo Flores y a Flores de Freitas, una sentencia no menor de 30 años de encarcelamiento para ambos hombres, así como multas dentro del rango aplicable entre 50 mil y 10 millones de dólares.

En el memorando suplementario de sentencia de los dos acusados, Kim advirtió que Campo y Flores son dos criminales que no poseen antecedentes porque su familia en Venezuela es la que controla el poder político. Advierte que los dos acusados tienen una larga conducta criminal que incluye —además del narcotráfico— la corrupción, el pago de sobornos a la autoridad, asesinatos y otras faltas a la ley. Advierte que no poseen récord delictivo debido a que las conexiones políticas de los dos demandados no lo permitieron.

Kim fue severo al denunciar que Campo y Flores pretenden confundir a la corte con las historias de una niñez pobre, cuando en realidad los dos acusados gozaban de una vida llena de riquezas y excesos, producto de las posiciones políticas de su familia y de sus delitos.

Kim asegura que cuando se leen las cartas de los acusados, pareciera que el juicio no hubiese ocurrido —con excepción del contrainterrogatorio de CS-1— y que el tribunal nunca se hubiese pronunciado sobre las mociones posteriores al juicio de los demandados o las pautas de imposición de pruebas.

La máxima autoridad de la Fiscalía del Distrito Sur neoyorquino se encargó de recordarle a Campo y a Flores que existen abundantes pruebas que muestran que ambos no era ningunos "novatos", como han pretendido hacer creer sin éxito alguno, sino que hay evidencias que muestran sus actividades previas en tráfico de drogas y revelan su habilidad y contactos para conseguir cocaína con el grupo terrorista colombiano de las FARC.

Kim recuerda que tanto el jurado como el Tribunal rechazaron el argumento presentado por la defensa del supuesto "entrampamiento" de los acusados. "A pesar de ello, Campo y Flores continúan mostrándose como víctimas en lugar de criminales condenados", dijo.

El fiscal rechazaba el hecho de que los acusados persistieran en su afirmación —ahora refutada— de que el caso fue una creación del gobierno de los EE. UU. y sugirieron ilógicamente que los crímenes de CS-1 y CS-2, de alguna manera, deben compensar o mitigar sus términos de prisión.

—Con el objetivo de distraer a la Corte de su uso repetido de aeronaves privadas, así como de declaraciones grabadas y comunicaciones incautadas que establecían su situación socioeconómica extremadamente privilegiada en Venezuela en el momento de su delito, los demandados centran sus argumentos de "historia y características" en las pretendidas circunstancias de su infancia, hace muchos años. En resumen, los demandados no han hecho ningún esfuerzo para aceptar su responsabilidad o, incluso, reconocer la evidencia en este caso.

Kim dijo que los acusados solo ofrecieron excusas, sin remordimiento, por su conducta. "El único arrepentimiento evidente de sus presentaciones es su decisión de volar a Haití en lugar de completar el delito desde un lugar políticamente protegido por Venezuela, donde no existe un tratado de extradición".

La fiscalía sostiene que la realidad de la situación, los hechos y circunstancias reales de este caso son los siguientes: los acusados fueron líderes en una conspiración para transportar una gran cantidad de cocaína a los Estados Unidos; cultivaron conexiones con al menos un importante proveedor de cocaína, así como con una organización terrorista extranjera designada para promover lo que describieron como "guerra" con este país; confiaron en términos de seguridad armados durante la ofensa; y buscaron usar parte del producto de su crimen para robar una elección y apuntalar un régimen corrupto.

Por esas razones —considera Kim— las condenas de al menos 360 meses de prisión y las multas significativas para cada acusado son suficientes, pero no mayores de lo necesario, para cumplir con los fines legítimos de la sentencia.

El gobierno de los EE. UU. estimaba que la seriedad de la ofensa y la necesidad de promover el respeto a la ley eran consideraciones agravantes significativas en el caso de Campo y Flores. En ese sentido, señalaron que los acusados participaron en un curso de conducta delictiva extraordinariamente grave que involucraba actividades significativas de tráfico de drogas con conexiones políticas.

Para el gobierno norteamericano, el caso de Campo y Flores se aleja mucho del planteado por los acusados en sus memorandos de sentencia, ya que no aparece reflejado el hecho de que se trató de una conspiración para importar grandes volúmenes de cocaína a los Estados Unidos, para lo cual los demandados confiaron en su poder político y en la impunidad reinante en Venezuela, para tratar de despachar aviones cargados de drogas desde y hacia aeropuertos internacionales significativos, usando un hangar controlado por el presidente venezolano, Nicolás Maduro.

Asegura que los acusados cultivaron una relación con un proveedor de cocaína que podría proporcionar la sustancia por "paladas", así como al menos una conexión con las Fuerzas Armadas Revolucionarias de Colombia (las "FARC").

De acuerdo con la agenda de este movimiento guerrillero, Campo declaró que los acusados estaban en "guerra" con los Estados Unidos y ambos persiguieron el tráfico de drogas, no solo para enriquecerse, sino también en un esfuerzo por mantener el control político de su familia apoyando la campaña de la Primera Dama venezolana, Cilia Flores.

En este sentido, la fiscalía destacó el hecho de que Campo le enfatizó a CS-1 que el efectivo derivado de las drogas era urgentemente necesario. "Su punto de vista fue consistente con las encuestas en ese momento que mostraban que el 70 por ciento de los encuestados expresaron que votaría por los opositores del gobierno de Nicolás Maduro en las próximas elecciones".

En el documento se cita a un artículo publicado en Bloomberg que destaca que "Bajo el régimen de Maduro, el gobierno venezolano ha abusado deliberada y repetidamente de los derechos de los ciudadanos mediante el uso de la violencia, la represión y la criminalización de manifestaciones (...) Además de cometer abusos generalizados contra los derechos humanos, el régimen de Maduro ha manejado mal la economía y se ha involucrado en la corrupción sistémica. A pesar de tener una de las reservas de petróleo más grandes del mundo, decenas de millones de venezolanos pasan hambre (...)".

Kim advirtió que antes y durante la conspiración, los acusados participaron en conductas corruptas adicionales que fueron asombrosas en su alcance, y que incluyen solicitar sobornos millonarios a narcotraficantes y deudores de la compañía petrolera estatal venezolana, así como conspirar para participar en actos de violencia.

El gobierno sostuvo que, basado en la gravedad del delito y la importancia de promover el respeto de la ley, la corte debía imponer severos términos sustanciales de encarcelamiento y multas.

La fiscalía critica que los acusados pretendieran de manera obstinada ignorar el registro probatorio desarrollado durante el juicio y hasta el momento mismo de la sentencia, y por ello pidió a la corte rechazar las afirmaciones hechas por Campo y Flores en ese sentido.

Dijo que la investigación de la DEA no es una consideración atenuante en la sentencia y que de hecho, la Corte señaló que "no puede estar de acuerdo" con el argumento de que los acusados "fueron inducidos a cometer el delito".

Es inaceptable para el gobierno que los acusados hicieran afirmaciones superlativas con respecto a los informantes de la DEA (CS-1 y CS-2) cuando es un hecho que esos hombres serían condenados por separado y sus crímenes no mitigan, compensan o contrarrestan la necesidad de aplicar términos sustanciales de encarcelamiento a Campo Flores y Flores de Freitas.

La fiscalía rechazó el argumento presentado por los acusados donde estos critican la decisión de la DEA de arrestarlos en Haití en lugar de haber esperado a ver si ellos ejecutaban el envío de la droga que estaba previsto para el 15 de noviembre de 2015, es decir, 5 días después de su arresto.

¿Por qué Zimbabwe sí y Venezuela no?

La fiscalía dice que "contrario a ese argumento todos saben sobre la forma en que las fuerzas del orden público típicamente llevan a cabo operaciones de picadura", y además señala que no queda claro a quién se refiere Campo Flores cuando en el memorando dice "nosotros", cuando se niega a identificar las "operaciones de acoso" que él o "nosotros" consideran "típicas.

El gobierno explicó que los arrestos se dieron el Haití, porque si se permitía que los acusados regresaran a su país, se les habría facilitado eludir la responsabilidad por sus crímenes, puesto que Venezuela no tiene un acuerdo de extradición con Estados Unidos. "Por tanto, nada de lo ocurrido en los arrestos, que luego condujo a que un jurado los condenara por violaciones a la ley estadounidense, les da derecho a indulgencia".

Los fiscales del caso rechazaron en el memorando que los acusados disputaran el monto de las drogas que envolvió el trato de la operación, el cual califican de "trato falso de drogas". Recuerdan que el tribunal rechazó el argumento con el que los acusados rebatían la cantidad de cocaína, por cuanto esta fue fijada por los mismos demandados en 800 kilogramos, es decir, la misma no fue arbitraria, sino que fueron Campo y Flores quienes establecieron la cantidad como parte de su campaña para generar 20 millones de dólares y —antes de que cualquier informante estuviera involucrado en la investigación— discutieron una transacción potencial separada que involucraba 3 mil kilogramos de cocaína.

Más adelante señalaron que tampoco fue ilusoria la necesidad de armas y asociados adicionales, todo lo contrario, los acusados decidieron incluir a guardaespaldas armados en lo relativo a la "logística de seguridad" de sus planes a principios de octubre de 2015. Esto indica que no hay nada de imaginario, sino una conspiración muy real para traer grandes cantidades de cocaína a Estados Unidos, que fue interrumpida fortuitamente.

La fiscalía rechazó el argumento expuesto por los acusados según el cual ellos nunca han distribuido un solo gramo de cocaína a nadie. "Están equivocados. El registro está repleto de las admisiones de los acusados con respecto al tráfico de drogas anterior". Se nombran los siguientes hechos:

1) En agosto de 2015, Campo le escribió a Pepe que "ya lo hemos hecho un par de veces" y también se refirió a un acuerdo anterior de venta de drogas fallidos. "La última vez nos dejaron colgando y tuvimos que pagar algo de dinero por las chuletas de cerdo ¿me entienden?".

2) Campo Flores orgullosamente declaró en una grabación en Caracas: "He estado haciendo este trabajo desde que tenía dieciocho años".

3) De manera similar, Campo le dijo a CS-1 que había "trabajado" con "G2s" a los 26 años, y describió un acuerdo fallido refiriéndose a obtener "un lote malo una vez".

4) Campo indicó que el mismo proveedor que proporcionó el "lote malo" había acordado más recientemente proporcionar "cosas muy sólidas, lo mejor que puede obtener".

5) Campo también dijo que "aquí [en Venezuela] trabajamos con una persona que recibe de nosotros, pero el que me da los pequeños animales [es decir, kilogramos de cocaína] es diferente".

6) Campo explicó en una reunión en Caracas que hacía mucho tiempo que no compraba directamente: "nos hemos buscado a nosotros mismos en busca de cocaína, pero los acusados lo hicieron

cuando adquirieron el kilogramo de cocaína que lo llevaron a la reunión del 26 de octubre de 2015 en Caracas".

7) En octubre de 2015, Flores intercambió comunicaciones con un asociado que "explicó sobre el equipo [es decir, la cocaína] que está yendo a Francia y están pagando 29 por él", e invitó a Flores a una reunión en persona con "la mano derecha colombiana" para finalizar todo.

8) Campo le dijo a CS-1 sobre las negociaciones "con algunos franceses" que querían que se les pagara "con el treinta por ciento del costo del producto" y refirió a "algunos" contactos de tráfico de drogas en Europa durante la reunión del 10 de noviembre de 2015 en Haití.

Entre otros aspectos tocados en el memorando, el gobierno aclara a la corte que los 800 kilos de cocaína que los acusados transportarían a Honduras, iban a ser suministrado por el conspirador "el Gocho" a crédito, sin que Campo y Flores depositaran un solo bolívar y fue el mismo Campo quien confesó que el Gocho tenía los 800 kilogramos disponibles, lo que demuestra el acceso de los acusados a la droga.

Igualmente, la fiscalía desechó el argumento de la defensa que asegura que las comunicaciones electrónicas encontradas en los teléfonos confiscados son "ambiguas". Aunque los acusados sugieren que los mensajes se relacionan con "personas desconocidas" y "acciones tomadas por personas desconocidas", las "personas" y las "acciones" mencionadas son ciertamente conocidas por los acusados como participantes de primera mano en las conversaciones.

Dijeron que los acusados nunca ofrecieron traducciones diferentes de sus interpretaciones sobre las conversaciones, referidas entre otras cosas, a pagos en relación con la incautación de 450 kilogramos de cocaína en la República Dominicana, asesinatos, poner bombas, comenzar a matar, solicitar anticipos a los deudores de PDVSA, etc.

La fiscalía afirmó que la única lectura lógica de estos mensajes es que los acusados no son las víctimas "amorosas y generosas" que ahora pretenden ser, sino que por el contrario, la conspiración acusada en este caso fue el segmento final en un patrón de conducta criminal.

No se justificaba la clemencia del juez.

Otro aspecto rechazado por el gobierno fue la intención de los acusados de confundir a la Corte al hacerle creer que tenían vidas ordinarias, más bien difíciles en Venezuela antes de su arresto. "Las evidencias demuestran lo contrario", aseguró el fiscal.

Mientras que las presentaciones de la defensa se centraban en la infancia y la educación de los acusados en un esfuerzo por pintarlos como "jóvenes" impresionables, la realidad es que los acusados no son adolescentes. Campo tiene 31 y Flores tiene 32 años y si bien la información en los informes previos a la sentencia (PSR) sobre su edad adulta es algo escasa, está claro que ambos se han beneficiado de oportunidades educativas y profesionales mucho más allá de las disponibles para la mayoría de los acusados de narcotráfico.

En las estadísticas de sentencias en los EE. UU. del año fiscal 2016, se explica que, de los delincuentes federales sentenciados, 46.7 por ciento no completaron la secundaria, y 6.2 por ciento de los delincuentes habían completado la universidad.

En este caso —sostiene la fiscalía— Flores era propietario de una empresa de distribución de alimentos y también trabajaba como vendedor de automóviles, mientras que Campo tiene una licenciatura en derecho y un título universitario en "Administración de Aduanas". También era dueño de una compañía de taxis en Panamá y trabajó en la legislatura venezolana.

A pesar de las evidencias, Campo usa el término "modesto" para describir sus condiciones de vida previas en Venezuela en, al menos, tres oportunidades en su carta del 1° de diciembre de 2017. El Departamento de libertad condicional tuvo una opinión diferente.

—Campo se presentó como si perteneciera a una familia de clase media; sin embargo, parece que pertenece a una familia muy rica de Venezuela con poderosas conexiones políticas. Antes de su arresto, Campo mismo describió su situación en términos sorprendentemente diferentes a los que ahora tiene.

Seguidamente se citan las declaraciones de Campo cuando dijo que había estado involucrado en los negocios de narcotráfico desde que tenía dieciocho años. "Debido a Dios y la Virgen, hemos ganado dinero. Y desde que comenzamos a ganar dinero, hemos sido llamativos. . . . (..) tenemos Ferraris. . . Entonces, este nivel de comodidad que tengo aquí no va a desaparecer debido a un mísero acuerdo de diez millones de dólares. . . Porque hago diez millones con petróleo".

Citan lo dicho por Campo durante la misma reunión, cuando este les dijo a los informantes: "...como comenzamos a ganar dinero hace muchos años, hemos sido cuidadosos y hemos dicho: 'Bueno, investiguemos sobre esto, investiguemos sobre esto, investiguemos sobre esto, e invirtamos en eso'" (...) Fue muy fácil para nosotros hacer dinero aquí en el país. . . porque trabajamos con cualquier cosa. Trabajamos con oro, trabajamos con dulces [es decir, drogas], trabajamos con hierro, trabajamos con cemento, [pero] ya no ".

La fiscalía reiteró que en conversaciones grabadas por los informantes de la DEA, Campo dijo que sus guardaespaldas conducían camionetas de trescientos mil dólares. Incluso, destacó que a pesar de su propia posición financiera, Campo explicó que Flores era "el que tiene el dinero".

La fiscalía destacó que aunque los acusados enfatizan sus humildes orígenes, la evidencia presentada en el juicio demostró que se encontraban entre la élite de la sociedad venezolana. En este sentido, es notable que Campo describió un "acuerdo" entre los miembros de la familia de los acusados y el oficial venezolano Diosdado Cabello, que permitió que su familia "controlara el negocio del petróleo por completo" en Venezuela.

Citaron una conversación de Campo Flores sobre las decisiones tomadas por Diosdado Cabello y la familia presidencial de Venezuela donde decían lo siguiente: "Y se llegó a un acuerdo, digamos a puerta cerrada: dejen estas tres cosas para mí y podrán controlar el petróleo completamente por ustedes mismos. Genial, porque si les doy esto, que era mi trabajo cuando Comandante, eh. . . . Chávez [es decir, el expresidente venezolano, Hugo Rafael Chávez Frías, quien murió en marzo de 2013] estaba a cargo, esto solía ser un trabajo compartido por todos. [. . .]". Agregaron que Flores describió a Cabello como "el hombre más poderoso del país".

Desafortunadamente, que descanse en paz, Chávez muere y luego quedó bajo su control, y luego el petróleo quedó bajo nuestro control. "Bueno, si te doy esto, me das eso". Y dijimos: "Bueno, las ganancias son básicamente las mismas, quizás un poco más aquí que allá, o hay más allí que aquí, pero. . . no vamos a entrar en tu parte...".

La evidencia establece que los acusados no vivían modestamente en relación con la mayoría de los estadounidenses, mucho menos los venezolanos, antes de su arresto. De hecho, en el momento de la conducta delictiva en 2015, el salario para maestros experimentados en Venezuela era el equivalente a 35 dólares por mes, lo que no era suficiente para "incluso comprar un televisor usado". Durante el período en cuestión, el venezolano promedio no voló regularmente alrededor del Caribe en aviones privados, ni tenían un destacamento de seguridad armado (incluidos los guardias que lo acompañaron en viajes al extranjero), o toman vacaciones en parques de diversiones en Florida. Es por ello que debe rechazarse el alegato de clemencia de los acusados sobre la base de sus hijos pequeños.

Así que, en un contrasentido absoluto, los demandados le pedían a la Corte clemencia bajo el supuesto de haber padecido una vida llena de necesidades e infortunio, cuando en los salones de ese mismo tribunal había quedado demostrado la ostentación y privilegios de que disfrutaban a la sombra del poder ejercido por sus tíos. Olvidaban hechos no posibles para la mayoría de los venezolanos, como el viajar a capricho en vuelos privados, y lo más grave aún, que eran capaces de volar 1.300 millas desde Venezuela a Honduras (un viaje que Flores de Freitas hizo dos veces) y cientos de millas desde Venezuela a Haití para activar la conspiración de que se les acusó. A la luz de las decisiones conscientes adoptadas por los acusados como adultos de involucrarse en este comportamiento delictivo, las consecuencias derivadas de ello, como su ausencia de la vida de sus hijos, aunque trágica, es algo que deben afrontar y una circunstancia que no justifica una variación del rango de sentencia.

Los demandados también señalaron que ninguno de ellos tiene antecedentes penales reportados y, argumentaron, que esto también merece indulgencia. Sin embargo, la evidencia de la vida de los demandados captada en las comunicaciones de sus teléfonos confiscados, sugiere que su falta de antecedentes penales se deriva de su poder y la impunidad que existe en Venezuela, no a su integridad moral. Por ejemplo, en el contexto de las comunicaciones sobre los esfuerzos para cerrar una investigación de un asesinato, Campo describió las conexiones con: (i) su "tío Vladimir" que estaba actuando como el Inspector General de una agencia de policía nacional venezolana conocida como el Cuerpo de Investigaciones Científicas, Penales y Criminalísticas; y (ii) un "tipo que maneja cosas" para él en la Dirección General de

Contrainteligencia Militar, una agencia de contrainteligencia militar venezolana conocida como DIM o DGCIM.

También indicó a CS-1 que los acusados podrían intimidar a un "coronel" o "general" en el aeropuerto de Venezuela para que se abstuvieran de realizar nuevas investigaciones de ser necesario. Dadas estas conexiones, la falta de detenciones previas de los acusados a pesar de la conducta reflejada en la evidencia no es sorprendente y ciertamente no mitigadora.

Las fuentes también señalaron que en las rígidas paredes del órgano de persecución del Estado norteamericano, la historia de los célebres narcosobrinos no ha concluido. Con la sentencia de dos de los familiares de la pareja presidencial terminó solo una etapa de un proceso que tiene muchas aristas y personajes que aún no están bajo la custodia de las autoridades. Los elementos resultantes de la historia que contamos delinean una realidad que permanece enquistada en las entrañas del poder político de Venezuela, y que ha convertido al estado venezolano en una organización criminal con poderosos tentáculos internacionales con consecuencias constituyen una amenaza real y actual para la seguridad y la paz del hemisferio y para la estabilidad democrática de la región.